CRÓNICA SOBRE EL CONTROL JUDICIAL DE LA DEPORTACIÓN MASIVA DE VENEZOLANOS EN LOS EE. UU. Y DE SU ENVÍO A PRISIÓN EN EL SALVADOR.

La Ley de Enemigos Extranjeros de 1798, la guerra contra el narcotráfico y el acecho contra los Jueces Federales

Colección de Crónicas Constitucionales para la Memoria Histórica, Biblioteca Allan R. Brewer-Carías, Universidad Católica Andrés Bello, Caracas

1. Allan R. Brewer-Carías, *Mis aportes a la Constitución de 1999. Con las propuestas, observaciones y votos salvados negativos formulados durante los debates ante la Asamblea Nacional Constituyente en 1999*, 2023, 724 pp.
2. Allan R. Brewer-Carías, *Las vicisitudes del inútil y distractivo referendo consultivo y la defensa de los derechos de Venezuela sobre el Territorio Esequibo*, 2023, 332 pp.
3. Allan R. Brewer-Carías, *Sobre la militarización de la política en Venezuela. Un mal que nos acecha desde la Independencia. Algunos escritos*, 2023, 310 pp.
4. Allan R. Brewer-Carías, *El Juez Constitucional y la aniquilación del Estado democrático. Algunas claves "explicativas" encontradas en una Tesis "secreta" hallada en Zaragoza*. 2024, 546 pp.
5. Allan R. Brewer-Carías, *Crónica constitucional de un falso gobierno 2011-2013. Supuestamente comandado desde una cama de hospital en La Habana*, 2024, 270 pp.
6. Allan R. Brewer-Carías, *Crónica constitucional del sofocamiento del Poder Legislativo 2016-2020*, 2024, 834 pp.
7. Allan R, Brewer-Carías, *Crónica constitucional sobre el secuestro de la participación política y las elecciones en Venezuela, que dejaron de ser libres, justas, plurales y transparentes (1999-2024)*, 2024, 800 pp.
8. Allan R. Brewer-Carías, C*rónica constitucional sobre el momento constituyente perdido de 1998. (Que el liderazgo democrático no entendió ni supo asumir, y que Chávez le arrebató en 1999 para establecer un régimen autoritario). Enseñanzas para el presente*, 2024, 486 pp.
9. Allan R. Brewer-Carías, *Ruina de la democracia, elección presidencial y momento constituyente en 2024*, 2024, 196 pp.
10. Allan R. Brewer-Carías, *Crónica constitucional sobre el secuestro de la elección presidencial del 28 de julio de 2024,* 2024, 224 pp.
11. Allan R. Brewer-Carías, *Apreciaciones Críticas sobre la Constitución de 1999, 25 Años Ha. Formuladas cuando se estaba discutiendo, aprobando y comenzando a implementar*, 2025, 406 pp.
12. Allan R. Brewer-Carías, *Artículos de prensa (1958-2007), Sobre las instituciones democráticas, el Estado de derecho y la Constitución,* 2025, 903 pp.
13. Allan R. Brewer-Carías, *Crónica sobre el control judicial de la deportación masiva de venezolanos en los EE. UU. y de su envío a prisión en El Salvador. La Ley de Enemigos Extranjeros de 1798, la guerra contra el narcotráfico, y el acecho contra los Jueces Federales,* 2025, 532 pp.

Allan R. Brewer-Carías
Profesor emérito, Universidad Central de Venezuela

CRÓNICA SOBRE EL CONTROL JUDICIAL DE LA DEPORTACIÓN MASIVA DE VENEZOLANOS DE EE. UU. Y DE SU ENVÍO A PRISIÓN EN EL SALVADOR.

La Ley de Enemigos Extranjeros de 1798, la guerra contra el narcotráfico y el acecho contra los Jueces Federales

Colección de Crónicas Constitucionales para la Memoria Histórica, Biblioteca Allan R. Brewer-Carías, Universidad Católica Andrés Bello, N° 13

editorial jurídica venezolana international
2025

ISBN: 979-8-89692-508-8

Editado por Editorial Jurídica Venezolana
Impreso por: Lightning Source, an INGRAM Content company
para Editorial Jurídica Venezolana International Inc.
Panamá, República de Panamá.
Email: ejvinternational@gmail.com

Portada: Alexander Cano

Fotografía de fondo de la portada tomada de: https://www.bing.com/videos/riverview/relatedvideo?q=cecopt%20jaill.%20photos&mid= 05 BFB0DCB5C86C6DC98305BFB0DCB5C86C6DC983&ajaxhist=0

Diagramación, composición y montaje
por: Mirna Pinto, en letra Times New Roman, 14
Interlineado exacto 16, Mancha 19 x 12,5

"Una mañana, Josef K. de KAFKA se despertó y se encontró con dos hombres extraños fuera de su habitación. A medida que se orientaba, se dio cuenta que estaba bajo arresto. Cuando preguntó a los extraños por qué, no recibió respuesta. "No nos enviaron para decirte eso", dice uno. "Los procedimientos están en marcha y lo sabrán todo a su debido tiempo". Franz KAFKA, The Trial 5 (Breon Mitchell trad., Schocken Books Inc. 1998). Desconcertado por estos hombres y angustiado por su mensaje, K. trató de consolarse a sí mismo pensando que vivía en "un Estado gobernado por la ley", uno donde "todos los estatutos [están] en vigor". Por lo tanto, volvió a preguntar: "¿Cómo puedo estar bajo arresto? ¿Y de esta manera? "Ahora ahí vuelves otra vez", respondió el guardia. "No respondemos a esas preguntas". Sin inmutarse, K. entregó sus "papeles" y exigió su orden de arresto. "¡Dios mío!", regañó el hombre. "No ha habido ningún error". "Nuestro Departamento", le aseguró a K., sólo está "atraído por la culpa"; "no la busca [...] Esa es la Ley." Id., p. 8-9. "No conozco esa ley", respondió K. "Con el tiempo lo sentirás", dijo el guardia. Id., p. 9.

*Tal fue la situación en la cual, Frengel Reyes Mota, Andry José Hernández Romero, y decenas de otros migrantes venezolanos, dicen haber sido colocados el 15 de marzo de 2025. En las primeras horas de la mañana, los venezolanos detenidos por el Departamento de Seguridad Nacional en el Centro de Detención de El Valle, en Texas, fueron despertados y sacados de sus celdas, y fueron llevados a una habitación separada, esposados e informados de que iban a ser trasladados. Véase J.G.G. c. Trump, WL 2025 1119481, en *2 (D.D.C. 16 de abril de 2025); ECF Nos. 44-9 (Karyn Ann*

Shealy Segunda Decl.), ¶¶ 7–8; 44-10 (Stephanie Quintero Decl.), ¶ 3; 44-11 (Grace Carney, Primera Decl.), ¶ 11; 44-12 (Melissa Smyth Decl.), ¶ 13. ¿A dónde? Eso, nadie les dijo. Véase ECF Nº 101 (Am. Compl.), ¶ 69; Smyth Decl., ¶ 13. Cuando preguntaron, algunos guardias se rieron y dijeron que no sabían; otros dijeron a los detenidos, incorrectamente, que iban a ser trasladados a otro Centro de inmigración o a México o Venezuela. Véase Shealy Second Decl., ¶ 10; Quintero Decl., ¶ 3; ECF Nos. 67-6 (Grace Carney Second Decl.), ¶ 3; 67-11 (Abigail Beckman Decl.), ¶ 9; 102-8 (D.A.R.H. Decl.), ¶ 8."

(Texto de los dos primeros párrafos de la sentencia del Juez James E. Boasberg, *Chief Justice* de la Corte Federal del Distrito de Columbia, de 4 de junio de 2025, *Caso: J.G.G., et al., Plaintiffs, Liyanara Sánchez, as next friend on behalf of Frengel Reyes Mota, et al., Petitioners-Plaintiffs, v. Donald J. Trump, et al., Respondents-Defendants, pp. 1-2*).

CONTENIDO

CUARTA PARTE

QUINTA PARTE

A MODO DE PRESENTACIÓN

Por León Henrique COTTIN

Profesor de la Universidad Católica Andrés Bello
Individuo de Número de la Academia de
Ciencias Políticas y Sociales

Este es un libro importante sobre la defensa de los derechos en los Estado Unidos de Norteamérica (USA) mediante el control constitucional de órdenes del Poder Ejecutivo.

Se refiere a los hechos ocurridos a partir de que el presidente Donald Trump, el día 14 de marzo de 2025, ordenó la deportación masiva de migrantes venezolanos detenidos en USA calificados como miembros de una banda criminal nominada como Tren de Aragua. Al día siguiente comenzó la cacería, que terminaría, para los 252 migrantes, el 18 de julio de 2025.

El fundamento de la orden ejecutiva del presidente Trump fue la Ley de Enemigos Extranjeros sancionada en 1798, para actuar ante la amenaza de posible invasión del territorio de USA por ejércitos franceses.

Esa Ley solo se había aplicado anteriormente en tres oportunidades de guerras. En 1812, guerra contra el Reino Unido. En 1917, primera guerra mundial y en 1941 con ocasión de la segunda guerra mundial.

Es la primera vez en la historia de USA que es aplicada contra un acto no estatal y fuera del concepto de la guerra.

Este libro solo lo ha podido escribir un abogado, que sea venezolano y exiliado en USA.

Los hechos ocurridos narrados por Allan R. Brewer-Carías, parecen haber acontecido en un espacio geográfico sin ley, gobernado por un soberano, con poderes totales, cuyas actuaciones no están sometidas al control de los jueces.

Los hechos a los que se refiere el libro ocurrieron en un breve espacio de tiempo, entre el 15 de marzo y el 18 de julio de 2025.

Se le declaró la aplicación de la Ley de Enemigos Extranjeros a dos grupos de venezolanos. A los miembros de una banda criminal denominada Tren de Aragua, que se vinculó a otra de narcotraficantes denominada Cartel de los Soles. Se declaró que ambos grupos delictivos habían "invadido" el territorio con actividades delictivas y criminales del Tren, y con el Cartel de los Soles, para llenar de drogas a los E.E.U.U.

En ambas bandas el factor común es el pertenecer un grupo étnico: venezolanos.

El despliegue de actividad a que se refiere este libro ha sido contra venezolanos catalogados como miembros del Tren de Aragua. Por lo cual, el libro solo se refiere a lo acontecido en esos casos y no a miembros del Cartel de los Soles por no haber detenido a nadie calificándolo de tal.

Al leer el libro el lector puede pensar que está ante una obra de ficción referida a un "País Bananero", inspirada en el libro "Noticia de un Secuestro" de Gabriel García Márquez.

Se trata de acontecimientos terribles. Venezolanos (252) detenidos sin procedimiento legal, irrespetando sus más elementales derechos, violando la V y VI enmienda de la Constitución de USA.

Fueron tratados como “cosas” peligrosas.

Los secuestraron, aislaron, montaron en aviones y llevaron a un tercer país, a una prisión de alta seguridad sin procedimiento legal alguno. Los entregaron al Centro de Confinamiento del Terrorismo, (CECOT) en la República de El Salvador (curioso eso de Salvador) donde se expidió recibo por la mercancía; se pagó la cantidad de cinco millones de dólares, por haber recibido del envío, y por su mantenimiento.

Luego, el 18 de julio de 2025, fueron canjeados por diez norteamericanos detenidos, ilegalmente, en Venezuela.

Algunos venezolanos ejercieron acciones de protección ante tribunales norteamericanos competentes en los Estados donde habitaban. Algunos detenidos y otros en prevención. El tema planteado era la constitucionalidad y legalidad de las medidas de deportación y la violación de la garantía del debido proceso fundamentadas en la Ley de Enemigos Extranjeros de 1798.

Esos procesos se ventilaron ante Cortes Federales, Cortes de Apelación de Circuitos y Corte Suprema.

El libro recoge, con todo detalle, lo que aconteció en cada juicio. Están los alegatos de los solicitantes y las defensas o alegatos del gobierno. Las decisiones tomadas por los jueces. Las apelaciones, los recursos extraordinarios ante la Corte Suprema de Justicia.

Lo ocurrido es increíble. Se narra lo que pasó en cada hora.

El gobierno mintió ante una de las Cortes Federales sobre el despegue de los aviones, que llevaban a venezolanos sin saber, ellos, el destino. Se dijo, falsamente, que los aviones ya habían despegado. Luego se dijo que cuando llegó la orden judicial de que se devolvieran, ya estaban en espacio aéreo internacional.

Se narran las mentiras. El desacato. Los Insultos a los jueces por el presidente de los E.E.U.U. y otros altos funcionarios. Cómo se despidió, después de 15 años de servicio, a un alto funcionario del Departamento de Justicia quién había ocupado el cargo de Director de la Oficina de Inmigración y Litigio, por haber denunciado, ante sus superiores, que se estaba actuando mal, que no se estaban respetando las decisiones de los jueces. Que no se estaban cumpliendo los procedimientos.

Cuando el juez James Boasberg titular de la Corte Federal de Distrito del Distrito Columbia, en Washington, apenas dictó, el día sábado 15 de marzo de 2025, la medida cautelar (*temporary restraining order, TRO*), el Presidente de la Union, en respuesta a la decisión del Juez Boasberg escribió "Solo hago lo que los votantes querían que hiciera. Este juez, como muchos de *los jueces corruptos* ante los que me veo obligado a comparecer, *debería ser destituido,"* advirtiendo además que se trataba de un "*Lunático radical de izquierda, alborotador y agitador*."

Se violentaron todos los derechos de los venezolanos deportados. No se les informó donde estaban detenidos. No se les explicó de qué se los acusaba. Por qué los montaban en un avión. No se les permitió hablar con un abogado. Nadie les informó por qué estaban en El Salvador.

Sin embargo, al terminar de leer el sorprendente y detallado relato contenido en el trabajo de Allan R. Brewer-Carias, queda, al menos, el convencimiento de que los jueces, salvo una excepción, protegieron el derecho a la defensa de quienes resultaron deportados. Así lo declararon. Trataron de frenar la frenética actuación de los funcionarios ejecutivos y soportaron los ataques del Presidente de la Unión, de miembros de las Cámaras Legislativas y de altos funcionarios del poder ejecutivo. No sucumbieron.

Caracas, 9 de septiembre de 2025

INTRODUCCIÓN

Este libro es la crónica constitucional del control judicial que se efectuó en los Estados Unidos en relación con una de las decisiones políticas más emblemáticas del inicio del segundo período como Presidente de los Estados Unidos, de Donald J. Trump, dictada el 14 de marzo de 2025, mediante la cual ordenó la deportación masiva de migrantes venezolanos que estaban detenidos en los Estados Unidos, quienes fueron calificados como miembros de una banda criminal denominada *Tren de Aragua*.

Con base en ello, 252 migrantes, de inmediato, apenas se publicó la decisión el día 15 de marzo de 2025, fueron enviados a una Cárcel de máxima seguridad en El Salvador, país con el cual no tenían relación ni vínculo alguno, sin que se les informara donde iban, ni porqué, ni se les garantizara en forma alguna el debido proceso.

Cuatro meses después, el 18 julio de 2025, fueron liberados y trasladados a Venezuela como parte de un acuerdo internacional que implicó la liberación, por Venezuela, de un grupo de estadounidenses que habían sido apresados y se encontraban allí detenidos.

La orden ejecutiva de deportación adoptada el 14 de marzo de 2025 se materializó, jurídicamente, con la emisión de una "Proclamación" presidencial en la cual el Presidente Trump, invocó la aplicación de la Ley de Enemigos Extranjeros (*Aliens Enemy Act),* que había sido sancionada en 1798, entonces ante la amenaza de una posible invasión del territorio norteamericano por parte de los ejércitos franceses.

En aquél entonces, pocos años después de la Revolución Francesa (1789), Francia estaba gobernada por el Directorio y se encontraba en guerra con todas las grandes potencias europeas (Gran Bretaña, Austria, Prusia, el Reino de Nápoles, Rusia y el Imperio Otomano), y Napoleón Bonaparte estaba precisamente comandando la expedición militar para la conquista de Egipto, para cerrar el camino de Gran Bretaña a la India.

La Ley de 1798, en ese contexto y precisamente en situaciones de guerra, autorizaba al Presidente de los Estados Unidos para ordenar la deportación de enemigos extranjeros nacionales de una nación hostil, razón por la cual, en la historia de los Estados Unidos dicha Ley solo se había aplicado con anterioridad a 2025 en tres momentos y situaciones de guerra, particularmente en los tiempos de la guerra contra el Reino Unido de 1812, en tiempos de la Primera Guerra Mundial en 1917, y en tiempos de la Segunda Guerra Mundial en 1941.

La aplicación de dicha Ley de 1798, en marzo de 2025, sin embargo, se efectuó en una situación en la cual los Estados Unidos no estaban en guerra con país alguno, ni la misma, en forma alguna se había declarado contra Venezuela por el Congreso, que conforme a la Constitución es el único órgano que puede declarar la guerra. Por tanto, en esa situación, Venezuela, no podía entonces considerarse como una "nación hostil" para la aplicación de la Ley de 1798, por lo que la misma no fue dirigida a los nacionales de Venezuela, sino solo a un grupo muy reducido de nacionales venezolanos que estaban en el territorio de los Estados Unidos, acusados de ser miembros de una banda delictiva denominada el *Tren de Aragua*, organización que se acusaba de haber invadido los Estados Unidos y de haber efectuado una incursión depredadora contra el territorio de los Estados Unidos.

La aplicación de la Ley de 1798 originó, como era de esperarse y era propio de la práctica legal norteamericana, una avalancha de reclamos y demandas que fueron intentadas por venezolanos deportados y sus representantes ante diversas Cortes Federales de Distrito, impugnando la decisión ejecutiva, por considerar que dicha Ley de Enemigos Extranjeros de 1798 no podía aplicarse a los miembros de una banda criminal.

Y así comenzó a funcionar el control judicial sobre las acciones del Poder Ejecutivo, que responde a la mera esencia del principio de la separación de poderes que ha regido en toda la historia de los Estados Unidos, desde su inclusión en la Constitución de 1787.

Como es bien sabido, la Constitución norteamericana fue básicamente concebida como un documento orgánico regulando la forma de gobierno del nuevo Estado que fue creado en 1776, a raíz de la Unión de los Estados que surgieron después de la independencia de las antiguas colonias británicas de norteamericana; y la misma fue montada sobre dos pilares fundamentales: por una parte, la separación de poderes entre los órganos de la Unión (el Estado nacional o federal), concebida horizontalmente, entre los Poderes Legislativo (Artículo I), Ejecutivo (Artículo II) y Judicial (Artículo III); y por la otra, la distribución territorial del poder concebida verticalmente, integrando a los Estados que derivaron de las antiguas colonias que se unían, en un sistema federal de descentralización política (Artículo IV).

Dichos cuatro artículos conforman casi el noventa y cinco por ciento del contenido del texto de la Constitución, la cual solo tiene adicionalmente tres cortos artículos adicionales sobre reformas a la Constitución (Articulo V), sobre su interpretación (Articulo VI) y sobre la ratificación a la misma (Artículo VII).

Fue solo en 1791 cuando se sancionaron las primeras Enmiendas de la Constitución, incorporando a su texto una parte dogmática que conformó una Carta de derechos (*Bill of Rights*).

Se entenderá, por tanto, el significado del principio de la separación de poderes en los Estados Unidos, sobre el cual, desde cuando se estaba construyendo la Nación, James Madison advirtió que, al contrario del mismo:

> "La acumulación de todos los poderes, legislativo, ejecutivo y judicial en las mismas manos, bien sea de uno, de pocos o de muchos, ya sea hereditario, auto otorgado o electivo, puede considerarse justamente, como la definición de la Tiranía."[1]

El principio, incluso, antes de su estructuración en la Constitución de 1797, ya se había establecido en las Constituciones de los Estados de la Unión como elemento esencial de las mismas, como fue el caso, por ejemplo, de lo que se dispuso en la Constitución de Virginia de 1775, indicando en su Artículo III que:

> "Los Departamentos Legislativo, Ejecutivo y Judicial, deberán estar separados y distintos, de manera que ninguno ejerza los poderes pertinentes a otro; ni persona alguna debe ejercer más de uno de esos poderes al mismo tiempo...".

Y también, por ejemplo, el caso de la Constitución de Massachusetts de 1780, con una expresión categórica, como la siguiente:

---

1 Véase J. Madison, *The Federalist*, (ed. B. F. Wright) Cambridge Mass. 1961, N° 47, p. 336.

"En el gobierno de esta Comunidad, el departamento legislativo no deberá ejercer los poderes ejecutivo y judicial, o alguno de ellos. El ejecutivo nunca deberá ejercer los poderes legislativo y judicial, o alguno de ellos. El judicial nunca deberá ejercer los poderes legislativo y ejecutivo, o alguno de ellos. En fin, debe ser un gobierno de leyes, no de hombres."[2]

La Constitución de los Estados Unidos de 1787, en contraste, ciertamente que no contiene dentro de su articulado una norma similar a estas, pero, como se dijo, su principal objetivo, contenido y estructura toda fue, precisamente, organizar la forma de gobierno del Estado conforme y dentro del principio de separación de poderes, con base en un sistema de frenos y contrapesos, de manera que todos los Poderes Legislativos le son confiados al Congreso; el Poder Ejecutivo se le confiere al Presidente; y el Poder Judicial de los Estados Unidos está en manos de la Corte Suprema y de las demás Cortes Federales.[3]

De la rigidez de la separación de poderes resulta el hecho de que el Gabinete ejecutivo es completamente independiente del Congreso, con el cual no mantiene una comunicación

2 Art. XXX, *Massachusetts General Law Anotated*. St. Paul, Minn. Vol. 1-A, p. 582. En 1776, la Constitución de Virginia también tenía una declaración sobre la separación de poderes, considerado como "la afirmación más precisa de la doctrina que había aparecido en la época". Véase M. J. C. Vile, *op. cit.*, p. 118. El artículo 3 de la Constitución expresaba: "Los poderes Legislativo, Ejecutivo y Judicial estarán separados y diferentes, de manera que ninguno ejerza poderes que pertenezcan en propiedad a los demás; ninguna persona tampoco ejercerá los poderes de más de uno de esos al mismo tiempo, salvo respecto de los magistrados de tribunales de condado quienes podrán ser elegibles a cualquier Cámara del Parlamento".

3 Arts. 1,1; 2,1; y 3,1.

formal.[4] Por ello, particularmente, la Constitución norteamericana reguló los poderes del Ejecutivo en lo que entonces fue una nueva forma de gobierno antes desconocida, el presidencialismo, como opuesto al parlamentarismo, y además, diseño una configuración particular del Poder Judicial, nunca antes conocida en la práctica constitucional.

Alexis De Tocqueville, por ello, destacó en su libro sobre *La democracia en América*,[5] entre los principios que "descubrió" y que más contribuían al "mantenimiento de la República democrática en el Nuevo Mundo,"[6]

> "la constitución del poder judicial. He demostrado cómo los tribunales sirven para corregir los extravíos de la democracia y cómo sin poder detener jamás los movimientos de la mayoría, logran hacerlos más lentos, así como dirigirlos."[7]

Y al referirse en particular al rol de la Corte Suprema en el contexto de la Constitución, destacó lo siguiente:

> "La paz, la prosperidad, y la existencia misma de la Unión están depositados en manos de siete Jueces Federales. Sin ellos, la Constitución sería letra muerta...,
>
> No solo los Jueces federales deben ser buenos ciudadanos, y hombres con la información e integridad indispensables en todo magistrado, sino que deben ser hombres de Estado, suficientemente sabios para percibir los signos de

---

4 Véase M. García-Pelayo, *Derecho Constitucional Comparado*, Madrid 1957, p. 350.

5 Véase A. De Tocqueville, *Democracy in America, cit.*, Vol. 1, p. 216.

6 Título del Capítulo IX de la segunda parte, *op. cit.*, p. 342.

7 *Idem*, p. 354.

su tiempo, sin miedo para afrontar obstáculos que puedan dominarse, no lentos en poder apartarse de la corriente cuando el oleaje amenaza con barrerlos junto con la supremacía de la Unión y la obediencia debida a sus leyes.

El Presidente, quien ejerce poderes limitados, puede fallar sin causar gran daño en el Estado. El Congreso puede errar sin que la Unión se destruya, porque el cuerpo electoral en el cual se origina puede provocar que se retracte en las decisiones cambiando sus miembros. Pero si la Corte Suprema alguna vez está integrada por hombres imprudentes y malos, la Unión caería en la anarquía y la guerra civil."[8]

Fue en ese contexto de la separación de poderes y del rol otorgado al Poder Judicial, que se consolidó el Estado de Derecho (*Rule of Law*), estableciéndose los necesarios medios de protección de sus principios para garantizar la existencia de las limitaciones impuestas a los órganos del Estado y al goce de los derechos individuales, particularmente los medios judiciales de protección.

Por ello, por ejemplo, las recientes manifestaciones de advertencia sobre el significado de la separación de poderes, que han podido apreciarse en decisiones judiciales en los primeros meses del gobierno del Presidente Donald Trump.

Por ejemplo, la opinión del Juez Ronald M. Gould, de la Corte de Apelaciones del Noveno Circuito, escribiendo por la mayoría la decisión de 23 de julio de 2025 en el caso *State of*

---

8 Véase Alexis de Tocqueville, *Democracy in America*, Chapter VIII "The Federal Constitution," de la traducción de Henry Reeve, revisada y corregida en 1899, en http://xroads.virgi-nia.edu/~HYPER/DETOC/1_ch08.htm Véase igualmente la referencia en Jorge Carpizo, *El Tribunal Constitucional y sus límites*, Grijley Ed., Lima 2009, pp. 46-48.

Washington v. Trump, relativo a la constitucionalidad de la restricción decretada por vía ejecutiva respecto de la nacionalidad por nacimiento, expresando que:

> "Un poder que no se le otorgó al Presidente, por el Artículo II o por cualquier otra fuente, es el poder de modificar o cambiar cualquier cláusula de la Constitución de los Estados Unidos."[9]

Por su parte, el Juez Federal de la Corte de Distrito de Massachusetts, Myong Joun, en sentencia del 22 de mayo de 2025, en el caso *New York v. McMahon*, relativo al cierre del Departamento de Educación, expresó que si bien el Presidente tiene el poder de despedir funcionarios del Ejecutivo, ese poder no incluye el poder de:

> "desmantelar departamentos y programas creados por el Congreso a través de despidos masivos. Estas acciones violan la separación de poderes al violar los deberes del Ejecutivo de cuidar de ejecutar fielmente las leyes promulgadas por el Congreso, así como sus deberes de gastar los fondos que el Congreso le ha autorizado a asignar."[10]

Y el Juez Federal Sparkle L. Sooknanan, de la Corte de Distrito de Distrito de Columbia, en el caso *Grundmann v. Trump,* sobre la remoción de los funcionarios de Consejo de Relaciones Laborales, en sentencia del 12 de marzo de 2025, recordó que:

---

9 Véase la referencia en: Jurist Staff, "'Ours Is Not an Autocracy': An Evolving Collection of Quotes from US Judges Fighting to Preserve the Rule of Law," en *Jurist News,* 8 agosto 2025, disponible en: https://www.jurist.org/features/2025/08/08/ours-is-not-an-autocracy-an-evolving-collection-of-quotes-from-us-judges-fighting-to-preserve-the-rule-of-law/

10 *Idem*

"La nuestra no es una autocracia; es un sistema de controles y equilibrios.

Nuestros Fundadores reconocieron que la concentración de poder en una rama del gobierno significaría un desastre.

[Como declaró el juez Louis Brandeis en el caso *Myers v. US* de 1926] La doctrina de la separación de poderes fue adoptada por la convención de 1787 no para promover la eficiencia, sino para impedir el ejercicio del poder arbitrario. El propósito no era evitar la fricción sino, por medio de la inevitable fricción incidental a la distribución de los poderes gubernamentales entre tres departamentos, salvar al pueblo de la autocracia.[11]

Y es que en este sentido fue muy preciso el argumento del *Chief Justice* John Marshall en el conocido caso *Marbury vs Madison* de 1803, resuelto por la Corte Suprema de los Estados Unidos:

> "¿Con qué propósito se limitan los poderes y dichas limitaciones se establecen por escrito, si esos límites, en cualquier momento, pueden ser traspasados por aquellos a quienes debían supuestamente limitar? La diferencia entre un gobierno con poderes limitados y uno con poderes ilimitados deja de existir cuando las limitaciones no obligan a las personas sobre las cuales se imponen y cuando los actos prohibidos y los permitidos son de igual obligatoriedad."[12]

---

[11] *Idem*. Véase además la sentencia citada de la Corte Suprema que está disponible en: https://supreme.justia.com/cases/federal/us/272/52/

[12] Véase el caso *Marbury vs. Madison*, 5. U.S. (1 Cranch) 137; 2 L, Ed. 60 (1803). Véase el texto en R. A. Rossum and G. A. Tarr, *American Constitutional Law, Cases and Interpretation*, Nueva York 1983, p. 70.

De lo cual el mismo Juez Marshall concluyó en la misma sentencia, con la cual se inició en el mundo occidental el control de la constitucionalidad de las leyes, que:

> "No cabe la menor duda de que todos los que tienen una Constitución escrita y estable la consideran como la ley fundamental y suprema de la Nación y, por consiguiente, para estos gobiernos, un acto legislativo contrario a la Constitución es nulo."[13]

Se trata, en definitiva, de la potestad otorgada a los jueces en los Estados Unidos, en el marco del principio de la separación de poderes, de ejercer control judicial de la constitucionalidad de las leyes y demás actos del Congreso, y de ejercer también el control de la constitucionalidad y legalidad de los actos del Poder Ejecutivo, lo que con razón se ha considerado desde siempre como una de las características más resaltantes del sistema constitucional norteamericano.[14]

En ese marco, en consecuencia, las Cortes Federales siempre han tenido el poder de determinar la inconstitucionalidad o ilegalidad de dichos actos estatales, de decidir no aplicarlos dando preferencia a las disposiciones de la Constitución y, además, con poderes, a través de las *injunctions,* de incluso prohibir su aplicación, en particular en relación con los actos del Poder Ejecutivo.

Las páginas que siguen son, como se dijo, la crónica constitucional del control judicial de la mencionada Proclamación del Presidente Donald J, Trump emitida el 14 de marzo de 2025 invocando la Ley de Enemigos Extranjeros de 1798, mediante la cual ordenó la deportación masiva de migrantes venezolanos, sin garantía alguna de debido proceso, que se encontraban detenidos

---

13 *Marbury vs Madison*, 5.U.S. (1 Cranch), 137, 2 L, Ed. 60, 1803.

14 Véase E. S. Corwin, "Judicial Review", *Encyclopedia of the Social Sciences*, Vol. VII-VII, p. 457.

en territorio norteamericano, por ser considerados miembros de una banda criminal denominada *Tren de Aragua,* que había sido previamente declarada como organización terrorista; decisión que dio origen a una avalancha de recursos ante Cortes federales y a la adopción de múltiples y variadas decisiones por parte de las mismas, de Cortes de Apelaciones e incluso de la Corte Suprema.

Todavía están pendientes de ser emitidas algunas decisiones por varias Cortes de Apelaciones y, sin duda, la que al final deba ser dictada por la Corte Suprema estableciendo el precedente respectivo sobre el tema.

Asimismo, sin duda, también es posible que se produzcan nuevos hechos en la guerra contra el narcotráfico declarada por los Estados Unidos, que como lo ha señalado el profesor William Zambrano desde Bogotá:

> "Más allá de los debates que puedan suscitarse sobre el fundamento y la legitimidad de las acciones que actualmente se adelantan o puedan llegar a darse en el Caribe o incluso sobre el propio suelo venezolano, fruto del poderoso despliegue de las fuerzas armadas de Estados Unidos para combatir el narcotráfico, lo cierto es que aquellas tendrán consecuencias sobre el futuro del régimen que actualmente usurpa el poder en el país vecino..."[15]

Pero todo ello lo dejaremos para otra futura Crónica constitucional, o para una segunda edición de esta obra, que esperamos poder escribir.

Nueva York, 9 de septiembre de 2025

---

[15] Véase William Zambrano, "Venezuela democrática," en El Nuevo Siglo, Bogotá 8 septiembre 2025, disponible en: https://www.elnuevosiglo.com.co/columnistas/venezuela-democratica

PRIMERA PARTE

LA PROCLAMACIÓN DEL PRESIDENTE DE ESTADOS UNIDOS DE 14 DE MARZO DE 2025, INVOCANDO LA *LEY DE ENEMIGOS EXTRANJEROS* DE 1798 ALEGANDO UNA INVASIÓN E INCURSIÓN DEPREDADORA POR PARTE DE UNA BANDA CRIMINAL DENOMINADA *TREN DE ARAGUA*, CONTRA LOS ESTADOS UNIDOS

El viernes 14 de marzo de 2025, el Presidente de los Estados Unidos, invocando la aplicación de una Ley denominada *Alien Enemies Act* (Ley *AEA)* (Ley de Enemigos Extranjeros) de 1798, emitió una Proclamación (*Invocation of the Alien Enemies Act Regarding the Invasion of The United States by Tren de Aragua*), para declarar que una banda criminal que tuvo su origen en Venezuela denominada *Tren de Aragua,* la cual previamente había sido declarada por el Ejecutivo como "organización terrorista criminal extranjera," considerando que estaba llevando a cabo una invasión de los Estados Unidos,[16] con

---

[16] La Proclamación fue publicada al día siguiente 14 de marzo de 2025. Véase el texto, que está disponible en https://www.whitehouse.gov/

la consecuencia inmediata de declarar a todos los miembros de la misma como "enemigos extranjeros," ordenándose su aprehensión inmediata, su detención y su deportación del territorio de los Estados Unidos.[17]

I. ANTECEDENTE: LA DESIGNACIÓN DEL *TREN DE ARAGUA* COMO ORGANIZACIÓN TERRORISTA EXTRANJERA POR EL DEPARTAMENTO DE ESTADO

La antes mencionada Proclamación presidencial, como se indica en su texto, tuvo como supuesto de base, la previa designación formal, el 20 de febrero de 2025, por parte del Departamento de Estado del Gobierno de los Estados Unidos, en consulta con la *Attorney General* y el Secretario del Tesoro (de conformidad con 8 U.S.C. 1189), del *Tren de Aragua (TdA)* como Organización Terrorista Extranjera (*Foreign Terrorist Organizations (FTOs) y* Terroristas Globales Especialmente Designados *(Specially Designated Global Terrorists (SDGTs),*" con el objeto de proteger a la:

presidential-actions/2025/03/invocation-of-the-alien-enemies-act-regarding-the-invasion-of-the-united-states-by-tren-de-aragua/

17 Véase sobre esta Primera Parte: Allan R. Brewer-Carías, "Comentarios sobre base legal de la orden ejecutiva de deportación masiva de migrantes venezolanos miembros de una banda criminal denominada Tren de Aragua, emitida mediante Proclamación del Presidente de los Estados Unidos en marzo de 2025, en aplicación de la Ley De Enemigos Extranjeros de 1798. Significado y algunos efectos jurídicos y políticos," en el *Libro Homenaje 50 Años del Instituto de Investigaciones Jurídicas de la Universidad Católica Andrés Bello* (Coordinadores: Cecilia Sosa Gómez y Rafael Badell Madrid), Caracas 2025.

"nación, al pueblo estadounidense y a nuestro hemisferio poniendo fin a las campañas de violencia y terror cometidas por los cárteles internacionales y las organizaciones transnacionales."

En ese momento, la designación no fue solo respecto del *Tren de Aragua*, sino que abarcó a las siguientes ocho organizaciones "*Tren de Aragua (TdA), Mara Salvatrucha (MS-13), Cártel de Sinaloa, Cártel de Jalisco Nueva Generación (CJNG), Cártel del Noreste (CDN), La Nueva Familia Michoacana (LNFM), Cártel de Golfo (CDG), and Cárteles Unidos (CU)).*"

De manera que luego de describir cada una de las organizaciones designadas, en cuanto al *Tren de Aragua,* en la Designación se indicó que:

> "es una *organización transnacional* que se originó en *Venezuela* con células en *Colombia, Perú y Chile*, con reportes adicionales de presencia esporádica en *Ecuador, Bolivia y Brasil*. Este brutal grupo criminal ha llevado a cabo secuestros, ha extorsionado empresas, sobornado a funcionarios públicos, autorizado a sus miembros a *atacar y matar a las fuerzas del orden de Estados* Unidos y asesinado a una figura de la oposición venezolana."[18]

[18] Dicha organización criminal, en efecto, se originó en Venezuela, como se ha estudiado exhaustivamente, como una banda de delincuentes que además ganó el control de las cárceles más importantes del país, desde las cuales operó con el conocimiento del gobierno. Véase entre otros el libro de Ronna Rísquez, *El Tren de Aragua. La banda que revolucionó el crimen organizado en América Latina,* Editorial Dahbar, 2023. Para 2024 se informaba de la presencia del Tren de Aragua en los Estados Unidos. Véase, por ejemplo: Juan Forero, "Gang from Venezuela Gains Toehold in U.S." en *The Wall Street Journal*, 13 septiembre 2024, pp. A1 y A5. Sin embargo, en Febrero de 2025 se reportaba que las Agencias de Inteligencia de los Estados Unidos habían

El objetivo de estas designaciones de organizaciones terroristas, según el mismo texto de la Designación del 20 de febrero de 2025, era exponer y aislar a dichas entidades e individuos, negándoles el "acceso al sistema financiero de los Estados Unidos y a los recursos que necesitan para llevar a cabo ataques;" agregando que:

> "como resultado de las acciones tomadas hoy, todos los bienes e intereses en bienes de aquellos designados hoy que se encuentran en los Estados Unidos o que están en posesión o control de una persona estadounidense están bloqueados, y las personas estadounidenses generalmente tienen prohibido participar en transacciones con ellos. Además, las designaciones pueden ayudar a las acciones de aplicación de la ley de otras agencias y gobiernos de los EE. UU."[19]

II. FUNDAMENTO LEGAL DE LA PROCLAMACIÓN: LA LEY DE ENEMIGOS EXTRANJEROS DE 1798

Luego de esta Designación formal del *Tren de Aragua* como organización terrorista extranjera, como se dijo, el Presidente de los Estados Unidos, invocando la Ley de Enemigos Extranjeros de 1798 (C *50 U.S. Code § 21et seq. – Restricción, regulación y expulsión*), emitió la mencionada Proclamación publicada el 15 de marzo de 2025 (*Invocación de la Ley de*

elaborado un Informe en el cual se indicaba que el Tren de Aragua no estaba controlado por el Gobierno en Venezuela, y que los miembros de la organización que estaban en los Estados Unidos no habían sido enviados por el mismo. Véase las referencias en Rebecca Hanson, David Smilde y Verónica Zubillaga, "This is Not the Right Way to Curb Migration," en *The New York Times,* 5 abril 2025, p. A21

19 Véase el texto de este documento que está disponible en: https://www.state.gov/designation-of-international-cartels/

Enemigos Extranjeros en relación con la invasión de los Estados Unidos por el Tren de Aragua)."[20]

Dicha Ley de 1798 (50 U.S.C),[21] como se dijo, fue dictada hace más de doscientos veinticinco años, para prevenir el aquel momento alguna posible invasión de parte de ejércitos franceses, en los años siguientes a la Revolución Francesa; y durante toda su vigencia solo se había aplicado en tres ocasiones en toda la historia de los Estados Unidos, precisamente *siempre en una situación de guerra:* en tiempos de la Guerra contra el Reino Unido de 1812, en tiempos de la Primera Guerra Mundial en 1917 y en tiempos de la Segunda Guerra Mundial en 1941.

En este último caso fue, por ejemplo, un instrumento importante para imponer restricciones y para detener y deportar personas de nacionalidad japonesa, alemana e italiana, con cuyos países los Estados Unidos estaban en guerra, solo basándose en el hecho de que esas personas eran *nativas, ciudadanos, habitantes o súbditos de la nación o gobierno hostil.*[22]

---

20 Véase el texto de la Proclamación que está disponible en: https://www.whitehouse.gov/presidential-actions/2025/03/invocation-of-the-alien-enemies-act-regarding-the-invasion-of-the-united-states-by-tren-de-aragua/

21 Véase el comentario sobre la aplicación de la ley en el documento: "The Alien Enemy Act: History and Potential Use to Remove Members of International Criminal Cartels," preparado por **el** *Congressional Research Service (CRS),* en *Congress.gov*, disponible en: https://www.congress.gov/crs-product/LSB11269#:~:text=The%20Alien%20Enemy%20Act%20of%201798%20is%20a%20wartime%20measure,restraining%20citizens%20or%20nationals%20of

22 Fue el caso, por ejemplo, de la *Proclamation 2525-Alien Enemies, Japanese* de 7 de diciembre de 1941 del Presidente Franklin D. Roosevelt, emitida el mismo día del ataque de Japón a la Flota de Estados Unidos en Pearl Harbor, Hawai, en la cual, considerando que "una invasión ha sido perpetrada en territorio de los Estados Unidos por el Imperio del Japón," declaró enemigos extranjeros a los *nativos,*

La Ley, a tales efectos, dispone lo siguiente:

"§ *21. Restricción, regulación y remoción.* Siempre que haya una *guerra declarada* entre los Estados Unidos y cualquier *nación o gobierno extranjero*, o cualquier *invasión o incursión depredadora* sea perpetrada, intentada o amenazada contra el territorio de los Estados Unidos por cualquier *nación o gobierno extranjero*, y el Presidente proclame públicamente el evento, todos los *nativos, ciudadanos, habitantes o súbditos de la nación o gobierno hostil*, siendo mayores de catorce años de edad, que se encuentren dentro de los Estados Unidos y no estén efectivamente naturalizados, estarán sujetos a ser aprehendidos, restringidos, asegurados y removidos como enemigos extranjeros.

El Presidente está autorizado, en tal caso, por su Proclamación del mismo, u otro acto público, para dirigir la conducta que debe observarse por parte de los Estados Unidos hacia los extranjeros que se hagan responsables; la forma y el grado de la restricción a que estarán sujetos y en qué casos, y con qué seguridad se les permitirá residir, y disponer la expulsión de aquellos que, no estando autorizados a residir dentro de los Estados Unidos, se nieguen o se descuiden a salir del mismo; y establecer las demás normas que se consideren necesarias en los locales y para la seguridad pública."[23]

---

ciudadanos, habitantes o súbditos de Imperio de Japón, considerado como nación o gobierno hostil. Disponible en: https://www.presidency.ucsb.edu/documents/proclamation-2525-alien-enemies-japanese

23 Véase el texto de la Ley que está disponible en: https://tile.loc.gov/storage-services/service/ll/uscode/uscode1940-00305/uscode1940-003050003/uscode1940-003050003.pdf; y en https://uscode.house.gov/view.xhtml?path=/prelim@title50/chapter3&edition=prelim Véase sobre la Ley, por ejemplo, loa comentarios del Brennan Center. Dispo-

Una lectura franca de este texto permite pensar que efectivamente se trata de una ley sancionada en y para *tiempos de guerra*, mediante la cual se autorizó al Presidente de los Estados Unidos para detener o deportar a *nativos, ciudadanos, habitantes o súbditos de la nación o gobierno hostil*, únicamente basada en el país de nacimiento, ciudadanía o residencia del extranjero o inmigrante, que debe ser la *nación hostil*. Para cuando la Ley se dictó, ya la Quinta Enmienda a la Constitución, que fue aprobada en 1791, estaba vigente, con la cual toda persona ya tenía garantizado el derecho a no ser "privado de su vida, de su libertad y de su propiedad sin el debido proceso legal."

Como resulta de su propio texto, la Ley se puede aplicar cuando ha habido una *declaración de guerra contra una nación o gobierno extranjero* ("*nación enemiga*" o "*nación hostil*") lo cual solo puede hacerlo el Congreso; o cuando un *gobierno extranjero* amenace o emprenda una "*invasión*" o "*incursión depredadora*" contra el territorio de los Estados Unidos, y solo puede referirse a *nativos, ciudadanos, habitantes o súbditos de la nación o gobierno hostil.*

Debe observarse, por otra parte, que la Ley, además del parágrafo 21, antes transcrito, tal como lo observó el Juez Federal Alvin K. Hellerstein del Distrito Sur de Nueva York el 6 de mayo de 2025, en una de las múltiples sentencias que se han dictado en casos derivados de la aplicación de la Ley,[24] es el único que "convenientemente" se ha citado, indicando que la Ley contiene otros dos parágrafos establecidos, entre otras cosas, para precisamente garantizar el debido proceso a los extranjeros que puedan estar afectados por la Ley.

---

nible en: https://www.brennancenter.org/our-work/research-reports/alien-enemies-act-explained

24 Véase el texto de la sentencia del Juez Hellerstein que está disponible en: https://storage.courtlistener.com/recap/gov.uscourts.nysd.640153/gov.uscourts.nysd.640153.84.0.pdf

El parágrafo 22 de la Ley, en efecto, garantiza a los extranjeros que "no son imputables de hostilidad real u otro delito contra la seguridad pública," un "tiempo razonable" para auto deportarse y resolver sus asuntos,"[25] en la forma siguiente:

> "*§ 22. Tiempo permitido para arreglar asuntos y salir.* Cuando un extranjero que se torne en responsable como enemigo, en la forma prescrita en la sección 21 de este Título, no sea acusado de hostilidad real u otro delito contra la seguridad pública, se le permitirá, para la recuperación, disposición y retiro de sus bienes y efectos, y para su partida, todo el tiempo que esté o sea estipulado por cualquier tratado entonces en vigor entre los Estados Unidos y la nación hostil o gobierno del que es ciudadano, habitante o súbdito nativo; y donde no exista tal tratado o no esté en vigor, el Presidente podrá determinar y declarar el plazo razonable que sea compatible con la seguridad pública, y de acuerdo con los dictados de la humanidad y la hospitalidad nacional."

En cuanto al parágrafo 23 de la Ley, también destacado por el Juez Hellerstein del Distrito Sur de Nueva York, dispone que es necesario que se formule "una "queja" (*complaint*) contra el extranjero a quien se considera enemigo, es decir, una notificación específica de los actos cometidos, y se permita el control judicial por parte de una Corte conforme al Artículo III [de la Constitución] para determinar si hay "causa suficiente que aparezca" antes de que un extranjero pueda ser deportado,"[26] en la forma siguiente:

---

[25] *Idem*

[26] *Idem*

"*§ 23. Jurisdicción de las Cortes y jueces de los Estados Unidos.* "Después de que se haya hecho tal Proclamación, los diversos tribunales de los Estados Unidos que tienen jurisdicción penal, y los diversos jueces y magistrados de los tribunales de los Estados Unidos, están autorizados y será su deber, ante una queja contra cualquier enemigo extranjero residente y en libertad dentro de dicha jurisdicción o distrito, con peligro para la paz o la seguridad públicas, y contraria al tenor o la intención de dicha Proclamación, u otras regulaciones que el Presidente pueda haber establecido, para hacer que dicho extranjero sea debidamente aprehendido y llevado ante dicho tribunal, juez o justicia; y después de un examen completo y audiencia sobre dicha queja, y de que aparezca una causa suficiente, para ordenar que dicho extranjero sea expulsado del territorio de los Estados Unidos, o que dé fianzas por su buena conducta, o que se le restrinja de otra manera, de conformidad con la Proclamación o los reglamentos establecidos como se ha mencionado anteriormente, y para encarcelar o asegurar de otra manera a dicho extranjero, hasta que se ejecute la orden que así se dicte."

III. LA PROCLAMACIÓN PRESIDENCIAL DEL 14 DE MARZO DE 2025 DE INVOCACIÓN DE LA LEY DE ENEMIGOS EXTRANJEROS EN RELACIÓN CON LA INVASIÓN DE LOS ESTADOS UNIDOS POR EL *TREN DE ARAGUA*

Fue con base en la antes referida Ley de Enemigos Extranjeros de 1798, como se ha dicho, que el Presidente de los Estados Unidos, el 14 de marzo de 2025 emitió la antes mencionada Proclamación de "*Invocación de la Ley de Enemigos Extranjeros en relación con la invasión de los Estados Unidos por el Tren de*

Aragua," la cual fue publicada en horas de la tarde del día siguiente, 15 de marzo de 2025,[27] en la cual expresó lo siguiente:

> "*Encuentro y declaro que TdA está perpetrando, intentando y amenazando con una invasión o incursión depredadora contra el territorio de los Estados Unidos. TdA está llevando a cabo acciones hostiles y llevando a cabo una guerra irregular contra el territorio de los Estados Unidos, tanto directamente como bajo la dirección, clandestina o de otro tipo, del régimen de Maduro en Venezuela (Secc. 1).*

Como consecuencia de ello, dijo el Presidente, "por la autoridad que me confieren la Constitución y las leyes de los Estados Unidos de América, incluyendo 50 U.S.C. 21," y "usando toda la extensión de mi autoridad para conducir los asuntos exteriores de la Nación bajo la Constitución," para "*proteger al pueblo estadounidense de los efectos devastadores de esta invasión*," proclamó que: "todos los ciudadanos venezolanos de 14 años o más *que son miembros de TdA*, que están dentro de los Estados Unidos, y no son realmente naturalizados o residentes permanentes legales de los Estados Unidos," por ser "*un peligro para la paz pública o la seguridad de los Estados Unidos*," y ser "acusados de *hostilidad real contra los Estados Unidos*" "pueden ser detenidos, restringidos, asegurados y deportados como *enemigos extranjeros*" y, por tanto, como tales:"

> "todos esos miembros de *TdA* son, en virtud de su pertenencia a esa organización, *acusados de hostilidad real contra los Estados Unidos* y, por lo tanto, *no son elegibles* para

---

[27] Véase el texto de la Proclamación que está disponible en: https://www.whitehouse.gov/presidential-actions/2025/03/invocation-of-the-alien-enemies-act-regarding-the-invasion-of-the-united-states-by-tren-de-aragua/

los beneficios de 50 U.S.C. 22. Además, considero y declaro que todos esos *miembros de TdA son un peligro para la paz pública o la seguridad de los Estados Unidos*." (Secc. 1)

Se destaca de esta sección primera de la Proclamación, que el Presidente expresamente excluyó a los venezolanos declarados como enemigos extranjeros (miembros del *TdA*) de los beneficios regulados en el parágrafo 22 de la Ley AEA que les otorga a los extranjeros que "no son imputables de hostilidad real u otro delito contra la seguridad pública" un "tiempo razonable" para auto deportarse y resolver sus asuntos."

En la Proclamación, además, el Presidente decidió que todos los enemigos extranjeros antes descritos, estaban "sujetos a aprehensión inmediata, detención y expulsión y, además, que no se les permita residir en los Estados Unidos (Secc. 3), pudiendo la *Attorney General* y el Secretario de Seguridad Interior (*Homeland Security*), de conformidad con la Ley de Enemigos Extranjeros y la ley aplicable, "detener, restringir, asegurar y expulsar" a todos dichos los enemigos extranjeros (Secc 4).

Se debe destacar que esta declaración tan terminante fue fundamentada en los siguientes motivos que, como declaraciones políticas, fueron expresados en el mismo texto de la Proclamación por el Presidente de los Estados Unidos, al indicar con bastante detalle, que dicha organización terrorista, *Tren de Aragua TdA*:

(i) "*opera en conjunto con el Cártel de los Soles, la empresa de narcoterrorismo patrocinada por el régimen de Nicolás Maduro* con sede en Venezuela:"

(ii) que "está *estrechamente alineada* con, y de hecho se ha *infiltrado*, en el *régimen de Maduro*, incluido su aparato militar y de aplicación de la ley,"

(iii) que "*comete delitos brutales*, incluidos asesinatos, secuestros, extorsiones y tráfico de personas, drogas y armas,"

(iv) que "*ha infiltrado ilegalmente en los Estados Unidos y están llevando a cabo una guerra irregular* y emprendiendo acciones hostiles contra los Estados Unidos,"

(v) que "*se ha involucrado y continúa participando en la migración ilegal* masiva a los Estados Unidos" y que ello se hace,

(vi) para "*promover sus objetivos de dañar a los ciudadanos de los Estados Unidos*, socavar la seguridad pública" y

(vii) para "*apoyar el objetivo del régimen de Maduro de desestabilizar las naciones democráticas en las Américas, incluidos los Estados Unidos.*"

SEGUNDA PARTE

SIGNIFICACIÓN POLÍTICA DE LA PROCLAMACIÓN PRESIDENCIAL DEL 14 DE MARZO DE 2025 RESPECTO DE LA NACIÓN VENEZOLANA CON MOTIVO DE LA APLICACIÓN DE LA LEY DE ENEMIGOS EXTRANJEROS A MIGRANTES VENEZOLANOS MIEMBROS DEL *TREN DE ARAGUA* Y SU EVOLUCIÓN POSTERIOR

Con la Proclamación presidencial antes mencionada, si bien no se trata de una proclama formal de *guerra* de los Estados Unidos contra la Nación venezolana, de su texto queda claro cuál es la apreciación y posición política del gobierno de los Estados Unidos tanto respecto del Estado venezolano, como respecto del gobierno del Sr. Nicolás Maduro, del *Tren de Aragua TdA*, y del *Cartel de Los Soles*, como organizaciones terroristas extranjeras designadas, tal como por ejemplo lo apreció el Juez Federal Fernando Rodríguez T., del Circuito Sur de Texas, en sentencia dictada el 1 de mayo de 2025, mediante la cual emitió una *injunction* declarando ilegal la aplicación de la Ley de Enemigos extranjeros de 1798 a venezolanos migrantes detenidos en USA, prohibiendo al Gobierno hacer deportaciones de venezolanos con base en la misma, no sin antes constatar que:

"la Proclamación coloca al gobierno de Venezuela como la entidad controladora de las actividades de TdA en los Estados Unidos. De acuerdo con la Proclamación, TdA "emprende acciones hostiles y lleva a cabo una guerra irregular contra el territorio de los Estados Unidos, tanto directamente como *bajo la dirección . . . del régimen de Maduro en Venezuela*". Proclamación, 90 Fed. Reg. 13033 (énfasis añadido). Según la Proclamación, Maduro, "quien dice actuar como Presidente de Venezuela... dirige la empresa Cártel de los Soles, patrocinada por el régimen, que se coordina con *TdA y depende de ella. para llevar a cabo su objetivo* de utilizar estupefacientes ilegales como arma[.]" *Ídem*. (sin subrayar en el original). Aunque la Proclamación se centra en las actividades de TdA en los Estados Unidos, coloca el control de esas actividades en Maduro, actuando en su supuesto papel de Presidente de Venezuela. En otras palabras, la Proclamación declara que el país de Venezuela, a través de Maduro, dirige y controla las actividades de TdA en los Estados Unidos. Los demandados caracterizan con precisión el mensaje de la Proclamación: "TdA se ha vuelto indistinguible de la Estado venezolano". (Resp., Doc. 45, 27) Como resultado, la Corte concluye que la Proclamación atribuye la responsabilidad de las acciones de TdA en los Estados Unidos al gobierno venezolano, lo que satisface este aspecto de la AEA."

El Juez, incluso por lo que respecta a esta narrativa de la Proclamación, decidió que no podía resolver sobre "la veracidad de las declaraciones sobre hechos contenidas en la Proclamación, o sobre idoneidad de las medidas tomadas por el Presidente en cuanto a los extranjeros venezolanos y los miembros de TdA," aduciendo que: "la doctrina de la cuestión política prohíbe a la Corte sopesar la verdad de esas declaraciones fácticas, incluso si Maduro dirige las acciones de TdA o el alcance de la actividad criminal a la que se hace referencia.[28]

A una conclusión similar llegó la Corte de Apelaciones del Quinto Circuito en sentencia que dictó el 2 de septiembre de 2025 caso (caso: *W.M.M., F.G.M., and A.R.P., et al., Petitioners – Appellants v. DONALD J. TRUMP, in his official capacity as President of the United States, et al.*),[29] al declarar su competencia para interpretar la Ley AEA (p. 12) y, en particular, el significado de las expresiones "invasión" e "incursión depredadora," (pp. 12, 17), concluyendo que las afirmaciones contenidas en las

---

28 Véase el texto de la sentencia en: https://storage.courtlistener.com/recap/gov.uscourts.txsd.2000771/gov.uscourts.txsd.2000771.58.0_1.pdf. Véase comentarios sobre la decisión en: Nicholas Riccardi, AOP, "Judge bars deportations of Venezuelans from South Texas under 18th Century wartime law. The federal judge is the first to rule that the Alien Enemies Act can't be used against immigrants that the Trump administration claims are gang members invading the U.S.," en *The Texas Tribune*, 1 mayo 2025, disponible en: https://www.texastribune.org/2025/05/01/south-texas-judge-blocks-deportations-venezue lans-trump-alien-enemies-/; Kyle Cheney, "Trump's use of Alien Enemies Act for swift deportations is illegal, Trump-appointed judge rules. The Alien Enemies Act applies only when the country is facing an armed, organized attack, the judge ruled," *Politico*, 1 mayo 2025, disponible en. https://www.politico.com/news/2025/05/01/trump-deportations-court-ruling-00321455?cid=apn; Mariah Timms, "Judge Bars Trump's Use of Warytime Law to Expel Venezuelans," *The Wall Street Journal*, 2 mayo 2025, p. A3; Alan Feuer, Mattathias Schwartz y Charlie Savage, "Texas Judge Rules Use of Alien Enemies Acts For Deportees Is Illegal," *The New York Times*, 2 mayo 2025, p. A12.

29 Véase el texto de la sentencia que está disponible en: https://www.ca5.uscourts.gov/opinions/pub/25/25-10534-CV1.pdf Véanse los comentarios sobre la sentencia en: Kyle Cheney and Josh Gerstein,: "Appeals court rejects Trump's bid to deport Venezuelan immigrants he deems 'alien enemies'. It's the latest legal setback for Trump's invocation of the rarely used 1798 wartime law," en *Político*, 3 septiembre 2025, disponible en: https://www.politico.com/news/2025/09/03/fifth-circuit-ruling-trump-alien-enemies-00541115 ;

declaraciones de la Proclamación, "no respaldaban que se hubiese producido una invasión o una incursión depredadora," otorgando la *preliminary injunction* solicitada, e impidiendo la aplicación de la Proclamación para deportaciones de venezolanos. La Corte de Apelaciones consideró, sin embargo, que carecía de competencia para revisar judicialmente las averiguaciones sobre hechos (*fact-findings*) que el Presidente había expresado en la Proclamación, en particular, sobre que si el régimen de Maduro estaba dirigiendo las acciones del Tren de Aragua en los Estados Unidos, lo que había sido cuestionado por los demandantes (p. 11); aceptando "cada uno de los hallazgos fácticos en la Proclamación."

Esas declaraciones políticas contenidas en la Proclamación, y las manifestaciones gubernamentales posteriores respecto de las mismas que fueron escalando sucesivamente, fueron las siguientes:

I. DECLARACIONES SOBRE AL ESTADO VENEZOLANO

La Proclamación del Presidente de los Estados Unidos, *por lo que respecta al Estado venezolano,* expresó que:

(i) "es un Estado criminal híbrido"

(ii) "que está perpetrando una invasión e incursión depredadora en los Estados Unidos,"

(iii) "y que representa un peligro sustancial para los Estados Unidos."

En la misma línea referida al Estado venezolano, posteriormente, el 21 de agosto de 2025, el Administrador del *Drug Enforcement Administration*, DEA, Sr. Terry Cole, expresó en entrevista en Fox News:

"Venezuela se está convirtiendo en un *Estado narcoterrorista* que continúa trabajando con las FARC, que continúa trabajando con el ELN, desde Colombia para enviar cantidad récord de cocaína desde Venezuela, desde Colombia, a los carteles mexicanos, que continúa llegando a EE.UU en cantidades récord. Nosotros hemos incautado más cocaína este año que los años pasados [...] La corrupción en Venezuela, la dictadura venezolana, es narcoterrorista, que continúan enviando este veneno a los EEUU, matando cientos de miles de norteamericanos. Esto sin mencionar a los miembros del Tren de Aragua que ellos envían a nuestro país, para destruir las hermosas calles de los EE.UU."[30]

II. DECLARACIONES RESPECTO AL RÉGIMEN DE NICOLÁS MADURO

Por lo que se refiere al régimen del Sr. Nicolás Maduro, la Proclamación, además de expresar que el Sr. Maduro "afirma actuar como presidente de Venezuela y afirma el control sobre las fuerzas de seguridad y otras autoridades en Venezuela," y, además, de indicar que el Sr. Maduro, en 2020, junto con "otros miembros del régimen fueron *acusados de narcoterrorismo y otros delitos en relación con este complot contra Estados Unidos,*"[31] en el texto de la misma se afirmó, que:

30 Véase "US deploys Navy destroyers to Venezuela in drug cartel crackdown," *Fox News,* 21 agosto 2025, disponible en: https://www.foxnews.com/video/6377192936112

31 Véase, por ejemplo, las órdenes de captura y recompensa publicadas por el Departamento de Estado de los Estados Unidos contra altos funcionarios del Estado. Disponible en: https://www.state.gov/nicolas-maduro-moros/; y https://www.state.gov/diosdado-cabello-rondon/; https://www.state.gov/vladimir-padrino-lopez/

(i) "a lo largo de los años, autoridades nacionales y locales venezolanas han *cedido un control cada vez mayor sobre sus territorios a organizaciones criminales transnacionales, incluida TdA*,"

(ii) que el régimen del Sr. Maduro "lidera la *empresa patrocinada por el régimen, Cártel de los Soles, que se coordina y se basa en TdA* y otras organizaciones para llevar a cabo su objetivo de *utilizar narcóticos ilegales como arma para "inundar" los Estados Unido*s,"

(iv) que "mantiene estrechos *vínculos con los narcoterroristas patrocinados por el régimen*," y

(v) y que tiene como "objetivo" "*desestabilizar las naciones democráticas* en las Américas, incluidos los Estados Unidos."

Estas declaraciones en la Proclamación de marzo de 2025, por lo que respecta al régimen del Sr. Maduro, como se indica en el texto, tiene su antecedente remoto en el anuncio formulado en 2020 por el *Attorney General* de los Estados Unidos de entonces, Geoffrey S. Berman, sobre el inicio de "un proceso criminal contra Nicolás Maduro Moros, por dirigir durante los últimos 20 años, junto con sus principales lugartenientes, una asociación narcoterrorista con las FARC, "agregando que:

"El alcance y la magnitud del presunto narcotráfico fueron posibles solo porque Maduro y otros corrompieron las instituciones de Venezuela y brindaron protección política y militar a los crímenes de narcoterrorismo desenfrenados descritos en nuestros cargos. Como se alega, Maduro y los otros acusados tenían la intención expresa de inundar los Estados Unidos con cocaína para socavar la salud y el bienestar de nuestra nación. Maduro desplegó muy deliberadamente la cocaína como arma. Si bien Maduro y otros miembros del cartel tenían altos títulos en el liderazgo político y militar de Venezuela, la conducta descrita en la acusación no era un arte de gobernar o un servicio al pueblo venezolano. Como se alega, los acusados traicionaron al pueblo venezolano y corrompieron a las instituciones venezolanas para llenarse los bolsillos con dinero de la droga."[32]

Los cargos en 2020,[33] como entonces lo expresó Uttam Dhillon, director encargado de la DEA," expusieron:

> "la devastadora corrupción sistémica en los niveles más altos del régimen de Nicolás Maduro." "Estos funcionarios traicionaron repetida y conscientemente al pueblo de Venezuela, conspirando, para beneficio personal, con narcotraficantes y organizaciones terroristas extranjeras designadas como las FARC. Las acciones de hoy envían un mensaje claro a los funcionarios corruptos de todo el mundo de que nadie está por encima de la ley o fuera del alcance de las fuerzas del orden de los Estados Unidos. El Departamento de Justicia y la Administración para el Control de Drogas continuarán protegiendo al pueblo estadounidense de los despiadados narcotraficantes, sin importar quiénes sean o dónde vivan."[34]

---

[32] Véase el texto en el portal oficial del Departamento de Justicia, que está disponible en: https://www.justice.gov/archives/opa/pr/nicol-s-maduro-moros-and-14-current-and-former-venezuelan-officials-charged-narco-terrorism

[33] Véase el texto de las diversas demandas ante los diferentes Cortes: https://www.justice.gov/archives/opa/documents-related-march-26-2020-press-conference

[34] Véase el texto en el portal oficial del Departamento de Justicia, que está disponible en: https://www.justice.gov/archives/opa/pr/nicol-s-

Por lo anterior, incluso, en septiembre de 2024, el hoy Secretario de Estado Marco Rubio, entonces Senador de los Estados Unidos, junto con el Senador Rick Scott introdujeron un proyecto de Ley para aumentar la recompensa hasta cien millones de dólares por información tendiente al arresto y convicción de Nicolás Maduro, a quien calificó como "uno de los conspiradores más corruptos del régimen Venezolano y ya es hora de que rinda cuentas por sus crímenes."[35]

Sobre la acusación contra el Sr. Maduro, además, el día 29 de julio de 2025, el Departamento de Estado, en la cuenta X @usembassyve, expresó"

> "Maduro, quien ni siquiera es el presidente de Venezuela –es un líder del narcotráfico-, está acusado como traficante de drogas por el Distrito Sur de Nueva York en los Estados Unidos, y desesperadamente quiere que retiremos esa acusación en su contra. Eso es lo que quiere. No lo va a conseguir, y no lo consiguió."[36]

---

maduro-moros-and-14-current-and-former-venezuelan-officials-charged-narco-terrorism.e Véase igualmente: Archives. Department of Justice. Press Release. Nicolás Maduro Moros and 14 Current and Former Venezuelan Officials Charged with Narco-Terrorism, Corruption, Drug Trafficking and Other Criminal Charges," Thursday, March 26, 2020, disponible en: https://www.justice.gov/archives/opa/pr/nicol-s-maduro-moros-and-14-current-and-former-venezuelan-officials-charged-narco-terrorism

35 Véase la información en: "Sen. Rick Scott Introduces Bill to Set $100 Million Reward for Arrest and Conviction of Nicolás Maduro," en el sitio web oficial del Senador Rick Scott, Florida, 19 septiembre 2024, disponible en: https://www.rickscott.senate.gov/2024/9/sen-rick-scott-introduces-bill-to-set-100-million-reward-for-arrest-and-conviction-of-nicol-s-maduro

36 Véase en @usembassyus disponible en: https://x.com/usembassyve/status/1950260039844782380?ref_src=twsrc%5Etfw%7Ctwcamp%5

A todas estas declaraciones políticas del gobierno norteamericano contra el régimen de Maduro, se debe mencionar lo expuesto por la representante de los Estados Unidos ante la OEA, Hillary Renner en la sesión del Consejo Permanente sobre "Gobernanza democrática y seguridad regional en el hemisferio" del día 6 de agosto de 2025, al denunciar que en Venezuela:

> "Los centros de detención del país están llenos de presos políticos, la economía está colapsada y millones de venezolanos se han visto obligados a huir. El Secretario Marco Rubio ha sido enfático, *el régimen de Maduro es un enemigo de la humanidad.* Durante más de una década, el régimen ha seguido una estrategia de represión, fraude electoral y consolidación autoritaria."[37]

Etweetembed%7Ctwterm%5E1950260039844782380%7Ctwgr%5E06ee80bb2d2e37c745a29cba6c5264494a123c72%7Ctwcon%5Es1_&ref_url=https%3A%2F%2Felpitazo.net%2Finternacional%2Fmarco-rubio-asegura-que-maduro-no-evadira-cargos-por-narcotrafico%2F; y en: "Marco Rubio asegura que Maduro no evadirá cargos por narcotráfico. El secretario de Estado fue categórico al asegurar que, aunque Nicolás Maduro quiere que se retire esa acusación en su contra, no se logrará. "Eso es lo que quiere. No lo va a conseguir, y no lo consiguió", sentenció Rubio," *en El Pitazo,* 29 julio 2027 disponible en: https://elpitazo.net/internacional/marco-rubio-asegura-que-maduro-no-evadira-cargos-por-narcotrafico/. Véase, además: "Rubio vuelve a puntualizar que Maduro no es el presidente de Venezuela: "es un líder del narcotráfico… y quiere que retiremos esa acusación," en Morfema Press, 29 julio 2025, disponible en: https://morfema.press/destacada/rubio-vuelve-a-puntualizar-que-maduro-no-es-el-presidente-de-venezuela-es-un-lider-del-narcotrafico-y-quiere-que-retiremos-esa-acusacion/

37 Véase la información en: Sergio García Hernández, "Estados Unidos afirma que el régimen de Maduro es "un enemigo de la humanidad" en reciente sesión en la OEA," en NTN24, 6 agosto 2025, disponible en https://www.ntn24.com/noticias-actualidad/estados-unidos-afirma-que-el-regimen-de-maduro-es-un-enemigo-de-la-humanidad-en-reci

Y unos días después, el 12 de agosto de 2025, el mismo Sr. Rubio, Secretario de Estado en entrevista con Sid Rosenberg, en WABC Radio, expresó:

> "En algún momento tenemos que decir que vamos a enfrentarnos a esta gente, y tenemos que hacerlo con algo más que recompensas." [...] "hay que tratarlos como lo que son, que no es un gobierno, ni una dictadura en sí misma, sino un cartel de la droga. Es un régimen narcoterrorista que se ha apoderado del territorio venezolano," [afirmó que Maduro] "lo que es, es el jefe de una organización logística dedicada al tráfico de drogas, un cartel, el Cartel de los Soles, que básicamente está dirigido por el Ejército. Básicamente permiten a los narcotraficantes no solo transportar drogas a través de Venezuela, sino hacerlo utilizando, por ejemplo, instalaciones militares." [...] "es como si un cartel de la droga hubiera tomado el control del territorio nacional."[38]

Por su parte, Pamela Bondi, Secretaria del Departamento de Justicia, el mismo día 12 de agosto de 2025, en entrevista de televisión con la periodista Rachel Campell Stuffey, en *Fox & Friends*, expresó entre otras cosas, sobre el régimen de Maduro, que: "Esto es crimen organizado, no diferente a la mafia."[39]

---

ente-sesion-en-la-oea-572769. Véase igualmente en: https://www.youtube.com/watch?v=TTyDYP_7Zx8

38 Véase el texto en: "EEUU advirtió que al "régimen narcoterrorista" de Maduro hay que enfrentarlo "con algo más que recompensas," *Morfema Press,* 12 agosto 2025, disponible en: https://morfema.press/actualidad/eeuu-advirtio-que-al-regimen-narcoterrorista-de-maduro-hay-que-enfrentarlo-con-algo-mas-que-recompensas/

39 Video de la entrevista disponible en: https://www.instagram.com/reel/DNTIBWQC7cD/?igsh=MTd0aTdnNTM4a-GJuYg==; y en https://x.com/PanAmPost_es/status/1955643228599754866?t=bFywKiMBUAOJ--_4FWod1Q&s=08

Luego, en rueda de prensa dada el 14 de agosto de 2025 en Washington, Marco Rubio reiteró su criterio de que:

> "El régimen de Maduro no es un gobierno. No es un gobierno legítimo. Nunca los hemos reconocido como tal. Son una organización criminal que básicamente ha tomado el control de un territorio nacional, de un país, y que, por cierto, también amenaza a las compañías petroleras estadounidenses que operan legalmente en Guyana."[40]

El 28 de agosto, de nuevo, la vocera de la Casa Blanca, Caroline Leavitt, expresó:

> "Como he dicho antes desde este podio, el régimen de Maduro no es el gobierno legítimo de Venezuela. Es un cártel del narcotráfico. Maduro no es un presidente legítimo. Es el líder fugitivo de este cártel. Ha sido acusado en Estados Unidos de tráfico de drogas a nuestro país."[41]

---

40 Véase "Marco Rubio confirma despliegue de tropas de EE.UU. en el sur del Caribe. El Cartel de los Soles fue declarado el pasado julio como grupo terrorista por parte del Gobierno de Trump," en *El Comercio*, 14 agosto 2025, disponible en: https://www.elcomercio.com/actualidad/mundo/marco-rubio-confirma-despliegue-tropas-ee-uu-sur-caribe/

41 Véase "El régimen de Maduro no es legítimo, es un cártel narcoterrorista", asegura la Casa Blanca," en *LatinUS,* 28 agosto 2025, disponible en https://latinus.us/eu/2025/8/28/el-regimen-de-maduro-no-es-legitimo-es-un-cartel-narcoterrorista-asegura-la-casa-blanca-150615.html. Igualmente en: "La Casa Blanca afirmó que Maduro lidera "un cartel narcoterrorista": "Trump está dispuesto a usar todos los recursos del poder de Estados Unidos," REUTERS/Jonathan Ernst, Infobae, 28 agosto 2025, disponible en: https://www.infobae.com/venezuela/2025/08/28/la-casa-blanca-reafirmo-que-maduro-lidera-un-cartel-narcoterrorista-donald-trump-esta-dispuesto-a-usar-los-recursos-del-poder-de-estados-unidos/

A comienzos de septiembre de 2005, el Secretario de Defensa (o de Guerra, según la nueva denominación del Despacho), Pete Hegseth calificó al Sr. Maduro como "un capo de un narco-Estado, que no fue efectivamente electo" [42]

Días después, con ocasión de una visita a Ecuador, el Secretario de Estado, Marco Rubio insistió en afirmar que:

> "Nicolás Maduro es un narcotraficante y un terrorista. Y no lo digo yo, lo dice un gran jurado en el estado de Nueva York (...) Es un fugitivo encausado que está enfrentando cargos en el distrito Sur de Nueva York. No es el líder legítimo de Venezuela, no lo hemos reconocido. No es un gobierno ni un régimen político, es una organización terrorista de crimen organizado que se ha apoderado de un territorio nacional."[43]

Y por su parte, el Senador Rick Scott, en una entrevista se refirió al Sr. Maduro como "un terrorista< que es "el Jefe del Cartel de los soles y del Tren de Aragua."[44]

---

[42] Véase en el Editorial "Trump's Gungoat War on Drugs,"en *The Wall Street Journal*, 4 septiembre 2025, A14.

[43] Véase en "Marco Rubio arremete contra Nicolás Maduro: "No es un gobierno ni un régimen, es un narcotraficante y terrorista" La República, 6 septiembre 2025, disponible en: https://larepublica.pe/mundo/2025/09/04/marco-rubio-arremete-contra-nicolas-maduro-no-es-un-gobierno-ni-un-regimen-es-un-narcotraficante-y-terrorista-lrtm-112528

[44] Véase en entrevista con Carla Angola, TV, 5 septiembre 2025, disponible en: https://www.instagram.com/reel/DOMR3gkj2GI/?igsh =MTNiZXhjdG1ta3Z4cQ%3D%3D

III. DECLARACIONES EN RELACIÓN CON EL TREN DE ARAGUA

Por lo que respecta al *Tren de Aragua*,[45] la Proclamación del Presidente de los Estrados Unidos formuló una declaración política afirmando que dicha organización política,[46] "tanto *directamente* como *bajo la dirección, clandestina o de otro tipo, del régimen de Maduro en Venezuela" con el cual "está estrechamente alineado,"* y además, "en conjunto con una *empresa de narcoterrorismo patrocinada por el régimen de Nicolás Maduro* con sede en Venezuela" denominada "*Cartel de los Soles*," ha desarrollado las siguientes acciones:

(i) "ha *invadido los Estados Unidos y continúa invadiendo, intentando invadir y amenazando con invadir* el país;"

(ii) ha "perpetró una *guerra irregular dentro del país; y utilizó el tráfico de drogas como arma contra nuestros ciudadanos*"

(iii) es una "amenaza significativa para los Estados Unidos, ya que se *infiltra en los flujos migratorios* de Venezuela".

---

45 Véase sobre ello, Miguel Ángel Martin. "El verdadero poder detrás del Tren de Aragua: La Guardia Pretoriana de Maduro," en *Diario Las Américas*, 30 de marzo de 2025, Disponible en: https://www.diariolasamericas.com/opinion/el-verdadero-poder-detras-del-tren-aragua-la-guardia-pretoriana-maduro-n5373588

46 Véase sobre ello, Miguel Ángel Martin. "El verdadero poder detrás del Tren de Aragua: La Guardia Pretoriana de Maduro," en *Diario Las Américas*, 30 de marzo de 2025, Disponible en: https://www.diariolasamericas.com/opinion/el-verdadero-poder-detras-del-tren-aragua-la-guardia-pretoriana-maduro-n5373588

(iv) "está perpetrando, intentando y amenazando con *una invasión o incursión depredadora contra el territorio de los Estados Unidos*," y

(v) "está llevando a cabo acciones hostiles y llevando a cabo *una guerra irregular contra el territorio de los Estados Unidos*" (Secc. 1).

Ciertamente, no se trata de una declaración formal y abierta de guerra de los Estados Unidos contra la Nación venezolana, a la cual no se la ha declarado como "nación enemiga," o contra el gobierno de Venezuela, guerra que solo el Congreso podría decretar; ni se trata de una declaración considerando en general a los *nativos, ciudadanos, habitantes o súbditos de Venezuela* como enemigos extranjeros.

De lo que se trata, aparte de la afirmación y declaración política formal del gobierno de los Estados Unidos sobre en "Estado Venezolano" y el "régimen del Sr. Maduro," es de la afirmación del Presidente de los Estados Unidos de que *una organización terrorista, Tren de Aragua TdA, bajo la dirección del régimen de Maduro*, es la que está llevando a cabo una *guerra irregular* contra el territorio de los Estados Unidos,[47] perpetrando, intentando y amenazando con *una invasión o incursión depredadora* contra dicho territorio de los Estados Unidos, utilizando narcóticos ilegales como arma para "inundar" los Estados Unidos.

Debe mencionarse, adicionalmente, que también como secuela de estas afirmaciones contenidas en la Proclamación presidencial, la organización el *Tren de Aragua*, posteriormente, el

---

47 Véase por ejemplo Mary Anastacia O'Grady, "How Venezuela's Maduro is Testing Trump," *The Wall Street Journal*, 17 marzo 2025, p. A17.

día 11 de julio de 2025, fue sancionada por la *Office of Foreign Assets Control* (OFAC) del Departamento del Tesoro de los Estados Unidos, "calificándola como organización Terrorista Global Especialmente Designada "con sede en Venezuela que se está expandiendo por todo el hemisferio occidental y participando en diversas actividades delictivas, como el contrabando y la trata de personas, la violencia de género, el lavado de dinero y el tráfico ilícito de drogas."

Como lo explicó el subsecretario de Terrorismo e Inteligencia Financiera, Brian Nelson, "La designación de hoy del *Tren de Aragua* como una importante organización criminal transnacional subraya la creciente amenaza que representa para las comunidades estadounidenses", agregando que:

> "Como parte de los esfuerzos de la Administración Biden-Harris para atacar a las organizaciones criminales transnacionales, desplegaremos todas las herramientas y autoridades contra organizaciones como el Tren de Aragua que se aprovechan de las poblaciones vulnerables para generar ingresos, participar en una variedad de actividades delictivas a través de las fronteras y abusar del sistema financiero de los Estados Unidos".[48]

Posteriormente, además, el 25 de julio de 2025, según informó el Secretario del Tesoro de los Estados Unidos, Scott Bessent, el *Tren de Aragua* fue designado como *Specially Designated Global Terrorist* (Organización Terrorista Global Designada), e incorporada además en la *Specially Designated Nationals*

---

48 Véase U.S. Departtment of the Treasury, "Press Releases. Treasury Sanctions Tren de Aragua as a Transnational Criminal Organization," 11 julio 2025, disponible en: https://home.treasury.gov/news/press-releases/jy2459

List ("Lista de Nacionales Especialmente Designados); explicándose que se trata de:

> "una Organización Terrorista Extranjera (OTF) originaria de Venezuela que está involucrada en el tráfico ilícito de drogas, el contrabando y tráfico de personas, la extorsión, la explotación sexual de mujeres y niños y el lavado de dinero, entre otras actividades delictivas."[49]

IV. DECLARACIONES POR LO QUE RESPECTA AL CARTEL DE LOS SOLES

Por último, en cuanto al Cartel de Los Soles,[50] la Proclamación del Presidente Trump del 14 de marzo de 2025, como antes se destacó, afirmó que se trata de una "*empresa liderada" por el Sr. Maduro, y "patrocinada por el régimen"* del *Sr. Maduro,* "que se coordina y se basa en *TdA* y otras organizaciones para llevar a cabo su objetivo de *utilizar narcóticos ilegales como arma para "inundar" los Estados Unidos*," pudiendo considerarse la Proclamación como uno de los antecedentes para que

[49] Véase el texto en: U.S. Department of the Treasury: "Press Releases. Treasury Sanctions Venezuelan Cartel Headed by Maduro," 25 julio 2025, que está disponible en: https://home.treasury.gov/news/press-releases/sb0207. Véase la información también en: "Estados Unidos designó como entidad terrorista al Cártel de los Soles, el grupo narco vinculado al chavismo. El Departamento del Tesoro de EE.UU. sumó a la organización criminal venezolana a su lista de Nacionales Especialmente Designados, señalándola como una amenaza transnacional. Washington acusa al régimen de Maduro de lucrar con el narcotráfico y desestabilizar el hemisferio," en Infobae, 25 julio 2025, disponible en: https://www.infobae.com/estados-unidos/2025/07/26/estados-unidos-designo-como-entidad-terrorista-al-cartel-de-los-soles-el-grupo-narco-vinculada-al-chavismo/

[50] Véase sobre ello: Antonio de la Cruz, "El Cártel de los Soles como Estado," en *El Nacional*, 20 agosto 2025, disponible en: https://www.elnacional.com/2025/08/el-cartel-de-los-soles-como-estado/

dicha organización haya sido posterior y formalmente designada, el 25 de julio de 2025, como *Specially Designated Global Terrorist* (Organización Terrorista Global Designada), e incorporada, además, en la *Specially Designated Nationals List* ("Lista de Nacionales Especialmente Designados). a efectos de "*Counter Terrorism Designation.*"[51]

---

51 Véase el texto en el portal oficial de la OFAC, que está disponible en: https://ofac.treasury.gov/recent-actions/2025072525 julio 2025, E igualmente en: https://www.infobae.com/estados-unidos/2025/07/26/estados-unidos-designo-como-entidad-terrorista-al-cartel-de-los-soles-el-grupo-narco-vinculada-al-chavismo/. Véanse los comentarios sobre esta Declaración en: Omar González Moreno, "Cartel de los Soles liquida a Maduro," @omargonzalez6, 26 julio 2025. Sobre la designación del Cartel de Los Soles como organización terrorista, Antonio de la Cruz ha explicado que: "La decisión de etiquetar a los carteles como entidades equiparables al terrorismo no es un tecnicismo diplomático, sino una declaración de intenciones: no hay ya un terreno común de negociación, sino una línea de exclusión. Al hacerlo, el presidente delimita un "otro" radical, al que no se le aplican las normas del delincuente común, sino las del enemigo en sentido pleno. El jefe del Cartel de los Soles no es presentado como un infractor de la ley, sino como el comandante de una maquinaria hostil que debe ser desmantelada sin condiciones. Este giro tiene implicaciones profundas. Ya no se busca aplicar justicia, sino asegurar el orden. Y cuando la estabilidad se convierte en el objetivo supremo, el monopolio del uso legítimo de la fuerza no se canaliza únicamente a través de tribunales o acuerdos multilaterales, sino también por medio del ejército, los drones, los comandos especiales. El campo de acción ya no es la corte, sino la selva, el mar, el aire." Véase, Antonio de la Cruz, "Trump redefine la guerra: carteles como enemigos absolutos," en *Morfema Press,* 8 agosto 2025, disponible en: https://morfema.press/opinion/trump-redefine-la-guerra-carteles-como-enemigos-absolutos-por-antonio-de-la-cruz/. Sobre la misma designación véase la información: "Expresidentes y destacados líderes del Grupo Libertad y Democracia apoyan declaración como grupo terrorista del Cartel de los Soles," Infobae, en Morfema Press, 25 de agosto de 2025, disponible en: ttps://morfema.press/actualidad/expresidentes-y-destacados-lideres-del-grupo-libertad-y-democracia-apoyan-declaracion-como-grupo-terrorista-del-cartel-de-los-soles/

Según lo que informó el Secretario del Tesoro de los Estados Unidos, Scott Bessent, sobre dicha Designación del Cartel de los Soles, su nombre "deriva de las insignias del sol que a menudo se representan en los uniformes de los oficiales militares venezolanos," y expone, "aún más, la facilitación del narcoterrorismo por parte del régimen ilegítimo de Maduro a través de grupos terroristas como el Cartel de los Soles," la cual definió como:

> "un grupo criminal con sede en Venezuela encabezado por Nicolás Maduro Moros y otras personas venezolanas de alto rango en el régimen de Maduro que corrompieron las instituciones del gobierno en Venezuela, incluidas partes del ejército, el aparato de inteligencia, la legislatura y el poder judicial, para ayudar a los esfuerzos del cartel de traficar narcóticos a los Estados Unidos;" [y]" que brinda apoyo material a organizaciones terroristas extranjeras que amenazan la paz y la seguridad de los Estados Unidos, como son el Tren de Aragua y el Cartel de Sinaloa;" y

Se afirmó, además, en la noticia oficial de la información del Secretario del Tesoro, que específicamente "el Cartel de los Soles apoya al Tren de Aragua en el cumplimiento de su objetivo de utilizar la avalancha de narcóticos ilegales como arma contra Estados Unidos;"[52] todo lo cual debe haber motivado que el

---

52 Véase el texto en: U.S. Department of the Treasuty: "Press Releases. Treasury Sanctions Venezuelan Cartel Headed by Maduro," 25 julio 2025, que está disponible en: https://home.treasury.gov/news/press-releases/sb0207. Véase la información también en: "Estados Unidos designó como entidad terrorista al Cártel de los Soles, el grupo narco vinculado al chavismo. El Departamento del Tesoro de EE.UU. sumó a la organización criminal venezolana a su lista de Nacionales Especialmente Designados, señalándola como una amenaza transnacional. Washington acusa al régimen de Maduro de lucrar con el narcotráfico y desestabilizar el hemisferio," en Infobae, 25 julio 2025, disponible

mismo día 25 de julio de 2025, se haya anunciado, también, que dicho Cartel de los Soles se incorporó en la Lista de Nacionales Especialmente Designados, a efectos de "*Counter Terrorism Designation*",[53] lista que según información oficial, "enumera individuos, grupos y entidades, como terroristas y narcotraficantes designados bajo programas que no son específicos de cada país. En conjunto, estas personas y empresas se denominan "Nacionales Especialmente Designados" o "SDN". Sus activos están bloqueados y, por lo general, se prohíbe a las personas estadounidenses tratar con ellos"[54]

---

en: https://www.infobae.com/estados-unidos/2025/07/26/estados-unidos-designo-como-entidad-terrorista-al-cartel-de-los-soles-el-grupo-narco-vinculada-al-chavismo/

53 Véase el texto en el portal oficial de la OFAC, que está disponible en: https://ofac.treasury.gov/recent-actions/2025072525. Información adicional, julio 2025, disponible en: https://www.infobae.com/estados-unidos/2025/07/26/estados-unidos-designo-como-entidad-terrorista-al-cartel-de-los-soles-el-grupo-narco-vinculada-al-chavismo/. Véanse los comentarios sobre esta Declaración en: Omar González Moreno, "Cartel de los Soles liquida a Maduro," @omargonzalez6, 26 julio 2025.

54 Véase la definición que está disponible en el portal oficial de la OFAC: https://sanctionslist.ofac.treas.gov/Home/SdnList. Debe destacarse que simultáneamente con esta Designación apareció publicado un "Informe de Inteligencia que revela red criminal entre Hezbolá, Irán, el régimen de Maduro y el ELN en la frontera colombo-venezolana." Véase Gabriel Salazar López, "Exclusivo: un informe de inteligencia advierte las conexiones de Hezbolá, Irán, el régimen de Nicolás Maduro y el ELN en Arauca y el Catatumbo. *Semana* revela en exclusiva un informe de inteligencia internacional que deja al descubierto un entramado criminal en la frontera entre Colombia y Venezuela." Revista *Semana,* 26 de julio de 2025, disponible en: https://www.semana.com/nacion/barranquilla/articulo/exclusivo-un-informe-de-inteligencia-advierte-las-conexiones-de-hezbola-iran-el-regimen-de-nicolas-maduro-y-el-eln-en-arauca-y-el-catatumbo/202518/. Simultáneamente, también, se anunció la firma el 17 de julio de 2025, de un "Memorando de entendimiento entre el presidente Gustavo Petro y el régimen de

Posteriormente en rueda de prensa dada el 14 de agosto de 2025, Rubio se refirió en específico al Cartel de los Soles, como "una de las organizaciones criminales más amplias," agregando que "cualquier cosa que suponga una amenaza para la seguridad nacional de los Estados Unidos, la vamos a enfrentar."[55]

Nicolás Maduro, bajo el nombre de "Zona Binacional de Paz, Unión y Desarrollo", que abarca los Estados venezolanos Táchira y Zulia, y los departamentos colombianos de Norte de Santander, Cesar y La Guajira". para establecer la primera zona económica binacional en la frontera. Véase la información en "¿Qué establece el memorando de entendimiento firmado por Petro y Maduro sobre la zona económica fronteriza?", *El Nacional,* 17 de julio de 2-025, disponible en: https://www.elnacional.com/2025/07/que-establece-el-memorando-de-entendimiento-firmado-por-petro-y-maduro-sobre-la-zona-economica-fronteriza/ Véase sobre ello, Miguel Ángel Martín, "La Franja del Crimen creada por Petro y Maduro. Esta franja que intenta consolidar Petro y Maduro es un santuario criminal transnacional donde impera el silencio, el miedo y la impunidad," *Diario Las Américas*, 26 de julio de 2025, disponible en: h https://www.diariolasamericas.com/opinion/la-franja-del-crimen-creada-petro-y-maduro-n5379733. Véase sobre el tema, también, lo declarado por el mismo Presidente Gustavo Petro en: "Petro insiste en denuncia sobre guerrillas en Venezuela y habla de eventual salida de Maduro," en *El Nacional*, 20 agosto 2025, disponible en: https://www.elnacional.com/2025/08/petro-insiste-en-denuncia-sobre-guerrillas-en-venezuela/

55 Véase "Marco Rubio confirma despliegue de tropas de EE.UU. en el sur del Caribe. El Cartel de los Soles fue declarado el pasado julio como grupo terrorista por parte del Gobierno de Trump," en *El Comercio*, 14 agosto 2025, disponible en: https://www.elcomercio.com/actualidad/mundo/marco-rubio-confirma-despliegue-tropas-ee-uu-sur-caribe/ Posteriormente, el Presidente de Ecuador, el 14 de agosto de 2025, Daniel Noboa, mediante Comunicado Oficial "dispuso identificar como grupo terrorista de crimen organizado al denominado "Cartel de los Soles", por constituir una amenaza para la población nacional, el orden constituido, la soberanía e integridad territorial," para lo cual ordenó al "Centro Nacional de Inteligencia analizar su incidencia de este grupo terrorista en los grupos armados organizados identificados a la fecha y categorizarlo según corresponda" en *EFE, Alberto News*, 14 agosto 2025, disponible en:

Hacia fines de agosto de 2025, el tono de las declaraciones oficiales en relación con el Cartel de Los Soles quedó claro con lo expresado por el subjefe de gabinete de la Casa Blanca, Stephen Miller, al explicar, conforme lo reportó David Alandete, que el despliegue naval y militar de Estados Unidos frente a Venezuela responde a la estrategia de Donald Trump de considerar a los cárteles del narcotráfico como "organizaciones terroristas

https://bitlyanews.com /principales/noboa-declara-como-terrorista-a-cartel-de-los-soles-y-pide-indagar-incidencia-en-ecuador/. En sentido similar, el 20 de agosto de 2025 se anunció que Paraguay también declaró al Cartel de Los Soles como organización terrorista. Véase en: "Paraguay declara al Cartel de los Soles como grupo terrorista," en *Infobae,* 20 agosto 2025, disponible en: https://morfema.press/actualidad/paraguay-declara-al-cartel-de-los-soles-como-grupo-terrorista/ Igual pronunciamiento ocurrió en Argentina, como se informó en: "Argentina declara como "organización terrorista" al Cartel de los Soles, grupo vinculado a Nicolás Maduro,"*AlbertoNews,* 26 agosto 2025, disponible en: https://albertonews.com/ internacionales/ultima-hora-argentina-se-prepara-para-declarar-como-organizacion-narcoterroris ta-al-cartel-de-los-soles-grupo-vinculado-a -maduro/. Posteriormente se conoció que el Congreso de Perú aprobó declarar al Cartel de Los Soles como "organización terrorista." Véase en Jorge Luis Pinedo Barrera, "Congreso de Perú aprueba declarar al Cartel de los Soles como "organización terrorista y amenaza externa" en *Alberto News*, 3 septiembre 2025, disponible en:https://bitlyanews.com/internacionales /ultima-hora-congreso-de-peru-aprueba-declarar-al-cartel-de-los-soles -como-organizacion-terrorista-y-amenaza-externa/ Véase además la información en: "Desde Argentina hasta República Dominicana: Estos son los países que han declarado el Cartel de los Soles como "organización terrorista," en *NTN24*, 26 de agosto de 2025, disponible en: https://www.ntn24.com/noticias-politica/desde-argentina-hasta-republica-dominicana-estos-son-los-paises-que-han-declarado-el-cartel-de-los-soles-como-organizacion-terrorista-576478. Específicamente en cuanto a la República Dominicana véase "Poder Ejecutivo designa como organización terrorista al grupo armado Cártel de los Soles," *Presidencia*, 2 septiembre 2025, disponible en: https://presidencia.gob.do/noticias/poder-ejecutivo-designa-como-organizacion-terroris ta-al-grupo-armado-cartel-de-los-soles

extranjeras," que representan una amenaza directa para la seguridad nacional, agregando:

> "Según la Casa Blanca, la misión del Ejército estadounidense incluye combatir y desmantelar esas redes criminales, lo que convierte el despliegue en una demostración de fuerza y en un aviso directo a Nicolás Maduro y a su entorno. El funcionario evitó precisar si habrá pasos adicionales, pero dejó claro que el presidente "no descarta nada" en la presión contra los cárteles y contra el régimen venezolano.
>
> "Y lo que quiero dejar muy claro: el presidente lo ha dicho, de hecho, desde la campaña y después desde el primer día de esta presidencia, que el papel de los carteles criminales en el hemisferio son organizaciones terroristas extranjeras que representan un peligro claro e inminente para el pueblo estadounidense. No existen organizaciones en este planeta responsables de más muertes de estadounidenses que los carteles criminales, los narcotraficantes que operan en el hemisferio occidental.
>
> Y el presidente ha sido claro al decir que la misión de las Fuerzas Armadas de Estados Unidos incluye la defensa de la nación frente a esas organizaciones terroristas extranjeras, incluidos los carteles. Y lo que ustedes están viendo es la determinación del presidente y de las Fuerzas Armadas de Estados Unidos de combatir y desmantelar a las organizaciones de narcotráfico, los carteles criminales y esas organizaciones terroristas extranjeras en nuestro hemisferio."[56]

---

[56] Véase David Alandete, "EEUU sobre la guerra a los carteles: No hay organización más letal para americanos que los narcos del hemisferio

V. LA ESCALADA SUBSIGUIENTE EN LAS DECLARACIONES POLÍTICAS DEL GOBIERNO DE LOS ESTADOS UNIDOS RESPECTO DE VENEZUELA

No es de extrañar, entonces, que, como consecuencia de todas estas Proclamaciones y Designaciones oficiales, el Secretario de Estado norteamericano Marco Rubio, el 27 de julio de 2025 haya emitido la siguiente declaración política sobre el régimen de Venezuela:

> "Maduro NO es el presidente de Venezuela y su régimen NO es el gobierno legítimo. Maduro es el líder del *Cártel de Los Soles*, una organización narcoterrorista que se ha apoderado de un país. Y está acusado de introducir drogas en Estados Unidos."[57]

Y que el propio Presidente Trump desde Escocia, el mismo día 27 de julio de 2025, declarara en entrevista a la estación CNBCTV18, que:

---

occidental," *Morfema Press*, 29 agosto 2025, disponible en: https://morfema.press/actualidad/eeuu-sobre-la-guerra-a-los-carteles-no-hay-organizacion-mas-letal-para-americanos-que-los-narcos-del-hemisferio-occidental/

57 Véase Secretary Marco Rubio, X, @SecRubio, 27 julio 2025, disponible en: https://x.com/SecRubio/status/1949424526401692094?t=gSPivU6_Wb2HjQV2Ozy0fw&s=08. El mismo día 27 de julio la portavoz del Departamento de Estado Tammy Bruce declaró: "El régimen de Maduro continúa reprimiendo la voz de los venezolanos. Estados Unidos colaborará con sus socios en las Américas para apoyar el retorno de Venezuela a la democracia y contrarrestar a Maduro y su narcotráfico y narcoterrorista Cártel de Los Soles," disponible en: https://www.instagram.com/p/DMnmtoFNU43/?igsh=MWFtbDluMX l5cm V0bg== Véanse los comentarios sobre el significado de la declaración de MARCO Rubio en "Gobierna la mafia," y Omar González Moreno, "Las mafias también caen," en *La Razón. Diario independiente,* No. 1573, Caracas, 27 julio al 2 de agosto de 2025, p. 1.

> "Venezuela sigue enviando gente que rechazamos en nuestras fronteras y sigue enviando drogas a nuestro país. Han sido muy sucios. Y no podemos dejar que esto pase."[58]

Una semana después, el 7 de agosto de 2025, la *Attorney General* de los Estados Unidos, Pamela Bondi formuló una declaración mediante la incorporación de un Video en su cuenta X, con el siguiente texto:

> "Hoy, el Departamento de Justicia y el Departamento de Estado anuncian una recompensa histórica de 50 millones de dólares por información que conduzca al arresto de Nicolás Maduro".
>
> "Maduro utiliza organizaciones terroristas extranjeras como TdA, Sinaloa y el Cartel de Los Soles para traer drogas mortales y violencia a nuestro país.
>
> Hasta la fecha, la DEA ha incautado 30 toneladas de cocaína vinculadas a Maduro y sus asociados, con casi siete toneladas vinculadas al propio Maduro, lo que representa una pérdida primaria de ingresos para el mortal Cartel con sede en Venezuela y México.
>
> La cocaína a menudo se mezcla con fentanilo, lo que resulta en la pérdida y destrucción de innumerables vidas estadounidenses.

---

58 Véase el video de la entrevista en: https://www.instagram.com/reel/DMn1OeMRrsX/?igsh=MW11cm1yanIzNWJ4Mw==; y en el reportaje: "Trump: Venezuela sigue enviando drogas a nuestro país. No podemos dejar que esto pase," en *Morfema press,* 27 julio 2025, disponible en: https://morfema.press/actualidad/trump-venezuela-sigue-enviando-drogas-a-nuestro-pais-no-podemos-dejar-que-eso-pase/

El Departamento de Justicia ha incautado más de 700 millones de dólares en activos vinculados a Maduro, incluidos dos jets privados, nueve vehículos y más.

El reinado de terror de Maduro continúa. Es uno de los narcotraficantes más grandes del mundo y una amenaza para nuestra seguridad nacional.

Por lo tanto, duplicamos su recompensa a 50 millones de dólares. Bajo el liderazgo del presidente Trump, Maduro no escapará de la justicia y rendirá cuentas por sus despreciables crímenes".[59]

Por su parte, el mismo día 7 de agosto de 2025, en la página oficial del departamento de Estado se publicó una Nota de Prensa: "*Marco Rubio. Reward Offer Increase of Up to $50*

---

59 Véase "Today, @TheJusticeDept and @StateDept are announcing a $50 MILLION REWARD for information leading to the arrest of Nicolás Maduro." en la cuenta X Attorney General Pamela Bondi, *@AGPamBondi*, 7 agosto 2025, disponible en: https://x.com/AGPamBondi/status/1953583017353466306?s=08. Sobre ello, en la cuenta X de Embajada de los EE.UU., Venezuela @usembassyve y @DeputySecState, 8 agosto, 2025, el Subsecretario de Estado Christopher Landau dijo "Normalmente, cuando hay diferencias entre países, los representantes de ambos gobiernos pueden reunirse para tratar de resolverlas; en eso consiste la diplomacia. Pero eso supone que ambos países tienen realmente gobiernos. Desgraciadamente, ese no es el caso de Venezuela, que ha sido secuestrada por una banda criminal. En consecuencia, nuestras relaciones con Venezuela son fundamentalmente un asunto de aplicación de la ley, no un asunto diplomático. Hoy, el Fiscal General anunció una recompensa de hasta $50 MILLONES por información que conduzca al arresto de @NicolasMaduro , líder del cartel que ahora controla ese país. Esa es la recompensa más grande en nuestra historia, y el DOBLE de la cantidad ofrecida por Osama bin Laden. Espero la pronta restauración del gobierno constitucional en Venezuela, que rechazó abrumadoramente a Maduro y votó por @EdmundoGU y @MariaCorinaYA el año pasado." Disponible en: https://x.com/usembassyve/status/1953652555633791161?t=thPljnSXk8TLiUCF5v7Z8A&s=08

Million for Information Leading to Arrest and/or Conviction of Nicolás Maduro," con el siguiente texto:

> "El Departamento de Estado y el Departamento de Justicia anuncian un aumento de la oferta de recompensa de hasta $50 millones bajo el Programa de Recompensas de Narcóticos (NRP) por información que conduzca al arresto y/o condena de Nicolás Maduro por violar las leyes de narcóticos de Estados Unidos.
>
> Durante más de una década, Maduro ha sido líder del Cartel de los Soles, responsable del tráfico de drogas a Estados Unidos. El 25 de julio de 2025, el Departamento del Tesoro de los Estados Unidos designó al Cartel de Los Soles como Terrorista Global Especialmente Designado (SDGT).
>
> Desde 2020, Maduro ha estrangulado la democracia y se ha aferrado al poder en Venezuela. Maduro afirmó haber ganado las elecciones presidenciales de Venezuela del 28 de julio de 2024, pero no presentó ninguna evidencia de que hubiera prevalecido. Estados Unidos se ha negado a reconocer a Maduro como ganador de las elecciones de 2024 y no lo reconoce como presidente de Venezuela.
>
> La oferta de recompensa de hoy está autorizada por el Secretario bajo el NRP, que apoya los esfuerzos de las fuerzas del orden para interrumpir el crimen transnacional a nivel mundial y llevar a los fugitivos ante la justicia como un pilar clave de las prioridades de "Estados Unidos primero" del presidente Trump."[60]

---

[60] Véase Department of State. Press Statement, "Reward Offer Increase of Up to $50 Million for Information Leading to Arrest and/or Conviction of Nicolás Maduro," Marco Rubio, Secretary of State, August

La respuesta oficial del Gobierno de Venezuela ante todos estos anuncios y declaraciones oficiales que apuntan a considerar a Venezuela, como lo apreció Carlos Sánchez Berzaín, como "un país secuestrado y ocupado por una banda criminal,"[61] fue un mensaje puesto por el Ministro de Relaciones Exteriores Yván Gil en su cuenta X en el cual se limitó a decir:

> "La patética "recompensa" de Pamela Bondi es la cortina de humo más ridícula que hemos visto. Mientras nosotros desmontamos las tramas terroristas que se orquestan desde su país, esta señora sale con un circo mediático para complacer a la ultraderecha derrotada de Venezuela.
>
> No nos sorprende, viniendo de quien viene. La misma que prometió una inexistente "lista secreta" de Epstein y que se revuelca en escándalos de favores políticos.
>
> Su *show* es un chiste, una desesperada distracción de sus propias miserias. La dignidad de nuestra patria no está en venta. Repudiamos esta burda operación de propaganda política."[62]

7, 2025, disponible en: https://www.state.gov/reward-offer-increase-of-up-to-50-million-for-information-leading-to-arrest-and-or-conviction -of-nicolas-maduro

61 Véase Carlos Sánchez Berzaín, "Venezuela, un país secuestrado y ocupado por una banda criminal," *Diario Las Américas,* 11 agosto 2025, disponible en https://www.diariolasamericas.com/opinion/venezuela-un-pais-secuestrado-y-ocupado-una-banda-criminal-n5380544

62 Véase "Venezuela. El canciller Yván Gil tilda de «ridícula» la oferta de recompensa de EE.UU. dirigida contra Maduro," en *Nodal*, 8 agosto 2025, disponible en: https://www.nodal.am/2025/08/venezuela-el-canciller-yvan-gil-tilda-de-ridicula-la-oferta-de-recompensa-de-ee-uu-dirigida-contra-maduro/ Posteriormente, sin embargo, en otro tono, expresó que: "Las acusaciones de Washington de que Venezuela está involucrada en el tráfico de drogas revela su falta de credibilidad y su fracaso en su política hacia la región." Véase en Lara

Sin embargo, parecía más bien, para cualquier lector interesado en noticias internacionales, que la escalada de manifestaciones políticas del gobierno norteamericano respecto de Venezuela, era más que algo "ridículo" o que un "circo" como lo expresó el Ministro de Relaciones Exteriores, razón por la cual, por ejemplo, la reacción de la Asamblea Nacional según se leyó en el *Comunicado* que había emitido el 9 de agosto de 2025, había sido de un tono algo distinto, afirmativo sobre lo que consideró la Asamblea que era la situación de Venezuela, rechazando:

> "las absurdas y desesperadas acciones anunciadas por la Fiscalía de EE.UU, a todas luces ilegales y sin ningún tipo de asidero real más allá del intento de agresión delirante contra el presidente constitucional de la República Bolivariana de Venezuela, Nicolás Maduro Moros, [...]
>
> Venezuela es hoy por hoy el país más seguro y con la economía que más ha crecido en el continente. [...]
>
> Es precisamente el presidente Nicolas Maduro el garante de esa paz, protector de la sólida democracia que nos ampara, y líder que conduce con mano firme el Estado de derecho y de justicia en los términos que establece nuestra Constitución Nacional. [...]

Destacó, además, la Asamblea Nacional en el *Comunicado* que las "amenazas insensatas" lo que buscarían es:

> "torcer el noble rumbo que el pueblo venezolano se otorgó en libérrimos comicios el 28 de julio de 2024, en que eligió presidente de la República a Nicolás Maduro; el 25 de Mayo de 2025, en que se eligieron gobernadores de

---

Seligman y Brett Forrest, "U.S. to Deploy Warships Against Drug Cartels," *The Wall Street Journal,* 21 agosto 2025, p. A16.

estado y Parlamento nacional; y el 27 de julio de 2025, en que escogimos de forma libre y transparente a alcaldes, alcaldesas y concejales en los municipios."[63]

Todo ello, sin embargo, contrasta con la verdad, pues se sabe mundialmente que el gobierno efectivamente perdió la elección presidencial del 28 de julio de 2025, cuyos resultados fueron secuestrados y falseados como lo demostró, entre otros, el Centro Carter,[64] y en cuanto a la situación del país que se narra

---

63 Véase el texto en el reportaje: "Jorge Rodríguez reacciona de manera comedida al aumento de recompensa por Nicolás Maduro: ¿un gesto hacia un posible canal de diálogo con la administración Trump?," en *Morfema Press*, 9 agosto 2025, disponible en: https://morfema.press/actualidad/jorge-rodriguez-reacciona-de-manera-comedida-al-aumento-de-recompensa-por-nicolas-maduro-un-gesto-hacia-un-posible-canal-de-dialogo-con-la-administracion-trump/ El Tribunal Supremo de Justicia, "en nombre del Poder Judicial" también se pronunció públicamente mediante un Comunicado en el cual "rechaza y repudia categóricamente la infame agresión por parte del gobierno de los Estados Unidos en contra del Presidente Constitucional de la República de Venezuela, Nicolás Maduro Moros," ratificando "su respaldo" al mismo. Véase "Comunicado: Rechazamos la agresión imperial: el Poder Judicial de la República Bolivariana de Venezuela se suma a la defensa de su presidente constitucional y de su pueblo," 11 agosto 2025, disponible en: https://avn.info.ve/tsj-rechaza-agresion-de-eeuu-contra-el-presidente-maduro-y-el-pueblo-venezolano/

64 Véase Centro Carter, Informe de 30 de julio de 2024, disponible en: https://www.cartercenter.org/news/pr/2024/venezuela-073024-spanish.pdf. Sobre la importancia del Informe del Centro Carter a nivel internacional, véase Frances Robles, "Pro-Democracy Minitoring Group denounces Venezuelan Electiom," en *The New York Times,* 1 de agosto de 2024, p. A10. Véase además en el mismo sentido los Informes del Departamento para la Cooperación y Observación Electoral (DECO) de la Secretaría para el Fortalecimiento de la Democracia de la OEA sobre la elección presidencial de Venezuela en su Informe para el Secretario General Luis Almagro fechado el 30 de julio de 2024 (disponible en: http://www.oas.org/fpdb/press/Informe-al-SG-sobre-Elecciones-Venezuela-2024-30-de-julio-para-distribuir-(1).pdf), y por el Informe Preliminar del Panel de Experto de la ONU sobre la

en el Comunicado, también contrasta con la realidad, la cual, por ejemplo, ha sido resumida en el primer párrafo con el cual comienza la "Introducción" del libro editado en 2025 por los profesores John Polga-Hecimovich y Raúl Sánchez-Urribarri, titulado *Authoritarian Consolidation In Times of Crisis. Venezuela under Nicolás Maduro,* en la cual expresan:

> "En la última década, Venezuela ha sufrido una de las crisis políticas y económicas más dramáticas del mundo. Desde que llegó al poder en 2013, el presidente Nicolás Maduro ha usurpado sistemáticamente la autoridad legislativa del país, politizado los tribunales y la administración pública, y aumentado la represión de la sociedad civil, encarcelando a críticos y supervisando graves violaciones de derechos humanos contra ellos. Además, entre 2013 y 2020, el producto interno bruto de Venezuela se redujo en un enorme 67%, la mayor depresión económica documentada en la historia de América Latina y una de las diez más grandes en la historia mundial. Durante este tiempo, la hiperinflación diezmó el poder adquisitivo, las tasas de pobreza se triplicaron y los servicios gubernamentales colapsaron. Como respuesta, más de 7,7 millones de personas, o casi una cuarta parte de la población, han emigrado. Sin embargo, Maduro se ha mantenido en el poder a través de una combinación de manipulación electoral, represión y otras tácticas."[65]

Elección presidencial de Venezuela del 28 de julio de 2024 (disponible en: https://news.un.org/en/sites/news.un.org.en/files/atoms/files/Informe _Preliminar_PdE_Venezuela_090824.pdf.)

65 Véase en John Polga-Hecimovich and Raúl Sánchez-Urribarri, (Editors), *Authoritarian Consolidation in Times of Crisis. Venezuela under Nicolás Maduro,* Routledge, New York, London, 2025, Introduction, p.1.

Frente a ello, en cuanto a las declaraciones políticas sobre Venezuela, el Estado como Estado criminal hibrido, el régimen de Maduro y su imbricación con el cartel de los Soles y el Tren dr Aragua, el Ministro del Interior y Justicia, Diosdado Cabello fue claro en expresar que "Nosotros no tomamos nada a juego. Ninguna amenaza del imperialismo la tomamos a juego. Muy serio."[66]

Y con razón, pues al día siguiente de las declaraciones del Canciller venezolano y del Comunicado de la Asamblea Nacional, el Secretario de Estado Marco Rubio había emitido un comunicado acusando al Sr. Maduro "de robar elecciones" y diciendo que él "no era el presidente de Venezuela," y que su "régimen no es el gobierno legítimo":

> "Maduro es el líder de la organización narcoterrorista Cártel de los Soles, designada como tal, y es responsable del tráfico de drogas hacia Estados Unidos y Europa", declaró el Sr. Rubio. "Maduro, actualmente acusado por nuestra nación, ha corrompido las instituciones venezolanas para facilitar el esquema criminal de narcotráfico del cártel hacia Estados Unidos."[67]

---

66 Véase en "Cabello: "Ninguna amenaza del imperialismo la tomamos a juego", en *El Nacional*, 27 agosto 2025, disponible en: https://www.elnacional.com/2025/08/cabello-ninguna-amenaza-del-imperialismo-la-tomamos-a-juego/

67 Véase en: Helene Cooper, Maggie Haberman, Charlie Savage y Eric Schmitt, "Trump Direct Military to Combat Drug Cartels Based in Latin America," *The New York Times,* 9 agosto 2025, pp A1- y A5; también disponible en https://www.nytimes.com/2025/08/08 /us/trump -military-drug-cartels.html?smid=nytcore-ios-share&referring-Source =articleShare

VI. DE LAS DECLARACIONES POLÍTICAS A LA ESCALADA MILITAR EN EL CARIBE

Un día antes, incluso, a las mencionadas declaraciones del Ministro Gil de Venezuela, ya el mismo Secretario de Estado Marco Rubio en una entrevista en el programa *The World Over* con Raymond Arroyo, transmitido por EWTN el día 7 de agosto de 2025, que en el reportaje de *El Nacional*, se la titula: "Designación del Cártel de los Soles como grupo terrorista permite acciones militares contra Maduro,"[68] a la pregunta del entrevistador sobre qué seguía después de la designación de carteles como organizaciones terroristas, Marco Rubio expresó:

> "El Presidente tomó la decisión bajo nuestra recomendación. No podemos continuar tratando a estos tipos como pandillas callejeras locales; tienen armamento terrorista, controlan territorios en muchos casos.
>
> Los carteles se extienden desde el régimen de Maduro en Venezuela, que no es un gobierno legítimo; no lo reconocemos como gobierno legítimo. Es una corporación criminal, de la misma manera que operan la variedad de carteles mexicanos de la misma manera que los encuentran en Ecuador y Guatemala.
>
> Tienes el Tren de Aragua que califica cono una pandilla local pero que operan como una corporación criminal y bien organizada, así que lo que esto cambia es que nos da autoridad legal de tenerlos en la mira, de manera que no podías de otra manera si solo fuera u grupo de criminal.

---

68 Véase "Marco Rubio: Designación del Cártel de los Soles como grupo terrorista permite acciones militares contra Maduro," *El Nacional,* 8 agosto 2025, disponible en: https://www.elnacional.com/2025/08/marco-rubio-ee-uu-podria-tomar-acciones-contra-maduro/

Ya no es un tema de aplicación de la ley, se convierte en un asunto de seguridad nacional. No si han cambiado todavía, pero su conducta va a tener que cambiar de una manera u de otra. Pero nos permite a nosotros tenerlos como objetivo e introducir otros elementos de poder estadounidense, agencias de inteligencia, el Departamento de Defensa para tener como objetivos a estos si tenemos la oportunidad de hacerlo. Tenemos que empezar a tratarlos como terroristas armados no solo como narcotraficantes; el narcotráfico es una forma de terrorismo de ellos que practican, pero también están en el tráfico humano, cooperación entre organizaciones terroristas internacionales, y es un peligro en marcha para los Estados Unidos."[69]

Luego de todas las anteriores declaraciones y reportajes, que daban incluso cuenta de una instrucción secreta del Presidente Trump, las noticias en todos los medios dieron cuenta del despliegue militar norteamericano hacia el Caribe, en la lucha contra el narcotráfico, tal como lo reportaron los periodistas Helene Cooper, Maggie Haberman, Charlie Savage y Eric Schmitt, "*Trump Direct Military to Target Foreign Drug Cartels*," publicado en *The New York Times*, del día 9 de agosto de 2025, en el cual se lee:

> "El presidente Trump firmó en secreto una directiva al Pentágono para comenzar a usar la fuerza militar contra ciertos cárteles de droga latinoamericanos que su administración ha considerado organizaciones terroristas, según personas familiarizadas con el asunto.

---

69 Véase el video de la entrevista en: hhttps://www.youtube.com/watch?v=TXvpcKjjRmk&pp=0gcJCf8Ao7VqN5tD; y en Carlangola, "Maduro pasa a ser un objetivo militar de EEUU," 7 agosto 2025, disponible en: https://www.instagram.com/reel/DNE6nnpOTDp/?igsh=a3B1d3BjcHV6eXE3

La decisión de incorporar a las fuerzas armadas estadounidenses a la lucha es la medida más agresiva hasta la fecha en la creciente campaña del gobierno contra los cárteles. Demuestra la continua disposición del Sr. Trump a emplear las fuerzas militares para llevar a cabo lo que se ha considerado principalmente una responsabilidad de las fuerzas del orden: frenar el flujo de fentanilo y otras drogas ilegales.

La orden proporciona una base oficial para la posibilidad de realizar operaciones militares directas en el mar y en suelo extranjero contra los cárteles.

Los funcionarios militares estadounidenses han comenzado a elaborar opciones sobre cómo los militares podrían perseguir a los grupos, dijeron las personas familiarizadas con las conversaciones, que hablaron bajo condición de anonimato para discutir las sensibles deliberaciones internas.

Pero ordenar a los militares que tomen medidas enérgicas contra el tráfico ilícito también plantea cuestiones legales, entre ellas si se consideraría «asesinato» si las fuerzas estadounidenses, actuando fuera de un conflicto armado autorizado por el Congreso, mataran a civiles, incluso sospechosos de delitos, que no representan una amenaza inminente. [...]

El Sr. Trump ha atacado especialmente a organizaciones venezolanas y mexicanas. En febrero, el Departamento de Estado designó al Tren de Aragua, la Mara Salvatrucha (conocida como MS-13) y a varias otras organizaciones como organizaciones terroristas extranjeras, afirmando que constituían «una amenaza para la seguridad nacional que va más allá de la que representa el crimen organizado tradicional».

Hace dos semanas, la administración Trump agregó al Cártel de los Soles venezolano a una lista de grupos terroristas globales especialmente designados, afirmando que está encabezado por el presidente Nicolás Maduro de Venezuela y otros funcionarios de alto rango de su administración.

El jueves, los Departamentos de Justicia y de Estado anunciaron que el gobierno de Estados Unidos duplicará la recompensa –a 50 millones de dólares– por información que conduzca al arresto del Sr. Maduro, acusado de narcotráfico. El gobierno lo describió nuevamente como cabecilla de un cártel, y la fiscal general Pam Bondi afirmó que «no escapará a la justicia y rendirá cuentas por sus abyectos crímenes».

Cuando se le preguntó sobre la autorización del Sr. Trump para el uso de la fuerza militar contra los cárteles, Anna Kelly, portavoz de la Casa Blanca, dijo en un correo electrónico que "la principal prioridad del presidente Trump es proteger la patria, por lo que tomó la audaz medida de designar a varios cárteles y pandillas como organizaciones terroristas extranjeras". [...]

Los ataques militares unilaterales contra los cárteles constituirían una marcada escalada en el largo camino para frenar el narcotráfico, colocando a las fuerzas estadounidenses en un papel protagónico en primera línea contra organizaciones a menudo bien armadas y bien financiadas. Una campaña sostenida también probablemente plantearía nuevos problemas relacionados con el intento de Trump de usar las fuerzas armadas de forma más agresiva para respaldar diversas políticas, a menudo a pesar de restricciones legales y constitucionales. [...]

> Pero la nueva directiva de Trump parece prever un enfoque diferente, centrado en que las fuerzas estadounidenses capturen o maten directamente a personas involucradas en el tráfico de drogas.
>
> Etiquetar a los cárteles como grupos terroristas permite a Estados Unidos "utilizar otros elementos del poder estadounidense, agencias de inteligencia, el Departamento de Defensa, etc., para atacar a estos grupos si tenemos la oportunidad", declaró el jueves Marco Rubio, secretario de Estado y asesor de seguridad nacional, en una entrevista con el medio católico EWTN. "Tenemos que empezar a tratarlos como organizaciones terroristas armadas, no simplemente como organizaciones de narcotráfico". [...]
>
> Al anunciar hace dos semanas que impondría sanciones al grupo venezolano Cártel de los Soles, el Departamento del Tesoro acusó al cártel de brindar apoyo material al Tren de Aragua y al Cártel de Sinaloa en México, los cuales, según dijo, a su vez estaban "amenazando la paz y la seguridad de los Estados Unidos."[70]

Un resumen de la esta escalada de declaraciones políticas y el paso a las movilizaciones militares en relación con el régimen de Maduro y el Cartel de Los Soles, las formuló, la portavoz oficial de la Casa Blanca, Karoline Leavitt, al expresar en rueda de prensa del día 19 de agosto de 2025, que:

---

70 Véase Helene Cooper, Maggie Haberman, Charlie Savage y Eric Schmitt, "*Trump Direct Military to Target Foreign Drug Cartels*," en *The New York Times*, 9 de agosto de 2025, pp. A1 y A5.

"El Presidente Trump ha sido muy claro y consistente. El está preparado para usar todos los elementos del poder estadounidense para detener el flujo de drogas en nuestro país, y llevar esos responsables ante la justicia.

El régimen de Maduro no es el gobierno legítimo de Venezuela. Es un cártel narcoterrorista. Y Maduro, según la opinión de esta Administración, no es un presidente legítimo. Es un jefe fugitivo de un cártel que ha sido acusado en Estados Unidos de traficar drogas al país."[71]

Así, ya para mitades de agosto se informaba con precisión en la prensa sobre el despliegue efectivo de fuerzas militares norteamericanas en el Caribe para la lucha contra el narcotráfico,[72] de varios navíos de guerra y de miles de efectivos militares de los Estados Unidos; pasándose a anunciar, por el mismo

71 Véase la reseña y el video en: "Estados Unidos advierte que usará "todo su poder" para frenar el narcotráfico en Venezuela," LATINUS, 19 agosto 2025, disponible en: https://latinus.us/eu/2025/8/19/estados-unidos-advierte-que-usara-todo-su-poder-para-frenar-el-narcotra fico-en-venezuela-149834.html. Véase el video de la rueda de prensa en: https://www.bing.com/videos/riverview/relatedvideo?q=maduro.+leacitt+portavos.+cartel&mid=156BF12E373A37B05223156BF12E373A37B05223&mmscn=stvo&FORM=VIRE. Véase igualmente: "EEUU dice estar preparado para usar "todo su poder" y frenar flujo de drogas desde Venezuela," en *EFE, Morfema Press* 19 agosto 2025, disponible en: https://morfema.press/actualidad/eeuu-dice-estar-prepara do-para-usar-todo-su-poder-y-frenar-flujo-de-drogas-desde-vene zuela/

72 Véase sobre ello Natasha Bertrand, "EE.UU. despliega más de 4.000 militares adicionales en aguas cercanas a Latinoamérica para su lucha contra los cárteles," en *CNN EE.UU.*, 15 agosto 2025, disponible en: https://cnnespanol.cnn.com/2025/08/15/eeuu/despliegan-4000-militares-aguas-latinoamerica-carteles-trax; y días después en, Steve Holland, "US orders amphibious squadron to deploy to southern Caribbean," en *Reuters*, 20 agosto 2025, disponible en: https://www.reuters.com/world/us/us-orders-amphibious-squadron-deploy-southern-caribbean-sources-2025-08-20/

Secretario de Estado, Marco Rubio, el 25 de agosto de 2025, acompañado por el presidente Donald Trump, que se había formado una "coalición internacional: integrada por varios países sudamericanos para enfrentar a las organizaciones del narcotráfico en el mar Caribe. Dijo: "Estamos logrando una cooperación internacional con Ecuador, Trinidad, Paraguay, Guyana y hoy Argentina. Todos uniéndose a nosotros tratando de apoyarnos en esto," agregando que "por primera vez en la era moderna, estamos verdaderamente a la ofensiva en contra de los carteles que envenenan" a las ciudades de Estados Unidos. "Vamos a detener la entrada de drogas y estamos teniendo incautaciones récord."[73]

Esa movilización de fuerzas navales, considerada "como una seria potencia de fuego,"[74] pues de trataba de "una de las más grandes demostraciones de fuerza en la región desde la

---

[73] Véase "Marco Rubio anunció creación de coalición internacional con países de Sudamérica para combatir el narcotráfico tras despliegue militar cerca de mar de Venezuela," en *NTN24,*26 agosto 2025, disponible en: https://www.ntn24.com/noticias-actualidad/marco-rubio-anuncio-creacion-de-coalicion-internacional-con-paises-de-sudamerica-para-combatir-el-narcotrafico-tras-despliegue-militar-cerca-de-mar-de-venezuela-576530 . Véase igualmente en: "Marco Rubio apuntó contra el Cartel de los Soles: "Estamos construyendo una coalición internacional contra este flagelo. El secretario de Estado de EEUU afirmó que Washington está "en la ofensiva" contra el narcotráfico y destacó la cooperación de países como Argentina, Paraguay y Ecuador," en Infobae, 26 agosto 2025, disponible en: h ttps://www.infobae.com/estados-unidos/2025/08/26/marco-rubio-apunto-contra-el-cartel-de-los-soles-estamos-construyendo-una-coalicion-internacional-contra-este-flagelo/

[74] Véase en el editorial "Trump's Venezuelan War Games," *The Wall Street Journal,* 30 agosto 2025, p. A12. Reproducido en: *América 2.1*, 31 agosto 2025, disponible en: https://americanuestra.com/trumps-venezuelan-war-games/

invasión de Panamá en 1989,"[75] llevó incluso al Gobierno de Trinidad y Tobago a darle pleno apoyo,[76] en medio de lo que se calificó por los periodistas Charlie Sauvage, Helene Cooper y Eric Schmitt del *The New York Times*, como "una retórica beligerante sobre la lucha contra carteles de droga, etiquetando al Sr. Maduro como líder de un cartel terrorista." Ello, sin duda, era preocupante, tanto nacional (para la Nación norteamericana como para la Nación venezolana) como internacionalmente, en especial, para la región de los países de América Latina, porque como dijeron dichos periodistas:

---

75 Véase el reportaje en la sección "World at a Glance," en la revista semanal *The Week*, Volume 24, Issue No 1250, 29 agosto 2025, p. .8. Como se lee en el reportaje de la agencia EFE, publicado el 27 de agosto de 2025, el Ejército de EE.UU. hizo públicas imágenes de su despliegue cerca de Venezuela, indicándose que "Más de 4.000 militares, entre ellos unos 2.000 marines, además de aviones, barcos y lanzamisiles, han sido movilizados por la Administración de Donald Trump para patrullar en las aguas cercanas a Venezuela y el Caribe con el objetivo de combatir a los carteles del narcotráfico." Véase "El Ejército de EE.UU. publica imágenes de su despliegue cerca de Venezuela," en *EFE*, 27 de agosto de 2025, disponible en: https://efe.com/mundo/2025-08-27/eeuu-buques-venezuela-despliegue-militar/. Por ello, quizás, el Sr. Maduro, al referirse a la movilización militar la calificó como "la mayor amenaza que ha visto nuestro continente en los últimos 100 años." Véase en Genevieve Glatsky, "Untangling Claims That Venezuela Floods the U.S. With Drugs," *The New York Times*, 4 septiembre 2025, p. A8; y en Eric Schmitt, "After Strike on Suspevted Drug Vessel, Officials Say More Are Coming," The New York Times, 6 septiembre 2025, p. A8.

76 Habiendo dicho la primera ministra Kamla Persad-Bissessar en un comunicado que quería "dejar muy claro que si el régimen de Maduro lanza algún ataque contra el pueblo guyanés o invade el territorio guyanés y el gobierno estadounidense solicita acceso al territorio trinitario para defender al pueblo de Guyana, mi gobierno se lo concederá sin reservas." Véase Jacqueline Charles, "Trinidad aprueba despliegue de buques y apoyará a EEUU si se lo pide, dice primera ministra," en *Miami Herald*, 24 agosto 2025, disponible en: https://www.elnuevoherald.com/noticias/america-latina/el-caribe/article311831181.Html#storylink=cpy

> "la escala de las fuerzas que el Pentágono está implementando, junto con la orden de Trump, sugiere que la administración está contemplando acciones…"[77].

Sobre esta situación, la apreciación del Editorial del *The Wall Street Journal* fue que "discretos golpes en laboratorios de narcóticos en la selva venezolana no necesitarían tanto h*ardware,*"[78]; habiendo sido la siguiente, la apreciación de la periodista Amaia Fano, en artículo publicado tres días antes, el 27 de agosto de 2025en *El Correo*:

> "La situación que se está viviendo en aguas del mar Caribe, con la flota de guerra estadounidense desplegada frente a la costa venezolana, no es una operación rutinaria contra el narcotráfico. Es un mensaje de advertencia. Y Nicolás Maduro parece haberlo recibido alto y claro. […] por primera vez, la figura del presidente venezolano se proyecta, no como la de un jefe de Estado legítimo –una vez acreditado que cometió fraude electoral–, sino como la de un peligroso delincuente internacional, el presunto líder de una organización llamada el Cartel de los Soles, contra

---

77 Véase Charlie Sauvage, Helene Cooper y Eric Schmitt, "Buildup of U.S Forces Is Menacing Venezuela," *The New York Times*, 23 agosto 2025, p. A8. Este reportaje se comentó y reprodujo en la siguiente nota: "¿Se prepara el gobierno de Trump para una confrontación militar con Venezuela?," en *Morfema Press*, 23 agosto 2025, disponible en: https://morfema.press/actualidad/se-prepara-el-gobierno-de-trump -para-una-confrontacion-militar-con-venezuela/. Véase igualmente el reportaje de Julie Turkewitz, "As Warships From 'Gringo Empire' Move Closer, many Venezuelans Shrug," *The New York Times,* 24 agosto 2025, p. 12.

78 Véase "Trump's Venezuelan War Games", *The Wall Street Journal,* 30 agosto 2025, p. A12.

quien pesan cargos por "conspiración para importar cocaína y narcoterrorismo" en el Estado de Nueva York."[79]

Por su parte, el exmagistrado Miguel Ángel Martín, indicó que:

> "La Casa Blanca no se ha limitado a presentar esta operación como una acción antidrogas. Desde la administración estadounidense, el régimen de Nicolás Maduro ha sido definido como la cabeza visible del Cartel de los Soles, una organización criminal que ha convertido a Venezuela en un centro neurálgico del narcotráfico y una amenaza directa para la seguridad nacional de Estados Unidos. El despliegue militar busca no solo frenar el flujo de cocaína, sino también detener la entrada masiva de fentanilo, una droga sintética letal cuya crisis ha impactado profundamente a la sociedad estadounidense. [...][
>
> Además, voceros de la Casa Blanca han reiterado que esta no es solo una operación contra el narcotráfico, sino una acción estratégica para contener un régimen criminalizado que pone en riesgo la seguridad regional y nacional de Estados Unidos. En paralelo, el Comando Sur de las Fuerzas Armadas estadounidenses ha declarado que la operación en el Caribe es una prioridad para desarticular las rutas de narcotráfico y evitar que drogas letales como el fentanilo

---

79 Véase Amaia Fano, "El tiempo se acabó para Maduro (y sus cómplices)," en *El Correo*, 27 agosto 2025, disponible en: https://www.elcorreo.com/politica/amaia-fano-tiempo-acaba-maduro-complices-2025 0827000154-nt.html; que fue reproducido en *El blog de Iñaki Anasagasti*, 28 agosto 2025, que está disponible en: https://blogs.deia.eus/anasagasti/2025/08/28/el-tiempo-se-acaba-para-maduro-y-sus-complices/

llleguen a las calles estadounidenses, subrayando la importancia del despliegue naval y aéreo."[80]

Por otra parte, como lo observó Miguel Henrique Otero, la "inédita" situación que se ha originado con la presencia militar norteamericana en el Caribe, "que en el transcurso de unos pocos días, se ha transformado en un amplio operativo multinacional, que ha incorporado a naciones de Europa, del Caribe y del continente americano, para actuar conjuntamente contra la masa de carteles activos," y que a su juicio "no tiene entre sus metas invadir el territorio venezolano;" deriva, a su juicio, del hecho de que lo que ha ocurrido en Venezuela también ha sido "inédito," habiéndose dado origen a una "forma de Estado desconocida hasta ahora" que es "un narco Estado,"[81] que "ha adquirido la

[80] Véase Miguel Ángel Martín, "El Cartel de los Soles frente al poder naval de EEUU. Desde la administración estadounidense, el régimen de Nicolás Maduro ha sido definido como la cabeza visible del Cartel de los Soles, Diario Las Américas, 28 agosto 2025, disponible en: https://www.diariolasamericas.com/opinion/el-cartel-los-soles-frente-al-poder-naval-eeuu-n5381575 Véase además, por ejemplo, el reportaje de Asbel López, "El Cartel de los Soles es "una de las mayores perversidades creadas por el chavismo," donde se lee que "El llamado 'Cartel de los Soles' se refiere a una presunta red criminal integrada por altos mandos militares y funcionarios venezolanos, vinculada al narcotráfico, al lavado de dinero, la minería ilegal y otras actividades ilícitas., en *Clarin, Morfema Press,* 29 agosto 2025, disponible en: https://morfema.press/actualidad/el-cartel-de-los-soles-es-una-de-las-mayores-perversidades-creadas-por-el-chavismo/,.

[81] Que ha sido definido por Carlos Sánchez Berzaín, como aquél en el cual "instituciones políticas se encuentran influenciadas por el poder y las riquezas del narcotráfico, cuyos dirigentes desempeñan simultáneamente cargos como funcionarios gubernamentales y miembros de las redes de tráfico de drogas narcóticas ilegales, amparados por sus potestades legales." Véase en Carlos Sánchez Berzaín, "Si el crimen organizado sigue detentando Gobiernos y Estados, no hay futuro para la democracia," en *Interamerican Institute for Democracy,* 8 septiembre 2025, disponible en: https://www.intdemocratic.org/es/si-el-

única forma posible en que puede sobrevivir: como una dictadura política-militar, que no solo ha destruido el Estado de derecho," sino que ha "conducido en Venezuela, a la fusión entre Estado y cártel del narcotráfico." [82]

En todo caso, la escalada de declaraciones políticas contra el régimen de Maduro, y los carteles de la droga, y la movilización militar inusitada desplegada con ocasión de las mismas, se produjo una acción bélica específica de ataque y hundimiento de una embarcación que habría zarpado de la población San Juan de Unare,[83] Venezuela, acusada de transportar drogas, mediante un misil disparado por una de las unidades militares de las

---

crimen-organizado-sigue-detentando-gobiernos-y-estados-no-hay-futuro-para-la-democracia. Ello ha llevado al gobierno de Costa Rica a calificar al régimen del Sr. Maduro como un "narcogobierno." Véase en: "Costa Rica calificó a Maduro de "narcogobierno" y alertó sobre los vínculos de grupos locales con el Cartel de los Soles," en *Infobae*, 9 septiembre 2025, disponible en: https://www.infobae.com/venezuela/2025/09/10/costa-rica-califico-a-maduro-de-narcogobierno-y-alerto-sobre-los-vinculos-de-grupos-locales-con-el-cartel-de-los-soles/

82 Véase Miguel Henrique Otero, ¿Cuál es la verdadera estrategia de Trump con su ofensiva militar contra el Cartel de los Soles? A lo largo de un cuarto de siglo, el régimen inaugurado por Hugo Chávez en 1999 en Venezuela, ha derivado en un narco Estado," en *El Debate,* 30 agosto 2025, disponible en: https://www.eldebate.com/internacional/20250830/cual-verdadera-estrategia-trump-ofensiva-militar-contra-cartel-soles_329557.html. Véase igualmente el texto en Miguel Henrique Otero, "No es invasión, es un combate militar a los carteles," *El Nacional,* 31 agosto 2025, disponible en: https://www.elnacional.com/2025/08/no-es-invasion-es-un-combate-militar-a-los-carteles/; y en *Morfema Press,* 31 agosto 2025, disponible en: https://morfema.press/opinion/no-es-invasion-es-un-combate-militar-a-los-carteles-por-miguel-henrique-otero/

83 Véase sobre esta población, la información: "San Juan de Unare, el pueblo pesquero de donde salió la lancha que bombardeó EE UU,", en El Nacional , 6 septiembre 2025, disponible en: https://www.elnacional.com/2025/09/san-juan-de-unare-el-pueblo-pesquero-de-donde-sa lio-la-lancha/

fuerzas de la Armada norteamericana desplegada en el Caribe, falleciendo en la operación sus once tripulantes.[84]

El mismo Presidente Trump hizo el anuncio de la operación el 3 de septiembre de 2025, expresando:

> "Esta mañana, bajo mis órdenes, las Fuerzas Militares de los Estados Unidos llevaron a cabo un ataque cinético contra narcoterroristas del Tren de Aragua positivamente identificados en el área de responsabilidad SOUTHCOM. TDA es una Organización Terrorista Extranjera designada, que opera bajo el control de Nicolás Maduro, responsable de asesinatos en masa, tráfico de drogas, tráfico sexual, y actos de violencia y terror en los Estados Unidos y Hemisferio Occidental. El ataque ocurrió mientras los terroristas se encontraban en el mar en aguas internacionales transportando narcóticos ilegales, rumbo a Estados Unidos. El ataque resultó en 11 terroristas muertos en acción. Ninguna fuerza estadounidense fue herida en este ataque. Por favor, que esto sirva de aviso para cualquiera que esté pensando en traer drogas a los Estados Unidos de América. ¡CUIDADO! ¡¡¡Gracias por su atención a este asunto!!!!"[85]

Esta operación fue considerada como "una ruptura con el protocolo usual de la Guardia Costera de detener embarcaciones

---

84 Véase la información en Helene Cooper, Eric Schmidtt, Edward Wong y Alan Feuwe, "11 'Terrorists'On Drug Boat Kilednin Struike by U.S. Forces," *The New York Times*, 3 septiembre 2025, p. A7; Lara Seligman, Vera Bergengrun y José de Córdoba, "U.S. Conducts 'Lethal Strike' On a Vessel From Venezuela," *The Wall Street Journal,* 3 septiembre 2025, p. A6.

85 Véase la información y video en *YouTube*, 3 septiembre 2025, disponible en: https://www.youtube.com/watch?v=qNVnzBuPOr4

sospechosas, registrarlas y llevar a los tripulantes a juicio,"[86] sobre lo cual, como lo resumió el abogado militar David French, en su Columna en el *The New York Times* del 8 de septiembre de 2025 expresó:

> "Por lo general, cuando la Guardia Costera u otra rama del ejército o la policía detecta un bote sospechoso de transportar drogas, buscamos detener el bote, registrarlo, incautar cualquier droga y arrestar e interrogar a la tripulación. Si estos sospechosos de contrabando de drogas abren fuego, las fuerzas estadounidenses pueden responder, pero no pueden simplemente ejecutar a alguien por la mera sospecha de tráfico de drogas. No matamos a los sospechosos de ser criminales desde el aire."[87]

En el caso de la embarcación hundida, agregó French que:

> "Lo que queda es un ataque militar realizado contra sospechosos sin el debido proceso, en ausencia de cualquier necesidad de autodefensa inmediata (el barco no estaba disparando contra las fuerzas estadounidenses), sin ninguna autorización del Congreso."[88]

Sobre el mismo tema los periodistas Eric Schmitt, Helene Cooper, Charlie Savage y Edward Wong comentaron que "el Congreso no ha autorizado ningún conflicto armado contra el Tren de Aragua o Venezuela," destacando la opinión de expertos legales en el sentido de que no conocían de "precedente alguno

---

86 Véase el comentario en el Editorial: "En Trump's Gungoat War on Drugs, "*The Wall Street Journal,* 4 septiembre 2025, A14; y en Eric Schmitt, Helene Cooper, Charlie Savage y Edward Wong, "U.S, Says Strike on Boat Sought to Stop Cartels," *the New York Times*, 4 septiembre 2025, pp. A1 y A8.

87 Véase David French, "Don't Let Trump Expand the Definition of War*,"* *the New York Times*, 8 septiembre 2025, p. A23

88 *Idem*

para afirmar que un país podría invocar la autodefensa como base para atacar a sospechosos de narcotráfico con fuerza letal;" agregando que la designaciones de organizaciones terroristas no significa "poder usar la fuerza militar" contra las mismas, pues "tales designaciones permiten al gobierno sancionar a tales grupos, incluido el congelamiento de sus activos, pero no autorizan la actividad de combate contra ellos."[89]

El hecho, por supuesto, en un país con la tradición legal de los Estados Unidos, originó toda suerte de reacciones y comentarios sobre si el Presidente Trump se había excedido en su autoridad legal al usar fuerza militar letal contra un objetivo que no representaba un peligro directo para Estados Unidos, y hacerlo sin autorización del Congreso; y sobre si los contrabandistas de drogas podían ser tratados como objetivos militares legítimos.

Sobre ello, el Profesor Ryan Good» de *New York Universtry,* quien trabajó en el Departamento de Defensa, expresó que era "difícil imaginar cómo los abogados dentro del Pentágono podrían haber llegado a la conclusión de que esto era legal, en lugar de ser la definición misma de asesinato según las reglas del derecho internacional que el Departamento de Defensa ha aceptado durante mucho tiempo," [90] y el profesor Martin Lederman, de la Georgetown University, quien trabajó en el Departamento de Justicia y escribió en materia de ataques contraterroristas con drones, explicó que "interpretar la ley para permitir al Sr. Trump parra matar personas que no están atacando a los

89 Véase en Eric Schmitt, Helene Cooper, Charlie Savage y Edward Wong, "U.U, Says Strike on Boat Sought to Stop Cartels," *The New York Times*, 4 septiembre 2025, pp. A1 y A8.

90 Véase en Chrles Savage, "Without Arrest or Trial, Lilling Drug Suspects. Trum Applies Wartime Rules," The New York Times, 5 septiembre 2025, p. A1

Estados Unidos requeriría una expansión "alarmante" del poder presidencial," indicando que:

> ` "Incluso si fuera cierto que eran 'terroristas', el presidente no tiene autoridad para matar terroristas en cualquier parte del mundo, y mucho menos, para matar a los traficantes de drogas. Los objetivos de la fuerza letal tendrían que estar en un conflicto armado con nosotros o amenazar con un uso de la fuerza que justifique la autodefensa."[91]

Por ello, Frank Kendall, un antiguo Secretario de la Fuerza Aérea durante el gobierno del Presidente Biden expresó que "Francamente, no veo cómo esto puede considerarse otra cosa distinta a un asesinato extrajudicial fuera de los límites del derecho nacional e internacional," y el profesor But Geoffrey Corn, de la *Texas Tech University*, Teniente Coronel de la Armada y asesor legal en la misma afirmó que creía que estimó que "no había manera alguna de caracterizar legítimamente un barco de drogas que se dirige desde Venezuela, posiblemente a Trinidad, como un ataque armado real o inminente contra Estados Unidos, justificando esta respuesta militar."[92]

Sobre el tema de la guerra contra el terrorismo, y los antecedentes en los Estados Unidos después del ataque terrorista en Nueva York, del 11 de septiembre de 2001, W.J.Hennigan, columnista del *New York Times*, recordó que los ataques que en aquél momento fueron efectuados contaron con dos autorizaciones otorgadas por el Congreso en 2001 y 2002; autorización que en la actualidad no existe de parte del Congreso para ataques

---

91 Véase en Chrles Savage, "Without Arrest or Trial, Lilling Drug Suspects. Trum Applies Wartime Rules," The New York Times, 5 septiembre 2025, p. A8

92 Véase en Vera Bergrngruen, Michael R. Gordon, y José Córdoba, "Trump's Authority in Boat Strike Disputed," en *The Wall Street Journal,* 5 septiembre 2025, p. A18.

contra carteles declarados como organizaciones terroristas, efectuó, pasando a citar la opinión de Jameel Jaffer, abogado de derechos humanos, quien consideró que el ataque contra la lancha rápida en aguas del Caribe, era "flagrantemente ilegal" porque en el caso, "no hay autorización del Congreso para el uso de la fuerza," "ni existía un conflicto armado preexistente. Tampoco hay ningún argumento no frívolo de que estos hombres representaban una amenaza inminente, incluso bajo una definición alargada de inminencia. Matar a estos hombres en estas circunstancias me parece un asesinato absoluto".[93]

Sobre el tema, en general, Ali Khan, el profesor emérito de la *Washburn University School of Law in Topeka*, Kansas, argumentó que "El derecho internacional prohíbe las ejecuciones extrajudiciales y extraterritoriales porque privar a alguien de la vida sin el debido proceso es un derecho humano fundamental, posiblemente el más importante que la ley puede proteger."[94]

En todo caso, tras el ataque de los Estados Unidos a la embarcación, la portavoz de la Oficina del Alto Comisionado de las Naciones Unidas para los Derechos Humanos, Ravina Shamsadani, en rueda de prensa subrayó que el uso intencional de la fuerza letal por parte de los Estados al combatir el tráfico ilícito solo es permisible como medida de último recurso, cuando existe una amenaza inminente para la vida. Dicha funcionaria expresó que "Las personas no deberían ser asesinadas por usar, traficar o vender drogas" considerando "esencial que

93 Véase W.J. Hennigan, "America's War on Terror Goes to the Caribbean, " *The New York Times*, 6 septiembre 2025, p. A19

94 Véase L. Ali Khan " The Dangerous Precedent of Extraterritorial Killings" (Edited by: Ingrid Burke Friedman), *Jurist News*, 5 septiembre 2025, disponible en: https://www.jurist.org/commentary/2025/09/the-dangerous-precedent-of-extraterritorial-killings/

las respuestas de los Estados al tráfico ilícito de drogas respeten el derecho internacional de los derechos humanos, agregando que:

> "Al combatir el tráfico ilícito, los funcionarios encargados de hacer cumplir la ley deben respetar los principios básicos sobre el uso de la fuerza establecidos en el derecho internacional, añadió la portavoz, por lo que el uso intencional de la fuerza letal solo es permisible como medida de último recurso, cuando existe una amenaza inminente para la vida.
>
> "Toda pérdida de vidas en el contexto de una operación de aplicación de la ley debe ser investigada de manera independiente, rápida y transparente."[95]

Sobre el incidente de la destrucción y hundimiento de la embarcación, sin embargo, el profesor Adolfo Salgueiro, expresó que:

> "desde el punto de vista del derecho internacional, al menos puede reivindicar argumentos que avalan su procedencia a saber: a) se realizó en aguas internacionales en una zona designada como teatro de operaciones de la fuerza naval encargada de vigilar y limpiar un área desde la cual se llevan a cabo amenazas a la seguridad norteamericana perpetrada por grupos calificados como delincuenciales y terroristas en perjuicio de la seguridad de Estados Unidos, lo cual abre la ventana para su combate, b) quien se expone a emprender un viaje nocturno en aguas sujetas a vigilancia naval militar no puede esperar ser tratado como inocente

---

95 Véase "ONU Derechos Humanos: La respuesta al tráfico de drogas debe respetar el derecho internacional, en *Noticias ONU, Naciones Unidas*, 5 septiembre 2025, disponible en; https://news.un.org/es /story/2025/09/1540400

pescador, c) quien parte clandestinamente desde un puerto cuya propia existencia depende del tráfico de sustancias prohibidas no puede alegar la libertad de los mares como escenario para ejecutar sus fechorías, sino que se expone a un negocio de extremo riesgo con la posibilidad de pingües ganancias d) según el informe del incidente comentado por un oficial encargado, las autoridades norteamericanas dieron aviso a la embarcación, la iluminaron con luces desde un helicóptero, requirieron que se detuviera utilizando parlantes en idiomas español, inglés y portugués para llevar a cabo la inspección y aun así la embarcación ignoró las indicaciones."[96]

En todo caso, a nivel del gobierno norteamericano, el Vice Presidente, JD Vance, el 6 de septiembre de 2025 defendió el uso de las fuerzas armadas de Estados Unidos para "matar a miembros de cárteles" que llevan drogas a Estados Unidos, desestimando las críticas que afirmaron que el reciente ataque aéreo contra un barco que presuntamente traficaba drogas era un crimen de guerra, afirmando que.

"Matar a los miembros del cártel que envenenan a nuestros conciudadanos es el mejor y más alto uso de nuestro ejército."[97]

---

96 Véase Adolfo Salgueiro, "?Y ahora qué?." en *Diario Las Américas*, 8 septiembre 2025, disponible en: https://www.diariolasamericas.com /opinion/venamerica-y-ahora-que-n5382078

97 Véase Ben Johansen, "Vance defends strike on alleged drug boat: 'Highest and best use of our military'", Politico, 6 septiembre 2025, disponible en: https://www.politico.com/news/2025/09/06/vance-drug-strike-venezuela-00548816. Véase sobre la respuesta del VicePresidente Vance a la crítica formulada a su declaración en 'Greg Norman,' JD Vance clashes with anti-Trump social media personality over cartel killings: 'I don't give a s'- " en *Fox News*, 6 septiembre 2025,

Ello fue respondido por el Senador Republicano Rand Paul, de Kentucky Republican, expresando en su cuenta X que:

> "[...] Vance dice que matar a las personas a las que acusa de un delito es el "mejor y más alto uso de las fuerzas armadas". ¿Alguna vez leyó *To Kill a Mockingbird*? ¿Alguna vez se preguntó qué pasaría si los acusados fueran ejecutados inmediatamente sin juicio ni representación? Qué sentimiento tan despreciable e irreflexivo es glorificar matar a alguien sin un juicio."[98]

En todo caso, lo cierto es que el Secretario de Defensa Pete Hegseth, dejó ver que el ataque efectuado a la embarcación de venezolanos no parecía ser el único, anunciando el 3 de septiembre de 2025, que se avecinaban ataques adicionales, diciendo: "Tenemos activos en el aire, activos en el agua, activos en barcos, porque esta es una seria misión mortal para nosotros, y no se detendrá solo con este ataque."[99]

De manera que luego de que dos aviones de combate de la Fuerza Aérea venezolana sobrevolaron alguno de los barcos de la Armada norteamericana, cuyos pilotos incluso fueron públicamente identificados en los medios norteamericanos,[100] ello

---

disponible en: https://www.foxnews.com/politics/jd-vance-clashes-anti-trump-social-media-personality-i-dont-give-s

98 Véase Marni Rose McFall, "Rand Paul Slams JD Vance's Defense of Strike on Alleged Venezuelan Cartel," en *Newsweek*, 7 septiembre 2025, disponible en: https://www.newsweek.com/rand-paul-jd-vance-venezuelan-cartel-strike-2125943

99 Véase W.J. Hennigan, "America's War on Terror Goes to the Caribbean, " *The New York Times*, 6 septiembre 2025, p. A19

100 Véase "Revelan identidad de pilotos venezolanos que sobrevolaron el destructor estadounidense, *Diario Las Américas,* 5 septiembre 2025, disponible en: https://www.diariolasamericas.com/america-latina/revelan-identidad-pilotos-venezolanos-que-sobrevolaron-el-destructor-estadounidense-n5381993

fue considerado como una provocación tanto por el Departamento de Guerra como por el Departamento de Estado del gobierno de los Estados Unidos, ampliando la presencia militar en el Caribe,[101] y anunciando que "en las próximas semanas los militares llevarían a cabo más ataques como parte de la campaña contra narcóticos y contra terrorismo;" [102] llevando incluso al Presidente Trump a autorizar cualquier acción militar contra aviones venezolanos de ocurrir nuevos sobrevuelos, [103] los cuales fueron considerados como una "obstrucción a la lucha contra el narcotráfico." En tal sentido, la Administración del presidente Trump emitió el siguiente comunicado:

> "Se le recomienda encarecidamente al cartel que está conduciendo Venezuela, no realizar ningún esfuerzo adicional para obstruir, disuadir o interferir con las operaciones antinarcóticos y antiterroristas llevadas a cabo por el ejército de los EE. UU."[104]

---

101 Véase la Información "EE UU sumó 10 aviones de combate F-35 al despliegue en el Caribe tras incidente con aeronaves venezolanas. Washington advirtió al gobierno de Maduro que se abstenga de "obstruir, disuadir o interferir" con sus operaciones antidrogas y antiterroristas," en *El Nacional*, 5 septiembre 2025, disponible en: h ttps://www.elnacional.com/2025/09/ee-uu-suma-10-aviones-de-combate-al-despliegue-en-el-caribe/

102 Véase Eric Smitt, "After Strike on Suspected Drug Vessel, Officials Say More are Coming, The New York Times, 6 septiembre 2025, p. A8

103 Véase la reseña: "Trump autoriza a derribar aviones enviados por Maduro si vuelven a sobrevolar buques de EEUU," en *Morfema Press* 5 septiembre 2025 disponible en https://morfema.press/actualidad/trump-autoriza-a-derribar-aviones-enviados-por-maduro-si-vuelven-a-sobrevolar-buques-de-eeuu/

104 Véase Eric Smitt, "After Strike on Suspected Drug Vessel, Officials Say More are Coming, The New York Times, 6 septiembre 2025, p. A8. Véase adicionalmente la Información en: "EE UU sumó 10

Y además, ya se ofrecía información en los medios de que podría haber acciones contra carteles de narcotráfico en territorio venezolano,[105] ante lo cual, al preguntársele al Presidente Trump el 7 de septiembre de 2025, sobre si se estaba considerando "atacar a los cárteles dentro de Venezuela," respondió: "Pronto lo sabrán."[106] El mismo día, el Secretario de Defensa Pete Hegseth, junto con el Jefe del Estado Mayor Conjunto, viajó a Puerto Rico, y en un discurso a los *marines* reunidos en la cubierta del buque de asalto anfibio USS Iwo Jima (LHD-7) que encabeza la presencia militar norteamericana en el Caribe como parte de la ofensiva contra los grupos narcoterroristas, expresó:

> "¿Cómo estamos, guerreros? Creo que esta podría ser la imagen más hermosa que he visto en mi vida. Mirando estos rostros, mirando este Caribe en una isla flotante del poder estadounidense, en primera línea, defendiendo la patria estadounidense.

---

aviones de combate F-35 al despliegue en el Caribe tras incidente con aeronaves venezolanas. Washington advirtió al gobierno de Maduro que se abstenga de "obstruir, disuadir o interferir" con sus operaciones antidrogas y antiterroristas," *El Nacional*, 5 septiembre 2025, disponible en: https://www.elnacional.com/2025/09/ee-uu-suma-10-aviones-de-combate-al-despliegue-en-el-caribe/

105 Véase en Zachary Cohen, Kylie Atwood, Kristen Holmes y Alayna Treene, "Trump weighs strikes targeting cartels inside Venezuela, part of wider pressure campaign on Maduro, sources say," *CNN Politics*, 5 septiembre 2025, disponible en: https://www.cnn.com/2025/09/05/politics/trump-weighs-strikes-targeting-cartels-inside-venezuela; y en "Donald Trump evalúa atacar carteles de narcotráfico en Venezuela, según CNN. De acuerdo con lo señalado por dos funcionarios de la Casa Blanca, se están enviando 10 cazas F-35 avanzados a Puerto Rico," en *El Nacional* 6 septiembre 2025, disponible en: ttps://www.elnacional.com/2025/09/donald-trump-evalua-atacar-carteles-narcoterroristas-en-venezuela-segun-cnn/

106 Véase "Trump sobre si está considerando «atacar a los cárteles dentro de Venezuela": «Pronto lo sabrán»", en *Notiahora*, 7 septiembre 2025, disponible en: https://notiahorave.com/trump-sobre-si-esta-considerando-atacar-a-los-carteles-dentro-de-venezuela-pronto-lo-sabran/

"No se equivoquen, lo que están haciendo ahora mismo no es entrenamiento. Este es un ejercicio en el mundo real en nombre de los intereses nacionales vitales de los Estados Unidos de América para acabar con el envenenamiento del pueblo estadounidense."[107]

Por su parte el Sr. Maduro, el 5 de septiembre ordenaba la movilización de milicias en Venezuela para "defender la soberanía," pero precisando que "Venezuela siempre está lista para el diálogo, pero exigimos respeto", pues dijo, "Ninguna de nuestras diferencias justifica un conflicto militar de alto impacto en América del Sur."[108]

Sobre esto último, casualmente, al día siguiente domingo 7 de septiembre de 2025, en todas las Misas en todas las Iglesias Católicas de todo el mundo, se leyó un pasaje del Evangelio de San Lucas (14,25-33), con un clarísimo mensaje de Jesús –a buen entendedor, pocas palabras–, preguntándole a la gente que lo escuchaba:

---

107 Véase "Secretario de Guerra de EEUU a los marines del USS Iwo Jima: «Esto no es un entrenamiento, es real»," *Albertonews,* 8 septiembre 2025, disponible en: https://albertonews.com/internacionales/secretario-de-guerra-de-eeuu-a-los-marines-del-uss-iwo-jima-esto-no-es-un-entrenamiento-es-real/ ; y en "No es un entrenamiento": Contundente mensaje del secretario de Guerra de Estados Unidos a los marines del USS Iwo Jima," *Morfema Press*, 8 septiembre 2025, disponible en: https://morfema.press/actualidad/no-es-un-entrenamiento-contundente-mensaje-del-secretario-de-guerra-de-estados-unidos-a-los-marines-del-uss-iwo-jima/

108 Véase "Maduro vows to defend Venezuela's sovereignty as tensions with U.S. escalate," en *PBS News*, 6 septiembre 2025, disponible en: https://www.pbs.org/newshour/amp/world/maduro-vows-to-defend-venezuelas-sovereignty-as-tensions-with-u-s-escalate.

"Así, ¿quién de vosotros, si quiere construir una torre, no se sienta primero a calcular los gastos, a ver si tiene para terminarla? No sea que, si echa los cimientos y no puede acabarla, se pongan a burlarse de él los que miran, diciendo: "Este hombre empezó a construir y no pudo acabar.?"

Agregando en su mensaje:

"¿O qué rey, si va a dar la batalla a otro rey, no se sienta primero a deliberar si con diez mil hombres podrá salir al paso del que lo ataca con veinte mil? Y si no, cuando el otro está todavía lejos, envía legados para pedir condiciones de paz."

Pero sobre lo que afirmó el Sr. Maduro al anunciar la movilización militar interna para "defender la soberanía," en respuesta a la presencia de navíos norteamericanos en el Caribe como consecuencia de la política del gobierno de los Estado Unidos de lucha contra el narcotráfico, como lo observó el ex-magistrado del Tribunal Supremo de Justicia, Miguel Ángel Martín:

"Venezuela se ha convertido en un corredor estratégico del crimen transnacional, donde el régimen de Maduro y la estructura militar bajo su control facilitan el tránsito de estas drogas hacia los principales mercados internacionales [...].

El régimen de Nicolás Maduro no actúa como un observador pasivo. Aeródromos militares y pistas clandestinas en Apure y Zulia son utilizados para despachar cargamentos hacia Colombia, el Caribe y otros destinos internacionales, mientras la FANB proporciona protección y logística. Insumos químicos, como la urea producida por la estatal Pequiven, son desviados hacia laboratorios fronterizos, según informes de la OFAC, evidenciando la participación indirecta del Estado en la producción de cocaína. La justicia estadounidense ha calificado esta red como una conspiración narcoterrorista, en la que la combinación de poder político y militar garantiza impunidad y eficiencia en el tráfico de drogas, según declaraciones oficiales del Departamento de Justicia"" […]."[109]

Agregando el ex Magistrado Martín, que "el Cartel de los Soles opera desde el corazón del poder militar y político venezolano, articulando familiares y allegados del régimen para garantizar impunidad y control del tráfico de drogas," razón por la cual estimó que:

[109] Véase Miguel Ángel Martín, "El imperio de la cocaína: Maduro y el Cartel de los Soles como amenaza global, en *Diario Las Américas*, 6 septiembre 2025, disponible en: https://www.diariolasamericas.com/opinion/el-imperio-la-cocaina-maduro-y-el-cartel-los-soles-como-amenaza-global-n5382008 Sobre ello, Andrés Palacios ha agregado que "El Cartel de los Soles es una de las principales organizaciones criminales de América Latina y su influencia se ha expandido más allá de las fronteras de Venezuela. Conformado por altos mandos militares y civiles cercanos al régimen de Nicolás Maduro, este entramado delictivo controla rutas terrestres, aéreas y marítimas que facilitan el tránsito de cocaína hacia múltiples destinos en el Caribe, Centroamérica, Estados Unidos, Europa y África. Su consolidación lo ha convertido en un actor central en la economía ilícita global y en un factor de inestabilidad para la región," en "Cómo el Cartel de los Soles convirtió a Venezuela en puente del narcotráfico," 6 septiembre 2025, en *Infobae, Morferma Press*, 6 septiembre 2025 disponible en: https://morfema.press/actualidad/como-el-cartel-de-los-soles-convirtio-a-venezuela-en-puente-del-narcotrafico/

"no puede hablarse de soberanía cuando el territorio nacional se ha convertido en refugio de criminales y cuando el Cartel de los Soles utiliza las estructuras de poder para enviar cocaína y fentanilo a Estados Unidos y otros países, según la DEA y el Departamento de Justicia. Actuar contra estas redes no vulnera la soberanía, sino que la rescata, ya que un país solo puede ser soberano cuando su territorio no está controlado por estructuras criminales que ponen en riesgo la seguridad global."[110]

110 Véase Miguel Ángel Martín, "El imperio de la cocaína: Maduro y el Cartel de los Soles como amenaza global, en *Diario Las Américas*, 6 septiembre 2025, disponible en: https://www.diariolasamericas.com/opinion/el-imperio-la-cocaina-maduro-y-el-cartel-los-soles-como-amenaza-global-n5382008

TERCERA PARTE

LA DEPORTACIÓN MASIVA DE VENEZOLANOS COMO "ENEMIGOS EXTRANJEROS," EL 15 DE MARZO DE 2025 HACIA EL SALVADOR, SIN SU CONOCIMIENTO, DONDE FUERON ENCARCELADOS HASTA QUE FUERON LIBERADOS EN JUNIO DE 2025

I. LA DEPORTACIÓN MASIVA DE VENEZOLANOS Y SU TRASLADO FORZADO A EL SALVADOR EN MARZO DE 2025

1. *La orden de deportación masiva de migrantes venezolanos miembros del Tren de Aragua como consecuencia de la Proclamación presidencial del 14 de marzo de 2025*

En virtud de que la organización criminal *Tren de Aragua* solo tiene miembros, y las naciones son las que tienen nativos, ciudadanos, habitantes o súbditos, la Proclamación, conforme a la letra de la Ley de 1798, como se dijo, no se dictó contra los *nativos, ciudadanos, habitantes o súbditos de Venezuela,* pues no se declaró a Venezuela como *nación enemiga,* sino que, apartándose en cierta forma de la letra de la Ley, la Proclamación se dictó contra un grupo muy reducido de venezolanos, los que eran *miembros de una organización terrorista designada* como es el *Tren de Aragua*.

Ello implicó que solo a esas personas es que podría aplicarse la Ley, lo que indispensablemente exige un proceso previo de comprobación del hecho de membresía a la organización, lo que debe probarse en relación con cada "enemigo extranjero" para poder ser apresado y deportado. Ello, como se ha dicho, implica el necesario respeto al debido proceso, que como se indicó, ya para cuando la Ley se sancionó (1798) estaba garantizado en la Constitución de los Estados Unidos (1791).

Ahora bien, como antes se indicó, la Proclamación fue firmada el 14 de marzo de 2025, aun cuando sin la publicidad que se había dado a otras Ordenes Ejecutivas del Presidente Donald J. Trump al comienzo de su mandato a inicios de 2025. Más bien se emitió en medio del mayor sigilo y, según se ha informado, luego de una preparación de dos días durante los cuales migrantes venezolanos en situación ilegal que estaban detenidos como inmigrantes indocumentados en diversas partes del territorio de los Estados Unidos, fueron progresivamente trasladados y concentrados en una prisión en Texas.[111]

Para la implementación de la Proclamación, en su texto se autorizó a la *Attorney General* de los Estados Unidos para emitir la "orientación necesaria para llevar a cabo la pronta aprehensión, detención y expulsión de los extranjeros enemigos," a cuyo efecto, el mismo día 14 de marzo de 2025 y, por tanto, antes de

---

[111] Véase la investigación periodística "Trump's 48-hours scramble to fly migreants to Salvadoran prison. The administration rounded un some of the Venezuelan two days before the flights took off, pressing forward even as Venezuela agreed to accept deportees," en *The Washington Post,* 5 de mayo 2025, disponible en: https://www.washingtonpost.com/immigration/2025/05/04/trump-el-salvador-alien-enemies-act-venezuelans/

la publicación de la Proclamación, la *Attorney General* emitió un *Memorándum* dirigido a los agentes de seguridad estableciendo la "*Orientación para la implementación de la Ley de Enemigos Extranjeros*,"[112] detallando con todo cuidado y extensión, todos los pasos que los agentes de seguridad debían dar para lograr su objetivo de detener y deportar, indicándose, entre otros aspectos, en el Paso 5, sobre "La notificación y orden de detención" que debía formular el oficial de seguridad al extranjero enemigo, en la cual se le debía indicar que:

> "a) El oficial ha sido autorizado para *aprehender, restringir y* deportar a los Enemigos Extranjeros; b) Se ha determinado que el extranjero *es un enemigo extranjer*o; c) Se ha determinado que el extranjero tiene por lo menos *catorce años de edad*; d) Se ha determinado que el extranjero *no es ciudadano o residente permanente legal* de los Estados Unidos; e) Se ha determinado que el extranjero es *ciudadano de Venezuela*; f) Se ha determinado que el extranjero es *miembro del Tren de Aragua*; g) El extranjero *no tiene derecho a una audiencia, apelación o revisión judicial de la orden de aprehensión y expulsión*; h) El Enemigo Extranjero *será detenido en espera de ser deportado* de los Estados Unidos; y i) Después de ser deportado de los Estados Unidos, el Enemigo Extranjero no *puede ingresar ni intentar ingresar a los Estados Unidos* sin el permiso del Secretario de Seguridad Nacional."[113]

Con base en todo esto, apenas pocas horas después de publicada la Proclamación el 15 de marzo de 2025, sin que se les garantizara la posibilidad de ejercicio alguno de su derecho a

---

[112] Véase el texto de la *Guidancy for Implementing the Alien Enemy Act,* que está disponible en: https://www.documentcloud.org/documents/25915967-doj-march-14-memo-alien-enemies-act/

[113] *Idem. Step 5.*

probar o demostrar *que no eran miembros de la organización TdA*, se inició el proceso de deportación masiva de venezolanos considerados como enemigos extranjeros calificados como miembros de la organización terrorista extranjera designada *Tren de Aragua*, quienes fueron enviados por vía aérea a un país distinto al suyo de origen, específicamente, El Salvador.

2. *El traslado forzoso de los deportados calificados como enemigos extranjeros, a una cárcel en El Salvador, país con el cual no tenían vínculo alguno*

Es decir, sin fórmula de juicio, no fue que los migrantes venezolanos detenidos fueron deportados hacia su país de origen, Venezuela, sino que fueron enviados para ser encerrados en una prisión en El Salvador, conocida como el Centro de Confinamiento del Terrorismo, CECOT;[114] país del cual no eran residentes y donde no habrían cometido crimen alguno, ni donde habían sido acusados, procesados o condenados judicialmente por delito alguno.[115]

---

114 Véase Samantha Schmidt, Helena Carpio, María Luisa Paúl, Silvia Foster-Frau y Teo Armus, "Bienvenidos al infierno: La mega cárcel donde EE.UU. deportó a migrantes. Entrevistas a 16 ex-detenidos en el Centro de Confinamiento del Terrorismo de El Salvador ofrecen la visión más completa hasta la fecha sobre las condiciones en esta prisión infame," en The Washington Post, 30 julio 2025, disponible en: https://www.washingtonpost.com/world/2025/07/31/venezuelans-deported-us-el-salvador-prison-cecot-2/

115 Véase sobre esto lo expuesto en los artículos de Zolan Kanno-Youngs, Hamed Aleaziz, Alan Feier, Devlin Barret, Julie Tukewitz, Jonathan Swan, Maggie Haberman y Annie Correal, "How U.S. Cut Deal to Oust Venezuelans. Leader of El Salvador Had to Be Won Over," en *The New York Times,* 2 Mayo 2025, pp. A1 y A-18-19; y de Fernando Mieres, "El Tren de Aragua y el Tren de Trump," 3 marzo 2025, en *Polis,* disponible en https://polisfmires.blogspot.com/2025/03/fernando-mires-el-tren-de-aragua-y-el.html

Allí fueron enviados, sin que se tuviera información alguna oficial sobre ellos, razón por la cual se calificó la situación, incluso, como propia de casos de desapariciones forzosas.[116]

Ello incluso motivó que la Robert F. Kennedy Human Rights Foundation, la Global Strategic Litigation, el Council Boston University School of Law International Human Rights Clinic, y el Center for Gender & Refugee Studies (CGRS), como organizaciones de defensa de derechos humanos, en representación de dieciocho de los migrantes venezolanos que fueron deportados hacia El Salvador, intentaran el 9 de mayo de 2025 una demanda ante la Comisión Interamericana de Derechos Humanos, denunciando, como lo dijo Isabel C. Roby, abogada senior de la Robert F. Kennedy Human Rights Foundation, que los mismos "fueron deportados sin debido proceso, excluidos de toda protección legal y están en una situación de desaparición forzosa"; y como lo explicó Bella Mosselmans, Directora de Global Strategic Litigation Council (GSLC), que:

> "Estados Unidos y El Salvador se han confabulado para despojar de sus derechos y libertades a cientos de personas, incluidas muchas personas con solicitudes de asilo pendientes en Estados Unidos. Estas personas han sido arrancadas de sus familias, desaparecieron sin dejar rastro y

---

116 Véase por ejemplo, Miriam Jordan, "An Immigrant Held in U.S. Custody 'Simply Dissappeared.' The Venezuelan man did not appear on a list of people sent to a prison in El Salvador, and his family and friends had no idea of his whereabouts," disponible en: https://www.nytimes.com/2025/04/22/us/venezuela-immigrant-disappear-deport-ice.html; Mahanvi Sighn, "The desperate search for a father disappeared by Trump to El Salvador: 'We don't know anything,'" en *The Guardian*, 8 mayo 2025, disponible en: https://www.theguardian.com/world/2025/may/08/cecot-detained-family-impact; y Miriam Jordan, "Venezuelan Immigrant Taken Into Vustody in the US. "Has Simply Desappeared," *The New York Times,* 23 abril 2025, p. A18.

fueron abandonadas en una prisión ampliamente condenada por la comunidad internacional. Se trata de una desaparición forzada sancionada por el Estado y debe terminar ya."[117]

De allí los comentarios de The Ezra Klein Show, en su columna en *The New York Times*,

> "El presidente de Estados Unidos está desapareciendo personas en una cárcel salvadoreña para terroristas. Una prisión conocida por sus iniciales: CECOT. Una prisión construida para la desaparición. Una prisión donde no hay educación ni remediación ni recreación, porque es una prisión que no pretende liberar a sus habitantes de nuevo al mundo. Es una prisión donde la única salida, en palabras del llamado ministro de Justicia de El Salvador, es un sarcófago […]
>
> La administración Trump sostiene la opinión de que cualquier persona que envíen a El Salvador está fuera del alcance de la ley estadounidense: han desaparecido no solo de nuestro país sino de nuestro sistema, y de cualquier protección o proceso que ese sistema brinde.

---

117 Véase la información en la Nota de Prensa de la Fundación: "New Lawsuit Seeks to Restore Human Rights for Those Disappeared to Indefinite Incommunicado Detention in El Salvador," 9 mayo 2025, disponible en: https://rfkhumanrights.org/press/new-lawsuit-seeks-to-restore-human-rights-for-those-disappeared-to-indefinite-incommunicado-detention-in-el-salvador/. Véase, además. Emiliano Rodríguez Mega, "Detainees'Families Sue Salvadorean Government," en *The New York Timea*, 12 mayo 2015, p. A4; Marcos Alemán, "Grupos de derechos demandan liberar a venezolanos deportados de EEUU y retenidos en El Salvador," Los Ángeles Times, 9 mayo 2025, disponible en: https://www.latimes.com/espanol/internacional/articulo/2025-05-09/grupos-de-derechos-demandan-liberar-a-venezolanos-deportados-de-eeuu-y-retenidos-en-el-salvador.

En nuestras prisiones, los presos pueden ser alcanzados por nuestros abogados, por nuestros tribunales, por nuestra misericordia. En El Salvador, no pueden."[118]

Sobre ello, incluso, el Alto Comisionado para los Derechos Humanos de las Naciones Unidas, Volker Turk, como se detalla en la Nota de prensa oficial que se publicó el 13 de mayo de 2025, llamó la atención sobre las deportaciones en el sentido de que:

> "muchos de los detenidos no fueron informados de la intención del Gobierno de Estados Unidos de deportarlos para ser detenidos en un tercer país, que muchos no tuvieron acceso a un abogado y que no pudieron recurrir la legalidad de su deportación antes de ser expulsados de Estados Unidos.]…]
>
> Esta situación es altamente preocupante en cuanto a una amplia gama de derechos que son fundamentales tanto en virtud del derecho estadounidense como del derecho internacional: los derechos a las garantías procesales, a la protección frente a la detención arbitraria, a la igualdad ante la ley, a la protección contra la tortura u otro daño irreparable en otros Estados, y a un recurso efectivo. […]
>
> La forma en la cual algunos fueron detenidos y deportados, incluso encadenados, así como la retórica degradante contra las personas migrantes, también ha sido extremadamente preocupante.
>
> Saludo el papel esencial que el poder judicial, la comunidad jurídica y la sociedad civil de Estados Unidos están desempeñando para garantizar la protección de los derechos humanos en este contexto."

---

118 Véase The Ezra Klein Show, "The Emergency is Here," *The New York Times,* 19 abril 2025, p. A21

De todo lo cual, el Alto Comisionado concluyó instando:

> "al Gobierno de Estados Unidos a que adopte las medidas necesarias para garantizar el debido proceso, dar efecto rápido y pleno a las decisiones de sus tribunales, salvaguardar los derechos de los niños y poner fin a la expulsión de cualquier persona a cualquier país en el que exista un riesgo real de tortura u otro daño irreparable."[119]

En todo caso, el vínculo que podría haber existido entre los dos gobiernos para el proceso de detención de los deportados, pareció confirmarse con la visita oficial muy publicitada que hizo la Secretaria de Seguridad Interior (*Homeland Security*) del gobierno norteamericano, Kristi Noem, a la cárcel denominada Centro de Confinamiento del Terrorismo (CECOT) en El Salvador,[120] habiéndose en todo caso informado en la prensa, por funcionarios del gobierno, que los Estados Unidos pagarían a El Salvador por retener a los deportados.[121]

---

119 Véase "Alto Comisionado para los Derechos Humanos de la ONU expresa preocupaciones de derechos humanos por las deportaciones desde Estados Unidos, Naciones Unidas. Derechos Humanos, Oficina del Alto Comisionado, México, 13 mayo 2025, disponible en: https://hchr.org.mx/comunicados/alto-comisionado-para-los-derechos-humanos-de-la-onu-expresa-preocupaciones-de-derechos-humanos-por-las-deportaciones-desde-estados-unidos/ Véase los comentarios en Morgan Polen, "UN Rights chief express concern over US deportations," en *Jurist News*, 14 mayo 2025, disponible en: https://www.jurist.org/news/2025/05/un-rights-chief-expresses-concern-over-us-deportations/

120 Véase, por ejemplo, la reseña de Associated Press, "Homeland Security Secretary Kristi Noem visits El Salvador prison where deported Venezuelans are held," en CNN World, 16 marzo 2025, disponible en: https://www.cnn.com/2025/03/26/americas/kristi-noem-salvador-prison-visit-intl-latam

121 Véase Devlin Barret, Annie Correat y William E. Rashbaum, "Trump Sends Hundreds of Venezuelans to El Salvador, Seemingly Violating Judge's Order," *The New York Times*, 17 marzo 2025, p. A10. La lista

Semanas después, incluso, ello se confirmó en informaciones de prensa, en el sentido de que los Estados Unidos habían pagado a El Salvador cinco millones de dólares por recibir a los deportados venezolanos,[122] a lo que se agregaron otros beneficios enmarcados en las relaciones internacionales entre ambos países.[123]

Ante esta situación, por ejemplo, la organización *Human Rights Watch*, exigió en un extenso Informe, la derogatoria de la Ley de Enemigos Extranjeros de 1798, indicando que la misma "es descaradamente incongruente" con las obligaciones internacionales de los Estados Unidos en materia de derechos humanos, indicando que:

> "La ley de 1798, aprobada como parte de las Leyes de Extranjería y Sedición más amplias, autoriza al presidente a detener, restringir, proteger y expulsar a las personas que eran ciudadanos o súbditos de una nación hostil durante una guerra declarada o cuando se amenazaba con una invasión o un ataque depredador contra los Estados Unidos.

---

de las personas deportadas y detenidas en El Salvador se publicó luego en medios internacionales. Véase, por ejemplo: "Revisa si tu familiar está detenido en El Salvador: esta es la lista completa. Los 238 nombres de los venezolanos llevados al CECOT de El Salvador ya son públicos. Aquí puedes consultar la lista completa y verificar si un familiar o amigo fue incluido," en *El Estímulo*, 20 marzo 2025, disponible en: https://elestimulo.com/migracion/2025-03-20/lista-nombres-venezolanos-el-salvador-eeuu/

122 Véase Edward Wong, Zolan Kunno-Younges, Hamed Aleaziz y Minho Kim, "Global deals, Cash and Presure Help Trump Offlead Deportees," en *The New York Times*, 26 junio 2025, pp. A1 y A12.

123 Véase Annie Correal y Pranav Baskar, "El Salvador Reaps Rewords For Aiding Trump's Agenda. Administration Favors Bukele for Jailing Over 200 Deportees," *The New York Times*, 11 julio 2025, p. A7.

La administración Trump es la primera administración en la historia de Estados Unidos en invocar la ley fuera de una época de guerra declarada.

En marzo de 2025, la administración Trump utilizó la Ley para deportar al menos a 200 ciudadanos venezolanos a una prisión de máxima seguridad en El Salvador. Trump invocó la Ley de 227 años de antigüedad "para apuntar y desmantelar todas las redes criminales de migrantes que operan en suelo estadounidense," en particular los miembros de la organización criminal transnacional *Tren de Aragua*. La mayoría de los enviados a la mega cárcel salvadoreña no tienen antecedentes ni cargos penales. La ONU expresó anteriormente su preocupación por la posibilidad de que estas personas pudieran ser objeto de violaciones de derechos humanos en El Salvador."[124]

Por ello, Vilma Petrash, conocida internacionalista venezolana encontró en la Proclamación del Presidente Trump aplicando la Ley de Enemigos Extranjeros de 1798, un "verdadero salto cualitativo en la erosión del Estado de derecho en EE.UU," pues al amparo de las mismas se:

> "ha venido ordenando la detención y deportación sumaria de cientos de venezolanos, gran parte de ellos sin antecedentes penales, por ejemplo, al CECOT en El Salvador. Aquí, la arbitrariedad se convierte en norma: se suspenden de facto garantías constitucionales como el debido proceso

---

[124] Véase Morgan Polen, "Human Rights Watch urges US to repeal the Alien Enemies Avct," en *Jurist News,* 3 mayo 2025, disponible en: https://www.jurist.org/news/2025/05/human-rights-watch-urges-us-to-repeal-the-alien-enemies-act/; Akshaya Kumar, "Alien Enemies Act Doesn't Belong on the Books in 2025," en *Jurist News* 6 mayo 2025, disponible en: https://www.jurist.org/commentary/2025/05/alien-ene mies-act-doesnt-belong-on-the-books-in-2025/

y el *habeas corpus*, pilares fundamentales de la tradición jurídica estadounidense. Esta práctica, que históricamente solo se había utilizado en contextos de guerra declarada, hoy se normaliza y se expande bajo la lógica de la seguridad nacional, abriendo la puerta a la institucionalización de la excepción como regla."[125]

Y adicionalmente, como ha sido comentado por Isabela Dias, con motivo de una decisión de un Juez de Inmigración dando por terminado el caso de un migrante venezolano quien se encontraba en el proceso de solicitud de asilo y tenía programada una cita ante el mismo, a la cual no pudo asistir por haber sido deportado hacia El Salvador, ahora:

"Los tribunales de inmigración de todo Estados Unidos están abandonando nuevamente a los hombres incomunicados en CECOT. El viernes pasado, el juez Jason L. Stern en Houston puso fin al caso de Jesús Cornejo Pulgar, expulsándolo efectivamente del sistema legal de Estados Unidos. "Si el caso sigue vivo", dijo su abogado Joseph Giardina, "puedes decir: 'Oh, su caso sigue pendiente en el tribunal; Todavía está allí, devuélvalo y deje que recoja su caso justo donde está'".

Cornejo, quien no tiene antecedentes penales en Estados Unidos ni en Venezuela y no tenía una orden final de deportación, no solo ha sido desaparecido en un gulag extranjero de donde quizás nunca sea liberado, sino que también ha sido borrado por los tribunales de inmigración de Estados Unidos.

125 Véase Vilma Petrash, "La Política Antiinmigración hacia los Venezolanos: Evidencia de la Democracia en Estados Unidos," junio 2025.

Es uno de los 230 venezolanos que el gobierno de Trump desapareció, sin el debido proceso, en el Centro de Confinamiento por Terrorismo del país centroamericano (CECOT)."[126]

En todo caso, en un país como los Estados Unidos donde el control judicial de las acciones del Poder Ejecutivo a cargo de las Cortes Federales está tan arraigado y desarrollado, la Proclamación de marzo de 2025 y su aplicación a los migrantes venezolanos fue objeto de múltiples impugnaciones ante las Cortes Federales, con la asistencia de importantes ONGs como la *American Civil Liberty Union*, con el propósito, no solo de obtener la declaración de ilegalidad de dicha Proclamación y su aplicación a los venezolanos migrantes, sino de asegurar la protección a los derechos fundamentales de los afectados, entre ellos, el derecho al debido proceso.

II. LA LIBERACIÓN DE LOS VENEZOLANOS ENCARCELADOS EN EL SALVADOR EN JUNIO DE 2025 Y SU ENVÍO A VENEZUELA A CAMBIO DE LA LIBERACIÓN DE CIUDADANOS NORTEAMERICANOS Y DE CIUDADANOS VENEZOLANOS ENCARCELADOS POR MOTIVOS POLÍTICOS EN VENEZUELA, Y SUS EFECTOS

Ahora bien, cuatro meses después de emitida la Proclamación del Presidente Trump ordenando las deportaciones masivas

---

126 Véase el reportaje de Isabela Dias, "Trump Disappeared Them to El Salvador. Now, They're Being Erased by Immigration Courts. At least 14 cases of Venezuelans sent to a Salvadoran megaprison have been dismissed by US immigration judges," en *Mother Jones,* 2 junio 2025, disponible en: https://www.motherjones.com/politics/2025/06/el-salvador-cecot-venezulean-frizgeralth-cornejo-immigration-courts-erasing-cases-trump/

en marzo de 2025, se concretó un acuerdo internacional conforme al cual el gobierno de El Salvador liberó a todos los venezolanos deportados conforme a la Ley AEA y que estaban confinados y detenidos en la Cárcel CECOT, donde dijeran haber sido sometidos a torturas,[127] quienes fueron enviados a Venezuela, país que por su parte liberó a un conjunto de ciudadanos norteamericanos que fueron enviados a los Estados Unidos, así como de ciudadanos venezolanos que estaban encarcelados por motivos políticos en Venezuela.

Este proceso de liberación de los venezolanos deportados de los Estados Unidos y que estaban confinados a una cárcel en El Salvador, sin la menor duda tuvo sus repercusiones en los procesos judiciales que estaban el curso en los Estados Unidos.

Dicha negociación para de liberación de los mencionados venezolanos deportados por los Estados Unidos y detenidos en El Salvador, puede decirse que 'tuvo su antecedente remoto en abril de 2025, en una propuesta que formuló el Presidente Nayibe Bukele de El Salvador, al Presidente Nicolás Maduro, anunciada en *PostX* del 20 de abril de 2025, como una misiva enviada a este último, con el siguiente texto:

> "Señor @NicolasMaduro: Usted ha dicho en numerosas ocasiones que quiere a los venezolanos de regreso y en libertad.
>
> A diferencia de usted, que tiene presos políticos, nosotros no tenemos presos políticos. Todos los venezolanos que tenemos bajo custodia fueron detenidos en el marco de una operación contra pandillas como el Tren de Aragua en Estados Unidos.

---

127 Véase por ejemplo la información: "Venezuela: Detainees tell of torture in El Salvador," en *The Week*, volumen 25, Issue 1247, 8 agosto 2025, p. 15.

A diferencia de nuestros detenidos, muchos de los cuales han asesinado, otros han cometido violaciones, y algunos incluso habían sido arrestados en múltiples ocasiones antes de ser deportados, sus presos políticos no han cometido ningún delito. La única razón por la que están encarcelados es por haberse opuesto a usted y a sus fraudes electorales.

Sin embargo, quiero proponerle un acuerdo humanitario que contemple la repatriación del 100 % de los 252 venezolanos que fueron deportados, a cambio de la liberación y entrega de un número idéntico (252) de los miles de presos políticos que usted mantiene.

Entre ellos, Rafael Tudares, yerno de Edmundo González; el periodista Roland Carreño; la abogada y activista Rocío San Miguel; la señora Corina Parisca de Machado, madre de María Corina Machado, a quien amedrentan a diario y les sabotean el acceso a servicios básicos como la luz y el agua; así como los cuatro dirigentes políticos asilados en la embajada de Argentina y otros venezolanos presos políticos. También se incluirían los casi 50 ciudadanos detenidos de otras nacionalidades: estadounidense, alemana, dominicana, argentina, boliviana, israelí, chilena, colombiana, ecuatoriana, española, francesa, guyanesa, neerlandesa, iraní, Italiana, libanesa, mexicana, peruana, puertorriqueña, ucraniana, uruguaya, portuguesa y checa.

Nuestra Cancillería enviará la correspondencia formal. Dios bendiga al pueblo de Venezuela."[128]

Se trataba, como lo reportó la prensa, de una propuesta de cambio de prisioneros que se refería a 252 venezolanos mi-

[128] Véase XPost, @Nayibbukele, 20 abril 2025, disponible en: https://x.com/nayibbukele/status/1914070199659098258

grantes que habían sido deportados por los Estados Unidos hacia El Salvador, por el mismo número de "prisioneros políticos" encarcelados por el régimen de Maduro.[129]

Sin embargo, como resultado de las negociaciones que se efectuaron entre los gobiernos de Estados Unidos, El Salvador y Venezuela, el día 18 de julio de 2025, se conoció el anuncio que hizo el mismo Presidente Nayib Bukele en los siguientes términos:

> "El día de hoy hemos entregado a todos los ciudadanos venezolanos detenidos en nuestro país, acusados de formar parte de la organización criminal Tren de Aragua (TDA). Muchos de ellos se enfrentan a múltiples cargos de asesinato, robo, violación y otros delitos graves.
>
> Tal como se le ofreció al régimen venezolano en abril, llevamos a cabo este intercambio a cambio de un número considerable de presos políticos venezolanos, personas que el régimen había mantenido en sus cárceles durante años, así como a todos los ciudadanos estadounidenses que tenía como rehenes.
>
> Estas personas se encuentran ahora en camino a El Salvador, donde harán una breve parada antes de continuar su viaje de regreso.
>
> Esta operación es el resultado de meses de negociaciones con un régimen tiránico que durante mucho tiempo se había negado a liberar una de sus monedas de cambio más valiosas: sus rehenes.

---

129 Véase Zach LaChance, "Bukele proposes swap to Maduro that includes Venezuelan migrants deported from US," Washington Examiner, 20 abril 2025, disponible en https://www.washingtonexaminer.com/news/world/3385698/bukele-proposes-swap-maduro-includes-venezuelan-migrants-deported-us/

Sin embargo, gracias a los incansables esfuerzos de muchos funcionarios tanto de Estados Unidos como de El Salvador y, sobre todo, gracias a Dios Todopoderoso, se logró".[130]

El mismo día 18 de julio, el Secretario de Estado de los Estados Unidos, Marco Rubio, expresó en su cuenta X[131] y en declaraciones de prensa, sobre la operación efectuada en la siguiente forma:

> "Hoy, gracias al liderazgo y al compromiso del presidente Trump con el pueblo estadounidense, Estados Unidos da la bienvenida a su país a diez ciudadanos estadounidenses que estaban detenidos en Venezuela. Hasta hoy, Venezuela era el país del mundo con más ciudadanos estadounidenses detenidos injustamente. Es inaceptable que representantes del régimen venezolano hayan arrestado y encarcelado a ciudadanos estadounidenses en circunstancias muy cuestionables y sin el debido proceso. Todos los estadounidenses detenidos injustamente en Venezuela ya están libres y de vuelta en nuestra patria.
>
> Quiero agradecer a mi equipo en el Departamento de Estado, así como a nuestros socios interinstitucionales y, en especial, al presidente de El Salvador, Nayib Bukele, por su labor para lograr estas liberaciones tan esperadas y por

---

130 Véase XPost, @Nayibbukele, disponible en: https://x.com/nayibbukele/status/1946296384035918284

131 Marco Rubio expresó: "Gracias al liderazgo de @POTUS, diez estadounidenses que fueron detenidos en Venezuela están en camino a la libertad. Quiero agradecer a mi equipo en el @StateDept y especialmente al presidente @nayibbukele por ayudar a asegurar un acuerdo para la liberación de todos nuestros detenidos estadounidenses, además de la liberación de los presos políticos venezolanos." Véase XPost, @SecRubio, 18 julio 2025, disponible en: https://x.com/SecRubio/status/1946299325803352323

sus esfuerzos para garantizar la seguridad de los ciudadanos estadounidenses tanto en el país como en el extranjero. Nuestro compromiso con el pueblo estadounidense es claro: salvaguardaremos el bienestar de los ciudadanos estadounidenses tanto en el país como en el extranjero y no descansaremos hasta que todos los estadounidenses que se encuentran secuestrados o detenidos injustamente en lugares del mundo sean traídos de vuelta a su hogar."[132]

Y es que, en efecto, junto con los 10 ciudadanos norteamericanos liberados en Venezuela,[133] el régimen de Maduro, como parte del acuerdo de intercambio de detenidos, según informó la prensa, también liberó inicialmente a 28 presos políticos detenidos sin debido proceso en diversas cárceles del país.[134]

---

132 Véase la reseña en David Esteban Pinzón, "La administración Trump sigue apoyando la restauración de la democracia en Venezuela": Marco Rubio celebró liberación de ciudadanos estadounidenses por parte del régimen,", en *NTN24*, 18 julio 2025, disponible en: https://www.ntn24.com/noticias-actualidad/la-administracion-trump-sigue-apoyando-la-restauracion-de-la-democracia-en-venezuela-marco-rubio-celebro-liberacion-de-ciudadanos-estadoun

133 Es de anotar que entre los norteamericanos liberados estaba una persona que estaba cumpliendo una pena de prisión por asesinato cometido en España. Véase la información en: Julie Turkewitz, José Bautista y Frances Robles, "American Convicted in 3 Killings Is Among Prisoners Reump Feed From Venezuela," en *The New York Times*, 24 julio 2025, p.A1 y A19; y Julie Turkewitz, "Convicted Murderer Released by Trump From Venezuelan Prison Is Free in U.S.," the *New York Times*, 26 julio 2025, p. A16.

134 Véase por ejemplo la información en "Lista de los 28 presos políticos liberados el 18 de julio por acuerdo con EE.UU," en *El Estímulo,* 18 de julio de 2025, disponible en: https://elestimulo.com/politica/2025-07-19/lista-28-presos-politicos-liberados/; "Quiénes son los presos liberados en el canje entre EE.UU. y Venezuela," en *BBCNewsMundo*, 18 julio 2025, disponible en: https://www.bbc.com/mundo/articles/c17w17z575qo; "Foro Penal compartió las identidades de los presos

Sobre esta negociación, a pesar de que el Presidente Bukele anunció que se trataba de una operación que fue "el resultado de meses de negociaciones con un régimen tiránico que durante mucho tiempo se había negado a liberar a una de sus más valiosas piezas de negociación: sus rehenes,"[135] el Presidente de la Asamblea Nacional de Venezuela precisó enfáticamente, que el acuerdo se había logrado entre los Estados Unidos y Venezuela exclusivamente, y que en ninguna forma ni manera el gobierno de Venezuela había negociado nada con el Presidente Bukele de El Salvador.[136]

---

políticos excarcelados: solo ha verificado 35," *Morfema Press*, 19 julio 2025, disponible en: https://morfema.press/actualidad/foro-penal-compartio-las-identidades-de-los-presos-politicos-excarcelados-solo-ha-verificado-35/

135 Véase en "Bukele expulsa a todos los venezolanos deportados por EE. UU. y hace un canje con el régimen de Maduro," *Semana, Morfema Press*, 18 julio 2025, disponible en: https://morfema.press/actualidad/bukele-expulsa-a-todos-los-venezolanos-deportados-por-ee-uu-y-hace-un-canje-con-el-regimen-de-maduro/

136 Véase en "Jorge Rodríguez dice que "jamás" negociaron con Bukele: "Fueron con los EE UU". Según Rodríguez, ni hablaron ni estuvieron de acuerdo "en tener ningún tipo de negociación" con Bukele, a quien, además, describió como un "mandadero" del gobierno estadounidense, *El Nacional,* 20 julio 2025, disponible en: https://www.elnacional.com/2025/07/jorge-rodriguez-dice-que-jamas-negociaron-con-bukele/A En todo caso así se interpretó en los comentarios de prensa, por ejemplo, en: Julie Turkewitz, "Member of Navy SEALs Among Prisoners Freed in U.S.-Venezuela Swap," *The New York Times,* 21 julio 2025, p. A6. Por otra parte, también se ha comentado que como parte de la "negociación" estaría la renovación de una licencia para que una empresa petrolera norteamericana reanudara trabajos en Venezuela. Véase Mary Anastasia O'Grady, "Trump Turns His Back on Venezuela," *The Wall Street Journal*, 4 agosto 2025, p. A13.

El acuerdo político internacional,[137] si se realizó en la forma indicada por el Presidente de la Asamblea Nacional de Venezuela, puede decirse que habría puesto en evidencia el control que, en última instancia, habrían tenido los Estados Unidos sobre la suerte de los venezolanos deportados y detenidos en El Salvador.

Sobre el acuerdo, en todo caso, el principal movimiento político de oposición en Venezuela, la Plataforma Unitaria, señaló que "aunque cada liberación nos alegra –porque ninguna persona debería estar tras las rejas por razones políticas–, no podemos ignorar ni guardar silencio cuando estas se convierten en piezas de negociación opaca o en fichas de cambio. Usar la libertad de seres humanos como moneda de trueque es inaceptable, sea cual sea su origen;"[138] agregando el principal partido de oposición que "a pesar del alivio de familias que se reencuentran con sus seres queridos tras meses o años de encierro, aún quedan cerca de 1000 personas secuestradas por razones políticas," considerando que las excarcelaciones de las últimas

---

137 Véase las referencias en Joey Garrison, "Prisoner swap: Americans freed from Venezuela in trade for jailed migrants in El Salvador Ten Americans detained in Venezuela have been freed, exchanged for Venezuelans detained in El Salvador," en *USA TODAY,* 18 julio 2025, disponible en: https://www.usatoday.com/story/news/world/2025/07/18/venezuela-frees-americans-in-trade-for-jailed-migrants-in-el-salvador/85282119007/

138 Véase el texto del Comunicado en "La Plataforma Unitaria denunció al chavismo por el uso de los presos político en Venezuela, *Emisora Costa del Sol*, 19 julio 2025, disponible en: https://www.costadelsolfm.org/2025/07/19/la-plataforma-unitaria-denuncio-al-chavismo-por-el-uso-de-los-presos-politico-en-venezuela/

horas representan "la confirmación del uso del secuestro como medio para ejercer el terrorismo de Estado."[139]

Posteriormente, dada la opacidad de la negociación que llevó a la liberación de los detenidos en El Salvador, tal como lo reportó la prensa al referirse a lo declarado por la vocera del Departamento de Estado de la administración de Donald Trump, Natalia Molano:

> "Lo que pasó el 18 de julio ocurrió realmente bajo la intervención de los Estados Unidos basado en los detenidos estadounidenses. Esa era la prioridad número uno de los Estados Unidos. […]
>
> Explicó que Estados Unidos vio una oportunidad en la propuesta hecha por el presidente de El Salvador, Nayib Bukele, a Nicolás Maduro para un intercambio de prisioneros. Aunque no se concretó en un primer momento, por el rechazo del chavismo, el gobierno estadounidense intermedió para lograr el acuerdo."[140]
>
> En otra reseña de la entrevista, se lee:

---

139 Véase en "Excarcelaciones confirman "terrorismo de Estado" en Venezuela, alertó Comando Por Venezuela," en *La Patilla.com,* 20 julio 2025, disponible en: https://lapatilla.com/2025/07/20/excarcelaciones-confirman-terrorismo-de-estado-en-venezuela-alerto-el-comando-con vzla/

140 Véase: "EE UU no negoció las licencias de Chevron en el canje de prisioneros, según funcionaria de Trump," *El Nacional,* 24 julio 2025, disponible en: https://www.elnacional.com/2025/07/ee-uu-no-negocio-las-licencias-de-chevron-en-el-canje-de-prisioneros-segun-funcio naria-de-trump/; Antonio María Delgado, "Trump quietly renews Chevron's license in Venezuela, marking shift in U.S. policy," disponible en: https://www.miamiherald.com/news/nation-world/world/americas/venezuela/article311289025.html#storylink=cpy

"La funcionaria de la administración estadounidense dijo que el presidente de El Salvador Nayib Bukele sí intervino en las conversaciones que produjeron la liberación de 252 venezolanos detenidos en el Cecot y que el principal aliciente fue el retorno de 10 ciudadanos americanos a su país. [...]

En el programa semanal, que estuvo moderado por Ronna Rísquez, directora de ARI; Luis Blanco, director de *Runrunes* y César Batiz, director de *El Pitazo*, la vocera en español del Departamento de Estado, Natalia Molano, aseguró que la administración estadounidense del presidente Donald Trump no tuvo conversaciones directas con el gobierno de Nicolás Maduro para alcanzar el acuerdo.

"Nuestro principal interés siempre fue la liberación de los 10 ciudadanos de Estados Unidos que estaban en Venezuela, pero en ningún momento hubo una negociación con el régimen venezolano", dijo Molano.

Contrariando el discurso oficialista, la funcionaria estadounidense sostuvo que el presidente de El Salvador, Nayib Bukele, sí participó en la negociación que permitió el retorno de venezolanos que se encontraban en la cárcel de máxima seguridad centroamericana."

"No estamos negociando nada, no reconocemos a Maduro como representante legítimo del pueblo venezolano, lo que nos interesa es el retorno a la democracia y abogamos por la liberación de todos los presos políticos."[141]

---

[141] Véase el reportaje en "La Conversa ARI | Molano, vocera del Departamento de Estado: "No hubo negociación directa," en *TalCual,* 24 julio 2025, disponible en: https://talcualdigital.com/la-conversa-ari-molano-vocera-del-departamento-de-estado-no-hubo-negociacion-directa/

Debe mencionarse, que casi simultáneamente al anuncio de la negociación para la liberación de detenidos, se produje el anuncio de que el gobierno norteamericano había autorizado de nuevo operaciones a la empresa Chevron en Venezuela,[142] aclarando la vocera antes mencionada del Departamento de Estado, sin embargo, que:

> "El tema de la licencia de Chevron o cualquier otra cosa de los recursos financieros o empresas estadounidenses no fue parte de ninguna conversación de lo que tomó lugar la semana pasada."[143]

En todo caso, en cuanto a los múltiples juicios que se siguieron en los Estados Unidos desde marzo de 2025, uno de los abogados de la *Americam Civil Liberties Union*, Lee Gelernt, consideró la negociación para la liberación de los venezolanos detenidos en El Salvador, como una "maniobra para evadir el control judicial" en curso contra las acciones del Gobierno norteamericano, indicando que:

---

142 Véase por ejemplo: Alex Leary, Vera Bergengruen y Kejal Vyas, Ü.S. to Let Chrevron Restart in Venezuela," *The Wall Street Journal*, 24 julio 2025, p.A3.

143 Véase: "EE UU no negoció las licencias de Chevron en el canje de prisioneros, según funcionaria de Trump," *El Nacional,* 24 julio 2025, disponible en: https://www.elnacional.com/2025/07/ee-uu-no-negocio-las-licencias-de-chevron-en-el-canje-de-prisioneros-segun-funcio naria-de-trump/ Véase sobre ello las apreciaciones de Pedro Mario Burelli, "U.S. Oil Licenses And Foreign Terrorists,"enX, X, @pburelli, disponible en: https://x.com/pburelli/status/1949071393733091527?s =46

> "La administración envió a estos individuos a languidecer durante meses incomunicados en una de las cárceles más notorias del mundo sin ningún debido proceso y ahora parece con esta última maniobra estar tratando de evitar toda responsabilidad judicial."[144]

III. ALGUNOS EFECTOS DE LA LIBERACIÓN NEGOCIADA DE LOS DETENIDOS EN EL SALVADOR EN RELACIÓN CON EL CONTROL JUDICIAL DE LAS DEPORTACIONES MASIVAS

La liberación de los venezolanos migrantes deportados masivamente por los Estados Unidos, y detenidos por su cuenta en la cárcel CECOT de El Salvador, en cuya representación y en protección de sus derechos se iniciaron los múltiples procesos judiciales desde marzo de 2025 ante varias Cortes Federales de Distrito norteamericanas, que son los que se estudian en las páginas que siguen tuvo, sin duda, efectos en los mismos, habiendo considerado incluso uno de los abogados de la *Americam Civil Liberties Union*, Lee Gelernt, a la negociación para la liberación de los venezolanos detenidos en El Salvador, como una "*maniobra para evadir el control judicial*" en curso contra las acciones del Gobierno norteamericano, indicando que:

> "La administración envió a estos individuos a languidecer durante meses incomunicados en una de las cárceles más notorias del mundo sin ningún debido proceso y ahora parece con esta última maniobra estar tratando de evitar toda responsabilidad judicial."[145]

---

144 Véase en Vera Bergengruen y Kejal Vyas, "Ten Americans Released From Venezuela," *The Wall Street Journal*, 20 julio 2025, p. A8.

145 Véase en Vera Bergengruen y Kejal Vyas, "Ten Americans Released from Venezuela," *The Wall Street Journal*, 20 julio 2025, p. A8.

Y en efecto, por ejemplo, de inmediato, en julio de 2025, uno de los abogados del Gobierno solicitó ante la Corte Federal del Distrito de Columbia a cargo del Juez Boasberg, que se declarara terminado el proceso de impugnación de la aplicación de la Ley AEA a los venezolanos deportados, que ya habían sido liberados de la cárcel de El Salvador, por supuestamente carecer de objeto;[146] habiéndose comenzado a plantear, además, nuevas vías de reclamo judicial, mediante acciones por daños que los afectados por las deportaciones masivas podrían formular contra los Estados Unidos.

Así, ya el 24 de julio se anunciaba que uno de los venezolanos que había sido detenido, deportado hacia El Salvador, encarcelado en el CECOT, liberado y enviado a Venezuela, anunciaba que intentaría una acción de daños contra los Estados Unidos.[147]

En otro caso, otro venezolano solicitante de asilo (*Cristian*) y regido por un acuerdo de conciliación judicial en los Estados Unidos, igualmente deportado a El Salvador, encarcelado y

---

146 Véase por ejemplo el alegato formulado por representantes del gobierno en uno de los casos judiciales ante la Corte de Apelaciones del Distrito de Columbia, que está disponible en: https://storage.courtlistener.com/recap/gov.uscourts.cadc.42133/gov.uscourts.cadc.42133.01208760407.0.pdf

147 Véase el reportaje de Jazmine Ulloa, "Venezuelan Takes Step Toward Suing U.S.for Wrongful Detetion and Removal," *The New York Times,* 26 julio 2025, p. A17; y el reportaje: "I want to Clear My Name': Deported Migrant Taken First Step to Sue the US. Neiyerver Adrián León Rengel, who was held in a prison in El Salvador, filed a clim Thursday against Homeland Security, accusing it of wrongful detention," *The New York Times*, 24 julio 2025, disponible en: https://www.nytimes.com/2025/07/24/us/venezuelan-migrant-us-wrongful-detention.html

liberado hacia Venezuela, de donde había salió por temor a persecución, también anunciaba con intentar una acción de daños.[148]

Sea cual sea el resultado final de los procesos judiciales que se desarrollaron en las Cortes federales desde marzo de 2025, algunos temas generales deben destacarse como resultados de los mismos:

Primero, la importancia que tienen en el sistema judicial norteamericano, los poderes de los Jueces Federales de Distrito, de dictar medidas cautelares, cuando se trata de acciones contra actos del Gobierno, en particular las *Temporary Restaining Orders* y las *Preliminary Injunctions*, que imponen la 'suspensión de efectos de los mismos, con la prohibición a los funcionarios de ejecutarlos. Ello se puede apreciar del proceso desarrollado precisamente ante la Corte Federal del Distrito de Columbia a cargo del Juez Boasberg.

Segundo, la importancia que tienen, en el procedimiento judicial norteamericano, los poderes de las Cortes Federales de ejecutar sus propias decisiones de *injunctions*, mediante los poderes que se le asignan de enjuiciar criminalmente a los funcionarios que desacaten sus propias órdenes judiciales (*competent proceedings*). Un ejemplo de ello fue precisamente el que desarrolló por el mismo Juez Boasberg de la Corte Federal del Distrito de Columbia, ante el desacato de su orden T*RO* del día 15 de marzo de 2025, ordenaba que no despegaran aviones con deportados hacia El Salvador y que, si ya habían despegado, fueran devueltos a los Estados Unidos.

---

148 Véase el reportaje de Devan Cole, 'Attorneys for wrongly deported Venezuelan asylum seeker will seek criminal contempt proceedings after prisoner swap,' en *CNNPolitics,* 24 julio 2025, disponible en: https://www.cnn.com/2025/07/22/politics/venezuela-asylum-seeker-trump

Tercero, la importancia en el sistema constitucional y legal norteamericano de la garantía judicial del debido proceso consagrada en la Constitución, primero, en la Enmienda V (1791) respecto de las autoridades federales, indicando que "será privada de su vida, su libertad o sus bienes *sin el debido procedimiento legal,*" que comprende, como mínimo, el derecho en ciertos casos a ser juzgado por un gran jurado; y en todo caso, las garantías de *nulla pena sine legge, non bis in idem*, y no declarar contra sí mismo; y segundo en la Enmienda XIV.1 (1868) respecto de las autoridades de los Estados, indicando que "ningún estado privará a persona alguna de su vida, su libertad o su propiedad sin el *debido procedimiento legal.*"

Este derecho al debido proceso, debatido en casi todos los juicios desarrollados ante las Cortes Federales, sin duda, puede considerarse que fue violado en el caso de las deportaciones masivas de venezolanos calificados como miembros del Tren de Aragua en aplicación de la Proclamación Presidencial del 14 de marzo de 2025, efectuada sin que se les informara de qué se trataba su traslado en aviones hacia el exterior, y sin posibilidad de argumentar o demostrar que no eran miembros del *Tren de Aragua.*

La Corte Suprema de los Estados Unidos, en una de las varias decisiones que adoptó, aún sin declarar expresamente que la orden presidencial de deportación masiva contenida en la Proclamación del 14 de marzo de 2025 había violado el debido proceso legal, sin embargo, lo hizo tácitamente al ordenar en la sentencia dictada el día 7 de abril de 2025 que a partir de esa fecha cualquier deportación en aplicación de la Proclamación y de la Ley AEA debía hacerse garantizándole a los afectados su derecho a ser informados y a procurar por su defensa con tiempo suficiente antes de que se pudieran ser deportados. La Corte Suprema decidió que:

"los detenidos de AEA *deben ser notificados después de la fecha de esta orden* de que están sujetos a la deportación en virtud de la Ley. La notificación debe ser entregada dentro de un *plazo razonable* y de tal manera que les permita *solicitar realmente el recurso de hábeas corpus* en el lugar adecuado antes de que ocurra dicha expulsión."

Más clara exigencia sobre el necesario respeto al debido proceso es difícil encontrar judicialmente, a pesar, incluso, de que la Corte Suprema no hubiera declarado en forma expresa que las deportaciones masivas que ya se habían efectuado el 15 de marzo de 2025, habían violado la garantía constitucional del debido proceso, que en cambio se protegía a partir de la sentencia.

Otros temas que fueron considerados en los casos ante las Cortes Federales, y que estarán pendientes de resolución definitiva cuando lleguen a la Corte Suprema, después de la liberación de los deportados, fueron los siguientes:

Primero, sobre la ilegalidad de la Proclamación, al aplicar la Ley de Enemigos Extranjeros de 1798, para ordenar la deportación masiva de ciudadanos venezolanos que fueran miembros del *Tren de Aragua*, en una situación en la cual los Estados Unidos no estaban en guerra contra Venezuela ni contra ningún otro país, que pudiera considerarse en sus términos como "país hostil;" tema que quedó pendiente de resolución definitiva.

Sobre ello, a nivel de Cortes federales, solo un Juez Federal de Distrito, el Juez Fernando Rodríguez T., del Distrito Sur de Texas *Brownsville Division,* decidió sobre el tema mediante una *injunction* de 1 de mayo de 2025, declarando la ilegalidad de la aplicación de la Ley de Enemigos extranjeros a dichos venezolanos migrantes detenidos en USA, prohibiendo se aplicación en dicho Distrito. En el caso, el Juez de Distrito concluyó que en los términos de la Ley AEA, con base en las declaraciones contenidas en la Proclamación, las actividades del *TdA* dirigida por venezolanos en los Estados Unidos, no caían "dentro del significado simple y corriente de los términos "invasión" o "incursión depredadora" a los efectos de la Ley AEA."

En cambio, la Juez, Stephanie Haines de la Corte Federal del Distrito Oeste de Pennsylvania, en sentencia de 13 de mayo de 2025, denegó una moción por una *preliminary injunction*, considerando que la Proclamación cumplía con la definición de "incursión predatoria" en virtud de la Ley AEA, pues el *Tren de Aragua* como Organización Terrorista Extranjera "es un grupo cohesivo de individuos unidos por un objetivo común de causar una interrupción significativa a la seguridad común del público, al igual que los destacamentos militares o los piratas en la época en que el Congreso promulgó la AEA," dando así por válida la conclusión del presidente Trump, en la Proclamación, de que TdA está actuando "bajo la dirección, clandestina o de otro tipo, del régimen de Maduro en Venezuela."

En el nivel de Corte de Apelaciones, en cambio, en la misma línea del Juez Federal Rodríguez del Distrito Sur de Texas, otorgó una *preliminary injunction*, paralizando las deportaciones conforme a la Proclamación, considerando que la Ley AEA de 1798 era "aplicable solo en caso de una guerra declarada, una invasión o una incursión depredadora de una nación o gobierno extranjero," y en el caso, que "la única posibilidad" de que la Ley se aplicase era "si la Proclamación identificaba una incursión depredadora de fuerzas de una nación o gobierno extranjero." (p. 30).

La Corte de Apelaciones para decidir, precisó que una "invasión," a los efectos de la Ley AEA, era "un acto de guerra que implica la entrada en este país por una fuerza militar o al menos dirigida por otro país o nación, con una intención hostil. Algunas de las definiciones que hemos citado también sugieren que la intención debe ser conquistar, ocupar o ejercer algún control a largo plazo" (p. 22); y que una "incursión depredadora," solo se "aplica a una entrada no autorizada de unidades del ejército de otra nación para cometer actos que son destructivos para los intereses de los Estados Unidos, como victimizar a su gente o propiedad, en beneficio de una potencia extranjera o sus agentes sin el objetivo necesario de una ocupación o control a largo plazo del territorio estadounidense"(p. 24)..

En consecuencia, la Corte concluyó considerando que las constataciones expresadas en la Proclamación "no respaldaban que se hubiera producido una invasión o una incursión," decidiendo, que "el *TdA* no era el tipo de fuerza organizada ni participaba en el tipo de acciones necesarias para constituir una invasión o incursión depredadora," y que habiendo sido su conclusión de que "la Proclamación no identifica las acciones del régimen de Maduro en control de Venezuela que constituyen uno de los actos determinantes para invocar la AEA," entonces consideraba que era "probable que los peticionarios tengan éxito en los méritos de sus reclamos" (p. 38), protegiendo mediante la *preliminary injunction* a los recurrentes al impedir las deportaciones con base en la Ley AEA..

Segundo, el otro tema que también quedó pendiente de resolución definitiva fue el de la consideración de las declaraciones contenidas en la Proclamación presidencial de 14 de marzo de 2025, sobre el Estado venezolano, el régimen de Maduro, el Tren de Aragua y el Cartel de Los Soles, y sus actuaciones respecto de los Estados Unidos, como "cuestiones políticas" en los términos procesales, que excluyen por ello, todo control de constitucionalidad por parte de los jueces en los Estados Unidos.

Sobre ello, el mismo Juez Rodríguez, de la Corte federal del Distrito Sur de Texas se refirió en su sentencia, al afirmar su "autoridad para interpretar los términos de la AEA y determinar si la base anunciada para la Proclamación invoca correctamente el estatuto," en particular, para "determinar cuál conducta constituye una "invasión" o una "incursión depredadora", lo que consideró que era "distinto a determinar si tales hechos han ocurrido de hecho o están siendo amenazados de ocurrir," que en su criterio caerían dentro de la categoría de "cuestiones políticas." Dijo el Juez en su sentencia:

> "la doctrina de la cuestión política prohíbe a la Corte sopesar la verdad de esas declaraciones fácticas, incluso si Maduro dirige las acciones de TdA o el alcance de la actividad criminal a la que se hace referencia. En cambio, el Tribunal determina si las declaraciones de hecho en la Proclamación, tomadas como verdaderas, describen una "invasión" o una "incursión depredadora" a los efectos de la AEA."

Sobre el tema, en las múltiples sentencias en los casos analizados, se destacan las consideraciones del Juez Roger Gregory en su voto concurrente a la sentencia de la Corte de Apelaciones del Cuarto Circuito del 18 de mayo de 2025, manteniendo intacta la orden dictada la Juez Stephanie A. Gallager mediante sentencia del 23 de abril de 2025 de la Corte Federal de Distrito de Maryland que había requerido al gobierno que "facilitara" el retorno de un venezolano (Cristian) quien fue deportado a El Salvador el 15 de marzo de 2025, en violación de un Acuerdo judicial de conciliación, en la cual observó que:

> "No necesitamos adentrarnos en la maraña de cuestiones políticas que rodean si el régimen de Maduro realmente dirige las actividades de TdA, relevantes para si la supuesta invasión es atribuible a una "nación o gobierno extranjero". Ello se debe a que, como han concluido casi todos los

tribunales que se han pronunciado sobre la cuestión, las acciones de TdA no pueden constituir una invasión o una incursión depredadora en el sentido corriente del texto de la AEA."

En las páginas que siguen, en todo caso, se analizan los diversos procesos judiciales que fueron entablados en los Estados Unidos a partir de marzo de 2025 a los efectos de controlar judicialmente la aplicación de la orden de deportación masiva de venezolanos con base en la mencionada Ley de 1798 sobre Extranjeros Enemigos, que se desarrollaron ante diversas Cortes Federales.

En cada uno de esos casos, expondremos los alegatos fundamentales de los demandantes y del Gobierno demandado, así como lo resuelto en las diversas Cortes Federales, Cortes de Apelación y Corte Suprema que estuvieron involucradas en los procesos sobre el tema de la constitucionalidad y legalidad de las medidas de deportación basadas en la Ley AEA de 1798, y sobre la violación de la garantía del debido proceso de los deportados.

Previamente, sin embargo, en una pincelada, expondremos sobre los instrumentos y vías procesales más importantes que tienen las personas en los Estados Unidos para la defensa de sus derechos e intereses, y poder ejercer dicho control judicial en relación con las actuaciones y actos de la Administración por parte de los Jueces estadounidenses.

CUARTA PARTE

BASES PARA EL CONTROL JUDICIAL DE LOS ACTOS DE APLICACIÓN DE LA PROCLAMACIÓN PRESIDENCIAL DEL 14 DE MARZO DE 2025: *LAS MEDIDAS CAUTELARES*, *LAS TEMPORARY RESTRAINING ORDERS* Y *LAS PRELIMINARY INJUNCTIONS*

I. LAS INJUNCTIONS EN UNA APROXIMACIÓN COMPARATIVA

A diferencia de lo que sucede en los países de Europa continental o de América Latina, donde se han establecido procedimientos judiciales específicos e, incluso, tribunales especiales para asegurar el control judicial de la constitucionalidad de las leyes, de la legalidad de los actos administrativos (contencioso administrativo) o la protección de los derechos declarados en la Constitución (amparo), como por ejemplo los que se han regulado en Venezuela; en los Estados Unidos, el control judicial de la constitucionalidad de las leyes, y de la legalidad de los actos ejecutivos, y el amparo a los derechos fundamentales se obtiene mediante el ejercicio de las acciones generales de protección de derechos e intereses o de propiedad, regulados en las normas generales del proceso civil,[149] o en la Ley de Procedimientos Administrativos, particularmente ante los Jueces de las Cortes Federales de Distrito.[150]

Entre dichas vías o recursos judiciales establecidos en la Ley o en equidad (*equity*), se destacan las mociones o peticiones de *injunctions,* en las cuales las decisiones judiciales que resultan "no provienen de principios establecidos, sino simplemente derivan del sentido común y de las nociones socialmente aceptables de jugar limpio (*fair play*)."[151]

Por medio de estos recursos de equidad, un tribunal puede conceder una reparación extraordinaria a una parte agraviada, consistente en una orden judicial mediante la cual se ordene al demandado o a la parte agraviante que haga algo (orden de hacer) o se abstenga de hacer algo (prohibición u orden de no hacer).

Si se trata de acciones contra actos de las autoridades del Estado, las *injunctuions* pueden implicar la declaratoria de la inconstitucionalidad o ilegalidad de la actuación del órgano estatal, aun cuando sin poderes anulatorios, como en cambio sí es la regla en los países de Europa continental o de América Latina.

---

149 Véase Allan R. Brewer-Carías, *Constitutional Protection of Human Rights in Latin America. A Comparative Study of Amparo Proceedings*, Cambridge University Press, New York, 2009, pp. 364 ss.

150 Sobre la importancia de los Jueces Federales de Distrito para el control judicial en el sistema judicial norteamericano, véase, por ejemplo, los comentarios del Juez del Quinto Circuito de Apelaciones de los Estados Unidos, James C. Ho, a raíz de los casos judiciales iniciados al comienzo del período del Presidente D.J. Trump, en James Taranto, "The Case of District Judges vs. Trump," en *The Wall Street Journal*, 10 mayo 2025, p. A11.

151 Véase William Tabb and Elaine W. Shoben, *Remedies,* Thomson West, 2005, p. 13.

La decisión, en esos casos, se limita a declarar la ilegalidad del acto, y eventualmente, a prohibir su aplicación, pero sin anularlo formalmente.

II. LAS *INJUNCTIONS* EN EL PROCESO JUDICIAL NORTEAMERICANO

En los Estados Unidos, con excepción de la acción o *writ de habeas corpus*, que al igual que en el ámbito universal está destinada a proteger la libertad individual, particularmente frente a detenciones ilegítimas, no hay otros recursos judiciales específicos para la protección de los derechos constitucionales; para lo cual se utilizan los recursos legales como los de equidad (las *injunctions*), que puede agruparse en general en las siguientes:

Primero, las *preventive injunctions*, concebidas para evitar el daño, es decir, como una orden judicial diseñada para evitar daños futuros a la parte demandante, al prohibir u ordenar cierto comportamiento a la parte demandada, evitando que cause daño al demandante. Es el caso, por ejemplo, de las *mandatory injunctions*,[152] entre las cuales se encuentran el *writ of mandamus*; y las *prohibitory injunctions*,[153] como el *writ of prohibition*), y

[152] La *mandatory injunction* consiste en una orden dirigida al demandado para que no haga un acto afirmativo o un mandato para que haga una cosa específica. En materia de violaciones de derechos cometidas por parte de las autoridades públicas, entre las *mandatory injunctions* se destaca el *writ of mandamus*, el cual es emitido por la corte para obligar a un funcionario público a cumplir ciertos deberes o realizar acciones que está obligado a realizar. Véase William M. Tabb and Elaine W. Shoben, *Remedies,* Thomson West, 2005, pp. 86 ss.

[153] La *prohibitory injunction* son los mandamientos dictados por la Corte con el fin de prohibir o restringir un acto, entre las cuales está el *writ of prohibition* que está destinado a corregir actuaciones judiciales, impidiendo que los tribunales judiciales inferiores actúen de cierta manera. *Idem*, pp. 86 ss.

Segundo, las *restorative injunctions*, también denominadas *reparative injunctions*.

Estas *injunctionss* se consideran remedios judiciales coercitivos, porque están respaldados por el poder de desacato, es decir, la facultad de las Cortes Federales que las dicta de sancionar directamente al demandado en caso de desacato o desobediencia.[154]

Tanto las *preventive injunctions* (ya sean imperativas o prohibitivas), y las *reparative injunctions,* son las más importantes de todos los mandamientos judiciales en los Estados Unidos, cuando se trata del control judicial de las actividades de los funcionarios públicos o de la protección de derechos fundamentales, siendo las mismas las más similares a las acciones de inconstitucionalidad, contencioso administrativas o de amparo que existen en América Latina para la protección de los derechos constitucionales.[155]

III. SOBRE LAS *PREVENTIVE INJUNCTIONS* (DECISIONES DEFINITIVAS) Y LAS *PRELIMINARY INJUNCTIOS* (MEDIDAS CAUTELARES)

Por otra parte, debe precisarse, evitar confusiones terminológicas, particularmente sobre las *preventive injunctions,* que en el derecho norteamericano las mismas son "preventivas" en el sentido de que buscan a *prevenir* o *evitar* el daño, por lo que no son equivalentes a las *preliminary injunctions*.

---

[154] Poder que, en general, por ejemplo, no tienen los jueces de amparo en los países latinoamericanos, correspondiendo a la jurisdicción penal el enjuiciamiento por desacato. Véase Allan R. Brewer-Carías, *Constitutional Protection of Human Rights in Latin America.. cit.* pp. 394 ss.

[155] *Idem*, pp. 65-69; 86 ss.

Esto es importante para evitar errores, sobre todo cuando se compara estas decisiones judiciales con las instituciones de países de derecho civil, particularmente porque en castellano, la expresión medidas cautelares o preventivas *(preventive measures)* se utiliza para identificar lo que sería una "*preliminary* o *interlocutoy injunction*," (como las *temporary restraining orders*), y no una "*preventive injunction*."

Es decir, en los países de América Latina, las medidas cautelares o preventivas equivalen a las *preventive measures,* y son órdenes judiciales preliminares dictadas para preservar el *statu quo* o para restablecer la situación de hecho durante el desarrollo del juicio, similares a las *interlocutory injunctions* (*preliminary injunctions* o *temporary restraining orders -TRO-*) de los Estados Unidos.[156]

De todo lo anterior se puede entonces afirmar, en resumen, que tanto las acciones para el control de constitucionalidad o ilegalidad de acciones del Estado, como las acciones para el amparo de los derechos fundamentales en América Latina, al igual que las *injunctions* norteamericanas, son recursos judiciales extraordinarios que tienen el mismo propósito de velar por el Estado de derecho (control judicial o *judicial review*) y de proteger los derechos, siendo la principal diferencia entre algunos de ellos, los derechos a ser protegidos.

En los Estados Unidos, las *injunctions* son recursos judiciales de equidad que pueden ser utilizados para la protección de cualquier tipo de derechos personales o de propiedad, y en cambio, en América Latina, por ejemplo, el juicio de amparo está concebido únicamente para la protección de los derechos constitucionales, lo que explica su regulación en las Constituciones.

---

[156] *Idem*, Nota 106, p. 67.

En todo caso, en materia de control de constitucionalidad o legalidad, la diferencia en ambos casos es que la decisión de las Cortes norteamericanas no tiene carácter anulatorio respecto del acto declarado ilegal o inconstitucional que, en cambio, dejando aparte las acciones de amparo constitucional, si lo tiene en los países de régimen de derecho civil.[157]

En los juicios de amparo, y en materia de *injunctions,* por otra parte, dos tipos generales de sentencias judiciales pueden ser emitidas por el los tribunales o Cortes competentes: por una parte, las medidas preventivas o medidas cautelares que existen en el ámbito latinoamericano, o las *preliminary measures* o las *temporary restraining orders TRO* en el ámbito norteamericano, que se puede ordenar desde el inicio del proceso, con efectos sujetos a la sentencia judicial definitiva; y por la otra, las decisiones definitivas que impidan la violación de los derechos o que ordenen el restablecimiento del goce de los derechos amenazados o lesionados.[158]

En los casos judiciales que se comentan en estas páginas llevados ante varios Jueces de Distrito, se dictaron, inicialmente, en múltiples procesos, medidas cautelares, *temporary restaining order TRO* o *preliminary injunctions* por Jueces Federales de Distrito en protección de los derechos de unas personas, contra la decisión adoptada por el Presidente de los Estados Unidos y otros altos funcionarios, que amenazaba con deportar a los demandantes como supuestos miembros de una banda criminal declarada como organización terrorista extranjera, contenida en la Proclamación presidencial emitida con base en la Ley de Enemigos Extranjeros de 1798.

---

157 Véase Allan R. Brewer-Carías, *Judicial Review in Comparative Law*, Cambridge University Press, Cambridge 1989.

158 Véase Allan R. Brewer-Carías, *Constitutional Protection of Human Rights in Latin America... cit.* p. 364 ss.

Por otra parte, para que un Juez pueda dictar dichas *TRO*, o las *preliminary injunctions*, los demandantes deben probar, como se discutió ampliamente en muchas decisiones referidas al caso de las deportaciones masivas, que tienen buenas probabilidades de éxito en cuanto al fondo de sus denuncias, que pueden sufrir un daño irreparable si no se dicta la medida de protección; y que, en la balanza de intereses en juego, el peso está a su favor, siendo en todo caso la medida de interés general.

Como lo explicó el Juez James E. Boasberg de la Corte Federal del Distrito de Columbia en uno de los casos de impugnación de las deportaciones masiva de venezolanos miembros de la banda Tren de Aragua ordenada por el Presidente de Estados Unidos en marzo de 2025, en aplicación de la Ley de Enemigos Extranjeros de 1798, en sentencia del 4 de junio de 2025:

> "Una *preliminary injunction* es un recurso extraordinario que nunca se concede de pleno derecho". *Winter v. Nat. Res. Def. Council, Inc.*, 555 U.S. 7, 24 (2008). "Un demandante que solicita una *preliminary injunction* debe establecer [1] que es probable que tenga éxito en cuanto al fondo, [2] que es probable que sufra un daño irreparable en ausencia de una reparación preliminar, [3] que la balanza de las acciones se inclina a su favor y [4] que una *injunction* es de interés público". *Sherley v. Sebelius*, 644 F.3d 388, 392 (D.C. Cir. 2011) (alteraciones en el original) (citando a Winter, 555 U.S. en 20). "La parte actora tiene la carga de la persuasión y debe demostrar, 'demostrando claramente', que la reparación solicitada está justificada". *Hospitality Staffing Solutions, LLC v. Reyes,* 736 F. Supp. 2d 192, 197

(D.D.C. 2010) (citando a *Chaplaincy of Full Gospel Churches v. England*, 454 F.3d 290, 297 (D.C. Cir. 2006))."[159]

Se trata de requisitos muy parecidos a los que en el ámbito latinoamericano se exige para que el juez pueda dictar medidas cautelares, en el sentido de que en estos casos se exige que los alegatos del demandante tengan "la apariencia de la existencia de un buen derecho" (*fumus boni juris*), que exista "peligro por la demora" (*periculum in mora*), que haga el daño irreparable si no se otorga la protección; que haya el "peligro del daño" (*periculum in dammi*), es decir, que el daño sea inminente; y que exista el debido equilibrio entre el interés colectivo y particular involucrado en el caso.[160]

IV. EL TEMA DE LAS *PRELIMINARY INJUNCTIONS* CON EFECTOS GENERALES: LAS *CLASS ACTIONS* Y LAS *NATIONWIDE INJUNCTIONS*

En los casos de procesos judiciales iniciados mediante acciones de protección de la constitucionalidad o de legalidad o de amparo que dan lugar a las *injunctions*, si bien la acción debe en principio intentarse por los agraviados, quienes son los que tienen la legitimación necesaria para ello (*standing*), en general, en la práctica judicial de los Estados Unidos se ha extendido el ámbito de la protección, incluso, para la protección de derechos colectivos y difusos, protegiendo a una pluralidad de sujetos en situaciones similares a la de los demandantes, parecidas a las

---

[159] Véase el texto de la sentencia que está disponible en: https://storage.courtlistener.com/recap/gov.uscourts.dcd.278436/gov.uscourts.dcd.278436.148.0_2.pdf

[160] Allan R. Brewer-Carías, *Constitutional Protection of Human Rights in Latin America. .. cit.* pp. 373, 374.

acciones colectivas de amparo o para la protección de intereses difusos o colectivos de los países de América Latina.

En América Latina, por ejemplo, estas acciones colectivas favorecen a un conjunto de personas claramente identificables como miembros de un sector de la sociedad, tratándose de un grupo relevante de sujetos indeterminados apriorísticamente, pero perfectamente delimitable con base a la particular situación jurídica que ostentan y que les ha sido vulnerada de forma específica. En estos casos, los efectos de las sentencias se aplican a favor de personas que no son partes en un proceso, pero que se encuentren en idéntica situación a las partes, por lo que requieren de la protección constitucional, así no la hayan solicitado con motivo de un juicio determinado.[161]

En el mismo sentido de las acciones colectivas, en materia de *injunctions*, la legitimación en las mismas se ha ampliado a través de las llamadas *class actions*, que abarcan a todos los que se califiquen por el Juez respectivo como parte de una "clase" (*Rule 23 of the Federal Rules of Civil Procedure).*[162]

En los Estados Unidos también se han desarrollado, en las últimas décadas, decisiones judiciales que han tenido efectos generales y nacionales, sin clasificación de clase protegida, en las llamadas *nationwide injunctions,* mediante las cuales una sola Corte de Distrito de cualquier parte de la Nación puede prohibir

161 Véase lo que hemos indicado en Allan R. Brewer-Caías, *Derecho de amparo y acción de amparo constitucional,* Editorial Jurídica Venezolana, Academia de Ciencias Políticas y Sociales, Instituto Iberoamericano de Derecho Procesal Constitucional, Caracas 2021, pp. 640 ss.

162 Allan R. Brewer-Carías, *Constitutional Protection of Human Rights in Latin America. .. cit.* pp. 199, 201, 388, 389.

la aplicación de una ley, lo que en muchas ocasiones ha originado críticas.[163]

La diferencia esencial entre ambas medidas, las *universal injunctions* y las *class actions,* radica en que las primeras benefician no solo a las partes demandantes sino a todas las personas en general que se encuentran en la misma situación; en cambio, mediante las *class actions* se protege a los demandantes y a todas las personas que calificados previamente por el juez como parte de una clase o grupo, se encuentran en una situación similar a ellos; calificación que en todo caso exige el cumplimiento de requisitos judiciales específicos.

V. LA RESTRICCIÓN A LAS *NATIONWIDE INJUNCTIONS* POR LA CORTE SUPREMA

La posibilidad de las *nationwide injunctions*, que como se dijo ha dado lugar a críticas,[164] ha sido objeto de una importante

---

163 Recientemente, y con motivo de impugnaciones de actos ejecutivos del Presidente Trump, ha habido argumentación contra las mismas, de ser utilizadas para bloquear la política del Poder Ejecutivo. Véase, por ejemplo: Elizabeth Price Foley, "A Remedy for Nationwide Injunctions," en *The Wall Street Journal*, 26 de marzo de 2025, p. A15. Incluso, el Presidente del Comité judicial del Senado de los Estados Unidos ha presentado una propuesta de legislación (*Judicial Releif Certification Act*), para limitar la emisión de *nationwide injunctions* por las Cortes federales. Véase: Chuck Grassley, "A Bill to Stop Nationwide Injunctions," *The Wall Street Journal,* 31 marzo 2025, p. A17.

164 Debe mencionarse que, en la misma línea de rechazo de las *injunction* de alcance nacional, la Cámara de Representantes aprobó en abril 2025 un Proyecto de Ley para limitarlas, el cual sin embargo no parece posible que sea aprobado por el Senado. Véase la información en Michael Gold, "House Votes to Curb Injunctions, Targeting District Judges Who Thwart Trump,", *The New York Times*, 11 abril 2025, p. A16. Véase el comentario sobre ello en: Paige Miller, "U.S. House approves Bill restricting federal courts use of nationwide injunctions,"

restricción con motivo de la decisión adoptada por la Corte Suprema el 27 de junio de 2025, en el caso de la revisión judicial de tres *nationwide injunctions* emitidas por Cortes Federales de Distrito (en Seattle, Maryland y New Hampshire),[165] que habían suspendido la aplicación de otra Orden Ejecutiva del Presidente Trump emitida el 20 de enero de 2025, limitando el derecho a la ciudadanía por nacimiento en los Estados Unidos.[166]

Dicha Orden, en efecto, básicamente estableció que a pesar de que el principio del *jus soli* está expresa y claramente consagrado en la Enmienda 14 de la Constitución, sin embargo, el privilegio de la ciudadanía de los Estados Unidos "no se extiende automáticamente a las personas nacidas en los Estados Unidos," particularmente respecto de los hijos de madres que están ilegalmente en los Estados Unidos o que carecen de residencia permanente y que aun estando legalmente, solo están temporalmente.[167]

Ante las *nationwide injunctions* dictadas por Cortes Federales bloqueando la aplicación de dicha Orden Ejecutiva,

---

en *Jurist Neus*, 10 abril 2025, disponible en: https://www.jurist.org/news/2025/04/us-congress-approves-bill-restricting-federal-courts-use-of-nationwide-injunctions/

165 Véase las informaciones en: Mike Baker y Mattathias Schwartz, "Judge Temporarly Blocks President Trum's Plan to End Birthright Citizenship," *The New York Times*, 24 febrero 2025, p. A13p en Jacey Fortin, "Second Federal Judge Bloxks End of Birthright Citizenship," *The New York Times,* 7 febrero 2025, p. A117; "hird Judge Blocks Citizenship Order," *The Wall Street Journal*, 13 Febrero 2025, p. A7.

166 Véase el texto de la Orden Ejecutiva que está disponible en: htps://www.whitehouse.gov/presidential-actions/2025/01/protecting-the-meaning-and-value-of-american-citizenship/

167 Véase la Orden Executiva "*Protecting The Meaning And Value Of American Citizenship,*" de 20 de enero de 2025, cuyo texto puede ser consultado y está disponible en: https://www.whitehouse.gov/presidential-actions/2025/01/protecting-the-meaning-and-value-of-american-citizenship/

considerándola inconstitucional, el Gobierno, a través de tres mociones de emergencia formuladas el 13 de marzo de 2025 por ante la Corte Suprema, le solicitó a la Corte que redujera el ámbito de las órdenes de las Cortes Federales que impedían a los funcionarios ejecutar dicha Orden presidencial, solo respecto de las personas demandantes, designadas como partes en los procesos, lo que permitía que las restricciones impuestas a la ciudadanía por el presidente Trump entraran en vigor para todos los demás.[168]

La Corte Suprema el 14 de marzo de 2025 accedió a considerar la solicitud del gobierno, fijando como tema a resolver, no la constitucionalidad de la Orden Ejecutiva sobre ciudadanía por nacimiento, sino la legalidad del instrumento procesal judicial denominado *nationwide injunction*, que permitía a un juez federal suspender temporalmente una política ejecutiva en todo el país, en lugar de limitarla.[169]

Y efectivamente, en su antes mencionada sentencia del 27 de junio de 2025, la Corte Suprema dejó claramente establecido que la solicitud del Ejecutivo:

> "no plantea, y por lo tanto la Corte no aborda, la cuestión de si la Orden Ejecutiva viola la Cláusula de Ciudadanía o la Ley de Nacionalidad. En cambio, la cuestión que decide la Corte es si, en virtud de la Ley del Poder Judicial de

---

168 Véase la información en "Citizenship Right Goes to High Court," *The Wall Street Journal*, 14 febrero 2025, p. A6.

169 Véase la información en Abbie Vansickle, "Justices Will Consider Request From Trump on Birthright Citizenship," en *The New York Times*, 15 marzo 2025, p.A14.l.

1789, las Cortes federales tienen autoridad de equidad para emitir *universal injunctions.*"[170]

Con base en ello, la Corte Suprema decidió, en definitiva, que como las *universal injunctons* "es probable que excedan la autoridad de equidad que el Congreso ha otorgado a las Cortes federales," entonces aceptó las peticiones del Gobierno de suspensión parcial de las *injunctions* consideradas, "pero sólo en la medida en que las *injunctions* son más amplias de lo necesario para proporcionar una reparación completa a cada demandante con legitimación para demandar."

Para decidir, la Corte consideró que si bien "la emisión de una orden judicial universal sólo puede justificarse como un ejercicio de autoridad de equidad, sin embargo, el Congreso no ha otorgado a los tribunales federales tal poder," indicando que incluso, en la "práctica de equidad de larga data en Inglaterra, no había ningún remedio "ni remotamente parecido a una *national injunction;*" que la Corte misma ha rehusado otorgar protección a personas que no son parte; y que en la historia de la nación solo recientemente han aparecido estas universal injunctions, las cuales fueron inexistentes durante los siglos XVIII y XIX.

Concluyó la Corte indicando que, dado que "la *universal injunction* carece de un pedigrí histórico, queda fuera de los

---

170 Véase el texto de la sentencia que está disponible en: https://www.washingtonpost.com/documents/2eacaeb0-0ba8-48e8-9754-e968a32 6a cae.pdf?itid=lk_inline_manual_4. Véanse los comentarios en: "Supre me Court limits judges' power on nationwide injunctions, but fate of Trump birthright citizenship order unclear," en *PBSNews*, 27 junio 2025, disponible en: https://www.pbs.org/newshour/politics/supreme-court-limits-judges-power-on-nationwide-injunctions-but-fate-of-trump -birthright-citizenship-order-unclear ; y en Sofia Jenkins, "US appeals court blocks Trump birthright citizenship order," en *JurisNNews*, 24 julio 2025, disponible en: https://www.jurist.org/news/2025/07/us-appeals-court-blocks-birthright-citizenship-order/

límites de la autoridad de equidad de un tribunal federal conforme a Ley del Poder Judicial."

La sentencia se dictó con el Voto concurrente del Juez Clarence Thomas junto con el Juez Neil Gorsuch, en el cual precisaron que "la Corte hoy pone fin a la práctica "cada vez más común" de que los tribunales federales emitan *universal injunctions*".

El Juez Samuel A. Alito, junto con el Juez Thomas, también con voto concurrente observaron que la Corte, sin embargo, no resolvió "cuestiones que quedaron sin resolver y que potencialmente amenazan la importancia práctica de la decisión de hoy: la disponibilidad de la legitimación de terceros y la certificación de clase," que estimaron debió resolverse; advirtiendo además, a los Jueces federales en su Voto concurrente sobre la posibilidad alternativa de que se utilicen *class actions* para el control judicial, los mismos no pueden simplemente reemplazar las *universal injunctions* con las *class actions* indicándoles que:

> "Las Cortes de distrito no deberían ver la decisión de hoy como una invitación a certificar clases a nivel nacional sin un cumplimiento escrupuloso de las normas de las *class actions*."
>
> "De lo contrario la *universal injunction* regresará de la tumba bajo el disfraz de una '*nationwide class releif*; y la decisión de hoy será de poco más que un interés académico menor."[171]

El Juez Brett M. Kavanaugh, también con voto concurrente, se refirió básicamente a los efectos de las *preliminary injunctions*

---

171 Véase sobre estas expresiones del Juez Alito los comentarios de Adam Liptan, "Class Actions Could Imperil President's ban on Birthright Citizenship," *The New York Times*, 15 julio 2025, p. 19C.

que puedan dictar los Jueces federales con efectos limitados a los demandantes o a alguna clase de personas, cuando consideren sobre la legalidad o constitucionalidad de las leyes y de los acos ejecutivos, en cuyo caso, "hasta que esta Corte conceda o deniegue una solicitud de suspensión o *injunction*, una tremenda incertidumbre puede rodear el estatus legal provisional de la nueva ley federal o acción ejecutiva en todo el país. El estatuto o la acción ejecutiva puede estar en vigor en algunos lugares, pero no en otros, para algunas empresas, pero no para otras, para algunos estadounidenses, pero no para otros." Por ello, Kavanaugh concluyó su Voto destacó la importancia de la Corte Suprema para resolver sobre esos casos, los cuales no pueden considerarse como una distracción del trabajo de la Corte sino la parte crítica del mismo.

La Juez Sonia Sotomayor, junto con las Juezas Elena Kagan y Ketanji Jackson formularon Voto disidente, considerando que el tema a tratar era sobre la constitucionalidad de la Orden Ejecutivo limitando la nacionalidad *jus soli*, considerando que la misma violaba la Constitución, lo que los tres Jueces Federales apreciaron como muy posible para dictar las *injunctions.* Por ello, criticaron al Gobierno por no demandar la revocación de las decisiones de los tres Jueces Federales, como comúnmente hace ante la Corte Suprema, indicando que, en cambio:

> "Sin inmutarse, el Gobierno pide ahora a esta Corte que otorgue una petición de emergencia, insistiendo en que sufrirá un daño irreparable a menos que pueda privar de la ciudadanía al menos a algunos niños nacidos en los Estados Unidos.

Al preguntarse por qué el Gobierno no pidió la revocación de las tres *universal injunctions*, en el Voto disidente las Juezas respondieron:

> "Para obtener tal alivio, el Gobierno tendría que demostrar que la Orden es probablemente constitucional, una tarea imposible a la luz del texto de la Constitución, la historia, los precedentes de esta Corte, la ley federal y la práctica del Poder Ejecutivo. Así que el Gobierno, en cambio, intenta un juego diferente. Pide a esta Corte que sostenga que, por muy ilegal que sea una ley o una política, los tribunales nunca pueden simplemente decirle al Ejecutivo que deje de aplicarla contra nadie. En cambio, dice el Gobierno, debería poder aplicar la Orden de Ciudadanía (cuya legalidad no defiende) a todos, excepto a los demandantes que presentaron esta demanda."

El extenso Voto disidente, en todo caso, es una defensa importante del poder de los jueces federales de dictar *universal injunctions*, suspendiendo la aplicación de las leyes y actos ejecutivos que consideren inconstitucionales o ilegales. Concluyendo que:

> "La mayoría sostiene que, en ausencia de engorrosos litigios de acción colectiva, los tribunales no pueden prohibir completamente ni siquiera esas políticas claramente ilegales a menos que sea necesario para proporcionar a las partes formales una reparación completa. Esa decisión hace que las garantías constitucionales tengan sentido solo de nombre para cualquier persona que no sea parte de una demanda. Porque no seré cómplice de un ataque tan grave a nuestro sistema de derecho, disiento."[172]

---

172 Véase el texto del Voto disidente, en las páginas 54 y siguientes (hasta 119) de la sentencia.

VI. LA EFECTIVA ALTERNATIVA DE LAS *CLASS ACTIONS*

Debe destacarse, en todo caso, que la restricción del uso de las *universal injunctions* por parte de los Jueces de Distrito que derivó de la sentencia de la Corte Suprema, no elimina la posibilidad de intentar *class actions,*[173] las cuales al contrario proliferaron, que son las que intenta uno o varios accionantes representando un grupo de personas con similares o idénticas demandas, clase que debe ser determinada por el juez. Se trata, como se dijo, de acciones similares a las acciones en protección de derechos colectivos o difusos en los países de América Latina, en las cuales el accionante representa un número determinado o determinable de personas.

La consecuencia de la decisión de la Corte Suprema, en todo caso, fue que las mismas organizaciones de derechos humanos, como la *American Civil Law Union* que representaban a personas afectadas, intentaran *class actions,* como la formulada ante la Corte Federal de New Hampshire buscando protección de la clase de personas afectadas por la Orden Ejecutiva, particularmente los nacidos de madre en situación ilegal o temporal. El Juez Joseph N. Laplante, el 10 de julio de 2025, considerando que los demandantes de la Clase demostraron probabilidad de éxito en los méritos de sus reclamos; que era probable que los Demandantes de la Clase sufrieran un daño irreparable si no se concedía la orden; la Corte decidió que todos los Departamentos del Ejecutivo involucrados en la ejecución de la Orden Ejecutiva, "tienen la prohibición y restricción de hacerla

---

173 Véase el comentario de Sonia A. Rao y Mattathias Schwartz, "How Class Action Suits Can Be Used Against Trump," *The New York Times*, 2 julio 2025, p. A13.

cumplir," requiriendo de los demandantes una garantía nominal de US$ 1,00.[174]

Para otorgar la *preliminary injunction* bloqueando la ejecución de la mencionada Orden Ejecutiva (que en todo caso quedó suspendida por siete (7) días en espera de la apelación,[175] el Juez precisó la siguiente definición provisional de *class certification,* protegiendo a:

> "Todas las personas actuales y futuras que nazcan a partir del 20 de febrero de 2025, donde (1) la madre de esa persona estaba presente ilegalmente en los Estados Unidos y el padre de la persona no era ciudadano de los Estados Unidos o residente permanente legal en el momento del nacimiento de dicha persona, o (2) la presencia de la madre de esa persona en los Estados Unidos era legal pero temporal, y el padre de la persona no era ciudadano de los Estados Unidos o residente permanente legal en el momento del nacimiento de dicha persona."[176]

El Juez consideró que "no tenía dificultad en concluir que la rápida adopción por orden ejecutiva, sin legislación y sin el consiguiente debate nacional, de una nueva política gubernamental de constitucionalidad altamente cuestionable que negaría la ciudadanía a muchos miles de individuos a los que se les había

---

[174] Véase el texto de la orden judicial, que está disponible en: https://www.documentcloud.org/documents/25995125-orders-in-birthright-citizenship-case/

[175] Véase la información en Joshua Villanueva, "Immigrant rights groups refile class action to block Trump birthright executive order," en Jurist News, 28 junio 2025, disponible en: https://www.jurist.org/news/2025/06/immigrant-rights-groups-refile-class-action-to-block-trump-birthright-executive-order/

[176] Véase la sentencia cuyo texto está disponible en: https://storage.courtlistener.com/recap/gov.uscourts.nhd.65710/gov.uscourts.nhd.65710.65.0.pdf

otorgado previamente la ciudadanía bajo una política indiscutiblemente de larga data, constituye un daño irreparable, y que todos los representantes de clase podrían sufrir un daño irreparable en ausencia de una orden judicial".[177]

La sentencia, en sus efectos prácticos, fue un bloqueo a la ejecución de la Orden Ejecutiva con efectos nacionales, habiendo sido interpretada la *class action* intentada, con ámbito general, bloqueando la ejecución de la Orden ejecutiva nacionalmente.[178] La reacción del Gobierno no se hizo esperar habiendo un vocero de la Casa Blanca, Harrison Fields considerado que la sentencia fue "un intento obvio e ilegal de eludir la clara orden de la Corte Suprema contra las protecciones universales," y estimando que el Juez, al dictarla "ignora el Estado de derecho al abusar de los procedimientos de certificación de clase," anunciando que la Administración lucharía "vigorosamente contra los intentos de estos jueces deshonestos de las Cortes de Distrito de impedir las políticas para las que el presidente Trump fue elegido."[179]

---

177 Véase la referencia en Zach Montague y Pat Grossmith, "Judge in Class Action Case Blocks the Executive Order to End Birthtight Citizenship," *The New York Times*, 11 julio 2025, p. A14.

178 Véase por ejemplo los comentarios en: Mariah Timmes, "Birthright Citizenship End Blocked," *The Wall Street Journal,* 11 junio 2025, p. A2; en el Editorial "The Brithright Order is Halted-Again," *The Wall Street Journal*, 11 julio 2025, p. A16; Ingrid Burke Friedman, "Federal court blocks Trump birthright citizenship order nationwide," *Jurist News*, 10 julio 2025. Disponible en: https://www.jurist.org/news/2025/07/federal-court-blocks-trump-birthright-citizenship-order-natio nwide/; Adam Liptak, "Class Actions Could Imperil President's Ban on Brithright Citizenship," *The New York Times,* 15 julio 2025, p. 19.

179 Véase en Devan Cole y John Fritze, "Federal judge issues new nationwide block against Trump's order seeking to end birthright citizenship," *CNN Politics,* 10 julio 2025, disponible en: https://www.cnn.com/2025/07/10/politics/birthright-citizenship-hearing-rhode-island

En todo caso, sobre al tema de la "política" de restringir la nacionalidad *jus soli*, con fecha 23 de julio de 2025, resolviendo una de las tantas acciones que se habían intentado en la materia, en este caso por los *Attorney General* de los Estados de Washington, Oregón, Arizona e Illinois y dos mujeres embarazadas no ciudadanas que temían que sus hijos pudieran nacer sin ciudadanía en cualquier país, la Corte de Apelaciones del Noveno Circuito al conocer en apelación de la decisión de la Corte de Apelaciones del Distrito de Washington, John C. Coughenour, que había otorgado una *universal injunction* bloqueando la ejecución de la Orden Ejecutiva dictada por el Presidente Trump en relación con la ciudadanía de los nacidos en territorio norteamericano, resolvió declararla inconstitucional, concluyendo que "la Orden Ejecutiva no es válida porque contradice el lenguaje sencillo de la concesión de la ciudadanía de la Decimocuarta Enmienda a "todas las personas nacidas en los Estados Unidos y sujetas a la jurisdicción de los mismos," argumentando entre otros muchos aspectos que "Un poder que no se le otorgó al Presidente, por el Artículo II o por cualquier otra fuente, es el poder de modificar o cambiar cualquier cláusula de la Constitución de los Estados Unidos." (p. 47)

Consideraron los Jueces de la Corte de Apelaciones, además que debido a que los representantes de los Estados, tienen legitimación y es probable que logren demostrar que la Orden Ejecutiva es inconstitucional, afirmamos la concesión de una *preliminary injunction* por parte de la Corte de Distrito y su determinación de que una *universal preliminary injunction* es necesaria para brindar a los Estados un alivio completo en sus reclamos," estimando que la Corte Federal no había abusado de su discreción al otorgarla en este caso.[180]

En este último sentido se ha informado que varios jueces han decidido, lidiando con la decisión de la Corte Suprema, otorgando en todo caso protección general (*nationwide relief*), incluso en aplicación de la Ley de Procedimientos Administrativos que exige de la Administración que sus actos sean razonables.[181]

---

180 Véase el texto de la sentencia que está disponible en: https://storage.courtlistener.com/recap/gov.uscourts.ca9.3b7bc70c-6fcb-460e-9232-c6bc8ad16303/gov.uscourts.ca9.3b7bc70c-6fcb-460e-9232-c6bc8ad16303.163.1.pdf Véase los comentarios en Jake Goldstein-Street, "9th Circuit rules Trump's birthright citizenship order unconstitutio nal," en *yahoo.news,* 24 julio 2025, disponible en: https://www.yahoo.com/news/articles/9th-circuit-rules-trump-birthright-44653648.html?guccounter=1&guce_referrer=aHR0cHM6Ly93d3cuYmluZy5jb20v&guce_referrer_sig=AQAAADca8JFKTQal5UBMIR-jB-AnmkolXSlNM6KW9dK_zNmKn8GOVlNHhgtrH2P01ASk32MWIiCXoim9Oq WMYBoGE0LD_e5R0jsG6In5dT1wWr2XfUPUs0PZVNGeX7l-lcKPMuXa_rD5jaA2szulChLW4TN3QsveVBrkVNklUrDEeMy3; y en Mattathias Schwartz, "Trump Limit On Birthright For Citizens is Blocked," *The New York Times*, 25 julio 2025, p. A14.

181 Véase los comentarios en Louise Radnofky, Maeiah Timms y Jess Bravin, "Judges Keep Stymieing Administration's Moves," *The Wall Street Journal,* 29 julio 2025, p A1-A2.

QUINTA PARTE

EL CASO *J.G.G. v. Trump* ANTE LA CORTE FEDERAL DE DISTRITO DEL DISTRITO DE COLUMBIA, INICIADO EL DÍA 15 DE MARZO DE 2025, EN EL CUAL SE ORDENÓ AL GOBIERNO GARANTIZAR EL DEBIDO PROCESO DE LOS MIGRANTES DEPORTADOS

I. EL INICIO DEL PROCESO DESARROLLADO CON MOTIVO DE LA IMPUGNACIÓN JUDICIAL DE LA DEPORTACIÓN MASIVA DE VENEZOLANOS ANTE LA CORTE FEDERAL DEL DISTRITO DE COLUMBIA

1. *La acción intentada por un grupo de inmigrantes contra la Proclamación, convertida de inmediato en una Class Action o acción de carácter colectivo*

La Proclamación del Presidente de Estados Unidos sobre "*Invocación de la Ley de Enemigos Extranjeros en relación con la invasión de los Estados Unidos por el Tren de Aragua,*" como se dijo, si bien se publicó en horas de la tarde del sábado 15 de marzo de 2025, se firmó el día anterior viernes 14 de marzo de 2025.

Por ello, en la noche de ese día ya había conocimiento en Washington sobre su texto y contexto, al punto de que la *American Civil Liberties Union Foundation of the District of Columbia*, en la madrugada del día 15 de marzo de 2025 intentó ante la *United States District Court for the District of Columbia*, a cargo del Juez James Boasberg, una demanda contra la Proclamación en representación de cinco ciudadanos venezolanos que estaban detenidos por causas de inmigración, algunos bajo petición de asilo, y que se encontraban amenazados de ser deportados en forma inminente en aplicación de una "*esperada Proclamación del Presidente de los Estados Unidos* invocando la *Alien Enemies Act ("AEA")*[182] que, como se dijo, era una medida de tiempos de guerra que había sido aplicada solo tres veces en la historia de los Estados Unidos: la Guerra de Independencia, la Primera Guerra Mundial y la Segunda Guerra Mundial.[183]

Se trató inicialmente de una acción intentada por cinco personas cuestionando la legalidad de la Proclamación y con petición de *habeas corpus* (la cual inmediatamente fue abandonada, al transformarse la acción en una *class action*) (*J.G.G. v. Trump*), *contra la amenaza* de violación de sus derechos fundamentales, que también afectaba a "todas las demás personas que se encontraban en una situación similar," negando los demandantes que fueran miembros del *Tren de Aragua,* y solicitando la emisión

---

182 Véase, por ejemplo, sobre la demanda: Joshua Villanueva, "President Trump. invocation of Alien Enemies Act against Venezuela gang members faces immediate legal roadblock," en *JuristNews*, 16 marzo 2025, disponible en: https://www.jurist.org/news/2025/03/president-trump-invocation-of-alien-enemies-act-against-venezuela-gang-mem bers-faces-immediate-legal-roadblock/

183 Todos los documentos relativos al proceso judicial están disponibles en: https://www.courtlistener.com/docket/69741724/jgg-v-trump/#mi nute-entry-419399699

de una *Temporary Restraining Order TRO*, equivalente, como hemos dicho, a las medidas cautelares del derecho de los países del *civil law.*

Los recurrentes alegaron estar "en inminente peligro de ser deportados en la noche de ese mismo día 14 de marzo o en la mañana del día siguiente 15 de marzo," y solicitaron con carácter de urgencia del Juez de Distrito la emisión de dicha medida cautelar de protección *TRO,* que suspendiera la deportación, considerando que sin ello, "los demandantes sufrirían daños irreparables," y estimando, no solo que "el equilibrio de las dificultades y el interés público favorecían la reparación," sino que además era "fundamental pues si los demandantes eran trasladados a la custodia de otro país, este Tribunal perdería su jurisdicción."

Los recurrentes indicaron, como fundamento de la acción, en síntesis, lo siguiente:

> "2. Se espera que la Proclamación autorice la expulsión "inmediata" de los no ciudadanos que la Proclamación considere enemigos extranjeros, sin ninguna oportunidad de control de constitucionalidad (revisión judicial). También distorsiona el lenguaje claro de la AEA: las llegadas de no ciudadanos de Venezuela se consideran una "invasión" o una "incursión depredadora" por parte de una "nación o gobierno extranjero", donde se considera que el Tren de Aragua, una pandilla venezolana, es lo suficientemente similar a una nación o gobierno extranjero.
>
> 3. Pero la AEA solo ha sido un poder invocado en tiempo de guerra, y claramente solo *se aplica a acciones bélicas*: no se puede usar aquí contra nacionales de un país –Venezuela– con el que Estados Unidos *no está en guerra,* que *no está invadiendo* a Estados Unidos y que no ha lanzado una incursión depredadora en Estados Unidos.

4. La Proclamación del gobierno permitiría a los agentes poner inmediatamente a los no ciudadanos en aviones *sin ninguna revisión de ningún aspecto* de la determinación de que son Enemigos Extranjeros. Sobre la base de esta información y creencia, el gobierno ha transferido a venezolanos que están en procedimientos de inmigración en curso en otros Estados, trayéndolos a Texas para prepararse *para expulsarlos sumariamente y hacerlo antes de cualquier revisión judicial,* incluso por parte de esta Corte. Por esa razón, los Demandantes-Peticionarios y la clase putativa que representan buscan la intervención de este Tribunal para restringir temporalmente estas remociones sumarias y determinar que este uso de la AEA es ilegal y debe detenerse."[184]

La acción se intentó contra Donald Trump, Presidente de los Estados Unidos, Pamela J. Bondi, *Attorney General* en el Departamento de Justicia, Kristi Noemi, Secretaria en el Departamento de Seguridad Interior, y otros altos funcionarios de otros varios departamentos del Gobierno; y la Corte Federal de Distrito tomó conocimiento del caso a las 8 am del mismo sábado 15 de marzo de 2025.

Después de recibir información adicional sobre la situación, a las 9.40 am la Corte emitió una *TRO* prohibiendo temporalmente la expulsión de los cinco migrantes venezolanos demandantes, considerando que:

> "dadas las circunstancias apremiantes de las que ha tenido conocimiento esta mañana, ha determinado que se justifica una orden inmediata para mantener el *statu quo* hasta que se pueda fijar una audiencia."

---

[184] Véase el texto de la acción de protección que está disponible en: https://*storage*.courtlistener.com/recap/gov.uscourts.dcd.278436/gov.uscourts.dcd.278436.1.0_3.pdf

En consecuencia, la Corte concedió la medida cautelar, emitiendo una orden de prohibición contra los demandados de que "no expulsarán a ninguno de los demandantes individuales de los Estados Unidos durante 14 días a menos que el Tribunal dicte una nueva orden."[185]

El Tribunal procedió de inmediato a citar a las partes para que comparecieran a una audiencia por *zoom* fijada con urgencia para las 5 pm del mismo día 15 de marzo de 2025, para incluso considerar la solicitud de los demandantes de extender la protección a la clase de todos los extranjeros sujetos a la anunciada Proclamación del Presidente de los Estados Unidos.

El texto de la Proclamación, como se dijo, salió publicado el 15 de marzo de 2025, solo una hora antes de la fijada para la audiencia, con la denominación, "*Invocation of the Alien Enemies Act Regarding the Invasion of The United States by Tren de Aragua*,"[186] con la cual se materializó la amenaza que había motivado la acción intentada en la mañana, indicándose expresamente en la misma que se aplicaba a:

> "todos los ciudadanos venezolanos mayores de 14 años de edad que sean miembros de *TdA*, se encuentren dentro de los Estados Unidos y no sean realmente naturalizados o residentes permanentes legales de los Estados Unidos, son susceptibles de ser aprehendidos, restringidos, asegurados y removidos como Enemigos Extranjeros."

---

185 Véase la Minute order (8). March 15, 2025, que disponible en: https://www.courtlistener.com/docket/69741724/jgg-v-trump/#minute-entry-419399699

186 Véase el texto de este documento que está disponible en: https://www.whitehouse.gov/presidential-actions/2025/03/invocation-of-the-alien-enemies-act-regarding-the-invasion-of-the-united-states-by-tren-de-aragua/

En la audiencia judicial, cuyo texto quedó transcrito en la correspondiente minuta,[187] a una pregunta del Juez, uno de los abogados de los accionantes (L. Gelernt) informó que el proceso de deportación estaba en curso, y que había "aviones que van ahora mismo llevando venezolanos a El Salvador y que pueden terminar en una cárcel salvadoreña," indicando que ello no solo despojaría:

> "a este Tribunal de jurisdicción, sino que creo que esas personas están en serios problemas, venezolanos metidos en una cárcel salvadoreña. Así que tenemos dos vuelos que creemos que estaban programados para esta tarde que pueden haber despegado ya o durante esta audiencia, así que creo que en los próximos cinco minutos".

2. *El otorgamiento de la medida cautelar (Temporary Restraining Order TRO) de suspensión de la aplicación de la Proclamación, con efectos generales*

Ante la falta de información por parte de los abogados de los demandados sobre la situación real de los amenazados de deportación, el Juez suspendió temporalmente la audiencia hasta las 6 pm pidiéndole que informaran sobre la situación, tanto en ese momento, como en las 48 horas siguientes, de los aviones dispuestos para la deportación conforme a la Proclamación.

Recomenzada la audiencia a las 6 pm, el abogado de los demandados (es decir, del gobierno) no suministró la información requerida, informando el abogado de los demandantes, en cambio, que tenía entendido que dos vuelos ya habían despegado esa tarde hacia El Salvador, y otro estaba programado para despegar a las 6.23 pm, quizás hacia Honduras.

---

[187] Véase el texto de este documento que está disponible en: https://storage.courtlistener.com/recap/gov.uscourts.dcd.278436/gov.uscourts.dcd.278436.20.0_4.pdf

El Juez analizó la complejidad del tema planteado, considerando que la Ley de Enemigos Extranjeros, no daba fundamento:

> "para la Proclamación del Presidente dado que los *términos invasión e incursión depredadora realmente se relacionan con actos hostiles perpetrados por naciones enemigas y correspondientes a la guerra. Además, los términos nación y gobierno no se aplican a actores no estatales como las bandas criminales*. Y la Ley no se refiere, en mi interpretación, a la presencia no autorizada de personas aquí, incluidas las personas que han ingresado ilegalmente. Y así, como resultado, *no creo que la AEA proporcione una base de para la deportación bajo esta Proclamación.*"

Pero como ese tema correspondía al mérito del asunto, siendo el tema en ese momento, el de la medida cautelar solicitada (*Temporary Restraining Order TRO*), el Juez, en la audiencia, haciendo un equilibrio de las acciones intentadas y el interés público, consideró que su decisión era "razonablemente sencilla en la medida en que un breve retraso en la deportación no causa daño al gobierno," concluyendo, a las 6.45 pm, otorgando la medida cautelar, considerando que:

> "una *TRO* es apropiada para los miembros de la clase, y sería para evitar la *deportación de la clase* durante 14 días o hasta nueva orden del Tribunal. Y la clase *será de todos los no ciudadanos bajo custodia de los EE. UU. que están sujetos a la Proclamación* del 15 de marzo de 2025 y su implementación. Y emitiré una minuta de orden para memorizar esto para que Ustedes no tengan que apresurarse a escribirlo."[188]

---

[188] Véase la referencia a la orden judicial TRO en la página web del caso, disponible en: https://www.courtlistener.com/docket/69741724/jgg-

Se trató, por tanto, de una medida cautelar con efectos generales (*nationwide*) respecto de todos los venezolanos migrantes en custodia sujetos a la Proclamación (miembros del *Tren de Aragua*), sobre lo cual, particularmente dada la información suministrada por los demandantes, y que no había sido refutada por el gobierno, de que "los vuelos estaban saliendo activamente y planeaban despegar," el Juez indicó y decidió verbalmente, que no creía "que podía esperar más y creo estar requerido de actuar de inmediato, lo cual he hecho."

La orden verbal, con efectos generales, solo se destinó a evitar que los demandados pudieran expulsar o deportar a extranjeros aplicando la Proclamación, pero no impidió que extranjeros pudiesen ser deportados con base en las leyes de inmigración, ni ordenó la liberación de ningún extranjero detenido, ni impidió que extranjeros pudieran ser detenidos conforme a otras leyes aplicables. Resultó extraño, por tanto, que unos días después, el Gobierno hubiese anunciado que estaba extraditando a unos extranjeros miembros del *Tren de Aragua* a Chile, a petición del gobierno de ese país, que es un proceso que tiene su propia regulación, citando sin embargo la Proclamación y la Ley de Extranjeros Enemigos.[189]

El Juez, al dictar la medida cautelar en forma oral en la audiencia, con los efectos generales mencionados, le pidió al

---

v-trump/#minute-entry-419399699. Una crítica a la orden judicial, argumentando que el Juez para dictarla debió haber requerido la presentación de una garantía (*bond*), puede leerse en: Daniel Huff, "Why Boasberg's Order Is Legaly Invalid," en *The Wall Street Journal,* 1 April 2025, p. A17.

189 Véase la información en Devlin Barret, "Trump Administration Cites Alien Enemies Act as It Plans New Extraditrions," *The New York Times*, 26 marzo 2025, p. A18.

abogado de los demandados, Sr. Ensign, que *informara inmediatamente a sus clientes, es decir, al gobierno,* sobre la *TRO* otorgada:

> "y que cualquier avión que contenga a estas personas que vaya a despegar o esté en el aire *debe ser devuelto a los Estados Unidos, pero es necesario que esas personas sean devueltas a los Estados Unidos*. Como sea que se logre, ya sea devolviendo un avión o no embarcando a nadie en el avión o a las personas cubiertas por esto en el avión, se lo dejo a usted. *Pero esto es algo que debe asegurarse de que se cumpla de inmediato.*"

Sin embargo, como se informó incluso en la prensa,[190] lo cierto fue que los aviones despegaron, no fueron devueltos, y los extranjeros detenidos fueron deportados con destino a una cárcel en El Salvador; habiendo sido la medida cautelar (*TRO*) inmediatamente apelada por los demandados por ante la *United States Court of Appeals for the District of Columbia Circuit,*[191]·habiendo el Gobierno además requerido a la Corte de Apelaciones que el caso se reasignara a otro Juez.

---

190 Véase por ejemplo, María Sacchetti, Marianne LeVine and Tobi Raji, "After judge blocks Alien Enemies Act, White House claims nearly 300 already deported. Trump quietly invoked the Alien Enemies Act of 1798 on Friday for the first time since World War II to speed the deportation of alleged gang members. A federal judge stopped him on Saturday," *The Washington Post*, 16 marzo 2025, disponible en: https://www.washingtonpost.com/immigration/2025/03/15/trump-alien-enemies-venezuela-migrants-deportations/?utm_campaign=wp_post_most&utm_medium=email&utm_source=newsletter&carta-url=https%3ª%2F%2Fs2.washingtonpost.com%2Fcar-ln-tr%2F419ef10%2F67d6f4e4c7d02e512222abb2%2F66b949d02c85d56a90c824dc%2F14%2F57%2F67d6f4e4c7d02e512222abb2d

191 Véase el texto de este documento que está disponible en: https://storage.courtlistener.com/recap/gov.uscourts.dcd.278436/gov.uscourts.dcd.278436.12.0_3.pdf

En una Nota del día siguiente, 16 de marzo, la *Attorney General* Pamela J. Bondi y otros demandados, se opusieron a la afirmación de jurisdicción por parte de la Corte de Distrito, incluso sobre el ejercicio por parte del Presidente de los poderes que le confiere el Artículo II de la Constitución (Poder Ejecutivo); reconocieron haber sido notificados de la orden de restricción temporal emitida por la Corte por la mañana del 15 de marzo "y la orden de la minuta de la audiencia de las 7:26 p.m. EDT que prohibió temporalmente cualquier expulsión de conformidad con la Proclamación Presidencial;" informaron que "los cinco demandantes individuales que fueron objeto de la primera *TRO* no han sido removidos;" y además, que "algunos miembros de pandillas sujetos a expulsión en virtud de la Proclamación ya habían sido expulsados del territorio de los Estados Unidos en virtud de la Proclamación antes de la emisión de la segunda orden de esta Corte."[192]

El contenido de la anterior Nota fue respondido por los abogados de los accionantes, considerando que lejos de que la acción del gobierno fuera consistente con la Orden de la Corte, de la información disponible lo que aparecía era que el Gobierno pudo haber desacatado o violado la Orden, indicando que:

> "En primer lugar, el escrito del gobierno indica que la Orden de la Corte fue emitida a las 7:26 p.m. del sábado 15 de marzo. Pero ese fue el momento en el cual la Orden escrita de la Corte apareció en *PACER*. Durante la audiencia del sábado, aproximadamente entre las 6:45 p.m. ET y las 6:48 p.m. ET, la Corte ordenó oralmente y sin ambi-

192 Véase el texto de este documento que está disponible en: https://storage.courtlistener.com/recap/gov.uscourts.dcd.278436/gov.uscourts.dcd.278436.19.0_5.pdf

> güedades al gobierno que diera la vuelta a cualquier avión que transportara personas que fueran deportadas de conformidad con la Proclamación de la AEA,"

Agregando que: "Esa Orden oral, por supuesto, no tiene menos peso que la Orden escrita de la Corte."

Los abogados de los accionantes, en todo caso, informaron al Juez que los dos vuelos hacia El Salvador habían despegado a las 5.26 pm y 5.45 pm EDT, habiendo llegado el primero, a Honduras, a las 7.36 y el segundo, a San Salvador, a las 8.02 pm EDT, y que, por tanto, el gobierno, de haber cumplido la orden, podía haber ordenado el retorno de los vuelos, destacando incluso, citando hasta declaraciones de funcionarios del gobierno, que "ha habido informes significativos de los medios de comunicación sobre que los demandados pueden haber desafiado la Orden de la Corte," solicitándole a la misma que ordenase inmediatamente al gobierno:

> "que presente una o más declaraciones juradas de personas con conocimiento directo de los hechos que aclaren lo siguiente: 1) si algún vuelo con personas sujetas a la Proclamación despegó después de que se emitieron las Órdenes escritas u orales del Tribunal; 2) si algún vuelo con personas sujetas a la Proclamación aterrizó después de que se emitieran las Órdenes escritas u orales de la Corte; 3) si algún vuelo con personas sujetas a la Proclamación todavía estaba en el aire después de que se emitieron las Órdenes escritas u orales de la Corte; y 4) si la custodia de cualquier persona sujeta a la Proclamación fue transferida a un

país extranjero después de que se emitieron las Órdenes escritas u orales de la Corte."[193]

El Juez, en todo caso, fijó la hora de las 4 pm del 17 de marzo, que luego se extendió para las 5 pm, para que las partes comparecieran a una audiencia y para que el Gobierno se preparara a suministrar las respuestas a las cuestiones planteadas por los demandantes.

3. *La reacción ejecutiva contra la decisión judicial y el posible desacato*

Contra la decisión judicial del Juez Boasberg, la Secretaria de Prensa del Ejecutivo (Leavitt) exclamó que "Un solo juez en una sola ciudad no puede dirigir los movimientos de un avión llevando terroristas extranjeros que fueron físicamente expulsados del territorio de los Estados Unidos,"[194] y el Sr. Homan, funcionario del gobierno encargado de las Fronteras, defendió que no se hubiesen devuelto los aviones después de la orden judicial diciendo que ya estaban en el espacio internacional, agregando que "No vamos a detenernos," y "*no me importa qué piense el Juez*. No me importa qué piense la izquierda."[195]

---

[193] Véase el texto de este documento que está disponible en: https://storage.courtlistener.com/recap/gov.uscourts.dcd.278436/gov.uscourts.dcd.278436.21.0_6.pdf

[194] Véase Jess Bravin, "President Pushes Liits of Executive Authority" *The Wall Street Journal*, 18 marzo 2025, p. A1. Igualmente el Editorial de esa misma fecha, p. A14; Adam Lipak, "Defiance of Judge's Order Stokes Fears of Constitutional Crisis, or Worse," *The New York Times*, 20 marzo 2025, p. A16.

[195] *Idem*, p. A4. Igualmente véase: Alan Feuer y Zolan Kanno-Youngs, "Trump Lawyer Defies a Judge over Migrants," *The New York Times*, 18 marzo 2025, pp. A1 y A12.

Ello, por supuesto, mostró un socavamiento de algunos de los pilares fundamentales del sistema del *rule of law* norteamericano, que son: la separación de poderes, la independencia judicial y el cumplimiento obligatorio de las órdenes judiciales. De allí la advertencia de la Jueza Elena Kagan de la Corte Suprema de los Estados Unidos, expresada unos meses después, en la Conferencia del Noveno Circuito Judicial reunido en Monterrey, California el 24 de julio de 2025, de que uno de los mayores retos que están enfrentando hoy las Cortes federales es la posibilidad de que los funcionarios públicos desafíen las órdenes judiciales, indicando:

> "La idea de que los litigantes, y más específicamente aquí estoy hablando sobre el gobierno, que no necesitan obedecer los dictados de las Cortes. No necesitan obedecer las órdenes de las Cortes. Y ustedes saben que precisamente esa no es la manera como nuestro sistema funciona, no la forma funciona el Estado de derecho en este país.
>
> Y eso es verdad respecto de la Corte Suprema, y es también para cada Corte de Distrito, excepto y hasta que una Corte de Apelaciones o la Corte Suprema diga otra cosa; que las órdenes judiciales son órdenes judiciales y necesitan ser respetadas."[196]

[196] Véase Lawrence Hurley,"Justice Elena Kagan urges judges not to be intimidated by increase in threats. President Donald Trump and his allies have been frequent critics of judges and at times have called for the impeachment of those who rule against him," en. NBC News, 24 julio 2025, disponible en: https://www.nbcnews.com/politics/supreme-court/justice-elena-kagan-urges-judges-not-intimidated-increase-threats-rcna220884

4. *La oposición del Gobierno contra la medida judicial cautelar TRO, la audiencia del 17 de marzo de 2025 y la renuencia del Gobierno de suministrar la información requerida por el Juez sobre el cumplimiento de la medida cautelar TRO*

En el curso del proceso, los demandados plantearon ante el Juez, en la mañana del mismo día 17 de marzo, una moción escrita solicitando que dejara sin efecto su *TRO*, considerando no solo que los demandantes no podían hacer uso de procedimientos judiciales para interferir con la autoridad del Presidente en los asuntos de seguridad nacional y relaciones exteriores, sino que el Juez no tenía competencia para ello, solicitándole dejara sin efecto la audiencia convocada con base en la información que dijeron estaba contenida en el escrito que estaban presentando.[197]

En dicho escrito indicaron básicamente que la orden verbal emitida por el Juez en la audiencia del 15 de marzo no era ejecutable como una *injunction*, y que el texto escrito de la misma emitido aproximadamente a las 7.25 pm:

> "efectivamente no buscó interferir con los poderes del Artículo II del Presidente para llevar a cabo operaciones militares en el extranjero al ordenar el regreso de extranjeros asociados con una organización terrorista extranjera designada que ya habían sido expulsados del territorio de los Estados Unidos, aunque la orden escrita sí memorizaba otras directivas orales más limitadas de la audiencia."

[197] Véase el texto íntegro de la petición escrita del gobierno solicitando dejar sin efecto la TRO, que está disponible en: https://storage.courtlistener.com/recap/gov.uscourts.dcd.278436/gov.uscourts.dcd.278436.26.0_3.pdf

Consideraron, en definitiva, que el Juez ordenó al gobierno no "expulsar" a los terroristas extranjeros "de conformidad con la Proclamación"; que el gobierno no violó esa orden judicial, pues como dicen los propios demandantes, los dos vuelos que identificaron partieron de los Estados Unidos antes de las 7:25 p.m., concluyendo que:

> "en cuanto a los vuelos que ya estaban fuera del territorio y el espacio aéreo de los Estados Unidos, cualquier persona a bordo ya había sido "deportada" en el sentido de la Ley de Enemigos Extranjeros y la orden de la Corte, y por lo tanto no estaba cubierta por la orden."

Concluyeron los abogados del gobierno que debido a que no había habido violación de las órdenes de la Corte, y debido a que "el gobierno no estaba preparado para revelar más detalles de seguridad nacional o seguridad operativa a los demandantes o al público, la Corte debía anular la audiencia programada para esa tarde."

El Juez negó la moción de dejar sin efecto la *TRO*, y ordenó que se procediera a la realización de audiencia fijada para las 5 pm del mismo día 17 de marzo de 2025, la cual en efecto tuvo lugar,[198] siendo su objetivo, como lo expresó el Juez, no el debatir sobre el mérito de la *TRO*, las cuales están en apelación, sino:

> "solo para llevar a cabo una investigación de los hechos sobre el cumplimiento del gobierno con mis órdenes, dada la nota ambigua presentada por el gobierno ayer y la respuesta del demandante muy temprano esta mañana."

---

198 Véase el texto de este documento que está disponible en: https://storage.courtlistener.com/recap/gov.uscourts.dcd.278436/gov.uscourts.dcd.278436.25.0.pdf

El Juez también informó que sabía que el gobierno había pedido a la Corte de Apelación que lo removieran del caso, lo que no había ocurrido.

Los representantes del gobierno, a la pregunta del Juez, solo se limitaron a indicar que "la información que estaban autorizados a proporcionar era que ningún avión despegó de los Estados Unidos después de que llegó la orden escrita" siendo esa "la única información que estoy autorizado a dar sobre la base de preocupaciones de seguridad nacional, preocupaciones diplomáticas."

Ante la falta de información y la evasión de respuestas, el Juez precisó a los abogados del gobierno que lo que quería eran respuestas a las siguientes preguntas:

> "Primera: ¿cuántos aviones partieron de los Estados Unidos en cualquier momento del sábado transportando a personas que estaban siendo deportadas únicamente sobre la base de la proclamación?
>
> La segunda ¿cuántas personas en esa categoría había en cada avión?
>
> En tercer lugar, ¿en qué país o países extranjeros aterrizó cada avión?
>
> Y para cada uno de esos aviones, quiero saber a qué hora despegó de los Estados Unidos y desde dónde, a qué hora sostiene que salió del espacio aéreo de los Estados Unidos, a qué hora aterrizó en cada país extranjero, incluso si hizo más de una escala, y a qué hora se transfirieron las personas del avión a la custodia de ese país."

El Juez, a petición de los abogados de los demandantes, requirió de los demandados presentar las respuestas en una declaración jurada, no sin antes indicarle enfáticamente que su orden dada oralmente en la audiencia del 15 de marzo fue que no salieran vuelos y que si habían salido, debían ser devueltos por el gobierno, y que ello debía hacerse del conocimiento inmediato de éste, sin que pueda argumentarse en contra que los vuelos estaban fuera del espacio aéreo de los Estados Unidos, pues el poder de emitir la Orden tiene alcance extraterritorial. El abogado del gobierno, en cambo, argumentó que la Corte había perdido jurisdicción al momento en que los vuelos estaban fuera del espacio aéreo.

El Juez también solicitó al abogado del gobierno informar a la Corte la fecha exacta de la firma de la Proclamación, si fue en secreto el viernes 14 o cuando se publicó el 15 de marzo.

En definitiva, y en virtud de las dudas sobre el valor de sus órdenes orales dadas en la audiencia judicial, el Juez ordenó que se pusiera de inmediato por escrito esta orden:

> "que antes de las 12:00 p.m. del 18 de marzo de 2025, el Gobierno presentará una Notificación, que puede, si es necesario, sellarse en parte, que establezca: 1) Una declaración jurada de que nadie en ningún vuelo que salió de los Estados Unidos después de las 7:25 p.m. del 15 de marzo de 2025, fue expulsado únicamente sobre la base de la Proclamación en cuestión; 2) Una declaración jurada en la que se indique cuándo se firmó la Proclamación en cuestión, cuándo se hizo pública y cuándo entró en vigor; 3) La mejor estimación del Gobierno del número de personas sujetas a la Proclamación que permanecen actualmente en los Estados Unidos y cuántas están actualmente bajo custodia de los Estados Unidos; y 4) La posición del Gobierno sobre si responderá a las preguntas de la Corte sobre las particularidades de los vuelos, y en qué forma. Dicha forma podría incluirse en la revisión de la cámara o en un entorno

clasificado. Si el Gobierno adopta la posición de que no proporcionará esa información a la Corte bajo ninguna circunstancia, debe respaldar esa posición, incluso con autoridades clasificadas si es necesario."

Al día siguiente 18 de marzo, la *Attorney General* presentó un escrito, adjuntando una declaración jurada de un funcionario del U.*S. Immigration and Customs Enforcement ("ICE"),* dando respuesta a las preguntas del juez, en particular que solo después de la publicación de la Proclamación del Presidente el 15 de marzo de 2025 (3.53 pm EDT) despegaron tres aviones para El Salvador, que solo dos despegaron y salieron del espacio aéreo de US antes de las 7:25 PM EDT. El tercer avión despegó después de esa hora, pero todos sus pasajeros estaban por ser finalmente deportados bajo el Título 8, y ninguno fue deportado solo basado en la Proclamación.[199]

En respuesta al documento presentado por los demandantes, el Juez ordenó a los demandados el mismo 18 de marzo que para las 12:00 p.m. del 19 de marzo, 2025, debían presentar a la Corte bajo sello, una declaración informando los siguientes detalles respecto a cada uno de los dos vuelos que salieron del espacio aéreo estadounidense antes de las 19:25 horas del 15 de marzo de 2025:

> "1) ¿A qué hora despegó el avión de suelo estadounidense y desde dónde? 2) ¿A qué hora abandonó el espacio aéreo de Estados Unidos? 3) ¿A qué hora aterrizó en qué país extranjero (incluso si hizo más de una parada)? 4) ¿En qué momento las personas sujetas únicamente a la Procla-

---

199 Véase el texto de este documento que está disponible en: https://storage.courtlistener.com/recap/gov.uscourts.dcd.278436/gov.uscourts.dcd.278436.28.0_4.pdf

mación fueron transferidas fuera de la custodia de los EE. UU.? y 5) ¿Cuántas personas iban a bordo únicamente sobre la base de la Proclamación?”.[200]

5. *El alegato de la existencia de secretos de Estado en la información requerida por el Juez*

Mediante escrito presentado en la mañana del 19 de marzo de 2025, el Gobierno solicitó la suspensión de la Orden *TRO* de la Corte que había suspendido temporalmente las deportaciones, alegando que el proceso ante la Corte había degenerado en una “disputa baladí sobre la micro gestión de la investigación inmaterial de los hechos,” al solicitarle “al Gobierno que le proporcione detalles sobre los movimientos de aeronaves fuera de los Estados Unidos y las interacciones con naciones extranjeras que no tienen relación con ninguna cuestión jurídica en juego en el caso.”

Indicaron, además, que la información que se solicitaba al gobierno “podría ser *secreto de estado*,” reiterando ante el Juez que:

> “el Gobierno sigue oponiéndose a la divulgación forzada de la información inmaterial solicitada y cree que las medidas adoptadas por la Corte hasta la fecha representan graves usurpaciones de las facultades del Presidente en virtud de la Ley de Enemigos Extranjeros y de sus facultades inherentes en virtud del Artículo II.”[201]

---

[200] Véase el texto de este documento que está disponible en: htps://www.courtlistener.com/docket/69741724/jgg-v-trump/#minute-entry-419399699

[201] Véase el texto de este documento que está disponible en: https://storage.courtlistener.com/recap/gov.uscourts.dcd.278436/gov.uscourts.dcd.278436.37.0_2.pdf

Los demandados se opusieron a la solicitud del gobierno de suspensión de la orden judicial *TRO*, mediante escrito al cual acompañaron diversas declaraciones juradas, entre otras, alegando que algunas de las personas deportadas *no eran miembros del Tren de Aragua*,[202] y sobre la situación de los deportados presos en El Salvador.

En el escrito, argumentaron, sobre el mérito del caso, que "la invocación de la Ley contra una banda criminal no puede cuadrarse con los términos explícitos de la Ley que exigen una guerra declarada o una invasión por parte de un gobierno o nación extranjera," razón por la cual "la Ley, como era de esperar, sólo se ha invocado tres veces en la historia de nuestro país, todas ellas durante guerras declaradas." Concluyeron los demandantes argumentando que:

> "Las implicaciones de la posición del gobierno son asombrosas. Si el Presidente puede etiquetar a cualquier grupo como extranjero enemigo bajo la Ley, y esa designación es irrevisable, entonces no hay límite sobre quién puede ser enviado a una prisión salvadoreña, ni ningún límite sobre cuánto tiempo permanecerán allí. En estos momentos, el presidente salvadoreño dice que estos hombres estarán allí al menos un año y que este encarcelamiento es "prorrogable." [203]

En cuanto a la petición del Gobierno, el Juez respondió que su "solicitud de información, no fue una "expedición de pesca judicial micro gestionada e innecesaria", sino "para determinar

[202] Véase el texto de este documento que está disponible en: https://storage.courtlistener.com/recap/gov.uscourts.dcd.278436/gov.uscourts.dcd.278436.44.7_5.pdf

[203] Véase el texto de este documento que está disponible en: https://storage.courtlistener.com/recap/gov.uscourts.dcd.278436/gov.uscourts.dcd.278436.44.0_6.pdf

si el Gobierno desobedeció deliberadamente sus órdenes emitidas el 15 de marzo de 2025 y, de ser así, cuáles deberían ser las consecuencias."

El Juez advirtió que el Gobierno, por primera vez en el caso, sugirió que el suministro de la información solicitada podría significar la publicación de *secretos de Estado,* por lo cual acordó otorgarle un plazo de 24 horas para que el Gobierno considerase si invocaba dicho privilegio de secreto de Estado.

El Juez, por otra parte, le recordó al gobierno que como lo ha dicho la Suprema Corte:

> "el recurso adecuado para una parte sujeta a una medida cautelar que cree que es legalmente defectuosa –y de hecho se demuestra más tarde que es tan defectuosa– es la revisión en apelación, no el desacato."[204]

En respuesta a la orden judicial, la *Attorney General* presentó el día 20 de marzo la declaración del funcionario *U.S. Immigration and Customs Enforcement ("ICE")* (Sr. Cerna), en la cual informó a la Corte que:

---

204 Véase el texto de este documento que está disponible en: https://storagh.courtlistener.com/recap/gov.uscourts.dcd.278436/gov.uscourts.dcd.278436.38.0_2.pdf. Llama la atención, sin embargo, que algunos académicos puedan considerar posible la doctrina de la llamada "Departamentalización," que autorizaría "al Presidente que pueda ignorar una orden judicial, que en su independiente interpretación de la ley, exceda el ámbito del orden judicial," y que en esos casos, ignorando el Presidente esa orden, lejos de estar desafiando a la Judicatura como tal, lo que estaría es soportando la autoridad de la Corte Suprema la única Corte creada en la Constitución misma." Véase Adrian Vermeule, "There really Are Rouge Joudges," *The New York Times,* 4 agosto, 2025, p. A17e.

"el 15 de marzo de 2025, dos vuelos que transportaban a extranjeros que estaban siendo expulsados bajo la AEA partieron del espacio aéreo de EE. UU. antes de la orden de la Corte de las 7:25 p. m. EDT, y antes de las declaraciones orales de la Corte durante la audiencia."

Y que entendía "que los Secretarios del Gabinete están considerando activamente la posibilidad de invocar el privilegio de los *secretos de Estado* sobre los demás hechos solicitados por la orden del Tribunal."[205]

Debe mencionarse, por otra parte, que como complemento de una Petición legislativa de *impeachment* contra el Juez Boasberg, que había presentado en la Cámara de Representantes el Representante proponente Brandon Gill, este mismo formuló ante la propia Corte Federal de Distrito, el 20 de marzo de 2025, una propuesta de *amicus curiae* con moción de suspensión en apoyo de los alegatos de los demandados,[206] considerando que "la decisión del Presidente de declarar una invasión y de deportar enemigos extranjeros conforme a la Ley firmada por el Presidente John Adams no está sujeta a revisión por las Cortes de los Estados Unidos," alegando además que Venezuela es un "*Narco-Estado,*" y que:

"*El gobierno de Venezuela está institucionalmente mezclado con los narcotraficantes, utiliza a la TdA y otras organizaciones criminales transnacionales para promover su estrategia de política exterior, y ha delegado funciones*

---

205 Véase el texto de este documento que está disponible en: https://storage.courtlistener.com/recap/gov.uscourts.dcd.278436/gov.uscourts.dcd.278436.49.1_1.pdf

206 Véase el texto de este documento que está disponible en: https://storage.courtlistener.com/recap/gov.uscourts.dcd.278436/gov.uscourts.dcd.278436.48.0.pdf

gubernamentales a la TdA, lo que hace que la TdA sea indistinguible de, o incluso compartiendo soberanía con el gobierno oficial venezolano. Incluso si la TdA no fuera parte del gobierno venezolano, las invasiones bajo la AEA incluyen aquellas perpetradas por actores no estatales."[207]

Sin embargo, según se informó en la prensa, en un Informe de diversas agencias de inteligencia de los Estados Unidos de febrero de 2025, se indicó que "la banda Tren de Aragua no estaría controlada por el gobierno de Venezuela ni cometía crímenes en los Estados Unidos bajo sus órdenes."[208]

A pesar de los cuestionamientos del gobierno sobre dicha información, dicho documento de las Agencias de Inteligencia fue hecho público en mayo de 2025 por la Oficina del Director de Inteligencia Nacional en respuesta a una petición formulada, conforme a la *Freedom of Information Act*, en el cual se confirma que indica que "si bien el ambiente permisivo de Venezuela permite que *TdA* opere, el régimen de Maduro probablemente no tiene una política de cooperación con TdA y no está dirigiendo el movimiento de TdA y operaciones en los Estados Unidos"; pero también precisa que si bien los analistas del FBI estaban de acuerdo en general con las apreciaciones de las otras Agencias, también consideraban que:

> "algunos funcionarios del gobierno venezolano facilitan la migración de los miembros de la *TdA* de Venezuela a los Estados Unidos, y utilizan a miembros como representantes en Chile, Colombia, Ecuador, Perú y Estados Unidos para

---

207 Véase el texto de este documento que está disponible en: https://storage.courtlistener.com/recap/gov.uscourts.dcd.278436/gov.uscourts.dcd.278436.48.1.pdf.

208 Véase: Charlie Savage y Julian E. Barnes, "Analysis of Spy Agencies Challenge Trump's Basis For Screutiny of Venezuela," *The New York Times*, 22 marzo 2025, p.A13.

promover lo que consideran el objetivo del régimen de Maduro de desestabilizar gobiernos y socavar la seguridad pública en estos países."[209]

Luego se conocieron informaciones sobre cómo altos funcionarios del Departamento de Seguridad Interna sugirieron a funcionarios subalternos modificar o rehacer el Informe,[210] cuyo contenido, por lo demás, fue calificado de incorrecto por el Secretario de Estado, Marco Rubio,[211] informándose igual-

---

209 Véase la información en Charlie Savage y Julian E. Barnes, "U.S. Spy Agencies Do Not Think Venezuela Controls Gang, Memo Shows," en *The New York Times,* 7 mayo 2025, p. A14; y Katie Bo Lillis, "US intelligence finds Venezuela not directing gang, undercutting Trump's use of Alien Enemies Act," CNN Politics, 6 mayo 2025, disponible en: https://www.cnn.com/2025/05/06/politics/tren-de-aragua-intelligence-alien-enemies-act#origin=https%3A%2F%2Fwww.google.com%2F&cap=swipe,education&webview=1&dialog=1&viewport=natural&visibilityState=prerender&prerenderSize=1&viewerUrl=https%3A%2F%2Fwww.google.com%2Famp%2Fs%2Fwww-cnn-com.cdn.ampproject.org%2Fc%2Fs%2Fwww.cnn.com%2F2025%2F05%2F06%2Fpolitics%2Ftren-de-aragua-intelligence-alien-enemies-act%3Fusqp=mq331AQIUAKwASCAAgM%25253D&amp_kit=1.

210 Véase Julian E. Barnes, Maggie Haberman y Charlie Savage, "Analysis pressed to redo findings on Venezuelan gang. Original report disagreed with claims used to invoke a wartime deportation law," en *The New York Times International Edition*, 19 mayo 2025, p. 6; y Erin Banco, "US official's email on gang assessment sparks concern in intelligence agencies," en *Reuters*, 20 mayo 2025, disponible en: https://www.reuters.com/world/us/gabbard-advisers-email-tren-de-aragua-assessment-raises-concern-inside-intel-2025-05-20/

211 Rubio refutó el informe del Consejo Nacional de Inteligencia, al tiempo que señaló una evaluación del FBI con la que dijo estar de acuerdo. Destacó que el Tren de Aragua no solo es "exportado por el régimen venezolano", sino que hay advertencias de que también es una organización terrorista que "ya ha sido operacionalizada" para atacar a un miembro de la oposición de otro país. "El FBI está de acuerdo en que el Tren de Aragua no solo es exportado por el régimen venezolano, sino que, de hecho, si uno mira hacia atrás y ve a un miembro

mente en la prensa que los funcionarios de Inteligencia responsables de la elaboración del Informe inicial mencionado fueron destituidos de sus cargos.[212]

En todo caso, el Juez, mediante orden del 20 de marzo, y ante las diversas evasiones de los abogados del gobierno de suministrar las informaciones requeridas y la repetición por parte de los mismos de las mismas informaciones generales sobre los vuelos, decidió fijar el día 21 de marzo para que los demandados presentasen una declaración jurada de la persona con directo acceso a las discusiones de nivel del gabinete sobre la invocación del privilegio de secretos de Estado; y el día 25 de marzo para que los demandados presentasen una declaración sobre si el gobierno está invocando ese privilegio y un documento informando por qué no violaron la *TRO* al fallar en ordenar la deportación de los miembros de la clase de los Estado Unidos en los dos primeros vuelos que despegaron el 15 de marzo de 2025.[213]

---

del Tren de Aragua, toda la evidencia está ahí, y crece cada día, de que en realidad fue contratado para asesinar a un miembro de la oposición, creo, en Chile hace unos meses", dijo Rubio. Cuando se le preguntó si rechaza por completo los hallazgos de la comunidad de inteligencia, Rubio dijo que está "100%" de acuerdo con los hallazgos del FBI. El FBI es supervisado por el Departamento de Justicia de la administración Trump." Véase Kaia Bunnard, "Rubio says intelligence community is incorrect in assessment of Tren de Aragua: "They're wrong", en *CBSNews*, 20 mayo 2026, disponible en: https://www.cbsnews.com/news/marco-rubio-intelligence-community-tren-de-aragua/

212 Véase "Inteligencia de EEUU despide a funcionarios por negar vínculos de Maduro con Tren de Aragua. La directora Tulsi Gabbard retiró al presidente interino y la adjunta del Consejo Nacional de Inteligencia en una purga contra la politización, según reportes," en *Diario Las Américas*, 15 mayo de 2025, disponible en: https://www.diariolasamericas.com/eeuu/inteligencia-eeuu-despide-funcionarios-negar-vinculos-maduro-tren-aragua-n5375932

213 Véase el texto de este documento que está disponible en: https://storage.courtlistener.com/recap/gov.uscourts.dcd.278436/gov.uscourts.dcd.278436.47.0_4.pdf

En respuesta a estas órdenes el 21 de marzo, el *Deputy Attorney General*, ratificó la declaración ya sometida del funcionario Cerna,[214] y ese mismo día tuvo lugar la audiencia ante la Corte.

6. *Insistencia del juez sobre la determinación del posible desacato*

En la misma audiencia, entre otros elementos, se informó que el Juez había expresado escepticismo sobre el uso por la Administración de una Ley de tiempos de guerra para deportar migrantes *sin audiencia para poder cuestionar si eran o no miembros de la banda*, como lo afirmó el gobierno;[215] y que estaba determinado a *ir fondo del tema* de si el gobierno había violado su orden y quién era responsable.[216]

Para ello, requirió del abogado del Gobierno que explicara sobre por qué la Proclamación del Presidente "fue firmada en la oscuridad del Viernes (14 de marzo) o el Viernes en la noche, o temprano en la mañana del sábado y las personas fueron apresuradamente embarcadas en aviones," diciendo:

> "Me parece que la única razón para hacer eso es si sabes que es un problema y quieres sacarlos del país antes de que se presente una demanda".[217]

---

214 Véase el texto de este documento que está disponible en: https://storage.courtlistener.com/recap/gov.uscourts.dcd.278436/gov.uscourts.dcd.278436.50.1_2.pdf

215 Véase J. Michael Luttig, "Ït's Trump vs. the zcoputs. And it Won't End Well for Trump." *The New York Times*, 24 marzo 2025, p. A10.

216 Véase Shawn McCreesh, "Venezuela Has Agreed to Resume Accepting U.S. Deportation Flights," *The New York Times*, 23 marzo 2025, p. 25.

217 Véase sobre la audiencia las reseñas en Jan Wolfe, "Judge Bulks Alt Actions on Remove Venezuelans' *The Wall Street Journal*, 22 marzo

Con fecha 24 de marzo, a requerimiento del Juez, sobre sus consultas fácticas sobre si su Orden *TRO* tanto oral como escrita del 15 de marzo fue violada por los demandados, los demandantes consideraron que ya había "suficientes hechos no controvertidos en el expediente y en el dominio público para que esta Corte determine que se violaron sus Órdenes," aportando además prueba de que incluso una mujer había sido deportada en los vuelos que salieron, y al no ser aceptada en las cárceles de El Salvador (que aceptan solo a hombres), fue incluso devuelta a los Estados Unidos con otras mujeres; e igual devolución ocurrió con un ciudadano nicaragüense que había sido erróneamente deportado en los vuelos.

Agregaron, además, que hay suficiente información pública que muestra que dos aviones estaban en el aire cuando la Corte emitió sus órdenes oral y escrita, siendo lo más significativo de la información publicada por los funcionarios del gobierno de los EE. UU. y los datos de vuelo disponibles públicamente, que "al menos dos vuelos despegaron durante la audiencia del 15 de marzo, uno a las 5:26 p. m. EDT y el otro a las 5:45 p. m. EDT, y aterrizaron mucho después de que se presentara la Orden escrita de esta Corte," no teniendo relevancia alguna el hecho de si los "aviones estaban en el espacio aéreo de los Estados Unidos cuando se emitieron las Ordenes," pues las órdenes en cualquier caso se aplican.

Concluyeron los demandantes, por lo anterior, indicando que "El Salvador está actuando a instancias del gobierno de los Estados Unidos, y la detención es pagada directamente por el gobierno de los Estados Unidos," por lo que:

2025, p.A4; Alan Fauer, 'Weihing Use of Law for Deportation," *The New York Times,* 22 marzo 2025, p. A12.

"Si el Tribunal determina que los miembros del grupo fueron expulsados ilegalmente en violación de la TRO, los Demandantes solicitan respetuosamente que el Tribunal ordene que los miembros del grupo sean devueltos de inmediato a los Estados Unidos."[218]

7. *La confirmación de la medida cautelar TRO al declararse sin lugar la moción de suspensión formulada por los demandados*

El día 24 de marzo, el Juez Boasberg, adoptó varias decisiones. Por una parte, declaró denegada la solicitud de los demandados de dejar sin efecto la medida cautelar decretada *TRO*, que había sido presentada desde el inicio del proceso, y por la otra, solicitó a los demandantes que le informaran antes del 26 de marzo 2025, si querían que la *Temporary Restraining Order* fuera convertida en una *preliminary injunction.*[219]

El Juez Federal, en efecto en su sentencia de esa misma fecha 24 de marzo de 2025, declarando sin lugar la moción de los demandados, y ratificando la *TRO*,[220] comenzó precisando las reglas jurisprudenciales que rigen para las *TRO* y las *preliminary injunctions,* indicando que el demandante: "que solicita una medida cautelar preliminar debe establecer [1] que es probable que tenga éxito en cuanto al fondo, [2] que es probable que sufra un

---

218 Véase el texto de este documento que está disponible en: https://storage.courtlistener.com/recap/gov.uscourts.dcd.278436/gov.uscourts.dcd.278436.55.0_2.pdf. Véase los comentarios en Alan Feuer, "Lawyers Seek Return of Deported Migrants," en *The New York Times*, 26 de abril de 2025, p. A15.

219 Véase el texto de este documento que está disponible en: https://storage.courtlistener.com/recap/gov.uscourts.dcd.278436/gov.uscourts.dcd.278436.52.0_1.pdf

220 Véase el texto de este documento que está disponible en: https://storage.courtlistener.com/recap/gov.uscourts.dcd.278436/gov.uscourts.dcd.278436.53.0_1.pdf

daño irreparable en ausencia de una reparación preliminar, [3] que la balanza de las acciones se inclina a su favor, y [4] que una medida cautelar es de interés público," condiciones todas estas que son lo más parecido a las exigencias de las medidas cautelares en el proceso judicial de los países latinoamericanos, que en definitiva encontró satisfechas.

El Juez, en primer lugar, consideró la objeción de jurisdicción que se había formulado por los demandados que alegaron que los demandantes lo que debieron haber intentado era una acción de *habeas corpus* (*writ of habeas corpus*) ante el juez de Texas donde se encontraban detenidos, y no una acción ante un Juez de una Corte Federal en Washington, que era donde se había dictado la Proclamación. Citando abundante jurisprudencia, el Juez argumentó que, para el caso, los demandantes tenían derecho a ejercer una acción de control de constitucionalidad e ilegalidad (*judicial review*), considerando que la acción de *habeas corpus* es la apropiada cuando se busca remediar una *detención ejecutiva ilegal*, que no es el caso en el proceso, donde no se estaba buscando liberar a nadie de detención sino impedir la deportación a otro país.

En segundo lugar, el Juez analizó la probabilidad de éxito de la demanda intentada, destacando que la misma planteaba tres cuestionamientos legales:

> "En primer lugar, argumentaron que cualquier medida adoptada en virtud de la Proclamación es ilegal porque la Proclamación en sí misma carece de fundamento jurídico. Ello es así, sostuvieron, porque las acciones del *Tren de Aragua* no constituyen ni una "invasión" ni una "incursión depredadora", y el grupo, además, no es una "nación o gobierno extranjero".

En segundo lugar, los demandantes argumentaron que, incluso si la Ley se ha invocado legalmente en este caso, quedan fuera del alcance de la Proclamación porque no son miembros de *Tren de Aragua*, y se les debe dar la oportunidad de impugnar la afirmación del Gobierno de que sí lo son.

En tercer lugar, los demandantes afirmaron que incluso si son removibles en virtud de la Ley, no podían ser deportados a un lugar como El Salvador, donde probablemente les espera la tortura."

El Juez analizó las tres cuestiones en el orden en que fueron planteados, pero afirmando que "la segunda posición es la más fuerte de los demandantes," considerando que a los extranjeros que conforman la clase demandante tienen derecho de impugnar la calificación de "extranjeros enemigos" que se les asigna conforme a la Proclamación, y que no deben ser expulsados o deportados hasta que no se resuelva la impugnación, afirmando que, además:

> "todos los miembros de la clase deben tener la oportunidad de impugnar sus clasificaciones como enemigos extranjeros, si así lo desean, antes de que puedan ser expulsados legalmente de los Estados Unidos de conformidad con la Proclamación."

De todo ello, el Juez concluyó, en definitiva, que:

> "Por lo tanto, los miembros de la clase demandante deben tener la oportunidad, si así lo desean, de impugnar que sean "ciudadanos venezolanos de más de 14 años de edad que son miembros de [*Tren de Aragua*], que se encuentran

dentro de los Estados Unidos y no son realmente naturalizados o residentes permanentes legales de los Estados Unidos".[221]

II. LA APELACIÓN CONTRA LA MEDIDA CAUTELAR (*TEMPORARY RESTRICTING ORDER, TRO*) POR ANTE LA CORTE DE APELACIONES DEL DISTRITO DE COLUMBIA

1. *Fundamentos de la apelación*

Como se dijo, el mismo día 15 de marzo de 2025, cuando se emitió la *Temporary Restricting Order* del Juez James E Boasberg, suspendiendo por 14 días la aplicación de la Proclamación del Presidente dictada con base en la Ley de Enemigos Extranjeros de 1798, antes de que se realizara la audiencia que la Corte había convocado para la tarde de ese mismo día 15 de marzo, la Orden fue apelada el 16 de marzo de 2025 por ante la *United States Court of Appeals for the District of Columbia Circuit* por parte de la *Attorney General* y otros abogados del Departamento de Justicia.

Con la apelación,[222] los demandados formularon una moción de emergencia de que se suspendiera la *TRO* mientras estuviese pendiente la apelación, la cual fundamentaron no solo en la falta de jurisdicción de la Corte de Distrito, considerando que la misma solo correspondía a las Cortes Federales de Texas

---

221 Véase el texto de esta sentencia que está disponible en: https://storage.courtlistener.com/recap/gov.uscourts.dcd.278436/gov.uscourts.dcd.278436.53.0_1.pdf. Véase sobre la sentencia Alan Feuer y Charles Savage, "Judge Mantains Halt on Deportation Tied to Wartiome Law," en *The New York Times*, 25 marzo, 2025 p. A16.

222 Véase el texto de este documento que está disponible en: htps://storage.courtlistener.com/recap/gov.uscourts.cadc.41845/gov.uscourts.cadc.41845.01208720432.0.pd

donde los demandantes estaban detenidos, sino que "las acciones presidenciales de que se trata en el presente asunto no están sujetas a control judicial," agregando que "si se permitiera que esta *TRO* se mantenga, las Cortes de Distrito tendrían licencia para prohibir prácticamente cualquier acción urgente de seguridad nacional al recibir una queja."

Los demandados apelantes recordaron que para dictar la Proclamación cuestionada:

> "el Presidente concluyó que *miembros de la organización criminal transnacional TdA, en conjunto con una empresa narcoterrorista respaldada por el régimen ilegítimo de Nicolás Maduro en Venezuela*, están "llevando a cabo una guerra irregular y emprendiendo acciones hostiles contra los Estados Unidos" […]. TdA también ha "participado y continúa participando en la migración ilegal masiva a los Estados Unidos" con varios propósitos, incluido infligir daño a los ciudadanos estadounidenses y *apoyar al régimen de Maduro en el socavamiento de la democracia*. […] *TdA está "estrechamente alineado con*" y "*se ha infiltrado*" en el régimen de Maduro, […] *Maduro lidera el "Cártel de los Soles", que se coordina y se apoya en TdA* y otras organizaciones para llevar a cabo *su objetivo de utilizar los narcóticos ilegales como arma para 'inundar' Estados Unidos*."

El fundamento de la apelación fue, básicamente, que "la orden causaría un daño extraordinario a la autoridad del Presidente para declarar una invasión de los Estados Unidos y a su autoridad inherente del Artículo II para repeler tal invasión y conducir los asuntos exteriores;" que "la orden judicial corre el riesgo de sabotear las delicadas negociaciones internacionales para eliminar a los peligrosos enemigos extranjeros, e incluso una breve demora en la expulsión puede frustrar la expulsión."

Alegaron, además, que la Orden había sido dictada "a escala nacional" *(nationwide)*, sin habérsele permitido "al Gobierno tener tiempo suficiente para responder a las mociones de los Demandantes," considerando que "la balanza de los daños se inclina decisivamente a favor de Estados Unidos" ya que:

> "la Corte de distrito ha prohibido al Presidente que utilice su autoridad estatutaria y constitucional para hacer frente a lo que ha identificado como una invasión o incursión depredadora por parte de un grupo que lleva a cabo acciones hostiles y guerra irregular."

Los apelantes argumentaron, además, que estimaban que era probable que sus argumentos prevalecieran respecto del mérito subyacentes de la impugnación de los demandantes al ejercicio de la autoridad de Ley AEA por parte del Gobierno, considerando entre otras cosas que:

> "la determinación de si ha habido una "invasión" o una "incursión depredadora," si una organización está suficientemente vinculada a una nación o gobierno extranjero, o si los intereses de seguridad nacional se han visto comprometidos de alguna manera como para implicar a la AEA, es fundamentalmente una *cuestión política* que debe corresponde el Presidente," [y para lo cual], "los jueces no tienen ni la competencia técnica ni responsabilidad oficial."

En el caso de la Proclamación los demandados apelantes argumentaron que la misma "se dirige apropiadamente a una "nación o gobierno extranjero," teniendo el Presidente "amplias facultades discrecionales para hacer tal determinación," destacando entre otros aspectos los siguientes:

> "Las *conexiones cercanas e íntimas de TdA con el régimen de Maduro, y su infiltración en elementos clave del Estado venezolano*, incluidas las entidades militares y

policiales, lo hacen lo *suficientemente vinculado a Venezuela como para estar dentro del alcance de la AEA. El crecimiento de TdA en sí mismo se puede atribuir a la promoción a través de las acciones de El Aissami, vicepresidente de Venezuela. Y las conexiones del régimen de Maduro con el grupo, a través de la empresa narcoterrorista Cártel de los Soles, patrocinada por el régimen*, también son claras. El régimen de Maduro se coordina y depende de TdA para "sembrar la violencia y la discordia en todo Estados Unidos". […] El Presidente podría encontrar correctamente que, dada la importancia con la que TdA se ha entrelazado en el tejido de las estructuras estatales de Venezuela, es un brazo de facto del régimen de Maduro." […]

Como lógica independiente, *TdA* también opera como un *gobierno de facto en las zonas en las que opera*. Como se reconoce en la Proclamación, "las autoridades nacionales y locales de Venezuela *han cedido un control cada vez mayor sobre sus territorios a las organizaciones criminales transnacionales, incluida TdA*". En esas zonas, el *TdA* está operando de hecho como un *gobierno criminal, independiente* o en lugar de la sociedad civil y el gobierno normales. […]

TdA está claramente perpetrando una invasión o una incursión depredadora en los Estados Unidos. Aunque la definición de "invasión" obviamente abarca una entrada militar, la definición aceptada de ese término es mucho más amplia. Una invasión es "[a]n intrusión o incursión no deseada de algún tipo; esp., la usurpación hostil o forzada de los derechos de otros", o "[l]a llegada a algún lugar de personas o cosas que no son deseadas allí." […]

Incluso si las acciones de *TdA* no estuvieran comprendidas en la definición amplia de "invasión", siguen constituyendo una "incursión depredadora" en virtud del artículo

21. La frase "incursión depredadora" abarca (1) una entrada a los Estados Unidos, (2) con fines contrarios a los intereses o las leyes de los Estados Unidos."[223]

En conclusión, luego de considerar "excesivamente amplia e inconstitucional" la "*TRO* universal" dictada, solicitaron a la Corte de Apelaciones que la suspendiera mientras la apelación estuviese pendiente.

Ello lo ratificaron en otro escrito posterior de fecha 19 de marzo, "*Reply In Suport Of Emergency Motion For A Stay Pending Appeal,*"[224] en el cual insistieron en que la Proclamación del 14 de marzo de 2025, satisfacía las dos condiciones establecidas en la Ley de 1798, con fundamento en la consideración de que:

> "*TdA está intrincadamente entrelazado con el régimen de Maduro y funciona como un gobierno en sí mismo en partes de Venezuela*, mientras que la entrada ilegal a los Estados Unidos de sus miembros por razones hostiles es una "invasión" o una "incursión depredadora".

> Y de que:

> "tiene *control de facto sobre partes de Venezuela* en las que opera con impunidad *como una autoridad de gobierno efectiva*, es decir, opera como un 'gobierno común' en un 'territorio definido', para usar la formulación de los

223 Véase el texto de este documento que está disponible en: https://storage.courtlistener.com/recap/gov.uscourts.cadc.41845/gov.uscourts.cadc.41845.01208720432.0.pdf y en https://storage.courtlistener.com/recap/gov.uscourts.cadc.41845/gov.uscourts.cadc.41845.01208720435.1.pdf

224 Véase el texto de este documento que está disponible en: https://storage.courtlistener.com/recap/gov.uscourts.cadc.41845/gov.uscourts.cadc.41845.01208721711.0.pdf

demandantes. No hay ninguna potestad judicial que pueda ver detrás de esa determinación presidencial. En cualquier caso, el enfoque de los demandantes ignora la *realidad de las conexiones entre TdA y el régimen de Maduro*. A través de sus vínculos con ese régimen, incluido su patrocinio por parte de un vicepresidente y su conexión con el Cartel de los Soles patrocinado por el régimen, *TdA se ha vuelto prácticamente indistinguible del régimen* y los demandantes no ofrecen ninguna razón convincente de por qué, dados esos vínculos, los dos no pueden confrontarse juntos en el ejercicio de la autoridad bajo la AEA."[225]

2. *La argumentación de otros intervinientes en el proceso y de las partes*

En el caso, además, participaron mediante un *amici curiae* de fecha 18 de marzo, en apoyo de los demandados apelantes, los *Attorney Generals* de los Estados de Sur Carolina, Virginia y otros 24 Estados de la Unión, en el cual argumentaron básicamente:

> "En primer lugar, la *TRO* socava la seguridad de los Estados. *TdA* ha devastado a ciudadanos inocentes en todo el país, y los Estados finalmente tienen un socio bienvenido en la Presidencia dispuesto a luchar por la seguridad del pueblo estadounidense. Pero cuando el presidente Trump se esforzó por expulsar a los miembros violentos de *TdA* de los Estados Unidos, un solo juez de la Corte de Distrito le impidió llevar a cabo esa misión en cualquier parte del país, lo que permitió que TdA continuara sus operaciones y

[225] Véase el texto de este documento que está disponible en: https://storage.courtlistener.com/recap/gov.uscourts.cadc.41845/gov.uscourts.cadc.41845.01208721711.0.pdf

actividades criminales en los estados Amici. El interés público pesa a favor de la seguridad de los ciudadanos estadounidenses.

En segundo lugar, la *TRO* no evalúa adecuadamente las fuentes de autoridad del Presidente para sus acciones recientes. El presidente Trump actuó de conformidad con la autoridad constitucional y estatutaria. En esta confluencia de dos importantes fuentes de autoridad, el poder judicial debería haberse mostrado reticente a emitir una orden judicial a nivel nacional, al menos sin que el gobierno federal le informara. Ese error por sí solo exige la suspensión de la TRO a la espera de la apelación."[226]

Adicionalmente, en apoyo de los demandados, el Representante Brandon Gill, miembro del Congreso, quien además había formalizado una petición de *impeachment* contra el Juez de Distrito y presentado un *amicus curiae* ante el Juez de Distrito, el 21 de marzo presentó ante la Corte de Apelaciones otro *amicus curiae*,[227] e igualmente el 22 de marzo, el *Fondo State Democracy Defenders* y ex funcionarios del Gobierno, presentaron otro *amicus curiae* en apoyo de los demandantes.[228]

---

226 Véase el texto de este documento que está disponible en: https://storage.courtlistener.com/recap/gov.uscourts.cadc.41845/gov.uscourts.cadc.41845.01208721169.0.pdf

227 Véase el texto de este documento que está disponible en: https://storage.courtlistener.com/recap/gov.uscourts.cadc.41845/gov.uscourts.cadc.41845.01208722970.0.pdf

228 Véase el texto de este documento que está disponible en: https://storage.courtlistener.com/recap/gov.uscourts.cadc.41845/gov.uscourts.cadc.41845.01208721166.0.pdf; en https://storage.courtlistener.com/recap/ gov.uscourts.cadc.41845/gov.uscourts.cadc.41845.012087227 25.1.pdf en https://storage.courtlistener.com/recap/gov.uscourts.cadc.41845/gov.uscourts.cadc.41845.01208723153.0.pdf, en https://storage.courtlistener.com/recap/gov.uscourts.cadc.41845/gov.uscourts.cadc.

Por su parte, a requerimiento de la Corte de Apelaciones, los demandados en el caso fueron requeridos de presentar su respuesta a la moción de los apelantes, lo que hicieron mediante escrito de 18 de marzo de 2025, argumentando que el Gobierno estaba errado al argumentar que la Corte de Distrito del Distrito de Columbia no tenía jurisdicción y que el caso debió plantearse en el Distrito del sitio de detención de los demandantes, así como al argumentar que el caso no era revisable por la Corte con base en la doctrina de las *cuestiones políticas,* lo cual indicaron que no tenía apoyo en caso judicial alguno; argumentando, en cuanto al mérito, que:

> "la invocación de la Ley contra una pandilla no puede cuadrarse con los términos explícitos de la ley que requieren una guerra declarada o una invasión por un gobierno extranjero."

Sobre el supuesto daño irreparable para el Gobierno, alegado por los apelantes, los demandantes argumentaron que la Corte de Distrito "dejó en claro que su orden no impedía el arresto y la detención de ninguna persona, ni ordenaba la liberación de persona alguna ni impedía la expulsión de personas en virtud de las leyes de inmigración," y concluyeron con la apreciación general de que "las implicaciones de la posición del gobierno son asombrosas":

> "Si el Presidente puede designar a cualquier grupo como extranjero enemigo en virtud de la Ley, y esa designación es irrevisable, entonces no hay límite sobre quién puede ser enviado a una prisión salvadoreña, ni ningún límite sobre cuánto tiempo permanecerán allí."

41845.01208722877.0.pdf, y en https://storage.courtlistener.com/ recap/gov.uscourts.cadc.41845/gov.uscourts.cadc.41845.01208722870.0.pdf

En cuanto al fondo, los demandantes consideraron que, en el caso, "como cuestión categórica, no hay ninguna "invasión" o "incursión depredadora" sobre los Estados Unidos para apoyar la invocación de la AEA;" y en cuanto a "la "incursión depredadora," la misma "se refiere a las incursiones militares a pequeña escala destinadas a destruir estructuras o suministros militares, o para sabotear al enemigo, a menudo como precursor de la invasión y la guerra." Argumentaron, además, que, en este caso, la supuesta invasión "no es por parte de una "nación o gobierno extranjero;" y que "una "nación" y un "gobierno" se definen por su posesión de territorio y autoridad legal," y "como actor no estatal, el *Tren de Aragua* ("*TdA*") no posee un territorio definido ni un gobierno común."

Y sobre que el argumento formulado por los demandados apelantes de "que la *TRO* viola la autoridad inherente del Artículo II del Presidente," consideraron que ello "es rotundamente erróneo," ya que "el Presidente no tiene facultades constitucionales para expulsar unilateralmente a personas," las cuales están reguladas por el Congreso, que tiene poderes plenos en materia de inmigración."

En conclusión, los demandantes solicitaron a la Corte de Apelaciones que negara la moción de los demandados de suspender la *TRO* dictada por la Corte Federal de Distrito.[229]

3. *La audiencia oral ante la Corte de Apelaciones*

El 24 de marzo tuvo lugar la audiencia ante los jueces de la Corte de Apelaciones del Circuito del Distrito de Columbia, Justin R. Walker, Patricia A Millet y Karen L. Henderson, con la

---

[229] Véase el texto de este documento que está disponible en: https://storage.courtlistener.com/recap/gov.uscourts.cadc.41845/gov.uscourts.cadc.41845.01208721166.0.pdf y en: https://storage.courtlistener.com/recap/gov.uscourts.cadc.41845/gov.uscourts.cadc.41845.01208721185.0.pdf

participación de las partes e intervinientes, habiéndose destacado en las reseñas de prensa, en particular, lo expuesto por la Juez Millett, al preguntarle sobre el tema, a uno de los abogados del Gobierno, en el sentido de que:

> "si los venezolanos podían ser deportados *sin el debido proceso*, entonces cualquiera –incluida ella misma– podría ser simplemente declarada una amenaza para la seguridad nacional y expulsada del país. [agregando] que incluso los ciudadanos alemanes que arrestaron bajo la Ley de Enemigos Extranjeros durante la Segunda Guerra Mundial tuvieron la oportunidad de argumentar en las audiencias que la ley no se aplicaba a ellos "Los nazis recibieron un mejor trato bajo la Ley de Enemigos Extranjeros."[230]

En otra referencia de la prensa sobre la audiencia, en el mismo tema, se destacó que la Juez Millet se refirió a que:

> "había un precedente claro para permitir que personas designadas como enemigas de Estados Unidos impugnaran esas determinaciones. "Había aviones llenos de gente", dijo Millett. No había procedimientos establecidos para notificar a las personas. Los Nazis recibieron un mejor trato bajo la Ley de Enemigos Extranjeros de lo que ha sucedido aquí", agregó, en referencia a cuando se invocó la ley durante la Segunda Guerra Mundial."[231]

También se reseñó en la prensa, que en la audiencia otro de los Jueces Justin R. Walker:

---

[230] Véase Alan Feuer y Charlie Savage, "Judge Maintains Halt on Deportation Tied to Wartime Law,' *The New York Times,* 25 marzo 2025, p. A16.

[231] Véase Jan Wplfe y Sadie Gurman, "The Judges Fault Deportees' gang Designaction," *The Wall Street Journal,* 25 marzo 2025, p. A4.

"Estuvo de acuerdo en que los migrantes podrían impugnar si estaban cubiertos por la invocación de Trump de la ley en tiempos de guerra, pero pareció ser escéptico en permitir que la orden del juez Boasberg permaneciera vigente por razones técnicas.

Sugirió repetidamente que, si los migrantes querían impugnar su expulsión, no deberían hacerlo en Washington, sino en lugares como Texas, donde están retenidos".[232]

4. *La sentencia de la Corte de Apelaciones declarando sin lugar la apelación, ratificando la TRO en el caso*

En todo caso, la sentencia de la Corte de Apelaciones fue publicada el 26 de marzo de 2025, negando las mociones de urgencia de suspender la *TRO* del Juez de Distrito que había planteado el Gobierno, la cual siguió vigente, con los votos concurrentes de los Jueces Henderson y Millet, y el voto disidente de Juez Walter sobre la negativa a suspender la TRO.[233]

En su voto concurrente, la Juez Karen LeCraft Henderson comenzó por constatar lo que a su juicio fue la base de la Proclamación del Presidente:

"Primero, que el *Tren de Aragua (TdA)*, una Organización Terrorista Extranjera designada, está llevando a cabo

232 Véase Alan Feuer y Charlie Savage, "Judge Maintains Halt on Deportation Tied to Wartime Law,' *The New York Times*, 25 marzo 2025, p. A16

233 Véase el texto de esta sentencia que está disponible en: https://storage.courtlistener.com/recap/gov.uscourts.cadc.41845/gov.uscourts.cadc.41845.01208724047.0.pdf. Véase comentarios a la sentencia en Jan Wolfe, Michelle Hackman y Victoria Albert, "Administration Loses Appeal of Flihht Ban," *The Wall Street Journal*, 27 marzo 2025, p. A5; y en Alan Feuer y Charlie Savage, "Appeals Court Blocks Wartime Act as a Rationale to Deport," en *The New York Times*, 28 marzo 2025, p. A18.

una invasión o incursión depredadora en los Estados Unidos. Como evidencia de estas hostilidades, la Proclamación citó la "guerra irregular dentro del país" del *TdA*, incluyendo su "tráfico de drogas" y su "migración ilegal masiva a los Estados Unidos." En segundo lugar, que el *TdA* está "*estrechamente alineado con, y de hecho se ha infiltrado" en el gobierno venezolano*, "incluyendo su aparato militar y de aplicación de la ley." Como evidencia de estas conexiones, la Proclamación señala que el *TdA* "creció significativamente" mientras el vicepresidente de Venezuela era gobernador del estado [Aragua]. La Proclamación también afirma que el Presidente de Venezuela, Nicolás Maduro, patrocina una *"empresa de narcoterrorismo" llamada Cártel de los Soles.* A su vez, *Cártel de los Soles "se coordina y se apoya en TdA y otras organizaciones" para traficar drogas ilegales* hacia Estados Unidos."

En cuanto al argumento formulado contra la *TRO* por los demandados recurrentes, sobre la falta de Jurisdicción de la Corte Federal del Distrito de Columbia para conocer del asunto, porque las acciones de *habeas corpus* solo podían conocerse en la Corte Federal del lugar donde los accionantes estuviesen detenidos, la Juez Henderson constató que si bien inicialmente los cinco accionantes entre sus peticiones habían formulado un *writ de habeas corpus*, sin embargo, rápidamente abandonaron la petición de *habeas corpus*.

Sobre la objeción de que la determinación de si hay o no una invasión o una invasión depredadora o si una organización califica como organización terrorista son materias no revisables judicialmente por tratarse de cuestiones políticas, la Juez consideró que era una afirmación incorrecta, pues nada en el texto de la AEA permite concluir que el control judicial está excluido, lo que además no tiene soporte en la jurisprudencia. Y así lo corroboró la Juez analizando los tres conceptos claves de *declaración de guerra*, de cualquier *invasión*, o *invasión depredadora* que debe ser contra el territorio de los Estados Unidos, interpretando que *Invasión* debe tener un sentido militar ("*Invasion is a military affair, not one of migration*"), lo que además lo confirma la historia de la aplicación de la Ley; e *invasión depredadora*, se refiere a una forma de hostilidades contra los Estados Unidos por otro Estado Nación, una forma de ataque que no llega a ser una guerra, no siendo suficiente solo una migración. De todo lo cual concluyó la Juez que el gobierno no había probado probabilidad alguna de éxito en sus planteamientos.

La Juez también consideró sobre el balance y el tema de interés público de mantenerse la *TRO*, que la misma, aparte de su duración por 14 días, no afectaba sino los poderes del gobierno de deportación de ciertos extranjeros, pudiendo el Presidente detener supuestos enemigos extranjeros conforme a la Proclamación sin violar la Orden. En cambio, suspender la orden podía causar mayores daños a los demandantes como es deportarlos a una tierra que no es su país de origen, perdiendo así contacto con su defensa y su familia, como fue probado por los demandantes.

Sobre el alcance de la TRO que el gobierno consideró era una inconstitucional Orden universal, la Juez Henderson precisó que, en realidad, en el caso la *TRO* no era una *universal injunction*, pues no se aplica más allá de las partes en el proceso, en este caso, la clase certificada por la Corte Federal.

La Juez Patricia Millet, en su voto concurrente, de entrada, manifestó su acuerdo con la sentencia que niega las mociones del Gobierno de suspensión de la *TRO* que solo tiene por objeto:

> "prevenir la expulsión sumaria de inmigrantes venezolanos a una prisión notoria en El Salvador u otros lugares desconocidos *sin antes brindarles alguna apariencia de*

debido proceso para impugnar las bases legales y fácticas para la deportación. Los demandantes son inmigrantes venezolanos que, según el gobierno, son miembros de una violenta banda criminal conocida como *Tren de Aragua.* En opinión del gobierno, basándose únicamente en su alegación, los demandantes pueden ser expulsados de inmediato sin previo aviso, sin audiencia, sin oportunidad –sin proceso– para demostrar que no son miembros de la pandilla, para impugnar su elegibilidad para la expulsión según la ley, o para invocar protecciones legales contra ser enviados a un lugar donde parece probable que sean torturados y sus vidas corran peligro.

La Corte de Distrito ha estado manejando este asunto con gran celeridad y circunspección, y sus órdenes no hacen más que congelar el *statu quo* hasta que se puedan abordar cuestiones legales importantes y sin precedentes a través de un procedimiento de medidas cautelares preliminares *preliminary injunction* que se publicará pronto. No hay jurisdicción ni razón para que esta Corte (de Apelaciones) interfiera en esta etapa preliminar o para permitir que el gobierno por sí solo discuta las reclamaciones de los demandantes eliminándolas inmediatamente más allá del alcance de sus abogados o del tribunal. [...] La exigencia constitucional del debido proceso no puede ser dejada de lado tan fácilmente."

El voto concurrente de la Juez Millet giró básicamente sobre la cláusula constitucional del debido proceso, considerando que "El debido proceso requiere la notificación de acciones gubernamentales adversas, la oportunidad de ser escuchado y el derecho a un juez imparcial", y que además, "en el contexto específico de la inmigración, el Congreso ha promulgado un régimen legal integral que proporciona el debido proceso a aquellos que el gobierno alega que están presentes ilegalmente en los Estados Unidos."

Recordó la Juez que incluso "para proteger la seguridad de la nación, el Congreso promulgó procedimientos especiales de deportación acelerada para los no ciudadanos que han sido condenados por cometer delitos graves agravados, o que se consideran "terroristas extranjeros", pero siempre permitiendo en esos procedimientos acelerados "la notificación y la oportunidad de ser escuchado ante un responsable neutral de la toma de decisiones." Destacó además que "el control judicial siempre ha estado disponible para los no ciudadanos detenidos o expulsados bajo la AEA."

En cuanto a la Proclamación del 15 de marzo, la Juez Millet constató que la misma:

> "no establece ningún proceso por el cual se notifique a las personas la determinación del gobierno de que cumplen con los criterios de la Proclamación y, por lo tanto, son expulsables a un país de la elección del gobierno. La Proclamación tampoco establece ningún proceso por el cual las personas puedan impugnar la determinación del gobierno de que cumplen con los criterios de la Proclamación. En cambio, tras la determinación del gobierno de que una persona cumple con los criterios de la Proclamación, esa persona está sujeta a una deportación "inmediata", sin previo aviso y sin tiempo ni oportunidad para impugnar su expulsión."

La Juez Millet, en su voto, analizó en detalle el desenvolvimiento del proceso desde que se inició en la mañana del 15 de marzo, hasta que se dictó la TRO de clase o colectiva en forma escrita hacia las 7.25 pm del mismo día, constatando que en la Orden, "la Corte de Distrito fue explícita en que su orden no afectaba la capacidad del gobierno para aprehender o detener a personas de conformidad con la Proclamación, ni requería que el gobierno liberara a ninguna persona bajo su custodia sujeta a la Proclamación." Destacó la Juez también todas las cuestiones que surgieron sobre el cumplimiento por parte del Gobierno de la Orden, constatando que "el Gobierno ha adoptado la posición de que no estaba legalmente obligado por las órdenes *orales* del Tribunal de Distrito que ordenaban la devolución de los aviones en vuelo y no tenía la obligación de obedecerlas."

La Juez también analizó el tema del balance entre los daños y en interés nacional con motivo de la aplicación de la TRO, destacando que dado que el gobierno "está de acuerdo" en que la expulsión de los extranjeros podría "retrasarse para permitir la revisión del debido proceso mediante acciones de hábeas corpus en Texas, "si el gobierno estuviera en lo correcto al concluir que las impugnaciones de remoción de AEA podrían presentarse en hábeas corpus, ese litigio podría proporcionar la misma protección ante la remoción inminente que se busca aquí. Por lo tanto, el gobierno no ha demostrado cómo la naturaleza del alivio otorgado en estas *TRO* afecta de alguna manera la seguridad nacional.

En fin, la Juez Millet en su extenso voto concluyó su apreciación en el sentido de que la *TRO* "no crean ningún riesgo para el público," destacando que en este caso:

> "Las *TRO* solo impiden que el Ejecutivo expulse a los presuntos miembros de TdA que ya están detenidos en virtud de la AEA. [...] El Ejecutivo sigue siendo libre de sacar a los miembros de TdA de las calles y mantenerlos detenidos. El Poder Ejecutivo también puede deportar a presuntos miembros de la TdA en virtud de la INA de manera acelerada si el gobierno puede demostrar que cometieron un delito grave [...].

La Juez, finalmente, se refirió a que "está la cuestión más básica de si alguno de los demandantes es, de hecho, miembro de TdA," indicando que al contrario "han argumentado enérgicamente que no tienen nada que ver con esta pandilla," y señalando que:

> "Al mismo tiempo, el daño a los demandantes es grande y verdaderamente irreparable. Se enfrentan a la deportación inmediata por motivos que, según dicen, no les son aplicables y, sin embargo, sus reclamaciones nunca han sido escuchadas. Y hasta ahora, las deportaciones en virtud de la AEA no han sido a sus países de origen, sino directamente a una cárcel salvadoreña que, según se informa, tiene una notoria reputación por abusos contra los derechos humanos y desapariciones."

Por último, en cuanto al Juez Walkers, en su voto disidente en definitiva consideró que debía suspenderse la *TRO*, porque la acción que debieron haber intentado los recurrentes era la acción de *habeas corpus*, "en el distrito donde están confinados," es decir, el Distrito Sur de Texas; y que debido a que los demandantes presentaron una demanda en el Distrito de Columbia, "es probable que el Gobierno tenga éxito en su impugnación de las órdenes de la Corte de Distrito"

5. *Sobre la extensión de la vigencia de la medida cautelar temporal TRO*

Debe mencionarse que ante el requerimiento del Juez de Distrito expresado mediante orden judicial del día 24 de marzo, ante el vencimiento del plazo de la *TRO*, mediante escrito de 26 de marzo, los Demandantes habían notificado al Tribunal que no deseaba que su moción de *TRO* se convirtiera en una moción para una *Preliminary Injunction,* argumentando que presentarían moción sobre el tema para el 28 de marzo de 2025, con material fáctico adicional para que haya un registro más completo del caso, indicando que solicitarían que, por causa justificada, el Tribunal extendiera la vigencia de la *TRO* por 14 días adicionales, hasta el sábado 12 de abril de 2025.[234]

El juez ordenó el procedimiento a seguir,[235] y el 27 de marzo los demandantes solicitaron formalmente la extensión de la vigencia de la *TRO* por 14 días más hasta el 12 de abril, argumentando que la Corte ya había sostenido que los demandantes ya habían demostrado una probabilidad sustancial del éxito en su demanda, de que tenían derecho a impugnar su designación como miembros del *Tren de Aragua* antes de la remoción sumaria bajo la Proclamación; que el los demandantes enfrentarían un daño inminente e irreparable en ausencia de las *TRO*, ya que como lo determinó anteriormente la Corte, los demandantes expulsados sumariamente en virtud de la Proclamación a centros de detención en El Salvador, enfrentan condiciones que amenazan su vida; que el equilibrio de las acciones favorece a los demandantes, ya que la extensión solicitada simplemente preservaría el *statu quo*, no habiendo los demandados demostrado "problemas concretos" al abstenerse de expulsar sumariamente a los demandantes en virtud de la Proclamación; y que la extensión de las *TRO* le dará al Tribunal tiempo para considerar completamente los argumentos de las partes y les dará a los

234 Véase el texto de este documento que está disponible en: https://storage.courtlistener.com/recap/gov.uscourts.dcd.278436/gov.uscourts.dcd.278436.61.0_2.pdf

235 Véase el texto de este documento que está disponible en: https://storage.courtlistener.com/recap/gov.uscourts.dcd.278436/gov.uscourts.dcd.278436.61.0_1.pdf

Demandantes el "tiempo necesario para preparar y presentar" su moción para la *Preliminary Injunction.*[236]

El 28 de marzo, los representantes del Gobierno formularon su oposición a la moción de extensión de la *TRO*,[237] alegando simplemente que la Corte Federal carecía de jurisdicción en relación con las reclamaciones de los Demandantes, que estos cuestionaron la autoridad irrevisable del Presidente y, que solo podían presentarse en *habeas corpus* ante los jueces de Distrito del sitio de detención; que tampoco han demostrado una probabilidad de éxito en cuanto al fondo, ni un daño irreparable suficiente para superar el poderoso interés del Presidente en la gestión de asuntos de seguridad nacional y relaciones exteriores.

El Juez de Distrito James E. Boasberg emitió su decisión con fecha 28 de marzo, extendiendo la vigencia de la *TRO* que vencía el 29 de marzo, por 14 días más, hasta el de abril, conforme lo había solicitado los demandantes, con base en el principio jurisprudencial de que hay "causa justificada" para prorrogar una *TRO* siempre que se haya "demostrado que los motivos para conceder la Orden originalmente siguen existiendo," así como cuando es necesario más tiempo para considerar completamente los argumentos y mociones de las partes o 'cuando la parte actora necesite tiempo adicional para preparar y presentar su petición de *preliminary injunction,* considerando que ambos supuestos se dan en el caso.

236 Véase el texto de este documento que está disponible en: https://storage.courtlistener.com/recap/gov.uscourts.dcd.278436/gov.uscourts.dcd.278436.64.0.pdf

237 Véase el texto de este documento que está disponible en: https://storage.courtlistener.com/recap/gov.uscourts.dcd.278436/gov.uscourts.dcd.278436.65.0_1.pdf

El Juez ratificó, que como ya lo había resuelto, "los demandantes tienen derecho a una *TRO* que prohíba su expulsión al menos hasta que hayan tenido la oportunidad de impugnar que están cubiertos por la Proclamación, considerando que tienen buena posibilidad de éxito en el mérito de su reclamo, que tienen derecho a esa oportunidad, y que sufrirían un daño irreparable en ausencia de ese remedio de emergencia, habiendo los alegatos del Gobierno confirmado la necesidad de la continuación de la protección, resolviendo en consecuencia que las *TRO* dictadas el 15 de marzo debían extenderse y mantenerse con completos efectos hasta el 12 de abril, 2025, o hasta que lo ordene la Corte.[238]

Esta *TRO* estuve vigente hasta el día 7 de abril, cuando la Corte Suprema, al resolver un recuro extraordinario del Gobierno la dejó sin efecto, como se analiza más adelante.

III. EL RECURSO EXTRAORDINARIO DEL GOBIERNO ANTE LA CORTE SUPREMA DE LOS ESTADOS UNIDOS Y LA REVOCACIÓN DE LA MEDIDA CAUTELAR (*TRO*) QUE HABÍA DICTADO EL JUEZ FEDERAL DEL DISTRITO DE COLUMBIA

1. *La petición del Gobierno ante la Corte Suprema para que revocase la medida cautelar (TRO) y los argumentos de las partes*

El mismo día 28 de marzo en el cual el Juez Boasberg de la Corte federal del Distrito de Columbia decidió extender la vigencia de la medida cautelar que había dictado desde el día 15 de marzo, suspendiendo la aplicación de la Proclamación del

238 Véase el texto de este documento que está disponible en: https://storage.courtlistener.com/recap/gov.uscourts.dcd.278436/gov.uscourts.dcd.278436.66.0.pdf

Presidente de los Estados Unidos del día anterior, los representantes del Gobierno, es decir, los demandados en el caso representados por el *Acting Solicitor General*, solicitaron a la Suprema Corte, por vía extraordinaria,[239] que anulara las *TRO* que había emitido la Corte Federal de Distrito para el Distrito de Columbia, y que suspendiera los efectos de dichas Órdenes mientras la Suprema Corte considerase la solicitud, con el argumento de que el caso se refería a la:

> "pregunta fundamental sobre quién decide cómo llevar a cabo operaciones delicadas relacionadas con la seguridad nacional en este país: el Presidente, a través del Artículo II [de la Constitución], o el Poder Judicial, a través de las *TRO*," respondiendo que "La Constitución da una respuesta clara: el Presidente. La república no puede permitirse una opción diferente."

En el documento del recurso,[240] para no dejar duda, se identificó a los recurrentes (demandados apelantes), como sigue:

> "*Applicants (defendants-appellants below) are Donald J. Trump, in his official capacity as President of the United States; Pamela Bondi, Attorney General of the United States, in her official capacity; Kristi Noem, Secretary of the U.S. Department of Homeland Security, in her official capacity; United States Department of Home land Security; Madison Sheahan, Acting Director and Senior Official Performing the Duties of the Director of U.S. Immigration*

239 Sobre el uso frecuente de la vía extraordinaria sin agotar las instancias de apelación véase los comentarios en: Jess Braven, "Flood of Emergency Cases Tests the Supreme Court," en *The Wall Street Journal*, 14 de abril de 2025, pp. A1 y A6.

240 Véase el texto que está disponible en: https://www.supremecourt.gov/DocketPDF/24/24A931/354225/20250328102104004_24a%20Trump%20v.%20JGG.pdf

and Customs Enforcement, in her official capacity; U.S. Immigration and ustoms Enforcement; Marco Rubio, Secretary of State, in his official capacity; and the United States Department of State;" y a los recurridos demandantes-apelados, como J.G.G.; G.F.F.; J.G.O; W.G.H.; y J.A.V., que fueron las cinco personas que inicialmente recurrieron ante el Juez se Distrito del Distrito de Columbia el 15 de marzo de 2025.

Los recurrentes demandados argumentaron que después de que el Secretario de Estado designara al *Tren de Aragua* como organización terrorista extranjera, el Presidente había:

> "determinado que miles de miembros de esta organización terrorista extranjera designada se han "infiltrado" ilegalmente en el país, en cumplimiento del "*objetivo del régimen de Maduro de desestabilizar* las naciones democráticas, incluyendo a los Estados Unidos".

Y que luego de que se determinara que "el "*TdA* está llevando a cabo acciones hostiles y llevando a cabo una *guerra irregular contra el territorio de los Estados Unidos,* tanto directamente como *bajo la dirección del régimen de Maduro* en Venezuela" [...], "el Presidente invocó sus poderes del Artículo II, junto con su autoridad en virtud de la Ley de Enemigos Extranjeros [...] que ha autorizado durante mucho tiempo la expulsión sumaria de extranjeros enemigos involucrados en "invasiones o incursiones depredadoras" del territorio de los Estados Unidos," [una vez hechas las verificaciones] designó a los miembros de TdA en los Estados Unidos como "sujetos a aprehensión, detención y expulsión inmediatas".

Luego de referirse a las *TRO* emitidas por el Juez Federal del Distrito de Columbia, inicialmente en beneficio de cinco recurrentes y luego extendida a todos los no ciudadanos de los

Estados Unidos en custodia y sujetos a la Proclamación del 14 de marzo de 2025, los recurrentes indicaron que las mismas "están obligando a los Estados Unidos a albergar a individuos que los funcionarios de seguridad nacional han identificado como miembros de una organización terrorista extranjera empeñada en dañar gravemente a los estadounidenses," y que además están poniendo "en peligro las delicadas negociaciones diplomáticas y las delicadas operaciones de seguridad nacional, que fueron diseñadas para extirpar la presencia de *TdA* en nuestro país antes de que se afiance." Indicaron, además, que a pesar de que el Gobierno apeló ante la Corte de Apelaciones del Distrito de Columbia, la misma ratificó las *TRO*, indicando que se trató de una decisión que "clama por la intervención de la Suprema Corte."

El argumento central del Gobierno en su recurso extraordinario fue, *en primer lugar*, que los demandantes iniciales no podían obtener reparación en este caso "porque presentaron las reclamaciones equivocadas en el tribunal equivocado," ya que los "extranjeros sujetos a la AEA sólo pueden obtener una revisión judicial limitada a través del *habeas corpus*" y solo ante el Juez de Distrito del lugar de confinamiento (Distrito Sur de Texas) y no ante el del Distrito de Columbia; y en *segundo lugar*, que la Corte de Distrito "utilizó indebidamente la certificación de clase para imponer de manera efectiva una orden judicial a nivel nacional (*nationwide*) por la puerta trasera contra la Proclamación," lo cual, adujeron, "incluso adoptando la opinión errónea de la Corte de Distrito de que los tribunales tienen un amplio papel que desempeñar en la interpretación de la AEA en sus propios términos, sus órdenes son insostenibles."

Concluyeron los recurrentes su argumentación inicial expresando que:

"Solo esta Corte puede impedir que el régimen de la *TRO* modifique aún más la separación de poderes, cuanto antes, mejor. En este caso, las órdenes de la Corte de Distrito han rechazado los juicios del Presidente sobre cómo proteger a la Nación contra las organizaciones terroristas extranjeras y arriesgarse a efectos debilitantes para las delicadas negociaciones extranjeras. En términos más generales, la regla por *TRO* se ha vuelto tan común entre las Cortes de Distrito que las funciones básicas del Poder Ejecutivo están en peligro. En los dos meses transcurridos desde el día de la toma de posesión, las Cortes de Distrito han emitido más de 40 medidas cautelares o TRO contra el Poder Ejecutivo."

Para el otorgamiento de un remedio mediante recurso extraordinario o de emergencia ante la Suprema Corte, los recurrentes indicaron que tenían que demostrar que: "(i) tienen una probabilidad de éxito en cuanto al fondo, y (ii) tienen una probabilidad razonable de obtener *certiorari,* y (3) una probabilidad similar de daño irreparable." Y a tal efecto argumentaron:

En cuanto a la probabilidad de que el gobierno prevaleciera en su petición, comenzaron por argumentar que la revisión judicial en virtud de la AEA es excesivamente limitada a las acciones de *habeas corpus* para que las personas impugnen su detención. Al contrario, la Corte de Distrito, luego de permitir que los cinco demandantes abandonaran la pretensión de habeas corpus, se extralimitó al certificar a nivel nacional una amplia clase protegida de todos los extranjeros "bajo custodia de los Estados Unidos que están sujetos a la Proclamación y su aplicación." Al contrario, los recurrentes insistieron ante la Suprema Corte que el único remedio contra la aplicación de la AEA es el *habeas corpus*, y solo ante el Juez del Distrito de detención, en este caso en el Distrito Sur de Texas, y no en el Distrito de Columbia; insistiendo que el razonamiento de los Jueces de la Corte de

Apelaciones carecía de mérito, sobre que el *habeas corpus* no era el camino adecuado para la revisión judicial en este caso, porque se suponía que los demandados sólo buscaban protección respecto de la expulsión o deportación, no sobre la detención.

Adicionalmente los representantes del Gobierno cuestionaron el poder de la Cortes de Distrito de emitir órdenes de protección de alcance nacional en relación con una clase, en este caso de miembros de una organización terrorista extranjera ("todos los no ciudadanos de los Estados Unidos sujetos a la Proclamación"), considerando que al otorgarse protección "a una clase amorfa a nivel nacional, la Corte eludió las limitaciones equitativas de una protección universal en un contexto delicado de seguridad nacional." En consecuencia, solicitaron a la Corte Suprema que "debería anular la orden de la Corte de Distrito que concede una reparación colectiva y limitar cualquier orden sobreviviente solo a los demandantes nombrados." Los recurrentes insistieron en destacar que la Corte de Distrito, en su criterio, no siguió las reglas apropiadas para emitir una orden en protección a una clase, y que, si los cinco demandantes iniciales argumentaron que no eran miembros del Tren de Aragua, no podían entonces ser representativos de una clase basada en el alegato de dicha membresía, alegando que:

> "Las personas que afirman que no son miembros de la *TdA* pueden estar más interesadas en impugnar los procedimientos utilizados para designarlas como tales, mientras que las personas que son miembros de la *TdA* podrían estar más interesadas en impugnar la autoridad del Presidente en virtud de la Ley de Enemigos Extranjeros."

Por otra parte, y en forma más general, los reclamantes demandados argumentaron ante la Suprema Corte que, en definitiva, la concesión de protección judicial "para toda la clase refleja aquí una innovación inquietante en los esfuerzos generalizados de los jueces de distrito para "gobernar" toda la Nación desde sus tribunales," es decir, "las *injunctions* universales que se extienden a quienes no son parte, exceden el poder de las Cortes conforme al artículo III," lo que en este caso –indicaron– ha significado que:

> "La orden aquí ha bloqueado efectivamente al Ejecutivo de implementar la Proclamación contra cualquier persona que esté actualmente bajo custodia de los EE. UU., en toda la Nación, y lo hizo el mismo día en que se publicó la Proclamación."[241]

Otros argumentos esgrimidos por el Gobierno en la petición ante la Suprema Corte fueron que "Las órdenes de la Corte de distrito dañan irreparablemente la conducción de la política exterior de los Estados Unidos," al impedir "la deportación de individuos asociados con TdA de los Estados Unidos sobre la base de la Proclamación," considerando en cambio que "la anulación de las *TRO* no causaría un daño irreparable a los demandados."[242]

---

241 Debe mencionarse que, en la misma línea de rechazo de las *injunction* de alcance nacional, la Cámara de Representantes aprobó en abril 2025. un Proyecto de Ley para limitarlas, el cual sin embargo no parece posible que sea aprobado por el Senado. Véase la información en Michael Gold, "House Votes to Curb Injunctions, Targeting District Judges Who Thwart Trump," *The New York Times,* 11 abril 2025, p. A16. Véase el comentario sobre ello en: Paige Miller, "U.S. House approves Bill restricting federal courts use of nationwide injunctions," en *Jurist Neus*, 10 abril 2025, disponible en: https://www.jurist.org/news/2025/04/us-congress-approves-bill-restricting-federal-courts-use-of-nationwide-injunctions/

242 Véase el texto de los alegatos que está disponible en: https://www.supremecourt.gov/DocketPDF/24/24A931/354225/20250328102104004_24a%20Trump%20v.%20JGG.pdf

El *Chief Justice* Roberts fijó el día 1 de abril para que los demandantes requeridos presentaran su respuesta a la petición del Gobierno.[243] Además de los varios *Amicus Curiae* que se presentaron en el caso, a favor y en contra del recurso del Gobierno,[244] los abogados representantes de los demandantes apelados, presentaron su escrito oponiéndose a la solicitud del Gobierno, argumentando fundamentalmente, que las *TRO* no eran medidas judiciales apelables, y que en todo caso, el Gobierno no estaba lesionado con la que se había dictado; que los demandados apelantes no habían probado daño irreparable alguno teniendo más peso los factores de equidad a favor de los demandantes; que los representantes del gobierno estaban errados en su argumento de que los demandantes debía presentar sus reclamos o demandas exclusivamente mediante peticiones de *habeas corpus* en Texas; que los demandados no tenían posibilidad sustancial alguna de prevalecer en sus argumentos sobre el fondo, y que la vía de la acción de clase había sido la apropiada.[245]

Al día siguiente, el 2 de abril, los representantes del Gobierno respondieron lo argumentado por los demandantes

---

243 Véase sobre la petición ante la Corte Suprema, las noticias en: Abbie Vansickle, "Dispute Over Deportation of Venezuelan Reaches the Supreme Court," *The New York Times,* 29 marzo 2025, p. A1818; eness Bravin, "Deport Fight Heads to High Court," *The Wall Street Journal*, 29 marzo 2025, p. A3.

244 Véase como ejemplo, entre los múltiples *Amicus Curiae* presentados, el por la *American Rights Alliance* en https://www.supremecourt.gov/DocketPDF/24/24A931/354520/20250401124436337_AmicusCuriaeDeportationv14%20final.pdf

245 Véase el texto de este documento que está disponible en: https://www.supremecourt.gov/DocketPDF/24/24A931/354494/20250401111703480_2025.04.01%20AEA%20Stay%20Opp%20FINAL%20Opp.%20only%20pdfA.pdf. Véase loscomentarios sobre este escrito en Abril Vansickle, "Venezuelans Ask Justice to help Block Deportations," *The New York Times*, 3 abril 2025, p. A19l

apelados, ratificando su solicitud de que se declararan sin efecto las *TRO* dictadas por el Juez de Distrito del Distrito de Columbia,[246] argumentando básicamente que el caso ante la Corte Suprema no era "si los miembros de TdA sujetos a deportación en virtud de la Ley de Enemigos Extranjeros podían lograr revisión judicial, lo que obviamente tienen," sino que:

> "los problemas apremiantes ahora son "cuestiones de procedimiento" sobre dónde y cómo los detenidos deben impugnar sus designaciones como extranjeros enemigos. Esas cuestiones son las que exigen ser resueltas ya por esta Corte. De lo contrario, el tribunal equivocado (D.D.C.) está decidiendo los asuntos equivocados (reclamaciones de la APA, no *habeas*) a través del dispositivo equivocado (una demanda de *class action* extremadamente inadecuada), mientras que el remedio equivocado permanece en su lugar (una orden judicial colectiva a nivel nacional)."

Ante la insistencia de los demandantes apelados de argumentar sobre el mérito de la aplicación de la Ley de Enemigos Extranjeros, que los tribunales inferiores no han resuelto y que la Corte Suprema en su criterio no tenía que decidir, los demandados fueron enfáticos en expresar ante la Suprema Corte, sobre ello, que:

> "La posición del gobierno, basada en los hallazgos presidenciales, es que *TdA es efectivamente un brazo del régimen de Maduro,* no una "banda criminal" común y corriente. La Proclamación no se basa en que "una migración es igual a una invasión," sino en la conclusión de que TdA está "llevando a cabo una *guerra irregular y emprendiendo*

246 Véase el texto de este documento que está disponible en: https://www.supremecourt.gov/DocketPDF/24/24A931/354573/20250402092551698_JGG_Reply_4.2_Final.pdf

acciones hostiles contra los Estados Unidos" al entrar ilegalmente y cometer crímenes brutales como medio para "desestabilizar" a los Estados Unidos y aterrorizar a sus ciudadanos."

En cuanto a los derechos de los cinco recurrentes originales, los representantes del gobierno argumentaron que los mismos "tendrían una amplia oportunidad de impugnar sus designaciones en virtud de la Ley AEA si presentaran peticiones de *habeas corpus* en Texas en lugar de presentar una demanda colectiva en el Distrito de Columbia *D.C.*"

2. *La sentencia de la Suprema Corte del 7 de abril de 2025 revocando la TRO dictada por el Juez de Distrito del Distrito de Columbia*

La Suprema Corte dictó sentencia el 7 de abril de 2025, y en la misma declaró con lugar el recurso extraordinario intentado por el Gobierno, decidiendo revocar la *TRO*,[247] argumentando que si bien los detenidos solicitaron una reparación equitativa contra la aplicación de la Proclamación y contra su expulsión en virtud de la Ley de Enemigos Extranjeros, AEA, e impugnaron la interpretación que hacía el Gobierno de la misma afirmando que no entraban en la categoría de enemigos extranjeros deportables, afirmó que no decidía sobre esos argumentos, limitándose a afirmar que las impugnaciones judiciales respecto de las deportaciones en aplicación de dicha Ley, debían interponerse mediante acciones de *habeas corpus*, independientemente de si los afectados solicitaban su liberación, ante los

---

247 Véase el texto de la sentencia que está disponible en: https://www.supremecourt.gov/opinions/24pdf/24a931_2c83.pdf Véase sobre la sentencia, las noticias de prensa, como, por ejemplo: Jess Bravin, "Justices Lift Order Blocking Deportations," *The Wall Street Journal*, 8 abril 2025, p. A2;

tribunales del correspondiente Distrito donde ocurre el confinamiento, en este caso, de Texas, siendo impropio el que se hubiera presentado la acción en el Distrito de Columbia.

La Corte Suprema decidió, en todo caso, que los detenidos en aplicación de la AEA t*enían derecho a ser notificados y a ser oídos*, resolviendo expresamente y más específicamente que:

> "en este contexto, los detenidos de AEA *deben ser notificados después de la fecha de esta orden* de que están sujetos a la deportación en virtud de la Ley. La notificación debe ser entregada dentro de un *plazo razonable* y de tal manera que les permita *solicitar realmente el recurso de hábeas corpus* en el lugar adecuado antes de que ocurra dicha expulsión."

La Suprema Corte agregó que:

> "A pesar de toda la retórica de los [Jueces con votos] disidentes, la orden de hoy y *per curiam* confirma que los *detenidos sujetos a órdenes de expulsión en virtud de la AEA tienen derecho a ser notificados y a tener la oportunidad de impugnar su expulsión*. La única pregunta es qué tribunal resolverá esa impugnación. Por las razones expuestas, nosotros sostenemos que el lugar se encuentra en el Distrito de confinamiento."

La decisión de la Suprema Corte, por tanto, sin haber declarado la deportación masiva de extranjeros hacia El Salvador, inconstitucional, por no haberse respetado la garantían del debido proceso, fue clara y terminante en cuanto a la necesidad de que se respetase y garantizase el debido proceso legal en las deportaciones a partir de su orden judicial, al exigir que "los detenidos sujetos a órdenes de expulsión en virtud de la AEA tienen derecho a ser notificados y a tener la oportunidad de impugnar su expulsión."[248]

La sentencia de la Corte Suprema, sin embargo, tuvo el voto disidente de la Juez Sonia Sotomayor, quien precisó que lo resuelto en materia de debido proceso:

> "significa, por supuesto, que el Gobierno no puede introducir a ningún detenido, incluidos los demandantes, en aviones en un manto de secreto, como lo hizo el 15 de marzo de 2025. Tampoco puede el Gobierno "reanudar inmediatamente" el traslado de personas sin previo aviso al revocarse la *TRO*, como prometió que haría ante el Circuito

[248] Por ello, incluso luego de una decisión de la Corte Suprema, es realmente incomprensible que el Presidente de los Estados Unidos, en entrevista de Televisión (NBC "*Meet the Press*"), aireada semanas después, el 5 de mayo de 2025, ante la pregunta del periodista de si toda persona en territorio norteamericano tenía derecho al debido proceso, hubiera respondido que no sabía ("*I dont't know*"), que no era abogado ("*I am not a lawyer, I don't know")* , expresado, incluso que hablar de eso, implicaría que "tenemos que tener un millón dos millones o tres millones de juicios." Véanse los reportajes sobre la entrevista en Jonathan Swan, "Trump Waves on Due Process Tights Under the Constitution," en *The New York Times*, 5 mayo 2025, p. A13; y Jess Bravin, "Trump Waves on Upholding Constitution," en *The Wall Street Journal*, 5 mayo 2025, p. A4. Debe mencionarse, sobre el tema del debido proceso que garantiza la Constitución de los Estados Unidos, la decisión de la Jueza Jia M. Cobb de la Corte Federal de Distrito de Columbia de fecha 29 de agosto de 2025, exigiendo su cumplimiento en general, previo a las deportaciones masivas de extranjeros residenciados en el interior del país (lejos de las Fronteras). Véase la información en Zach Montague, "Federal Judge Rejects a Pillar of Truinp's Mass Deportation Campaign," *The New York Times,* 31 agosto 2025, p. 18; y en Dan Bernan, "Judge says Trump effort to expand speedy deportations of migrants violates due process," *CNN Politics*, 29 agosto 2025, disponible en: https://www.cnn.com/2025/08/29/politics/expanded-expedited-removal-migrants-trump

de D. C. [...] (Millett, J., concurrente) (haciendo referencia a la argumentación oral ante esa Corte de Apelaciones). En la medida en que el Gobierno *deporte a una sola persona sin notificarla y darle una oportunidad significativa de presentar y solicitar el recurso de habeas corpus, lo hace en contravención directa de un edicto de la Corte Suprema de los Estados Unidos*."

Agregando en todo caso que:

"la decisión de la Corte de intervenir en este litigio es tan inexplicable como peligrosa. Recordemos que, cuando el Tribunal de Distrito emitió su orden de restricción temporal el 15 de marzo de 2025, el Gobierno estaba involucrado en una operación encubierta para deportar docenas de inmigración sin previo aviso ni oportunidad de audiencias. El fallo de la Corte de hoy significa que esas deportaciones *violaron las protecciones más fundamentales de la Cláusula del Debido Proceso*. Véase ante, página 3 (en el que se reitera que se requiere notificación y la oportunidad de celebrar una audiencia antes de una deportación en virtud de la Ley de Enemigos Extranjeros). La Corte de Distrito intervino acertadamente para prohibir temporalmente al Gobierno deportar a más personas de esta manera, basándose en su correcta evaluación de que los demandantes probablemente tenían derecho a más procesos."

La Jueza Sotomayor también argumentó en su voto disidente, sobre la decisión de la Corte Suprema de reducir la revisión judicial a los casos de aplicación de la Ley AEA, a acciones de *habeas corpus*, que son las establecidas para impugnar la legalidad de las detenciones, argumentando que:

"Los demandantes en este caso no presentaron una demanda para impugnar su detención, sino para protegerse de la deportación sumaria de conformidad con la Proclamación. De hecho, debido a que todos los demandantes ya estaban en detención como inmigrantes bajo otros estatutos cuando el Gobierno los sometió a la Proclamación, "han enfatizado repetidamente a lo largo de este litigio que 'no buscan la liberación de la custodia' y no están 'impugnando la validez de su confinamiento o tratando de acortar su duración'."

3. *Consecuencias de la sentencia de la Corte Suprema: los casos ante las Cortes Federales*

Las apreciaciones públicas sobre la sentencia de la Corte Suprema fueron variadas: Los representantes del gobierno consideraron que había ganado al obtener la revocación de la medida cautelar que impedía la aplicación de la Proclamación respecto de la Ley AEA, y los abogados de los demandantes igualmente estimaron que habían ganado al obtener una decisión de la Suprema Corte en la cual se garantizaba la necesidad de respeto del debido proceso para las deportaciones de extranjeros en aplicación de la ley.[249]

Pero los efectos judiciales prácticos de la sentencia fueron inmediatos, pues al considerarse en la decisión de la Corte Suprema que la defensa ante la aplicación de la Ley de Enemigos Extranjeros, debía plantearse ante las Cortes Federales de Distrito del lugar de detención de los migrantes, las acciones respectivas de *habeas corpus*, incluso en representación de la clase

---

[249] Véase por ejemplo, "Trump's Triple Win at the Supreme Court," The *Wall Street Journal*, 9 abril 2005, Editorial, Opinion, l, p. A14; David French, "The President and ACLU Both CClaimed aSupreme Court Vicgtory. Huh?", en *The New York Times*, 14 April 2025, p. A21.

de migrantes detenidos en el Distrito correspondiente, pro-liferaron, originando procesos como los desarrollados ante Cortes Federales del Distrito Sur de Nueva York, del Distrito de Denver, del Distrito Sur de Texas y de Maryland, en los cuales se dictaron medidas cautelares (*Temporary Restraining Orders)* suspendiendo las deportaciones de migrantes venezolanos detenidos en dichos Distritos,[250] procesos en los cuales se dictaron luego *preliminary injunctions* como se analiza más adelante.

Por ejemplo, el 23 de abril de 2025, en un proceso iniciado ante la Corte Federal de Distrito de Maryland, por un migrante venezolano (*Cristian*) que fue deportado el 15 de marzo de 2025, la Juez Stephanie A. Gallager, ordenó al Gobierno "que facilite su regreso" en virtud de que se trataba de un solicitante de asilo, habiendo la deportación violado un acuerdo judicial de conciliación que protegía a algunos jóvenes migrantes con solicitudes de asilo pendientes; prohibiendo también la deportación de otras personas cubiertas por el acuerdo de conciliación, que se había concluido en noviembre de 2024.[251]

En el Estado de Texas, tres Jueces de Distrito conocieron de impugnaciones a la Proclamación del 14 de marzo de 2025. En esos casos, el Juez James Wesley Hendrix en el Distrito Norte de Texas, denegó el otorgamiento de una medida cautelar que habían solicitado, por vía de *habeas corpus*, sus abogados en protección de unos venezolanos detenidos en el Centro de Detención Bluebonnet en Ansonell; habiendo el asunto llegado en

---

250 Véase la Información en Marih Timmes y James Fanelli, "U.S. Deportations to El Salvador Face Legal Challenges in New York, Texas," en *The Wall Street Journal*, 10 abril 2025, p. A#.

251 Véase la Información en Hanna Park y Shania Shelton en "Maryland judge orders return of Venezuelan asylum seeker deported to El Salvador," en *CNN Politics,* 24 abril 2025, disponible en: https://www.cnn.com/2025/04/24/politics/maryland-judge-return-venezuelan-asylum-eeker/index.html

emergencia ante la Corte Suprema, la cual como se comenta más adelante, intervino y emitió una orden de emergencia para bloquear la aplicación de la Ley.

Otro caso fue el decidido por el juez David Briones del Distrito Oeste de Texas, mediante decisión del 25 de abril de 2025, en la cual ordenó la liberación inmediata de una pareja de venezolanos, considerando que los abogados del gobierno "no habían demostrado que tenían base legal alguna" para continuar deteniendo a la pareja por una presunta violación como extranjeros enemigos miembros del *Tren de Aragua*.[252]

Otro caso fue el decidido el 1 de mayo de 2025 por el Juez Federal Fernando Rodríguez T., del Circuito Sur de Texas *Brownsville Division* declarando mediante una *injunction* la ilegalidad de la aplicación de la Ley de Enemigos extranjeros a venezolanos migrantes detenidos en USA, prohibiendo se aplicación en dicho Distrito.

4. *La reacción del Gobierno proponiendo la suspensión de las acciones de habeas corpus*

A los casos antes citados nos referimos más adelante, destacando ahora el hecho de que como consecuencia de la sentencia de la Corte Suprema, y de la multiplicación de las acciones de *habeas corpus* formuladas ante los Jueces Federales de Distrito en protección ante las amenazas de deportaciones masivas de venezolanos migrantes detenidos en cárceles, en aplicación de la Proclamación Presidencial de 14 de marzo de 2025, un alto funcionario del Gobierno, el Sr. Stephen Miller, *Deputy Chief of Staff* de la Casa Blanca, el 9 de mayo de 2025 llegó a anunciar

---

[252] Véase la referencia en John Raby, "US Judges temporarily stops west Texas immigrant deportationunder Alieb Enemies Act," en *KSLYV5*, 26 abril 2025, disponible en: https://ksltv.com/politics-elections/judge-stops-west-texas-immigrant-deportations/767972/

que en la Administración se estaba considerando suspender el derecho de los inmigrantes a impugnar su deportación mediante la acción de *habeas corpus*, argumentando que la "Constitución es clara al prever que el derecho conocido como *writ de habeas corpus* puede ser suspendido en tiempo de invasión."[253]

El artículo 1° de la Constitución de los Estados Unidos que se refiere básicamente al Poder Legislativo, en efecto, comienza indicando en su Sección Primera que "Todos los poderes legislativos aquí otorgados serán conferidos a un Congreso de los Estados Unidos, que consistirá en un Senado y una Cámara de Representantes," continuando en su Sección Novena indicando que: "El Privilegio del Recurso de *Habeas Corpus* no será suspendido, a menos que en casos de rebelión o invasión la seguridad pública lo requiera."

De esta norma, se ha entendido que la suspensión del *habeas corpus,* que solo puede decretarse en casos en los cuales haya una rebelión o invasión, es una competencia exclusiva del Congreso, lo que se confirma en la práctica, en las ocasiones en las cuales se ha producido. Así ocurrió dos veces en los años siguientes a la Guerra Civil (período de la Reconstrucción entre 1861 y 1865), y por última vez, en Hawái, luego del ataque japonés a Pearl Harbor en 1941, ocasiones en las cuales siempre se dictó una Ley por el Congreso.

---

253 Véase en Karoun Demirjian, "Officials Mull Suspending Coutrt Right For Miugrants," en *The New York Times*, 11 mayo 2025, p.17. Véase además, Kaitlan Collins, Samantha Waldenberg y Tierney Sneed, "Trump involved in discussions over suspending habeas corpus, sources say," CNN, 11 mayo 2025, disponible en: *CNN Politics,* 9 mayo 2025, disponible en: https://amp.cnn.com/cnn/2025/05/09/politics/miller-habeas-corpus-immigrant-judge; y Robin Levinson King, "What is habeas corpus and why might Donald Trump want to suspend it?" en *BBCNews,* 11 mayo 2025, disponible en: https://www.bbc.com /news/articles/cwynl8jv4gjo.amp .

Debe recodarse, incluso, que si bien la primera vez que se suspendió el *habeas corpus* con motivo del inicio de Guerra Civil en 1861, fue por decisión del Presidente Abraham Lincoln en momentos en los cuales el Congreso estaba en receso y que en la situación de emergencia existente no podía reunirse; luego de que dicho acto fue impugnado, al año siguiente, en 1863, esta excepción confirmó la regla, para lo cual el Congreso sancionó el *Habeas Corpus Suspension Act,* reafirmando la competencia del Poder Legislativo para ello, aun cuando liberando de responsabilidad al Presidente Lincoln y sus subordinados por haber suspendido el *habeas corpus* sin aprobación del Congreso.[254]

Por ello, con razón, William A. Galston consideró la propuesta formulada por el *Deputy White House Chief of Staff*, como "la medida más peligrosa de todas las propuestas por la Administración," agregando que:

> "Es impensable que a Trump se le permita suspender el *habeas corpus,* pero el hecho de que su Administración incluso lo esté considerando es un gran avance sobre su impulso por un poder sin control."[255]

Lo más destacable del planteamiento del Gobierno, en todo caso, fue lo expresado por la Secretaria de Seguridad Nacional, Kristi Noem en su comparecencia en una audiencia ante el Senado el 20 de mayo de 2025, cuando al responder una pregunta de la senadora Maggie Hassan sobre ¿qué es el *habeas corpus*?,

---

[254] Véase, por ejemplo, Amy Barret y Neal K. Katyal, "The Suspension Clause," en *National Constitution Center*, disponible en: https://constitutioncenter.org/the-constitution/articles/article-i/clauses/763. La Juez Amy Coney Barret, quien ahora es Juez de la Corte Suprema cuando estaba de Juez en Corte de Apelaciones del Séptimo Circuito, en este artículo escrito con el profesor Ketyal de Georgetown University consideró que solo el Congreso puede suspender el habeas corpus.

[255] Véase William A. Galston, "Trump.s *Habeas Corpus* Threat." *The Wall Street Journal*, 14 mayo 2025, p. A17.

que formuló precisamente con motivo del planteamiento del asesor de la Casa Blanca, Stephen Miller, de que la Administración estaba "considerando activamente" suspender el *habeas corpus* como derecho a impugnar un arresto o encarcelamiento, la Secretaria respondió muy erradamente:

> "Bueno, el *habeas corpus* es un derecho constitucional que tiene el Presidente para poder expulsar a las personas de este país y suspender su derecho a..."

La Senadora tuvo que interrumpirla y corregirla, después se decirle: "eso es incorrecto," precisándole a la Secretaria de Seguridad Nacional del gobierno que:

> "El *habeas corpus* es el principio legal que requiere que el gobierno proporcione una razón pública para detener y encarcelar a las personas. Si no fuera por esa protección, el gobierno podría simplemente arrestar a las personas, incluidos los ciudadanos estadounidenses, y retenerlos indefinidamente sin ninguna razón."[256]

Debe recordarse que la Secretaria Kristi Noem había dicho públicamente que los deportados detenidos en el Salvador estarían allí "por el resto de sus vidas."[257]

---

256 Véase la información al respecto en: Dareh Gregorian y Didi Martinez, "Homeland Security Secretary Kristi Noem struggles to define *habeas corpus* at Senate hearing. "Habeas corpus is a constitutional right that the president has to be able to remove people from this country," Noem said. "That's incorrect," a Democratic senator responded." En *NBCNews*, 20 mayo 2025, disponible en: https://www.nbcnews.com/politics/immigration/homeland-security-secretary-kristi-noem-struggles-define-habeas-corpus-rcna207986

257 Véase por ejemplo la referencia en Julie Turkewitz y Hamed Aleaziz, "Migrants in El Salvador Swapped for Americans Detained in Venezuela," *The New York Times*, 19 julio 2025, p. A9.

IV. LA CONTINUACIÓN DEL PROCESO ANTE LA CORTE FEDERAL DE DISTRITO PARA DETERMINAR SOBRE EL POSIBLE INCUMPLIMIENTO O DESACATO DE LA *TRO* Y LA INVOCACIÓN POR EL GOBIERNO DEL PRIVILEGIO DE SECRETO

1. *Los requerimientos reiterados del Juez Federal sobre el posible desacato*

Sobre el requerimiento reiterado del Juez de Distrito formulado a los representantes del Gobierno de que presentasen información sobre el cumplimiento por parte del Gobierno de la Orden *TRO* del Tribunal, el 24 de marzo, la *Attorney General* y otros funcionarios consignaron un documento,[258] notificando formalmente a la Corte de Distrito que el Poder Ejecutivo "no proporcionará más información en respuesta a la Orden de Minuta de la Corte del 18 de marzo de 2025 basada en el privilegio de *secretos de Estado* y las declaraciones presentadas simultáneamente por el Secretario de Estado y el Secretario de Seguridad Nacional." Los representantes del Gobierno reiteraron que:

> "El Tribunal tiene todos los hechos que necesita para abordar las cuestiones de cumplimiento que se le presentan. Nuevas intrusiones en el Poder Ejecutivo presentarían daños peligrosos y totalmente injustificados en materia de separación de poderes con respecto a las preocupaciones diplomáticas y de seguridad nacional que la Corte carece de competencia para abordar. En consecuencia, el privilegio de los secretos de Estado excluye nuevas demandas de detalles que no tienen cabida en este asunto, y el gobierno

[258] Véase el texto de este documento que está disponible en: https://storage.courtlistener.com/recap/gov.uscourts.dcd.278436/gov.uscourts.dcd.278436.56.0.pdf

abordará la orden de la Corte de mostrar causa mañana demostrando que no hay base para la sugerencia de incumplimiento de ninguna orden vinculante. [...]

La información solicitada por la Corte está sujeta al privilegio de los secretos de Estado porque su divulgación supondría un peligro razonable para la seguridad nacional y las relaciones exteriores. Debido a que no hay necesidad de las divulgaciones solicitadas, la Corte debe resolver la solicitud sobre la base de las declaraciones a nivel de Gabinete presentadas con esta moción. [...]

La información solicitada por la Corte es irrelevante para los reclamos de los demandantes y para el cumplimiento del Poder Ejecutivo con la orden operativa de la Corte. El Tribunal ya ha dedicado más tiempo a estas investigaciones que a las pruebas y argumentos sobre la cuestión de si una clase debe ser certificada. En cualquier caso, el gobierno ya ha confirmado que "dos vuelos que transportaban a extranjeros que estaban siendo expulsados bajo la AEA partieron del espacio aéreo de EE.UU. antes de la orden de la Corte de las 7:25 p.m. EDT."[259]

Como la Corte había fijado para los demandados el día 31 de marzo para que formularan buenos argumentos (*show cause*) sobre el porqué no habían violado las Ordenes *TRO* que había emitido el Juez, al no devolver a los miembros del grupo expulsados de los Estados Unidos en los dos primeros aviones que

[259] Véase el texto de este documento que está disponible en: https://storage.courtlistener.com/recap/gov.uscourts.dcd.278436/gov.uscourts.dcd.278436.56.0.pdf

partieron el 15 de marzo de 2025, mediante escrito de 25 marzo,[260] reiteraron que:

> "El gobierno no expulsó a ningún miembro del grupo de los Estados Unidos después de la entrada en vigor de las medidas cautelares de la Corte.
>
> Al sugerir una violación de las órdenes de esta Corte, los Demandantes no se han centrado en las órdenes de minuta escritas, que, como se explicó anteriormente, se respetaron plenamente, sino en las declaraciones orales que el Tribunal hizo durante el transcurso de la audiencia del 15 de marzo de 2025."

Argumentaron, en todo caso, en que existían "razones poderosas y de sentido común por las que solo las medidas cautelares escritas son vinculantes," señalando, además, que "en cualquier caso, el Presidente ya no necesitaba basarse en la Proclamación una vez que los vuelos habían salido de los Estados Unidos."

En todo caso, el lunes 31 de marzo el Secretario de Estado Marco Rubio anunció nuevas deportaciones de extranjeros para ser encarcelados en El Salvador, incluso indicando que algunos eran miembros del *Tren de Aragua*, pero sin especificar en ese caso que la base para la orden de deportación hubiese sido la aplicación de la Ley de Extranjeros Enemigos de 1798.[261]

---

260 Véase el texto de este documento que está disponible en: https://storage.courtlistener.com/recap/g

261 Véase "Rubio says 17 more 'violent criminals' sent to El Salvador prison. El Salvador President Nayib Bukele said the individuals are "confirmed murderers and high-profile offenders," en SrippNews, 31 marzo de 2025, disponible en: https://www.scrippsnews.com/politics/president-trumps-first-100-days/rubio-says-17-more-violent-crim inals-sent-to-el-salvador-prison; Ted Hesson y Susan Heavey, "US

El Juez Boasberg continuó realizando la investigación judicial sobre el posible desacato de su orden judicial, y por ejemplo, en la audiencia realizada para ello el día 31 de marzo de 2025, el Juez le hizo una serie de preguntas al abogado Ensing, quien era el abogado que había argumentado por el Gobierno en la audiencia inicial del 15 de marzo de 2025, tal como se narra en el siguiente reporte de prensa:

> "para determinar si la administración Trump se había apresurado en subir a los migrantes venezolanos a los aviones y los había sacado de la pista el 15 de marzo en un esfuerzo por evitar que su orden los detuviera.
>
> El juez Boasberg también interrogó a Ensign sobre un tema que era potencialmente aún más delicado: quién en la administración sabía de su orden cuando se dictó y quién, si es que había alguien, había dado instrucciones para que los aviones que transportaban a los migrantes a El Salvador no se devolvieran.
>
> Al encontrarse en el banquillo de los acusados, el señor Ensign tropezaba a menudo al tratar de responder a las preguntas del juez Boasberg. Dijo en repetidas ocasiones que no conocía las respuestas o afirmó que la información estaba protegida por el secreto profesional entre abogado y cliente.

---

deports more alleged gang members to El Salvador amid court fight," en *Reuters,* 31 marzo 2025, disponible en: https://www.reuters.com/world/americas/us-deports-more-alleged-gang-members-el-salvador-2025-03-31/

El juez Boasberg ha prometido "llegar al fondo" de la cuestión y, al finalizar la audiencia, dejó abierta la posibilidad de que haya más procedimientos o que pueda exigir el testimonio de algunos de los funcionarios involucrados en el asunto.

La cuestión de si alguien en la administración debe ser considerado en desacato a la corte es independiente del debate subyacente sobre si la Casa Blanca usó correctamente la ley de tiempos de guerra, conocida como la Ley de Enemigos Extranjeros, cuando deportó a El Salvador a unos 100 venezolanos acusados de ser miembros de una violenta pandilla callejera llamada Tren de Aragua [...].

El tema de quién podría haber estado involucrado resultó en algunas de las preguntas más agudas que el juez Boasberg le hizo a Ensign durante la audiencia del jueves.

Bajo presión, Ensign reconoció que después de que el juez emitió su orden inicial de detener los vuelos el mes pasado, envió un correo electrónico a funcionarios del Departamento de Estado y del Departamento de Seguridad Nacional. También admitió que había alertado a varios funcionarios de bajo nivel del Departamento de Justicia sobre el fallo; pero dijo que no recordaba si se lo había dicho a alguien más en el departamento, especialmente a los que ocupaban cargos más altos.

Además, el Sr. Ensign dijo que no tenía idea de quién había permitido que los aviones de migrantes continuaran su camino hacia El Salvador, lo que provocó una reacción incrédula del juez Boasberg.

–"¿Quién tomó la decisión de no decirles nada a los pilotos o de dejarlos continuar?"– preguntó el juez Boasberg.

"Su señoría, no lo sé" –replicó el señor Ensign–.

"¿Está usted aquí parado diciéndome que no tiene idea de quién tomó la decisión de no traer los aviones de regreso?", preguntó el Juez."[262]

En otra audiencia realizada el 10 de abril sobre el mismo tema, según reportó la prensa, el juez Boasberg dijo que pronto decidiría "si hay causa probable para declarar a la Administración en desacato por ignorar su orden del mes pasado que prohibió que unos 100 venezolanos deportados fueran trasladados a El Salvador. Un fallo de desacato representaría un nuevo nivel de tensión constitucional entre el poder judicial y la administración."[263]

2. *La decisión del Juez Federal sobre el desacato de su decisión*

Con fecha 16 de abril, el Juez Boasberg, como consecuencia de su investigación que plasmó en un extenso *Memorandum Opinion*,[264] en el cual, según se informó en la prensa, entre otros aspectos dio por sentado que:

"El Gobierno sabía a partir de esa mañana [del día 15 de marzo de 2025] que la Corte celebraría una audiencia para determinar si alguien bajo su custodia podría, de acuerdo con la ley, ser expulsado de conformidad con la Ley [de

262 Véase Alan Feuer, "Trump Likely Violated Order on Deportation, A Federal Judge Says," en *The New* York *Times*, 4 abril 2025, p. A17.

263 Véase Mattathias Schwartz y Alan Feuer, "Judge Trump Scorns as "Radical Left Lunatic" Has Conservative Ties," en *The New York Times*, 11 abril 2025, p. A16.

264 Véase el texto de este documento que está disponible en: https://storage.courtlistener.com/recap/gov.uscourts.dcd.278436/gov.uscourts.dcd.278436.81.0_5.pdf

Enemigos Extranjeros] y, sin embargo, se apresuró a cargar a las personas en los aviones y ponerlas en el aire."[265]

El Juez ese mismo día emitió una Orden terminante indicando que:

> "1. Si los Demandados optan por purgar su desacato, deberán presentar antes del 23 de abril de 2025, una declaración explicando los pasos que han tomado y tomarán para hacerlo; y 2. Si los Demandados optan por no purgar su desacato, deberán presentar, antes del 23 de abril de 2025, una declaración que identifique a la(s) persona(s) que, con conocimiento de la Orden de Restricción Temporal del Tribunal, tomó la decisión de no detener la transferencia de los miembros del grupo fuera de la custodia de los EE. UU. el 15 y 16 de marzo de 2025."[266]

En esta forma, el Juez de Distrito dejó claramente sentado en su *Memorandum Opinion*, que existía una "causa probable" para declarar al gobierno en desacato (*criminal contempt)* por desafiar su orden anterior de detener la deportación de inmigrantes venezolanos.

---

[265] Véase la información en Mariah Timmes y Jacob Gershan, "Judge Eyes Criminal Contempt For Trump Officials," *The Wal Street Journal,* 17 abril 2025, pp. A1 y A4.

[266] Véase el texto de esta Orden que está disponible en: https://storage.courtlistener.com/recap/gov.uscourts.dcd.278436/gov.uscourts.dcd.278436.80.0_2.pdf; igualmente en: https://www.courthousenews.com/wp-content/uploads/2025/04/boasberg-probable-cause-contempt-venezuela-deporations-order.pdf. Véase los comentarios en Alan Feuer, "Judge Warns White House On Contempt. A Threat to Investigate Deportation Flights," *The New York Times,* 17 abril 2015, p A1, A5.

El Juez precisó que "llegaba a tal conclusión a la ligera o precipitadamente; de hecho, ha dado a los demandados una amplia oportunidad para rectificar o explicar sus acciones. Ninguna de sus respuestas ha sido satisfactoria."[267]

El Juez declaró que la administración violó la orden de la Corte, enfatizando que la Constitución de Estados Unidos requiere el cumplimiento de las órdenes judiciales. El argumento fundamental de Boasberg radicó en el peligroso precedente que podría establecer el comportamiento de la Administración. Escribió:

> "Si una de las partes opta por desobedecer la orden, en lugar de esperar a que se revierta a través del proceso judicial, dicha desobediencia se castiga como desacato, a pesar de cualquier deficiencia revelada posteriormente en la orden. Es norma fundacional del *rule of law* (estado de derecho) responde no solo cómo puede proceder esta investigación de cumplimiento, sino por qué debe... La regla "refleja la creencia de que en la administración justa de la justicia ningún hombre puede ser juez en su propio caso", sin importar cuán "exaltada sea su posición" o "justos sus motivos".

La decisión concluyó advirtiendo al gobierno que purgue su desacato, afirmando que de lo contrario podría conducir a un enjuiciamiento.[268]

---

[267] Véase el texto de este documento que está disponible en: https://storage.courtlistener.com/recap/gov.uscourts.dcd.278436/gov.uscourts.dcd.278436.81.0_5.pdf

[268] *Idem*. Véase los comentarios en: Alanna Durkin Richer y Michael Kunzelman, "Judge finds cause to hold Trump administration in criminal contempt for violating deportation order," *AP*, 16 abril 2025, disponible en https://apnews.com/article/trump-deportees-el-salva dor-

3. *La apelación contra la Memorandum Opinion por ante la Corte de Apelaciones y las denuncias sobre el desacato*

Contra esta Orden y el *Memorandum Opinion* del Juez Boasberg del Distrito de Columbia, los demandados apelaron ante la Corte de Apelaciones con fecha 16 de abril de 2025,[269] confrontando al Juez y culpándolo en un escrito que consignaron el 18 de abril de 2025, de elevar las tensiones con el Gobierno y el Poder Judicial, solicitando a dicha Corte que evitara que el Juez abriera una extensa investigación sobre el posible desacato de la Administración a su orden judicial.[270]

Sobre esta decisión e incidente que apuntaba al posible desacato a la orden judicial del Juez Federal de Distrito, debe mencionarse, por su importancia, que el día 25 de junio de 2025 se dio cuenta en la prensa de la existencia de una queja formulada como *whistleblower,* contenida en un Informe de un ex funcionario del Departamento de Estado (Erez Reuveni), quien había ocupado el cargo de *Acting Deputy Director for the Office of Immigration Litigation of the Department of Justice,* del cual había sido despedido después de 15 años de servicios en el Departamento. En el Informe indicaba que un alto miembro del Departamento de Justicia (Emil Bove III) había dicho a sus subordinados que estaba dispuesto a desconocer e ignorar las órdenes

---

contempt-boasberg-da282511ac6f5c8dd19af620995ca440#; y Diamond McAllister, "US judge finds 'probable cause' to hold Trump administration officials in contempt for defying order to halt deportations" *Jurist-News*, 17 abril 2025, disponible en:https://www.jurist.org/news /2025/04/us-judge-finds-probable-cause-to-hold-trump-administration -officials-in-contempt-for-defying-order-to-halt-deportations/

269 Véase el texto de este documento que está disponible en: https://storage.courtlistener.com/recap/gov.uscourts.dcd.278436/gov.uscourts.dcd.278436.84.0_1.pdf

270 Véase la información en Alan Feuer, "Justice Dept. Blames Judge for Elevating Tensions With White House," en *The New York Times*, 19 de abril de 2025, p. A11.

judiciales en este caso dictadas el 14 de marzo de 2025, y otros casos, a los efectos de dar cumplimiento con la campaña de deportaciones ordenadas por el Presidente.[271]

Dicha queja del *whistleblower* fue consignada formalmente ante la Corte de Apelaciones del Distrito de Columbia el 26 de junio de 2025,[272] incluida en un extenso documento de fecha 24 de junio de 2025, enviado por el *Government Accountability Project* y el abogado de Erez Reuveni, al Inspector General del Departamento de Justicia y a los Comités de Justicia tanto del Senado como de la Cámara de Representantes; en el cual, en resumen, se indica lo siguiente:

> "Entre el 14 de marzo de 2025 y el 5 de abril de 2025, el Sr. Reuveni, casi inmediatamente después de recibir la notificación de su ascenso para servir como Director Adjunto Interino de la Oficina de Litigios de Inmigración OIL, se dio cuenta de los planes del liderazgo del Departamento de Justicia para resistir las órdenes judiciales que impedirían los esfuerzos potencialmente ilegales para deportar a los no ciudadanos, y además se dio cuenta de los detalles para ejecutar esos planes.
>
> El 4 de abril de 2025, después de plantear durante casi tres semanas, internamente a su cadena de mando, preocupaciones con respecto al cumplimiento del gobierno con las órdenes judiciales y sobre la franqueza con los tribunales, el Sr. Reuveni compareció en nombre del gobierno, en el caso del Sr. Kilmar Abrego García, ante la Jueza Paula

---

271 Véase la información en Devlin Barret, "Justice Dept. Official Discussed Defying Court, Complainy Says," en *The New York Times,* 25 junio 2025, pp. A1 y A15.

272 Véase el documento cuyo texto que está disponible en: https://storage.courtlistener.com/recap/gov.uscourts.dcd.278436/gov.uscourts.dcd.278436.158.0.pdf

Xinis, Jueza de la Corte de Distrito de los Estados Unidos en el Distrito de Maryland. Durante esa comparecencia, el Sr. Reuveni informó franca y sinceramente a la Corte, basándose en el expediente probatorio, que la deportación del Sr. Abrego García de los Estados Unidos fue un error. Más tarde, esa noche, el Sr. Reuveni rechazó las instrucciones de sus superiores de presentar un escrito tergiversando esos hechos ante el tribunal. Como resultado, el Sr. Reuveni fue puesto en licencia administrativa el 5 de abril de 2025 y su empleo finalmente terminó el 11 de abril de 2025."[273]

En el Informe del Sr. Reuveni, elaborado en ejercicio de sus derechos legales de poder hacer revelaciones tanto al Congreso, como al Departamento de Estado y a la Oficina del Inspector General, como se indica en el documento de consignación, se:

> "se revelan detalles de violaciones de la ley, normas o reglamentos, y del abuso de autoridad por parte del personal del Departamento de Justicia y de la Casa Blanca, así como la creación de amenazas sustanciales y específicas para la salud y la seguridad de las personas no ciudadanas. Este personal gubernamental de alto nivel desafió a sabiendas y deliberadamente las órdenes judiciales, ordenó a sus abogados subordinados que hicieran declaraciones falsas ante los tribunales y participó en un plan para retener información relevante de la Corte para promover la prioridad de la Administración de deportar a los no ciudadanos."

---

[273] Todo lo dicho por el Sr. Reuveni lo ratificó públicamente en entrevista dada al diario *The New York Times,* publicada el 11 de julio de 2025. En la misma expresó su disposición de testificar ante el Congreso o ante la Corte Federal sobre lo que describió como "el esfuerzo intencional de la Administración de ignorar a los jueces y el derecho al debido proceso de cientos de migrantes." Véase en Devlin Barrett, "Justice Dept. Whistler-Blower Warns of Administration's Assailt of Law," *The New York Times,* 11 julio 2025, p. A15.

El mismo día 25 de junio en el cual se hizo público la queja del *whisperblower*, en una audiencia realizada ante el Comité de Justicia del Senado para considerar precisa y coincidencialmente la nominación del propio Sr. Emil Bove III para ocupar un cargo en la Corte de Apelaciones de Philadelphia para el cual había sido propuesto por el Gobierno,[274] dicho funcionario negó la información de la queja del *whistleblower* afirmando que no había instruido a ningún funcionario del Departamento de Justicia que violara las órdenes judiciales.[275]

Posteriormente se conoció, incluso, que hubo otro informe de otro funcionario formulado también como queja de *whistleblower,* denunciando la conducta del Sr. Bove III, que había sido presentado dos meses atrás, ante el competente Inspector General del Departamento de Justicia, pero el cual permaneció archivado y sobre lo cual el Departamento no tomó decisión alguna.[276]

---

[274] Véase sobre ello los comentarios de David French, "Trump Wants One of His Lawyers to be One of His Judges," *The New York Times*, 30 junio 2025, p. A23; Jeffrey Toobin, "Emil Bove Is Trump's Revenge on the Law," *The New York Times*, 17 julio 2025, p. A10; y el Editorial Ëmil Bove and the Trump Judiciary," *The Wall Street Journal*, 18 julio 2025, p. A14.

[275] Véase Corinne Ramey, "Bove Defends DOJ Tenure in Hearing," en *The Wall Street Journal*, 26 junio 2025, p. A3; y Devlin Barret, "Official Denies Suggesting Justice Dept. Ignore Court Orders," en *The New York Times*, 26 junio 2025, p. A13.

[276] Véase la Información en Devlin Barret, "Whistle-Blower Filing About Justice Dept. Was Lost for Months," *The New York Times*, 2 agosto 2025, p. A12.

A pesar de todo esos elementos, al final, con voto partisano, el abogado Bove III fue designado Juez en la Corte de Apelaciones del Tercer Circuito de los Estados Unidos,[277] desechándose las denuncias sobre sus sugerencias de ignorar las decisiones judiciales en el caso de las deportaciones masivas del 15 de marzo de 2025, sobre lo cual, como justificación, un miembro del Senado afirmó que "incluso si se aceptasen la mayoría de las quejas como ciertas, todavía no serían un escándalo."[278] Sobre ello, un antiguo Juez Federal, J. Michael Luttig, señaló que se trataba de "la mayor corrupción del poder judicial federal y el Estado de derecho."[279]

El tema era de la primera importancia, por lo que no debe dejarse de destacar los detalles específicamente relacionados con el caso llevado por el Juez Boasberg, en el sentido de que el mismo día 14 de marzo de 2025 cuando comenzó el proceso de deportación masiva de venezolanos, según informó el abogado Reuveni como *whistlerblower*, en una reunión de abogados del gobierno a la cual fue convocado, el Sr. Bove III informó que:

---

277 Véase la Información en Corinne Ramey, "Trump Wins Fight To Confirm Bove As Federal Judge," *The Wall Street Journal*, 30 agosto 2025, p. A3; y Devlin Barrett, "Bove Confirmed to Appeals Court Seat," *The New York Times*, 31 agosto 2025, p. A13.

278 Véase la información en Devlin Barret, "Iowa Swenaor, a Champioon of Whistle-Blowers, Spurns Them in the Fight Over Bove," *The New York Times*, 31 julio 2025, p. A13.

279 Véase en Jess Bidgood, "How Trump Is Attacking the Legal System, via the Legal System," *The New York Times*, 30 julio 2025, disponible en: https://www.nytimes.com/2025/07/30/us/politics/trump-legal-sys tem.html La situación del Juez Bove III, para fines de Agosto de 2025, no era incluso todavía clara, pues a pesar de ya haber sido designado Juez, continuaba asistiendo al Departamento de Justicia. Véase por ejemplo lo informado por Devlin Barrett, "Bove Appears to Disregard Conduct Code For Judiciary, "*The New York Times*, 30 agosto 2025, p.A12.

"la Proclamación de la AEA pronto se firmaría y que uno o más aviones con individuos sujetos a la AEA despegarían durante el fin de semana, es decir, el sábado 15 y el domingo 16 de marzo, [...] enfatizando a todos los asistentes que *los aviones necesitaban despegar sin importar que.*

A continuación, Bove hizo una observación sobre la posibilidad de que una orden judicial prohibiera esas deportaciones antes de que pudieran llevarse a cabo. Bove III declaró que el Departamento de Justicia tendría que considerar decirles a los tribunales "*fuck you*" ("jodete") e *ignorar cualquier orden judicial de este tipo*.

El Sr. Reuveni percibió que otros en la habitación parecían atónitos, y observó miradas incómodas y nerviosas entre las personas en la sala. El silencio se apoderó de la sala. El Sr. Reuveni y otras personas fueron sacados rápidamente de la habitación. A pesar de la directiva de Bove, el Sr. Reuveni abandonó la reunión entendiendo que el Departamento de Justicia le diría al Departamento de Seguridad Interior que siguiera todas las órdenes judiciales.

El Sr. Reuveni quedó atónito por la declaración de Bove porque, hasta donde él sabía, nadie en el liderazgo del Departamento de Justicia, en ninguna Administración, había sugerido nunca que el Departamento de Justicia pudiera ignorar descaradamente las órdenes judiciales, especialmente con un "*fuck you*" ("jodete").

El Sr. Reuveni estaba incrédulo, porque, por el contrario, el Departamento de Justicia aconseja constantemente a sus clientes de su obligación de seguir las órdenes judiciales, y no ignorarlas. El Sr. Reuveni sabía que era absurdo e ilegal hacer lo contrario, una proposición de la que el Sr. Reuveni se sintió aún más seguro después de una breve conversación con su supervisor, August Flentje, poco después de la reunión."[280]

Según se indica en la queja, durante las tres semanas siguientes, el Sr. Reuveni fue testigo de todos los esfuerzos del Gobierno por no cumplir las órdenes judiciales, explicando incluso con todo detalle lo sucedido durante la audiencia judicial del día 15 de marzo ante el Juez Boasberg, en la forma siguiente:

> "A las 6:14 p.m., mientras continuaba la audiencia, el Sr. Reuveni, nuevamente escuchando en la línea pública, envió un correo electrónico a los abogados de las *DHS Office of General Counsel, ICE Office of the Principal Legal Advisor (OPLA), and the DOS Office of Legal Advisor* informándoles junto con otros abogados del Departamento de Justicia, que el Juez está certificando una clase a nivel nacional mientras hablamos. Es probable que sea inminente una TRO en toda la clase".
>
> A las 6:44 p.m., el Sr. Reuveni envió un correo electrónico de seguimiento: "El juez está emitiendo actualmente una TRO para toda la clase. ¿Pueden las personas confirmarnos si en este momento algún individuo sujeto a la AEA está siendo preparado para su expulsión, o si actualmente está en el aire como parte de la remoción (pero aún no ha aterrizado y desembarcado)?"

---

280 Véase el texto del documento que está disponible en: https://storage.courtlistener.com/recap/gov.uscourts.dcd.278436/gov.uscourts.dcd.278436.158.1.pdf . Esta declaración fue confirmada por otro funcionario del Departamento de Justicia, en otra queja formulada ante el Departamento como whisperblower. Véase la información en: Annie Grayer,, "Another whistleblower claims that top DOJ official suggested department could ignore court orders," en *CNN*, 27 julio 2025, disponible en: https://amp.cnn.com/cnn/2025/07/27/politics/jus tice-department-official-second-whistleblower

> A las 6:44 p.m., el Sr. Reuveni envió un mensaje de texto a su supervisor, el Sr. Flentje, haciendo referencia al comentario de Bove del 14 de marzo de 2025 de que podría ser necesario decirle a un tribunal "vete a la mierda". El Sr. Flentje reconoció el comentario de Bove con una broma que hacía referencia a la posibilidad de que él o el Sr. Reuveni pudieran ser despedidos, implícitamente por informar sobre sus preocupaciones sobre la cadena de mando de que una orden judicial podría haber sido violada.
>
> A las 6:46 p.m., el Sr. Reuveni envió un correo electrónico al DHS con el contenido de la orden oral del juez Boasberg con respecto a la certificación de clase y una TRO: "La clase es 'todos los no ciudadanos bajo custodia de los EE. UU. sujetos a la AEA', se emitirá una orden minuciosa con más detalles. Por favor, confirme la recepción de este correo electrónico y háganoslo saber lo antes posible sobre las preguntas a continuación sobre las eliminaciones que aún no se han efectuado, incluidas las que involucran a personas en el aire". A las 6:48 p.m., el Sr. Reuveni envió otro correo electrónico: "Perdón por todos los correos electrónicos. Último correo electrónico: el juez nos ordenó específicamente que no elimináramos a nadie de la clase y que devolviéramos a cualquiera en el aire."

Como es sabido, el Juez Boasberg dictó su *TRO*, en la audiencia oral, explicando que la Corte estaba "obligada a actuar de inmediato" y no podía "esperar más," particularmente a la luz de "la información de los demandantes, no refutada por el gobierno, de que los vuelos están saliendo activamente y planean partir," instruyendo al Sr. Ensign, abogado del gobierno:

"informar a sus clientes de esto de inmediato, y que cualquier avión que contenga a estas personas que vaya a despegar o esté en el aire debe ser devuelto a los Estados Unidos, pero esas personas deben ser devueltas a los Estados Unidos".

De acuerdo con la queja sobre la actuación del Sr. Reuveni

"A las 7:04 p.m., el Sr. Reuveni envió el siguiente correo electrónico a DHS y DOS: "Mientras esperamos la orden escrita [de la Corte], aclarando nuestra comprensión de la *injunction* [medida cautelas] tal como se aclara al final. Nadie sujeto a AEA en nuestra custodia puede ser expulsado. Y cualquier persona que se encuentre en el aire debe ser devuelta, a menos que tenga un título 8 de orden final [de inmigración]. Por favor, confirme la recepción y háganos saber si algo está sucediendo algo. Gracias."[281]

Este documento, sin duda, fue de extrema importancia en la incidencia judicial sobre el desacato de la *TRO* dictada inicialmente por el Juez Boasberg el 15 de marzo de 2025, habiéndose el Gobierno opuesto mediante comunicación a la Corte de fecha 26 de junio, a su consignación ante la Corte, considerándola impropia y solicitando no fuera tomada en cuenta.[282]

4. *La sentencia de la Corte de Apelaciones*

Con fecha 8 de agosto de 2025, la Corte de Apelaciones del Circuito del Distrito de Columbia, integrada por los Jueces Gregory Katsas, Neomi Rao y Cornelia Pillard dictó sentencia en el

---

281 Véase el texto del documento que está disponible en: https://storage.courtlistener.com/recap/gov.uscourts.dcd.278436/gov.uscourts.dcd.278436.158.1.pdf

282 Véase el texto del escrito de oposición que está disponible en: https://storage.courtlistener.com/recap/gov.uscourts.dcd.278436/gov.uscourts.dcd.278436.159.1.pdf

caso de la apelación contra la sentencia del Juez Boasberg de la Corte Federal del Distrito de Columbia que había determinado que había una probable causa para enjuiciamiento de funcionarios por desacato a la *Temporary Restricting Order* que había dictado el 15 de marzo de 2025.

La Corte de Apelaciones, con el voto favorable de los Jueces Katsas y Rao, concluyó, en definitiva, admitiendo la solicitud del gobierno formulada luego de la apelación en el sentido de emitiera un *writ of mandamus,* acordando poner fin al procedimiento criminal por desacato. Los jueces de la mayoría concluyeron que el gobierno había cumplido con los estrictos requisitos para una orden de *mandamus*, anulando en consecuencia la orden de causa probable de desacato determinada por la Corte Federal. El razonamiento de la Corte se resume en el siguiente párrafo del voto concurrente del Juez Katsas a la sentencia

> "Al final de esta disputa se encuentra una pregunta mucho más simple. Según sus términos, la TRO prohibió al gobierno "remover" a los presuntos miembros de TdA. Esta prohibición podría interpretarse de dos maneras. Podría haber prohibido al gobierno simplemente expulsar a los detenidos del territorio de los Estados Unidos. O podría haber prohibido al gobierno entregar la *custodia* de los detenidos a un soberano extranjero. Todos están de acuerdo en que el gobierno no violó la TRO bajo el primer punto de vista, por lo que la cuestión del desacato se reduce a una disputa interpretativa directa sobre lo que constituía "remover" dentro del significado de la TRO. A los efectos del desacato penal, las ambigüedades en la orden judicial subyacente deben resolverse a favor del presunto desacatante. En el momento del presunto desacato, pocas horas después de la audiencia de TRO y antes de que se dispusiera de una transcripción de la misma, la orden minuciosa del tribunal de

distrito podría haberse leído razonablemente de cualquier manera. Por lo tanto, la TRO no puede respaldar aquí una condena penal por desacato."[283]

El Juez Katsas, en su voto, consignó diversas opiniones sobre el caso, afirmando, por ejemplo, que "este caso involucra deportaciones bajo la Ley de Enemigos Extranjeros, que se aplica solo *en tiempos de guerra o si una nación extranjera* ha amenazado con una incursión depredadora "contra el territorio de los Estados Unidos." (p.14)

Además, para el momento en que se dictó la sentencia, la había ocurrido la liberación de los encarcelados en El Salvador, sobre lo cual el Juez indicó que "Mientras estas mociones estaban pendientes, El Salvador liberó a los miembros de la clase de CECOT y los transfirió a Venezuela como parte de un intercambio de prisioneros" (p. 10).

La Jueza Rao, por su parte, en el voto concurrente, consideró que la orden del Juez Federal había sido un "claro abuso de discreción" al pretender desarrollar un procedimiento criminal de desacato en relación con una *TRO* que ya había sido anulada por la Corte Suprema, y considerando que "la Corte de Distrito utilizó la amenaza de desacato penal para obligar al Poder Ejecutivo a cumplir con una orden que no tenía autoridad para hacer cumplir" (p. 21).

---

283 Véase el texto de la sentencia que está disponible en: https://media.cadc.uscourts.gov/opinions/docs/2025/08/25-5124-2129262.pdf Véase los comentarios a la sentencia en Joshua Villanueva, "DC Circuit halts contempt case over Tren de Aragua deportations," en *Jurist News,* 9 agosto 2025, disponible en: https://www.jurist.org/news/2025/08/dc-circuit-halts-contempt-case-over-tren-de-aragua-deportations/

Por su parte, el Juez Pillard, en su voto disidente, consideró que los dos jueces de la mayoría habían incurrido en un error, que no había ambigüedad alguna en la TRO, y que "la autoridad de la Corte de distrito para encontrar una causa probable de que ocurrió un desacato penal está bien establecida, y no se ve disminuida por la decisión de la Corte Suprema," expresando como cuestión de principio que:

> "El Estado de derecho depende de la obediencia a las órdenes judiciales. Sin embargo, poco después de que la Corte de distrito concediera la moción de emergencia de los demandantes para una orden de restricción temporal, los demandados parecen haberla desobedecido. Nuestro sistema de tribunales no puede durar mucho tiempo si los litigantes decepcionados desafían las órdenes judiciales con impunidad en lugar de desafiarlas legalmente. Es por eso por lo que la desobediencia intencional de una orden judicial se castiga como desacato penal." (p. 1).

Principios éstos que ratificó el Juez Pillard al final de su voto, así:

> "Es un precepto legal fundamental que toda orden judicial 'debe ser obedecida', sin importar cuán 'errónea' pueda ser', hasta que un *tribunal* la revoque". *J.G.G.*, 2025 WL 1119481, en *1 (citando a *Walker*, 388 U.S. en 314) (énfasis en el original). Esa regla "refleja la creencia de que en la administración justa de la justicia ningún hombre puede ser juez en su propio caso", sin importar cuán "exaltado sea su puesto" o "justos sus motivos". *Walker*, 388 U.S. en 320-21" (p. 50).

Sobre la decisión de la Corte de Apelaciones, la *Attorney General* Pam Bondi la consideró "como una "gran victoria," y caracterizó el comportamiento del Juez Boasberg como "extralimitación judicial fallida en su peor momento."[284]

V. OTRAS INCIDENCIAS PROCESALES ANTE LA CORTE DE DISTRITO

1. *Sobre la petición para la emisión de una preliminary injunction en el caso*

Con fecha 28 de marzo, los demandantes, que fueron identificados como una "clase provisional de todos los no ciudadanos bajo custodia de los EE. UU. que están sujetos a la Proclamación del Presidente y su implementación, y por lo tanto en riesgo inminente de expulsión inmediata y sumaria de los Estados Unidos de conformidad con el uso de la Ley de Enemigos Extranjeros, aplicada por primera vez en la historia del país, contra un actor no estatal y fuera del contexto de la guerra," solicitaron de la Corte de Distrito la emisión de una *'Preliminary Injunction'* que prohíba a los Demandados implementar la Proclamación del Presidente ("Invocación de la Ley de Enemigos Extranjeros con respecto a la invasión de los Estados Unidos por el Tren de Aragua, 15 de marzo de 2025)," considerando que la misma "viola patentemente el texto claro de la ley y excede la autoridad limitada otorgada al Poder Ejecutivo por el Congreso," y además de viola la Ley de Procedimientos Administrativos y la Ley de Nacionalidad e Inmigración que obligan al gobierno "a brindar la oportunidad a las personas de

---

284 Véase los comentarios a la sentencia y las referencias sobre la misma en: Mattathias Schwartz, "Judge's Contempt Inquiry Of Trump Officials is Blocked," *The New York Times*, 9 agosto 2025, p. A16.

Caso para solicitar ayuda humanitaria en los Estados Unidos," y a respetar "del debido proceso."[285]

Como lo completaron los demandantes en el *Memorandum* de apoyo a su petición,

> "La Proclamación sin precedentes en el centro de este caso, es ilegal porque la Ley de Enemigos Extranjeros es una medida de guerra que no se puede usar donde, como aquí, no hay una "invasión o incursión depredadora" ni un acto tal perpetrado por una "nación o gobierno extranjero". E, incluso, si pudiera usarse contra una "pandilla" criminal no militar en tiempos de paz, se debe proporcionar a las personas seleccionadas una oportunidad significativa de impugnar si caen dentro del alcance de la Proclamación. Esto es particularmente cierto dado el creciente número de miembros de la clase que cuestionan las acusaciones del gobierno de afiliación a pandillas. Por estas y otras razones, es probable que los demandantes tengan éxito en cuanto al fondo."[286]

Para apoyar la argumentación, los demandantes presentaron diversos testimonios, y argumentaron, además, que en ausencia de una orden judicial de *Preliminary Injunction*, los demandantes sufrirían un daño grave e irreparable, "como lo demuestran los miembros del grupo que ya han sido expulsados y condenados a cadena perpetua en una prisión salvadoreña sin haber sido notificados ni haber tenido la oportunidad de impugnar la designación del gobierno."

---

[285] Véase el texto de este documento que está disponible en: https://storage.courtlistener.com/recap/gov.uscourts.dcd.278436/gov.uscourts.dcd.278436.67.0.pdf

[286] Véase el texto de este documento que está disponible en: https://storage.courtlistener.com/recap/gov.uscourts.dcd.278436/gov.uscourts.dcd.278436.67.1.pdf

Con fecha 7 de abril de 2025, la *Attorney General* y otros abogados del Gobierno, acudieron ante el Juez Federal Boasberg de Columbia notificándole de la sentencia de la Corte Suprema de esa fecha, que había revocado la *TRO*, solicitándole que "desestimara" el caso ante la Corte "por falta de jurisdicción," alegando, además, que "la decisión de la Corte Suprema eliminaba el fundamento de la orden de la Corte Federal de mostrar causa, que por lo tanto también debe ser eliminada."[287]

Con base en lo decidido por la Corte Suprema, el Juez Federal Boasberg entonces emitió el 8 de abril de 2025, la siguiente Orden, que:

> "En el fallo de ayer en el cual anuló las *TRO* de esta Corte, la Corte Suprema sostuvo que los demandantes no pueden ser deportados bajo la Ley de Enemigos Extranjeros sin la oportunidad de impugnar su expulsión en un tribunal federal. También determinó que el lugar apropiado para tales procedimientos es el Distrito Sur de Texas o donde sea que los Demandantes se encuentren actualmente detenidos. En consecuencia, este Tribunal ORDENA que: 1) Se ANULE la audiencia de hoy para la *preliminary injunction*; y 2) Los demandantes deberán presentar una Notificación antes del 16 de abril de 2025, indicando si creen que todavía tienen una base para proceder con su Moción de *Preliminary Injunction* en este Tribunal y, de ser así, proponiendo un calendario de sesiones informativas."[288]

---

[287] Véase el texto de este documento que está disponible en: https://www.courtlistener.com/docket/69741724/78/jgg-v-trump/

[288] Véase el texto de este documento que está disponible en: https://www.courtlistener.com/docket/69741724/jgg-v-trump/#minute-entry-419399699

Con fecha 25 de abril de 2025, los demandantes presentaron ante la Corte Federal la moción para una *preliminary injuntion* "para evitar más daños a los peticionarios y a dos subclases que ya enfrentan o enfrentan inminentemente daños graves e irreparables por el uso ilegal de la Ley de Enemigos Extranjeros por parte del gobierno para expulsar sumariamente a personas de los Estados Unidos y encarcelarlas en El Salvador,"[289] a cuyo efecto reconfiguraron las clases de accionantes.

Solicitaron, en efecto, que la "clase" previamente certificada que era la que abarcaba a:

> "Todos los no ciudadanos bajo custodia de los EE. UU. que están sujetos a la Proclamación Presidencial del 15 de marzo de 2025 titulada 'Invocación de la Ley de Enemigos Extranjeros con respecto a la invasión de los Estados Unidos por el Tren de Aragua' y su implementación,"

se cambiará a la siguiente definición de clase:

> "Todos los no ciudadanos que estuvieron, están o estarán sujetos a la Proclamación Presidencial de marzo de 2025 titulada "Ley de Invocación de Enemigos Extranjeros con respecto a la invasión de los Estados Unidos por el Tren de Aragua" y/o su implementación."

Solicitando además que la Corte certificara las siguientes subclases de demandantes:

> "*Subclase* 1 ("*Subclase CECOT*"): Todos los no ciudadanos bajo custodia en el Centro de Confinamiento por Terrorismo ("CECOT") en El Salvador que estuvieron, están o estarán sujetos a la Proclamación Presidencial de marzo

---

[289] Véase el texto de este documento que está disponible en: https://storage.courtlistener.com/recap/gov.uscourts.dcd.278436/gov.uscourts.dcd.278436.102.0.pdf

de 2025 titulada "Ley de Invocación de Enemigos Extranjeros con respecto a la invasión de los Estados Unidos por el Tren de Aragua" y / o su implementación."

"*Subclase 2* ("*Subclase de Custodia Criminal*"): Todos los no ciudadanos bajo custodia penal que estuvieron están o estarán sujetos a la Proclamación Presidencial de marzo de 2025 titulada "Invocación de la Ley de Enemigos Extranjeros con respecto a la invasión de los Estados Unidos por el Tren de Aragua" y / o su implementación."[290]

A la petición, se opusieron los abogados del Gobierno mediante Memorandum de fecha 1 de mayo de 2025, alegando de nuevo la falta de jurisdicción de la Corte Federal, y la falta de méritos de la petición, en particular, afirmaron porque "los Estados Unidos han proporcionado y seguirán proporcionando el debido proceso legal."[291]

A dicha oposición los demandantes presentaron escrito de fecha 5 de mayo de 2025 refutando los argumentos esgrimidos y ratificando su petición de quela Corte otorgara la *Preliminary Injunction* solicitada, alegando en resumen que, tal como lo ha reconocido la Corte, los demandantes "enfrentan daños graves e irreparables mientras permanezcan en una prisión salvadoreña notoria o sean amenazados con la expulsión sumaria en virtud de la *AEA*."

Destacaron, además que, desde el escrito inicial de los peticionarios del 15 de marzo de 2025, en litigios relacionados, la Corte del Distrito Sur de Texas emitido una decisión de

---

290 Véase el texto de este documento que está disponible en: https://storage.courtlistener.com/recap/gov.uscourts.dcd.278436/gov.uscourts.dcd.278436.103.0.pdf

291 Véase el texto de este documento que está disponible en: https://storage.courtlistener.com/recap/gov.uscourts.dcd.278436/gov.uscourts.dcd.278436.108.0.pdf

reparación de clase, considerando en cuanto al fondo que la Proclamación no cumple con los requisitos legales previos para invocar la AEA porque no hay invasión ni incursión depredadora. También mencionaron que la Corte Federal del Décimo Circuito igualmente rechazó recientemente la solicitud del gobierno de suspender un fallo de *TRO* sobre el fondo en el que el distrito también encontró que no hay invasión o incursión.

En consecuencia, dada la probabilidad de éxito en los méritos de cualquiera de las múltiples reclamaciones y el grave daño que enfrentan los peticionarios y las subclases, alegaron que se justificaba la adopción de una *preliminary injunction,* agregando que consideraban que no tenían dudas de que la Corte tiene jurisdicción y autoridad para ordenar al gobierno que tome medidas para traer a las personas de regreso desde el CECOT de El Salvador.[292]

A tal efecto, luego de que los demandados se opusieron a la calificación de clases de demandantes que se había solicitado ante el Juez de Distrito, el día 7 de mayo se realizó la audiencia ante el mismo Juez Boasberg, para oír los alegatos de las partes sobre la moción presentada para una *Temporary Restraining Order*.

2. *Sobre la determinación del tipo de custodia constructiva que los Estados Unidos tenía sobre los detenidos en El Salvador*

En la audiencia de mayo de 2025, según se reportó en la prensa,[293] el Juez Boasberg, en particular, preguntó sobre si el

292 Véase el texto de este documento que está disponible en: https://storage.courtlistener.com/recap/gov.uscourts.dcd.278436/gov.uscourts.dcd.278436.111.0.pdf

293 Véase Kyle Cheney y Josh Gerstein, "Judge Boasberg grills DOJ on Trump's comments about El Salvador deportations," en Político, 7 mayo 2025, disponible en: https://www.politico.com/news/2025/05/07/boasberg-trump-deportations-00334840

gobierno de los Estados Unidos mantenía alguna "custodia constructiva" respecto de los cerca de 140 inmigrantes venezolanos que fueron rápidamente deportados a El Salvador, y si así fuera, si sería posible traerlos de regreso para recibir un debido proceso, que el abogado del Gobierno (Kambli) reconoció que no habían tenido.

Para ello, el Juez se refirió a un entonces reciente comentario del Presidente Trump en un programa de televisión en el cual afirmó que él podía "con una llamada telefónica, persuadir a El Salvador para que devuelva a un salvadoreño deportado ilegalmente, Kilmar Abrego García, a los Estados Unidos," lo que consideró parecía contradecir "la posición legal del gobierno de que no tenía autoridad para devolver a Abrego García ni a cientos de otros inmigrantes que Estados Unidos envió allí en las últimas semanas, a pesar de las crecientes preguntas sobre la legalidad de la operación."

Por ello, le preguntó al abogado del gobierno si el Presidente estaba diciendo la verdad, siendo la respuesta del abogado, quien había sido colocado en una situación complicada, que ello se refería "a la creencia del presidente sobre la influencia que tenía," agregando que "influencia no es igual a control."[294] El Juez no decidió, como lo habían solicitado los abogados de los demandantes, ordenando que los venezolanos detenidos y deportados fueran devueltos a los Estados Unidos desde El Salvador, e instó a los abogados de los demandados a presentar las

294 *Idem.* Véase otros reportaje sobre la audiencia en : Breanne Deppisch y Jake Gibson, "Boasberg grills DOJ over remarks from Trump and Noem, floats moving migrants to Gitmo in action-packed hearing," en *FoxNews,* 7 mayo 2025, disponible en: https://www.foxnews.com/politics/boasberg-grills-doj-over-remarks-from-trump-noem-floats-moving-migrants-gitmo-action-packed-hearing.amp

declaraciones que estimaran con respecto a si los Estados Unidos tienen una custodia constructiva sobre el CECOT.[295]

Con fecha 10 de mayo de 2025 los abogados del gobierno informaron formalmente al Juez de Distrito que en cumplimiento de la orden del Tribunal del 8 de mayo de 2025, habían consignado documentos, aun cuando con una moción de ser sellados, en los cuales se proporcionaba "evidencia adicional y suficiente de que Estados Unidos no tiene una custodia constructiva sobre los detenidos en el CECOT de El Salvador," estimando que con ello, Demandados no creían que fuera "necesario un mayor descubrimiento *(discovery)* jurisdiccional.[296]

Al contrario, los abogados de los demandantes presentaron ante el Juez con fecha 12 de mayo, una nota indicando que aun cuando el expediente actual había suficiente documentación de pruebas para establecer la jurisdicción del tribunal para decidir, sin embargo, propusieron a la Corte la siguiente solicitud de *jurisdictional Discovery*, en la cual formularon las siguientes mociones de admisión por parte del Gobierno (los demandados), sobre los siguientes hechos:

> "1. Admitir que los Estados Unidos solicitó a El Salvador que los Peticionarios del Grupo CECOT (en adelante "Peticionarios") fueran detenidos en El Salvador. 2. Admitir que los Estados Unidos se comprometieron a proporcionar a El Salvador fondos que aún no ha proporcionado, en reconocimiento de la cooperación de El Salvador en la detención de presuntos miembros del Tren de Aragua. 3.

295 Véanse los comentarios sobre lo argumentado en la audiencia en Alan Feuer, "Judge Wants More Facts on Migrant.s Removal," *The New York Times,* 9 mayo 2025, p. A15.

296 Véase la nota de los abogados del gobierno que está disponible en: https://storage.courtlistener.com/recap/gov.uscourts.dcd.278 436/gov.uscourts.dcd.278436.120.0.pdf

Admitir que, antes de la deportación de los peticionarios, Estados Unidos estaba al tanto de que los peticionarios serían detenidos en CECOT una vez que fueran trasladados a El Salvador. 4. Admitir que los Estados Unidos, actuando de conformidad con la Ley de Enemigos Extranjeros, decidieron que cada uno de los peticionarios debían ser enviados a El Salvador. 5. Admitir que El Salvador no solicitó que se enviara a ningún peticionario en particular a El Salvador. 6. Admitir que antes de la llegada de los peticionarios a El Salvador el 15 y 16 de marzo de 2025, El Salvador no había acusado a ninguno de los peticionarios de delito alguno. 7. Admitir que antes de la llegada de los peticionarios a El Salvador el 15 y 16 de marzo de 2025, El Salvador no había condenado a ninguno de los peticionarios por delito alguno. 8. Admitir que el presidente Trump declaró a ABC News el 29 de abril de 2025 que podría asegurar el regreso del Sr. Kilmar Abrego García a los Estados Unidos desde El Salvador. 9. Admitir que los Estados Unidos no han solicitado el retorno de ningún peticionario de El Salvador a Estados Unidos. 10. Admitir que los Estados Unidos no ha tomado ninguna medida para obtener el regreso de ningún peticionario de El Salvador a Estados Unidos. 11. Admitir que el Vicepresidente de El Salvador dijo en una entrevista que El Salvador está prestando un "servicio" a los Estados Unidos al detener a los peticionarios en el CECOT. 12. Admitir que el Vicepresidente de El Salvador dijo en una entrevista que el estatus de los detenidos enviados a El Salvador es evaluado por el país que envía a los detenidos."[297]

---

[297] Véase los documentos que están disponibles en: https://www.courtlistener.com/docket/69741724; y https://storage.courtlistener.com/recap/gov.uscourts.dcd.278436/gov.uscourts.dcd.278436.125.1_1.pdf

Los demandados se opusieron a estos requerimientos, alegando que la Corte debía rechazarlos, porque con las pruebas que ya han consignado ante el Juez se comprueba "que los Estados Unidos no tienen la custodia de la clase CECOT", y que ahora comprueban definitivamente que "El Salvador no es "un agente o intermediario indiferente a la detención del o los presos." Alegaron además, que muchas de las peticiones de los demandantes "implican áreas debidamente protegidas por el privilegio ejecutivo, el privilegio de comunicaciones presidenciales, el privilegio de secretos de Estado y el privilegio del proceso deliberativo."[298] Para apoyar su afirmación, los demandados presentaron la declaración jurada, censurada, de Michael G. Kozak, del Departamento de Estado en la cual expresó, entre otros aspectos, que tenía entendido "que la detención y la disposición final de las personas detenidas en el CECOT y otros centros de detención salvadoreños son asuntos que entran dentro de la autoridad legal de El Salvador de conformidad con sus obligaciones jurídicas nacionales e internacionales," y que "El Salvador formula sus propias determinaciones con respecto a si acepta o rechaza las solicitudes de los Estados Unidos, al igual que los Estados Unidos formulan sus propias determinaciones con respecto a las solicitudes de El Salvador."[299]

En la misma fecha de 14 de mayo de 2025, los demandantes presentaron ante la Corte su respuesta en apoyo a la moción de certificación de las dos clases de demandantes formulada, argumentando que la Corte tenía jurisdicción respecto de las peticiones de las dos clases de demandantes y que todos los miembros de ambas clases habían formulado idéntica recla-

---

298 Véase el texto del escrito de 14 de mayo de 2025, que está disponible en: https://storage.courtlistener.com/recap/gov.uscourts.dcd.278436 / gov.uscourts.dcd.278436.126.0.pdf

249 *Idem*

mación legal respecto de la aplicación de la Proclamación del 14 de marzo. Argumentaron, en esencia que el tema de

> "si la AEA fue invocada correctamente o si las expulsiones bajo la AEA pueden eludir las leyes de inmigración son preguntas comunes que generarían respuestas comunes en cuanto a todos los miembros de ambas clases, independientemente de cualquiera de las distinciones fácticas destacadas por los Demandados. Lo mismo puede decirse de las reclamaciones de debido proceso de los peticionarios, que desafían las políticas comunes que operan contra los miembros de cada clase."[300]

Resumieron la situación de las dos clases así: "A los miembros de la Clase CECOT ya se les ha aplicado la Proclamación en su contra sin el debido proceso y ahora están encarcelados en El Salvador a instancias de los Estados Unidos. Del mismo modo, los miembros de la Clase de Custodia Penal están designados como "enemigos extranjeros" en virtud de 50 U.S.C. § 21 y, por lo tanto, están sujetos a la expulsión en virtud de la Proclamación en cualquier momento, incluso con un aviso de tan solo 12 horas. Por lo tanto, los peticionarios satisfacen la comunalidad, la tipicidad y el estándar de la Regla 23(b)(2)."

Y precisaron, además, sobre la necesidad de la calificación de clases en el hecho de que:

> "si los no ciudadanos de cualquiera de las clases se vieran obligados a proceder a través de peticiones individuales de *habeas corpus*, la gran mayoría probablemente no podría obtener control judicial. Los miembros de la Clase

---

300 Véase el texto del documento que está disponible en: https://storage.courtlistener.com/recap/gov.uscourts.dcd.278436/gov.uscourts.dcd.278436.127.0.pdf

CECOT están encarcelados en El Salvador sin acceso al mundo exterior, y mucho menos acceso a asesoramiento legal en los Estados Unidos. Y los miembros de la Clase de Custodia Penal enfrentarían dificultades extraordinarias para proceder individualmente a través de *habeas corpus*, dada la política declarada por el gobierno de proporcionar solo 12 horas de aviso (utilizando un formulario deficiente) para declarar si desean impugnar la remoción por *habeas corpus*, y solo 24 horas para presentar la petición de habeas corpus después de eso."[301]

Después de analizar los argumentos de las partes, con fecha 16 de mayo de 2025, el Juez James Boasberg resolvió conceder a ambas partes "una victoria parcial." Mostró su acuerdo con los Demandantes en que "algún descubrimiento adicional podría ayudar a determinar si tiene jurisdicción de *habeas corpus* sobre la presunta clase CECOT;" y mostró también su acuerdo con los Demandados "en que varios de los Interrogatorios propuestos son irrelevantes para la cuestión de jurisdicción," citando por ejemplo que no veía "cómo las identidades de las personas transportadas a El Salvador se relacionaban con el tema de la custodia constructiva."

En consecuencia, permitió a los Peticionarios notificar a los Demandados "todas las Solicitudes de Admisión, los Interrogatorios Nº 1 y Nº 3, y ambas Solicitudes de Presentación." Luego de establecer que se reservaba analizar y decidir a medida que surgiera, sobre algún privilegio que pudiera estar implicado en el proceso de presentación de pruebas, ordenó que los demandantes debían notificar a los demandados a más tardar el 19 de mayo de 2025, sobre las solicitudes y preguntas indicadas; cuyas respuestas los demandados debían presentar para el 23 de mayo,

---

301 *Idem*

pudiendo los demandantes responder lo que estimen para el 26 de mayo,[302] lo que luego (el 22 de mayo) se fijó para el 27 de mayo.

En la semana siguiente se acordó continuar el proceso bajo convenio de confidencialidad de 27 de mayo de 2015 aceptada por el Juez,[303] el cual duró hasta el 4 de junio de 2025, cuando el Juez Boasberg dictó una Preliminary Injunction, acordando parcialmente las peticiones de los demandantes.

Debe mencionarse sobre la investigación de si el gobierno de los Estados Unidos mantiene una custodia constructiva sobre los deportados detenidos en El Salvador, que el 7 de julio de 2025, los abogados de los demandantes consignaron ante la Corte Federal del Distrito de Columbia, el documento emitido por el Grupo de Trabajo sobre Desapariciones Forzadas o Involuntarias ("WGEID") de la Oficina del Alto Comisionado de las Naciones Unidas para los Derechos Humanos, intitulado *Informe sobre Desapariciones Forzadas o Involuntarias en los cuatro casos del WGEID que investigan las desapariciones de cuatro hombres venezolanos, quienes fueron enviados a El Salvador el 15 de marzo de 2025.*[304] Los peticionarios alegaron ante el Juez, que como se indica en dicho informe, la respuesta del Gobierno de El Salvador a la investigación iniciada por la ONU por las cuatro familias que preguntaban sobre la desaparición de sus familiares, en la forma siguiente:

---

302 Véase la Orden de la Corte cuyo texto está disponible en: https://storage.courtlistener.com/recap/gov.uscourts.dcd.278436/gov.uscourts.dcd.278436.128.0_1.pdf

303 Véase el documento que está disponible en: https://storage.courtlistener.com/recap/gov.uscourts.dcd.278436/gov.uscourts.dcd.278436.140.0.pdf

304 Véase el texto del Informe de la ONU, que está disponible en: https://storage.courtlistener.com/recap/gov.uscourts.dcd.278436/gov.uscourts.dcd.278436.160.1.pdf

> "El Estado salvadoreño señala enfáticamente que sus autoridades no han arrestado, detenido o trasladado a las personas a las que se refieren las comunicaciones del Grupo de Trabajo. Las acciones del Estado de El Salvador se han limitado a la implementación de un mecanismo de cooperación bilateral con otro Estado, a través del cual ha facilitado el uso de la infraestructura penitenciaria salvadoreña para la custodia de personas detenidas en el ámbito del sistema de justicia y la aplicación de la ley de ese otro Estado. En este contexto, la jurisdicción y responsabilidad legal sobre estas personas recae exclusivamente en las autoridades extranjeras competentes, en virtud de los acuerdos internacionales suscritos y de conformidad con los principios de soberanía y cooperación internacional en materia penal. En este sentido, las acciones atribuibles al Estado salvadoreño se limitan a su soberanía y jurisdicción territorial, por lo que no puede ser considerado responsable por la inobservancia del principio de no devolución respecto de las personas mencionadas."

Los demandantes destacaron la importante que tenía esta nueva evidencia pues la misma contradecía la conclusión subyacente sobre la custodia de los detenidos en El Salvador según lo expresado en la Declaración del Sr. Kozak del 9 de mayo de 2025, que está fechada después de las respuestas de El Salvador a la ONU y después de que los peticionarios solicitaron una revisión de hábeas corpus, en la cual sostuvo que "Tenía y sigue entendiendo que la detención y la disposición final de los detenidos en el CECOT y otros centros de detención salvadoreños son asuntos dentro de la autoridad legal de El Salvador de acuerdo con sus obligaciones legales nacionales e internacionales").[305]

Sobre la importancia de este documento, el abogado Lee Gelent de la *American Civil Liberties Union* expresó estar complacido "que El Salvador haya dicho públicamente la verdad sobre lo que todos sabíamos: que son los Estados Unidos los que controlan el destino de los venezolanos," hecho sobre lo cual el Gobierno no suministró ni a los demandantes ni a la Corte la información que le fue requerida.[306]

Sobre el mismo tema de la importancia del *Informe*, de la ONU, Conor Doran consideró que, en el mismo:

> "los funcionarios de El Salvador declararon que Estados Unidos mantiene control exclusivo sobre los deportados encarcelados en el Centro de Confinamiento por Terrorismo (CECOT) en El Salvador, lo que contradice directamente las afirmaciones de la Administración Trump de que Estados Unidos no tiene autoridad para devolver a las personas deportadas ilegalmente. Esto sugiere que el gobierno de Trump desobedeció abiertamente una orden de la Corte Suprema emitida en abril para devolver a un hombre deportado ilegalmente a Estados Unidos."[307]

---

305 Véase el escrito de consignación que está disponible en: https://storage.courtlistener.com/recap/gov.uscourts.dcd.278436/gov.uscourts.dcd.278436.160.0.pdf

306 Véanse en los comentarios de Alan Feuer, "Document Undercuts White House Claims About Deported Venezuelans," *The New York Times*, 9 julio 2025, p. A6. en: https://storage.courtlistener.com/recap/gov.uscourts.dcd.278436/gov.uscourts.dcd.278436.160.0.pdf

307 Véase Conor Doran, "El Salvador officials claim US has exclusive jurisdiction over imprisoned deportees," en *Jurist News*, 9 julio 2025, disponible en: https://www.jurist.org/news/2025/07/el-salvador-officials-claim-us-has-exclusive-jurisdiction-over-imprisoned-deportees/

Los representantes del Gobierno, en respuesta al documento de Naciones Unidas consignado en el expediente, formularon una moción que solicitaron quedara sellada (reservada), lo cual fue acordado por el Juez, habiendo sido cuestionada la solicitud, por la esposa de uno de los detenidos en El Salvador, alegando que "los documentos sellados parecen concernir a acuerdos o posiciones adoptadas por los Estados Unidos en conexión con las deportaciones masivas y detenciones extraterritoriales conforme a la Ley de Enemigos Extranjeros," considerando que "esas acciones afectan directamente los derechos constitucionales y la libertad de cientos de individuos, al igual que los derechos de sus familias, incluyendo en tránsito."[308]

VI. LA SENTENCIA DE LA CORTE FEDERAL DEL DISTRITO DE COLUMBIA 4 DE JUNIO DE 2025 ACORDANDO PARCIALMENTE LA *PRELIMINARY INJUNCTION* SOLICITADA POR LOS DEMANDANTES EN PROTECCIÓN DE SU DERECHO AL DEBIDO PROCESO

Con fecha 4 de junio de 2025, el Juez James E. Boasberg, de la Corte Federal de Distrito del Distrito de Columbia emitió la siguiente orden, basada en las motivaciones que expresó en el *Memorandum* de la misma fecha:

"1. La Moción de Preliminary Injunction de los Demandantes se concede en parte y se niega en parte;

2. La Moción de los Demandantes para la Certificación de la Clase se niega sin perjuicio en cuanto a la Clase de

---

308 Véase el texto del documento que está disponible en: https://storage.courtlistener.com/recap/gov.uscourts.dcd.278436/gov.uscourts.dcd.278436.163.0_1.pdf

Custodia Penal, y se concede en cuanto a la Clase CECOT con modificaciones. Esta última Clase se definirá de la siguiente manera:

"Todos los no ciudadanos deportados de la custodia de los EE. UU. y transferidos al Centro de Confinamiento por Terrorismo (CECOT) en El Salvador el 15 y 16 de marzo de 2025, de conformidad solo con la Proclamación Presidencial titulada "Ley de Invocación de Enemigos Extranjeros con respecto a la invasión de los Estados Unidos por el Tren de Aragua"; y

3. A más tardar el 11 de junio de 2025, los Demandados deberán presentar una Notificación al Tribunal en la que informen sobre cómo pretenden facilitar la capacidad del Grupo CECOT para solicitar el recurso de *hábeas corpus*."[309]

Esta Orden judicial se fundamentó en un *Memorandum* de la Corte de la misma fecha 4 de junio de 2025, [310] en el cual el Juez decidió exclusivamente la reclamación de *habeas corpus*, en cuanto a la violación del derecho al debido proceso de los demandantes, expresando que estaba claro que:

---

309 Véase el texto de la Orden de la Corte que está disponible en: https://storage.courtlistener.com/recap/gov.uscourts.dcd.278436/gov.uscourts.dcd.278436.147.0.pdfi

310 Véase el texto del Memorándum del Juez Boasberg que está disponible en: https://storage.courtlistener.com/recap/gov.uscourts.dcd.278436/gov.uscourts.dcd.278436.148.0_2.pd Véase los comentarios a la sentencia en: Nicholas Riccardi and Lindsay Whitehurst, "Judge says migrants sent to El Salvador prison must get a chance to challenge their removals," en *AP. Politics*, 4 junio 2025, disponible en: https://apnews.com/article/trump-alien-enemies-act-deportations-c581c1ef8ce5199286727b17c12f81d9#

> "los miembros del Grupo CECOT tenían derecho a ser notificados y a tener la oportunidad de impugnar su remoción de conformidad con la Proclamación. Ese proceso, que se les negó indebidamente, ahora debe permitírseles. Dicho de otra manera, la capacidad de los demandantes para presentar impugnaciones de *habeas corpus* para su deportación, debe ser restaurada. A la luz de la bien establecida ley de remedios judiciales y el ejemplo que ya ha sido establecido por los tres niveles del poder judicial federal, entonces, los demandados deben facilitar la capacidad de los demandantes para proceder a través del *habeas corpus* y asegurarse de que sus casos se manejen como lo habrían sido si el Gobierno no hubiera proporcionado un proceso constitucionalmente inadecuado." (p. 67)

El *Memorandum* judicial comenzó con una extraordinaria y acertada referencia a Kafka y al proceso "kafkiano" al cual conforme a la apreciación del Juez Boasberg habrían sido sometidos los demandantes, escribiendo lo siguiente:

> "Una mañana, Josef K. de Kafka se despertó y se encontró con dos hombres extraños fuera de su habitación. A medida que se orientaba, se dio cuenta que estaba bajo arresto. Cuando preguntó a los extraños por qué, no recibió respuesta. "No nos enviaron para decirte eso", dice uno. "Los procedimientos están en marcha y lo sabrán todo a su debido tiempo". Franz Kafka, *The Trial* 5 (Breon Mitchell trad., Schocken Books Inc. 1998). Desconcertado por estos hombres y angustiado por su mensaje, K. trató de consolarse a sí mismo pensando que vivía en "un Estado gobernado por la ley", uno donde "todos los estatutos [están] en vigor". Por lo tanto, volvió a preguntar: "¿Cómo puedo estar bajo arresto? ¿Y de esta manera? "Ahora ahí vuelves

otra vez", respondió el guardia. "No respondemos a esas preguntas". Sin inmutarse, K. entregó sus "papeles" y exigió su orden de arresto. "¡Dios mío!", regañó el hombre. "No ha habido ningún error". "Nuestro Departamento", le aseguró a K., sólo está "atraído por la culpa"; "no la busca [...] Esa es la Ley." *Id.*, p. 8-9. "No conozco esa ley", respondió K. "Con el tiempo lo sentirás", dijo el guardia. *Id.*, p. 9." (p. 1)

"Esa fue la situación" en la cual los recurrentes fueron colocados el 15 de marzo de 2025, cuando desde tempranas horas de la mañana fueron despertados de sus celdas en el Centro de Detención El Valle en Texas, ubicados en otros cuartos e informados que serían transferidos. Y la sentencia continuó:

> "¿Hacia dónde? Eso no se les dijo. Cuando preguntaron, algunos guardias se rieron y dijeron que no sabían; otros dijeron a los detenidos, incorrectamente, que iban a ser trasladados a otro Centro de inmigración o hacia México o Venezuela). Y al poco tiempo, los demandantes y otros detenidos fueron montados en autobuses, llevados a un aeropuerto cercano y puestos a bordo de aviones" (p. 2)

Mientras los aviones esperaban en la pista, muchos pasajeros a bordo comenzaron a entrar en pánico y a rogar a los funcionarios más información, pero no se les proporcionó ninguna. Los aviones finalmente partieron esa noche y, después de una escala en Honduras, aterrizaron en El Salvador. A su llegada, los detenidos fueron trasladados a una mega cárcel salvadoreña conocida como el Centro de Confinamiento por Terrorismo (CECOT)." (p.2).

Todo ello ocurrió en aplicación de la Ley AEA de 1798 con la Proclamación publicada horas antes de que los aviones despegaran, mediante acciones del gobierno tomadas incluso desconociendo las órdenes del Juez, adoptadas mientras la Corte celebraba una audiencia sobre el caso, por cuya violación el Juez seguía un procedimiento de desacato.

Los recurrentes y las dos potenciales clases que representaban acudieron ante la Corte Federal invocando sus derechos al debido proceso y afirmando que el Gobierno había violado o violaría esas protecciones fundamentales; ejerciendo un recurso de *habeas corpus* en beneficio de toda la clase alegaron que cualquier detención o deportación en virtud de la Ley de Enemigos Extranjeros era y sería ilegal.

La Corte Federal concluyó en su sentencia que solo una de estas reclamaciones tenía probabilidades de prosperar en cuanto al fondo, lo que por tanto justificaba una *preliminary injunction* para toda la clase de los Demandantes de CECOT en el sentido de que su deportación sumaria violó sus derechos al debido proceso; lo que en los días siguientes al 15 de marzo la propia Corte Suprema, no solo en una, sino en dos sentencias, había considerado como violación a la Cláusula del debido proceso de la Quinta Enmienda, explicando que toda persona deportable debe ser notificada "que está sujeta a la deportación en virtud de la Ley," lo que debe hacerse "dentro de un tiempo razonable y de tal manera que se les permita solicitar realmente el recurso de *habeas corpus*" antes de ser deportados."). Como lo dijo el Juez, así debía suceder en "nuestra nación a diferencia de aquella en la cual Kafka se despertó" (p.4)

La Corte Federal, para adoptar su decisión, entre otras consideraciones recordó que:

> "Si bien "Estados Unidos ha sido calificado enfáticamente como un gobierno de leyes, y no de hombres", el *Chief Justice* Marshall advirtió que "ciertamente dejará de merecer este alto apelativo, si las leyes no proporcionan

ningún remedio para la violación de un derecho legal adquirido." *Marbury v. Madison*, 5 U.S. (1 Cranch) 137, 163 (1803); Bell, 327 U.S. en 684. En este caso, el Gobierno ha violado el derecho adquirido de la Clase CECOT al debido proceso, una infracción que corre el riesgo de infligir un daño irreparable para el cual el interés público requiere un remedio. La pregunta –formulada de manera sencilla, pero no respondida de manera tan sencilla– se convierte en ¿qué reparación deben obtener por esa violación?"

El Juez Boasberg argumentó que:

"ultimadamente está de acuerdo con los Demandantes de CECOT en que es probable que tengan éxito en los méritos de su reclamo de debido proceso. Los Demandados claramente privaron a estas personas de su derecho a solicitar un recurso de habeas corpus antes de su deportación sumaria de los Estados Unidos, un derecho que no tiene por qué ser reivindicado mediante una petición de habeas corpus. Tal vez el Presidente invocó legalmente la Ley de Enemigos Extranjeros. Quizás, además, los demandados tienen razón al decir que los demandantes son miembros de pandillas. Pero, – y este es el punto crítico, – simplemente no hay forma de saberlo con certeza, ya que los demandantes de CECOT nunca tuvieron la oportunidad de impugnar la afirmación del Gobierno. En cambio, los Demandados se llevaron aviones llenos de personas antes de que se pudiera hacer tal desafío. Y ahora, han salido a la luz pruebas significativas que indican que muchos de los que actualmente están enterrados en CECOT no tienen ninguna conexión con la pandilla y, por lo tanto, languidecen en una prisión extranjera con acusaciones endebles, incluso frívolas." (p. 4)

Y de todo ello concluyó el Juez que la clase de Demandantes de CECOT, tiene derecho a una reparación preliminar, estando obligado el Gobierno a "facilitar la capacidad de la Clase para solicitar el recurso de *habeas corpus* para impugnar su deportación en virtud de la Ley AEA," agregando que si bien "la Corte está consciente de que tal orden puede implicar preocupaciones diplomáticas o de seguridad nacional sensibles dentro de la competencia exclusiva del Poder Ejecutivo, también tiene el deber constitucional de proporcionar un remedio que "repare el mal causado." *Bell v. Hood*, 327 U.S. 678, 684 (1946)." (p. 5)

Partiendo de la consideración, además, del hecho de que, si bien las evidencia indicaban que "Estados Unidos y El Salvador habrían llegado a un acuerdo diplomático con respecto a los detenidos, la detención de la clase CECOT no era únicamente a "instancia" de los Estados Unidos, ni El Salvador era "indiferente" a su detención. *Abu Ali*, 350 F. *Supp*. 2d en 68; agregando que:

> "Más bien, la imagen que emerge del expediente actual es que El Salvador ha elegido, en una negociación con los Estados Unidos y por razones que escapan del alcance de una Corte Federal de Distrito, detener a los demandantes en el CECOT, y también puede optar por liberarlos." (p. 24).

En definitiva, la conclusión de la Corte fue como lo alegó el Gobierno que "El Salvador es el soberano legalmente responsable de la detención en curso de los demandantes de CECOT" (p. 27), lo cual no fue desvirtuado por los Demandantes.

Por todo ello, en cuanto al fondo de su decisión, el Juez fue reiterativo en su sentencia, indicando en otra parte que:

"La Corte concluye que, de estas diversas demandas, solo una es probable que prospere en cuanto al fondo: la Clase CECOT fue expulsada de los Estados Unidos antes de que sus miembros tuvieran una oportunidad significativa "de solicitar realmente el recurso de *habeas corpus*". violando así sus derechos al debido proceso. J.G.G., 145 S. Ct. en 1006. Debido a que esta Clase también enfrenta daños irreparables por el encarcelamiento continuo en CECOT, y porque el equilibrio de las equidades y el interés público la favorecen, se justifica una *preliminary relief* que se otorga aquí. Específicamente, a los miembros de la Clase CECOT se les debe permitir la oportunidad práctica de solicitar el recurso de *habeas corpus* que se les negó anteriormente, de modo que sus casos sean "manejados como [ellos] debían haber sido si no hubieran sido enviados indebidamente a El Salvador". *Noem v. Abrego García*, 145 S. Ct. 1017, 1018 (2025). Los Demandados deben facilitar lo mismo. Dado que ese recurso puede implicar cuestiones delicadas relacionadas con la diplomacia y la seguridad nacional –funciones básicas del Poder Ejecutivo–, la Corte procederá de manera mesurada. Comenzará por permitir que el Gobierno proponga cómo se asegurará de que la Clase CECOT reciba el proceso que le corresponde constitucionalmente. No obstante, ese proceso debe estar en marcha." (p. 14).

A tales efectos, la Corte dio a los demandados un término de una semana para que sometieran información a la Corte indicando "cómo pretendían *facilitar* la capacidad de la Clase CECOT para solicitar el recurso de habeas corpus." (p. 69)

Por último, en relación con la solicitud del Gobierno de que la Corte exigiera de los demandantes depositar una fianza "para compensarlo por "el costo de la detención continuada durante la tramitación de la orden judicial de personas que de otro modo habrían sido expulsadas," el Tribunal, "a la luz de las circunstancias y la naturaleza de este caso," exigió a los Demandantes que depositasen colectivamente una fianza por una cantidad nominal, que consideró adecuada y fijó a su discreción, de US$ 1.00. (p. 69).

Ante la decisión del Juez Boasberg, la reacción de la Presidencia de los Estados Unidos fue inmediata al expresar la portavoz de la Casa Blanca, Abigail Jackson, en un comunicado, que:

> "El juez Boasberg no tiene autoridad para intervenir con la inmigración o la seguridad nacional, autoridad que recae directamente en el presidente Trump y el Poder Ejecutivo", dijo.
>
> "Sus intentos actuales y anteriores para evitar que el presidente Trump deporte a extranjeros ilegales criminales representa una amenaza directa a la seguridad del pueblo estadounidense. Afortunadamente para el pueblo estadounidense, el juez Boasberg no tiene la última palabra."[311]

Los Demandados el 10 de junio de 2025 apelaron la sentencia por ante la Corte de Apelaciones de Circuito,[312] y en la -

---

311 Véase en Luc Cohen, "Hundreds of Venezuelans deported to El Salvador have right to challenge detention, US judge rules," *Reuters,* 4 junio 2025, disponible en: https://www.reuters.com/world/americas/hundreds-venezuelans-deported-el-salvador-have-right-challenge-detention-judge-2025-06-04/

312 Véase el texto de las apelaciones que están disponibles en: https://storage.courtlistener.com/recap/gov.uscourts.dcd.278436/gov.uscourts.dcd.278436.149.0_1.pdf; https://storage.courtlistener.com/recap/gov.uscourts.dcd.278436/gov.uscourts.dcd.278436.150.0_1.pdf; https://storage.courtlistener.com/recap/gov.uscourts.dcd.278436/gov.uscourts.dcd.278436.151.0.pdf; y en: https://storage.courtlistener.com/recap/gov.uscourts.cadc.42133/gov.uscourts.cadc.42133.01208747289.0_2.pdf

misma fecha solicitaron ante la propia Corte Federal que suspendiera los efectos de su decisión, mientras estaba pendiente la apelación.[313]

Sobre esta última petición, el Juez Boasberg de la Corte Federal, con fecha 12 de junio, resolvió denegar la moción de los Demandados por carecer de efectos, ya que los mismos "habían recibido la reparación que buscan" de suspensión de la medida cautelar.[314]

En dicha sentencia del 12 de junio de 2025, el Juez de Distrito aprovechó para precisar los alcances de su sentencia del 4 de junio, indicando que en la misma "sostuvo que el Gobierno había violado los derechos al debido proceso de los demandantes cuando los deportó a El Salvador, "antes de brindarles una oportunidad significativa de impugnar su deportación a través de un procedimiento de *habeas corpus*;" y además, la Corte "sostuvo que los demandantes de CECOT podían reivindicar sus derechos al debido proceso fuera de un procedimiento de *habeas corpus*, y que podían hacerlo en nombre de una clase que comprende a todos los no ciudadanos retirados de la custodia de los EE. UU. y transferidos a CECOT el 15 y 16 de marzo de 2025."

El Juez agregó que en virtud de que "el adecuado remedio por la violación del debido proceso es asegurar el proceso que era necesario," entonces "el Gobierno debía "*facilitar*" a la Clase CECOT la posibilidad de impugnar su deportación mediante *habeas corpus* y asegurar que sus casos sean tratados como se hubiera hecho si el Gobierno no hubiera seguido un incons-

---

313 Véase el texto de la petición de suspensión de emergencia que está disponible en https://storage.courtlistener.com/recap/gov.uscourts.dcd.278436/gov.uscourts.dcd.278436.152.0_2.pdf

314 Véase el texto de la sentencia de la Corte de Apelación que está disponible en: https://storage.courtlistener.com/recap/gov.uscourts.dcd.278436/gov.uscourts.dcd.278436.153.0.pdf

titucional e inadecuado proceso." Agregó el Juez, sin embargo, que estando "consciente" de las "sensitivas preocupaciones referidas a seguridad nacional y de política exterior" que estaban en juego, "no ordenó a los demandados que tomaran ninguna medida concreta," dándole en cambio una semana para proponer a la Corte "las acciones que consideraban "apropiadas," es decir, "indicar cómo tienen la intención de facilitar la capacidad del Grupo CECOT para solicitar el recurso de *hábeas corpus*."[315]

Con fecha 17 de junio, los demandados solicitaron de la Corte Federal que clarificara el curso del procedimiento, sobre cuándo la Corte intentaría de otorgar la protección de habeas corpus y sobre si y cuánto la Corte requeriría de los Demandados consignar las mociones que estimasen; solicitando además que la Corte suspendiera el procedimiento hasta recibir de vuelta el mandato de la Corte de Circuito (de Apelaciones) en el caso.[316]

VII. APELACIÓN ANTE LA CORTE DE APELACIONES DEL DISTRITO DE COLUMBIA

1. *Los argumentos de la apelación y su respuesta*

En cuanto a la apelación de los Demandados formulada contra la decisión del Juez Federal, ante la Corte de Apelaciones

---

315 Véase el texto de la sentencia del Juez de Distrito, que está disponible en: https://storage.courtlistener.com/recap/gov.uscourts.dcd.278436/gov.uscourts.dcd.278436.153.0.pdf

316 Véase el texto de la sentencia del Juez de Distrito, que está disponible en: https://storage.courtlistener.com/recap/gov.uscourts.dcd.278436/gov.uscourts.dcd.278436.155.0.pdf

del Circuito con fecha 10 de junio de 2025,[317] argumentaron,[318] fundamentalmente que la Corte Federal:

> "Después de revisar documentos diplomáticos altamente sensibles [...] concluyó correctamente que Estados Unidos no tiene una custodia constructiva sobre los miembros del *Tren de Aragua* detenidos por El Salvador. Eso debería haber puesto fin a este caso de *habeas corpus*. En cambio, esta Corte ha mantenido erróneamente su jurisdicción por medio de una causa implícita de acción para el debido proceso. Tal afirmación aún suena como *habeas*. Además, esta Corte ordenó a los demandados que facilitaran la presentación de *habeas corpus* a pesar de que no existe jurisdicción de *habeas*. Se trata de un remedio equitativo inadmisible. Incluso si los miembros del grupo pudieran presentar un *habeas corpus* (como lo hicieron los Peticionarios nombrados), no habría jurisdicción. Por lo tanto, la única manera de facilitar la presentación de peticiones de *habeas corpus* significativas sería obligar al Ejecutivo a entablar negociaciones diplomáticas para recuperar la custodia de los peticionarios."

Los demandados insistieron en su escrito, citando a la sentencia de la Corte Suprema en este caso, que la Corte Federal

317 Véase el texto de las apelaciones que están disponibles en: https://storage.courtlistener.com/recap/gov.uscourts.dcd.278436/gov.uscourts.dcd.278436.149.0_1.pdf; https://storage.courtlistener.com/recap/gov.uscourts.dcd.278436/gov.uscourts.dcd.278436.150.0_1.pdf; https://storage.courtlistener.com/recap/gov.uscourts.dcd.278436/gov.uscourts.dcd.278436.151.0.pdf; y en https://storage.courtlistener.com/recap/gov.uscourts.cadc.42133/gov.uscourts.cadc.42133.01208747289.0_2.pdf

318 Véase el texto de la petición de suspensión de emergencia que está disponible en https://storage.courtlistener.com/recap/gov.uscourts.dcd.278436/gov.uscourts.dcd.278436.152.0_2.pdf

carece de "jurisdicción de habeas, por lo que los demandantes no pueden presentar sus reclamos," ante la misma. Argumentaron que:

> "La Corte Supremo dejó claro que las impugnaciones de la Proclamación (o de la detención o expulsión en virtud de la misma) deben interponerse en habeas corpus en el distrito de reclusión. J.G.G., 145 S. Ct. en 1005. Dado que los demandantes se encuentran detenidos en El Salvador, esta Corte solo podría tener jurisdicción de hábeas corpus sobre este caso si el Gobierno tuviera custodia constructiva."

Por ello argumentaron que una *injunction* como la dictada era impropia porque tal remedio judicial se basaría "en las decisiones independientes de una nación soberana," y no teniendo el Gobierno una "custodia constructiva" (que existe si "el soberano que encarcela es el agente del demandado,") respecto de los detenidos en El Salvador, alegaron que era "completamente especulativo que una orden judicial podría resultar en que los demandados recuperen la custodia y, por lo tanto, reparen el daño de los demandantes," considerando que no había "fundamento para ordenar una *injunction* contra el Gobierno."

En todo caso, debido a la fecha límite inmediata fijada por la Corte para el cumplimiento de la orden judicial, los demandados anunciaron que también estaban acudiendo en paralelo en petición de emergencia ante la Corte de Apelaciones, solicitando la misma suspensión, lo que efectivamente hicieron en la misma fecha. En el escrito presentado ante la Corte de Apelaciones, los Demandantes argumentaron que:

> "Por tercera vez en solo tres meses, la Corte de Distrito ha emitido una orden judicial sin precedentes, infundada y constitucionalmente ofensiva que interfiere con la deportación de extranjeros criminales peligrosos de los Estados

Unidos por parte del Presidente. Las dos primeras *injunctions* de la Corte fueron bloqueadas en apelación. El tercer intento no es la vencida. En todo caso, su nueva teoría *sua sponte* –que una clase de extranjeros deportados puede demandar fuera del *habeas corpus* con el fin de asegurar un derecho al debido proceso para solicitar el hábeas, a pesar de la ausencia reconocida de custodia real o constructiva– es la menos defendible. Esta Corte debe conceder una suspensión en espera de la apelación."[319]

Agregando que la Corte de Distrito concluyó:

"después de haber revisado los materiales diplomáticos, que Estados Unidos no tiene una custodia constructiva sobre los miembros de *TdA* detenidos por El Salvador. Esa conclusión excluyó el único argumento de los demandantes para obtener una reparación. Sin embargo, la Corte eludió esa barrera al determinar que se había violado el debido proceso y otorgó como remedio una orden que ordenó al Gobierno que facilitara el control mediante el *hábeas corpus*, exactamente lo que el tribunal había sugerido anteriormente como una "cura" para el desacato".

Agregaron que:

"la Corte de Distrito ordenó al Gobierno que facilitara a los extranjeros la posibilidad de solicitar el recurso de *habeas corpus*, pero la Corte ya había acordado que no había jurisdicción de habeas corpus porque un soberano extranjero tenía la custodia. La única manera de "facilitar" la revisión mediante habeas corpus sería de alguna manera apoderarse de la custodia de toda la clase de extranjeros de El Salvador, ya sea por la fuerza o mediante la diplomacia

319 Véase el texto de la apelación que está disponible en: https://storage.courtlistener.com/recap/gov.usc

coercitiva. Es evidente que un tribunal federal no puede ordenar al Gobierno que haga ninguna de las dos cosas. Por lo tanto, la orden es insostenible porque, en ausencia de custodia o control, la supuesta privación pasada de la capacidad de los extranjeros para solicitar el recurso de habeas *corpus* ya no es reparable en equidad.

En pocas palabras, el hecho de que Estados Unidos carezca de custodia o control sobre los miembros de *TdA* detenidos en El Salvador no solo priva a la Corte de Distrito de jurisdicción de *habeas corpus* (como la propia Corte reconoció). Ese hecho también excluye la capacidad de los extranjeros de presentar un reclamo de debido proceso equitativo como una ruta de puerta trasera hacia un recurso de *habeas corpus* inexistente. Las *injunctions* cada vez más fantasiosas de la Corte de Distrito siguen amenazando con causar graves daños a los intereses de seguridad nacional y de relaciones exteriores del Gobierno. Esta Corte de Apelaciones debe conceder una suspensión en espera de la apelación."[320]

Argumentaron además los apelantes que, con la suspensión, los demandantes no sufrirán ningún daño, pues los mismos "se encontraban bajo la custodia de El Salvador, y Estados Unidos no tiene autoridad sobre su detención." Lo que no cambiaría incluso si no se suspendiera la orden judicial.

---

[320] Véase el texto de la apelación que está disponible en: https://storage.courtlistener.com/recap/gov.uscourts.cadc.42133/gov.uscourts.cadc.42133.01208747310.1_1.pdf

2. *La decisión de la Corte de Apelaciones suspendiendo la sentencia de la Corte Federal y el procedimiento sobre el desacato de su decisión TRO*

El mismo día 10 de junio, la Corte de Apelaciones del Circuito del Distrito de Columbia decidió la moción de emergencia, resolviendo, *por una parte*, suspender la decisión de la Corte Federal que había ordenado asegurar el debido proceso a las decenas de inmigrantes venezolanos que fueron deportados a El Salvador bajo una Ley de tiempos de guerra, mientras estaba pendiente la decisión de la apelación; y *por la otra*, suspender también el curso de la investigación que por desacato contra el Gobierno estaba desarrollando el Juez de Distrito Boasberg.[321]

Dicha decisión, en todo caso, debe destacarse que se dictó un día antes de la fecha que había fijado la Corte Federal para que el gobierno delineara cómo iba a proceder para permitir que casi 140 venezolanos deportados pudieran impugnar su deportación,[322] dejando en claro la Corte de Apelaciones que el propósito de la suspensión era darle a la Corte la oportunidad suficiente para considerar la moción de emergencia para una suspensión pendiente de apelación, por lo que no debía "interpretarse de ninguna manera como un fallo sobre los méritos de esa moción."

---

321 Véase el texto de la sentencia de la Corte de Apelación que está disponible en: https://storage.courtlistener.com/recap/gov.uscourts.cadc.42133/gov.uscourts.cadc.42133.01208747443.0_2.pdf

322 Véase la noticia sobre la decisión en "Appeals Court Pauses Order to Give Deported Venezuelans Due Process," en *World Online*, 11 junio 2025, disponible en: https://wol.com/appeals-court-pauses-order-to-give-deported-venezuelans-due-process/; y en: "US court pauses ruling allowing Venezuelans to challenge deportations to El Salvador," en *The Straits Times*, 11 junio 2025, disponible en: https://www.straitstimes.com/world/united-states/us-court-pauses-ruling-allowing-venezuelans-to-challenge-deportations-to-el-salvador

La Corte de Apelaciones, además, ordenó a los demandantes apelados a presentar una respuesta a la moción de emergencia antes de las 5:00 p.m. del lunes 16 de junio de 2025, debiendo, cualquier respuesta ser enviada antes de las 5:00 p.m. del miércoles 18 de junio de 2025.[323]

Conforme a ello, en fecha 16 de junio, los demandantes presentaron su escrito de oposición a la solicitud de suspensión de la sentencia de la Corte federal mientras estuviese pendiente la apelación,[324] argumentando sobre el caso que:

> "Los demandantes han estado incomunicados durante más de 90 días en la tristemente célebre prisión salvadoreña CECOT, ampliamente conocida por maltratar y torturar a sus detenidos. El gobierno no cuestiona la decisión de la Corte de Distrito de que las deportaciones de los demandantes fueron inconstitucionales, ya que no se les notificó de manera significativa las acusaciones de membresía del Tren de Aragua ("*TdA*"), y mucho menos se les dio la oportunidad de impugnarlas. ECF Nº 148 ("Op."), p. 39. De hecho, la Corte Suprema declaró recientemente que incluso, el aviso de 24 horas "seguramente no pasa la prueba", A.A.R.P. v. Trump, 145 S. Ct. 1364, 1368 (2025), sin embargo, los demandantes recibieron mucho menos. En cuanto a que los demandantes recibieron una notificación por escrito, la misma se les proporcionó mientras eran transportados a los aviones. E indicaba puntualmente que "no había revisión" disponible.

323 Véase el texto de la sentencia de la Corte de Apelación que está disponible en: https://storage.courtlistener.com/recap/gov.uscourts.cadc.42133/gov.uscourts.cadc.42133.01208747443.0_2.pdf

324 Véase el texto de la solicitud que está disponible en https://storage.courtlistener.com/recap/gov.uscourts.cadc.42133/gov.uscourts.cadc.42133.01208748999.0_1.pdf

Desde entonces han surgido pruebas, incluso del propio gobierno, de que pocas de las personas enviadas al CECOT tenían condenas penales, y mucho menos graves. También ha surgido evidencia de que muchos, si no la abrumadora mayoría, no eran miembros de TdA, y que las acusaciones no probadas contra ellos se basaban en "acusaciones endebles, incluso frívolas", Op. 4, que consisten en gran parte en tatuajes que los expertos han testificado que no tienen relación con la membresía de pandillas, ver id. (citando declaraciones). Por lo tanto, la necesidad de protección es especialmente aguda.

Frente a una clara violación constitucional, y a la perspectiva de que los demandantes languidecieran en una notoria "mega prisión" extranjera basada únicamente en la opinión del gobierno, la Corte de Distrito sostuvo que los demandantes deben tener alguna oportunidad de impugnar las acusaciones del gobierno, y que el gobierno debe "facilitar" esa oportunidad. Sin embargo, en un tono de gran moderación judicial, el tribunal de distrito no ordenó al gobierno que tomara medidas concretas, sino simplemente que "presentara propuestas" sobre cómo procedería. Op. 67. El gobierno ahora busca un alivio de emergencia de una orden que no hace más que exigirle que proponga cómo se pueden remediar los daños constitucionales que infligió."

Con base en estas premisas los demandantes rechazaron los argumentos del Gobierno, así:

Primero, el argumento de que siendo que la acción de habeas corpus es la disponible para los demandantes, la Corte Federal no tiene competencia para conocer en este caso de la acción de *habeas corpus* por parte de aquellos demandantes que ya no están en los Estados Unidos y "han desaparecido en el CECOT." Los demandantes indicaron que la Corte Suprema ya había decidido que para deportar a alguien antes debía asegurársele el debido proceso, por lo que, al contrario:

> "bajo esa lógica, el gobierno podría barrer a cualquiera de las calles, negarle cualquier oportunidad de presentar una petición de *habeas corpus* y enviarlo a una prisión extranjera, y nadie podría reclamar una violación del debido proceso."

Y segundo, el argumento de que la Corte de Distrito carecía "de la facultad de exigirle al Gobierno que "faciliten" a los demandantes la posibilidad de solicitar reparación en el habeas corpus," citando la decisión de la Corte Suprema en el caso *Abrego García* en la cual sostuvo que una Corte de Distrito puede ordenar al gobierno que "facilite" el regreso de una persona deportada a CECOT, sin que ello entrase en conflicto con la separación de poderes." Alegaron los demandantes que incluso, aun cuando el Gobierno "carecía de custodia sobre los demandantes, podía buscar activamente facilitar la custodia física o constructiva para permitir que los demandantes presentasen sus reclamos de *habeas corpus*."

En definitiva, solicitaron a la Corte de Apelaciones que no debía aceptar el argumento extraordinario del gobierno de que "puede llevar a una prisión extranjera a cualquier persona que alegue unilateralmente que es miembro de una pandilla y luego negar el poder de facilitarle un remedio," y que, en todo caso, debía rechazar la petición de los demandados.[325]

Con fecha 18 de junio de 2025, los demandados presentaron su respuesta a los planteamientos de los demandantes y en apoyo de su solicitud de suspensión de la sentencia de la Corte

---

[325] Véase el texto del documento que está disponible en: https://storage.courtlistener.com/recap/gov.uscourts.cadc.42133/gov.uscourts.cadc.42133.01208748999.0_1.pdf

Federal de Distrito,[326] argumentando que esta, en su *preliminary injunction,* había "inventando una reclamación equitativa independiente en virtud de la Cláusula del Debido Proceso para obligar al gobierno a (de alguna manera) "facilitar" la posibilidad de los extranjeros, en poder de un soberano extranjero, para presentar acciones de hábeas corpus," indicando que:

> "Esa orden inédita y desconcertante, que busca fabricar una jurisdicción de habeas corpus que se reconoce como ausente, amenaza con causar graves daños al Poder Ejecutivo. Debe suspenderse a la espera de la apelación." [...]
>
> Y que:
>
> "una Corte de distrito no es el Secretario de Estado; la diplomacia no puede ser ordenada o impuesta por orden judicial, ni siquiera en el Distrito de Columbia."

Y sobre las referencias que los demandantes y la Corte de Distrito hicieron respecto del caso de *Abrego García*, los demandados expresaron lo siguiente:

> "Los acontecimientos posteriores en *Abrego* han expuesto los problemas con las órdenes de "facilitación" que involucran a extranjeros bajo custodia extranjera. En la práctica, la orden requería que el Secretario de Estado se involucrara en la política exterior. Véase *Abrego García v. Noem*, No. 8:25-CV-00951, ECF 200, en 3, 6–7 (D. Md.). Y, al final, El Salvador solo accedió a devolver a *Abrego-García* después de que fue acusado penalmente. Identificación; véase también https://x.com/nayibbukele/status/1931084729840800096?s=46, (6 de junio de 2025) (El presidente salvadoreño Bukele explica qué lo motivó a liberar a

326 Véase el documento que está disponible en: https://storage.courtlistener.com/recap/gov.uscourts.cadc.42133/gov.uscourts.cadc.42133.01208749828.0_1.pdf

Abrego García: "Como dije en el Despacho Oval [...] Nunca pasaría de contrabando a un terrorista a los Estados Unidos [y] nunca liberaría a un miembro de una pandilla en las calles de El Salvador [pero] trabajamos con la administración Trump, y si solicitan el regreso de un miembro de la pandilla para enfrentar cargos, por supuesto que no nos negaríamos"). Por lo tanto, la orden interfirió con el poder de relaciones exteriores y el poder de enjuiciamiento del Poder Ejecutivo."

Concluyeron argumentando que:

"ciertamente, la Constitución no permite un mandamiento judicial de "facilitación" para más de 100 miembros de una organización terrorista extranjera cuyos derechos al debido proceso sólo fueron dilucidados por una decisión de la Corte Suprema semanas después de su deportación, especialmente cuando la Corte dijo específicamente que esos procedimientos deben proporcionarse "después de la fecha de esta orden". J.G.G., 145 S. Ct. at 1006."

3. *Nuevos argumentos sobre el desacato ante la Corte de Apelaciones*

Con fecha 25 de junio, los abogados de la *American Civil Liberties Union*, en representación de los demandantes, consignaron ante la Corte de Apelaciones el antes mencionado Informe escrito por Erez Reuveni, ex funcionario del Departamento de Estado, formulado como queja de *whistleblower* de fecha 25 de junio de 2025, sobre la conducta del Departamento de Justicia en el caso.[327] Mediante este documento, los demandantes

---

[327] Véase el texto de los documentos que están disponible en: https://storage.courtlistener.com/recap/gov.uscourts.cadc.42133/gov.uscourts.cadc.42133.01208751424.1.pdf y en htpps://storage.courtlistener.com/

buscaron corroborar ante la Corte de Apelaciones, que el Gobierno había desobedecido la orden del Juez de Distrito Boasberg dada el día 15 de marzo, en el sentido de que los aviones con los deportados no debían salir y si habían salido debían regresar. Destacaron en particular, las referencias a lo expresado por el abogado Bove III, en el sentido de que los aviones tenían que despegar, pasara lo que pasara, sugiriendo que de ser el caso se ignorarían las órdenes judiciales. Los abogados del Gobierno consignación el 26 de junio un escrito de oposición a la consignación del Informe del *whisperblower*, solicitando que fuera desechado completamente, por considerar que no podía calificar como evidencia pues era un conjunto de "acusaciones, filtradas a la prensa por razones políticas y en violación de los deberes éticos, que el Gobierno niega rotundamente."[328]

Debe mencionarse que, en este estado del proceso, la investigación judicial sobre el posible desacato de la decisión del Juez Broasberg, con motivo de la apelación ante la Corte de Apelaciones, ya llevaba tres meses en suspenso y en espera de la decisión de la misma en el caso.[329]

En el proceso, los abogados de los demandantes, procedieron a consignar el 8 de julio de 2025, el mencionado Informe del Alto Comisionado de las Naciones Unidas sobre Derechos Humanos, *Grupo de Trabajo sobre Desapariciones forzadas e involuntarias*, emitido como consecuencia de las investigaciones sobre las desapariciones de cuatro hombres venezolanos,

---

recap/gov.uscourts.cadc.42133/gov.uscourts.cadc.42133.01208751424.2. pdf

328 Véase el texto del documento que está disponible en https://storage.courtlistener.com/recap/gov.uscourts.cadc.42133/gov.uscourts.cadc.42133.01208751868.0.pdf

329 Véase sobre este suspenso los comentarios de Alan Feuer, "Contempt Plan for Trump Aides Is in Limbo Afyter an Appelate Pause," *The New York Times*, 16 julio 2025, p. A14.

quienes fueron enviados a El Salvador el 15 de marzo de 2025, y en el cual se informa de la declaración oficial del Gobierno de El Salvador de que "la jurisdicción y la responsabilidad legal" sobre las personas detenidas en El Salvador, "recaen exclusivamente en las autoridades extranjeras competentes," es decir, en los Estados Unidos;[330] petición sobre lo cual la Corte de Apelaciones el 11 de julio requirió de los demandados que formularan su respuesta el 18 de julio,[331] plazo que por orden del 21 de julio fue extendido hasta el 23 de julio.

En esta última decisión el Juez exigió que en las respuestas de las partes, se tratara cómo los hechos derivados de la declaración jurada de Harper, incluyendo la transferencia de las custodia de los miembros de la clase a Venezuela y las garantías dadas por el gobierno venezolano, afectaban la apelación pendiente y la moción de suspensión, incluyendo (1) cualquier tema de discutibilidad y (2) los méritos del argumento de los apelantes de que la reparación era inadecuada porque los tribunales no pueden obligar al Ejecutivo "a negociar un acuerdo diplomático."[332]

Como ordenado, los demandados respondieron a la solicitud de los demandantes de suplementar el expediente mediante

---

330 Véase el texto del documento que está disponible en https://storage.courtlistener.com/recap/gov.uscourts.cadc.42133/gov.uscourts.cadc.42133.01208755596.1.pdf

331 Véase la decisión de la Corte de Apelaciones, que está disponible en https://storage.courtlistener.com/recap/gov.uscourts.cadc.42133/gov.uscourts.cadc.42133.01208756499.0_1.pdf

332 Véase el texto de la orden judicial que está disponible en: https://storage.courtlistener.com/recap/gov.uscourts.cadc.42133/gov.uscourts.adc.42133.01208759332.0.pdf

escrito del 23 de julio,[333] argumentando además que estimaban que el caso *carecía de objeto*, al igual que el Informe que se había consignado del Alto Comisionado de las Naciones Unidas sobre Desapariciones Forzosas e involuntarias.

4. *La noticia sobre la liberación de los detenidos en El Salvador y los alegatos de que el proceso carecía de objeto*

Los demandados argumentaron que el mismo día en que se debía consignar la respuesta, 18 de julio, El Salvador, en su propia capacidad soberana, transfirió a todos los miembros de la clase a la custodia del régimen de Maduro, el cual entonces trasladó a los miembros de la clase a Venezuela en aviones venezolanos. Indicaron, además, que no parecía que el régimen de Maduro haya retenido a ninguno de los miembros de la clase después de su regreso a Venezuela, y si lo hace ello sería con base en sus propias leyes y razonamientos.

En esa forma, sobre el tema de los documentos adicionales presentados por los demandantes, que ello era improcedente por carecer de extraordinariedad, y sobre el tema de que el Gobierno tenía la custodia constructiva sobre la clase de los detenidos en El Salvador, argumentaron que "como todos los miembros de la clase están ahora en Venezuela, no en El Salvador, y no bajo la custodia de Estados Unidos o incluso de El Salvador" entonces "el tema de la custodia constructiva no tiene objeto," solicitando en definitiva que se rechazara la acción. Alegaron además que:

> "Incluso si el régimen de Maduro, –una entidad que Estados Unidos no reconoce como el Gobierno de Venezuela y con la que no tiene relaciones diplomáticas formales–,

---

333 Véase el texto de la respuesta que está disponible en: htps://storage.courtlistener.com/recap/gov.uscourts.cadc.42133/gov.uscourts.cadc.42133.01208760407.0.pdf

haya decidido retener alguno de ellos, no hay ningún argumento plausible de que Estados Unidos tenga algún poder para contrarrestar esa decisión."

Criticaron el *Informe del Grupo de Trabajo de las Naciones Unidas* consignado en el juicio, incluso en su lenguaje, argumentando que cualquier declaración de un funcionario de el Salvador contenida en el Informe es irrelevante pues los miembros de la clase ya no están más en custodia en El Salvador.

Los demandantes en el caso, asistidos por los abogados de la *American Civil Liberties Union,* presentaron el 28 de julio de 2025 su respuesta a los planteamientos del gobierno, y en soporte de la moción de que era necesario suplementar con nuevas evidencias el caso,[334] indicando que el caso no podía considerarse *moot,* o sea vacío y sin objeto; al contrario, alegaron:

> "El reclamo principal de los demandantes, y el fallo de la Corte de distrito, no es que los demandantes fueron enviados erróneamente a El Salvador en lugar de a Venezuela, sino que fueron deportados ilegalmente de los Estados Unidos conforme a la Ley de Enemigos Extranjeros ("AEA"), y se les negó el derecho a impugnar sus designaciones y deportaciones conforme a dicha Ley AEA. Debido a que los miembros del grupo CECOT ("Demandantes") permanecen fuera de los Estados Unidos, continúan sufriendo las consecuencias de su deportación ilegal (incluido el peligro en Venezuela, el país del que huyeron).
>
> Fundamentaron su alegato, indicando que:

---

334 Véase el texto de la respuesta que está disponible en: https://storage.courtlistener.com/recap/gov.uscourts.cadc.42133/gov.uscourts.cadc.42133.01208761685.0.pdf

"Sin siquiera ninguna apariencia de proceso, el gobierno designó a los demandantes como "enemigos extranjeros", terminó sus procedimientos de inmigración a mitad de camino sobre esa base, y los expulsó sin permitirles continuar con sus solicitudes de asilo u otro alivio migratorio para escapar de la persecución en Venezuela. La Corte de Distrito determinó que los demandantes fueron expulsados ilegalmente sin el debido proceso y, específicamente, sin la capacidad de impugnar su destitución en virtud de la AEA. El gobierno no discute que eso amerite un hallazgo. Debido a que los demandantes permanecen fuera de los Estados Unidos y no pueden buscar protecciones humanitarias aquí, el caso no es discutible: los daños de los demandantes pueden remediarse, por ejemplo, permitiéndoles regresar a los Estados Unidos para que puedan impugnar sus designaciones de AEA y buscar protección humanitaria si prevalecen en sus desafíos de AEA".

Agregaron, además los demandantes que

"En particular, a pesar de la solicitud específica de esta Corte de que las partes aborden la Declaración Harper y su impacto en cualquier protección, que pueda requerir que el Ejecutivo "negocie un acuerdo diplomático", Orden en 1 (21 de julio de 2025) (citando la moción del gobierno), el gobierno ni siquiera menciona la Declaración. Es importante destacar que la declaración afirma que el régimen de Maduro no se interpondrá en el camino del regreso de los demandantes, eliminando así el argumento central del gobierno de que no se le puede obligar a entablar negociaciones con un soberano extranjero. Con ese argumento desaparecido, el gobierno se queda solo con su argumento de que el reclamo procesal de debido proceso de los demandantes, el derecho a la notificación y una oportunidad significativa para presentar una petición de *hábeas*, solo se puede buscar a través del *hábeas corpus*, incluso si el gobierno saca a la fuerza a las personas del país sin ninguna oportunidad de solicitar hábeas."

De ello, concluyeron los demandantes que

> "no solo el caso sigue vivo, sino que la transferencia de los demandantes a Venezuela, junto con otros desarrollos fácticos intermedios, socavan significativamente los argumentos del gobierno. Debido a que estos desarrollos no estaban ante la Corte de Distrito, los Demandantes no se oponen a una devolución para que pueda abordar la irrelevancia y otros problemas en primera instancia (si este Tribunal no simplemente niega la suspensión)."

Y terminaron solicitando a la Corte de Apelaciones que revocara la suspensión de la sentencia de la Corte Federal y complementarse el expediente de la apelación o, alternativamente, devolviera el caso a la Corte de Distrito para que se pronuncie en primera instancia sobre las muchas cuestiones planteadas por los recientes desarrollos fácticos.[335]

---

[335] Véase el texto de la respuesta que está disponible en: https://storage.courtlistener.com/recap/gov.uscourts.cadc.42133/gov.uscourts.cadc.42133.01208761685.0.pdf

VIII. NUEVOS HECHOS Y CAMBIO DE CIRCUNSTANCIAS EN EL PROCESO CON MOTIVO DE LA LIBERACIÓN DE LOS DEMANDANTES DE LA CLASE DE DETENIDOS EN EL CECOT Y LA SENTENCIA DE LA CORTE DE APELACIONES REVOCANDO LA *PRELIMINARY INJUNCTION* DE LA CORTE FEDERAL

El día 18 de julio de 2025, como antes se dijo, mientras estaba en curso el proceso de liberación de los detenidos en la cárcel CECOT, con motivo de la negociación internacional entre los Estados Unidos y Venezuela, los demandantes en el caso presentaron ante el Juez de Distrito del Distrito de Columbia, una Información de Cambio de Circunstancias, indicando a la Corte que nuevos y significativos hechos relacionados con el litigio se estaban desarrollando, haciendo referencia a la liberación y traslado de los 252 venezolanos que estaban confinados en El Salvador, hacia Venezuela, consignando la declaración jurada de la Sra. Mellissa B. Harper, *U.S. Immigration and Customs Enforcement, Enforcement and Removal Operations, Acting Assistant Director*, que se había consignado ese mismo día en otro juicio (*J.O.P. v. United States Dep't of Homeland Sec*.,), en la cual se señaló que la operación de liberación era el resultado de "esfuerzos diplomáticos" que incluyeron a los Estados Unidos, indicando que:

> "Como parte de estas negociaciones, Estados Unidos obtuvo garantías del régimen de Maduro de que: (1) si los procedimientos legales de Estados Unidos llegan a una etapa en la que la comparecencia de uno de los 252 ciudadanos venezolanos anteriormente alojados en CECOT puede ser requerida en procedimientos legales o requerida por un tribunal; (2) si el gobierno de los EE. UU. está preparado para facilitar el viaje de la persona a los Estados

Unidos con ese propósito; y (3) si el individuo está dispuesto a viajar a los Estados Unidos con ese propósito, el régimen de Maduro no impondrá obstáculos al viaje del individuo."

Consideraron los peticionantes que las personas indicadas parecía que incluían "a todos los miembros de la clase certificada en este litigio," como además se corroboraba de las informaciones públicas y emanadas del Gobierno de los Estados Unidos, y de El Salvador, por lo que solicitaron del Juez Boasberg, que solicitase una actualización inmediata de parte del gobierno, sobre "si está preparado para traer a los miembros de la clase de regreso a los Estados Unidos para el procedimiento de *habeas corpus.*"[336]

Ante estos nuevos hechos, el Juez fijó para el día 24 de julio la realización de una audiencia para su considerarlos, ordenando en esa misma fecha a las partes para que antes del 7 de agosto de 2025, presentasen un *Informe Conjunto* sobre el status del proceso, además, cada dos semanas hasta nueva orden de la Corte.

Como acordado, el 7 de agosto de 2025, las partes presentaron ante el Juez Boasberg de la Corte Federal el Informe Conjunto acordado, en el cual, por lo que se refiere a los *demandantes,* sus abogados informaron que habían tratado de notificar a toda la clase para discutir los próximos pasos a seguir y si deseaban continuar con sus reclamos, habiéndolo logrado solo con unas docenas de miembros de la clase en llamadas individuales, informando a la Corte que "muchos miembros de la clase contactados desean continuar con sus casos para regresar a los Estados Unidos."

---

[336] Véase el texto del documento que está disponible en: https://storage.courtlistener.com/recap/gov.uscourts.dcd.278436/gov.uscourts.dcd.278436.168.0_1.pdf

En cuanto a los demandados, el Gobierno informó que dos peticionarios individuales de *habeas corpus* que habían sido detenidos en CECOT y habían afirmado que Estados Unidos "tenía custodia constructiva" sobre su situación, "habían desestimado voluntariamente sus casos después de que El Salvador los transfirió a Venezuela."

El Juez resolvió que las partes siguieran presentando informes conjuntos cada mes.[337]

Ahora bien, en vista de los cambios de circunstancias antes mencionados, en particular, el hecho de que los miembros de la clase de detenidos CECOT habían sido liberados, en virtud de que –según la Corte de Apelaciones–"el gobierno salvadoreño llegó a un acuerdo diplomático con el régimen de Maduro para liberar a 252 ciudadanos venezolanos, incluidos los miembros de la clase, de CECOT para su transferencia a Venezuela" (p. 6), dicha Corte, mediante sentencia dictada el 8 de agosto de 2025,[338] decidió cesar los efectos de la *preliminary injunction* que había dictado la Corte Federal del Distrito de Columbia, en el sentido de que el gobierno facilitara que se garantizara el debido proceso a los demandantes, no que implicaba la necesidad de que los Estados Unidos tuviese la custodia sobre los demandantes, decidiendo en consecuencia no referirse a esas cuestiones., remitiendo el expediente a la Corte Federal para la continuación del procedimiento.

337 Véase el texto del Informe Conjunto de las partes de 7 de agosto de 2025, que está disponible en: https://storage.courtlistener.com/recap/gov.uscourts.dcd.278436/gov.uscourts.dcd.278436.170.0_4.pdf

338 Véase el texto de la sentencia que está disponible en: https://storage.courtlistener.com/recap/gov.uscourts.cadc.42133/gov.uscourts.cadc.42133.01208764811.0.pdf

La Corte de Apelaciones concluyó su decisión, resolviendo en definitiva que "la transferencia de los miembros de la clase de CECOT a Venezuela es un cambio de circunstancias que entre otras cosas:

> "altera el daño experimentado por los demandantes. Véase *Nken v. Holder*, 556 U.S. 418, 435 (2009). También puede afectar la capacidad del gobierno para obtener la custodia de los miembros de la clase sin tener que participar en la diplomacia. Y puede afectar cómo, o incluso si, los demandantes o miembros de la clase nombrados desean continuar presionando sus reclamos, particularmente si hacerlo requeriría que se sometan a la custodia de los Estados Unidos. Véase la transcripción de la audiencia, supra, p. 6 y 7. Además, si los demandantes desean proceder, es posible que se les solicite que ajusten su hábeas corpus y otras reclamaciones para tener en cuenta estas circunstancias cambiantes. Véase id. en 8-9. Por su parte, el gobierno sostiene que la transferencia hizo que toda la acción fuera discutible, un tema que el tribunal de distrito abordó mejor en primera instancia. En estas circunstancias, tendría poco sentido que esta Corte revisara una orden judicial preliminar que, con toda probabilidad, ha sido superada por los acontecimientos.
>
> Por estas razones, anulamos la orden de la Corte de Distrito del 4 de junio de 2025 (Dkt. No. 147) y la devolvemos para continuar con los procedimientos. No expresamos ninguna opinión sobre qué tipo de clase o reparación, si corresponde, puede ser apropiada a la luz de las circunstancias cambiadas."[339]

---

339 *Idem.*

SEXTA PARTE

EL CASO: *W.M.M., F.G.M., Y A.R.P., ET AL., V. DONALD J. TRUMP, IN HIS OFFICIAL CAPACITY AS PRESIDENT OF THE UNITED STATES, ET AL..*, ANTE LA CORTE DE DISTRITO NORTE DE TEXAS, LA INTERVENCIÓN EXTRAORDINARIA DE LA CORTE SUPREMA Y LA SENTENCIA DE LA CORTE DE APELACIONES DEL QUINTO CIRCUITO

I. LA DEMANDA DE *HABEAS CORPUS* ANTE LA CORTE FEDERAL DEL DISTRITO NORTE DE TEXAS

De acuerdo con lo resuelto por la Corte Suprema en su decisión del 7 de abril de 2025, antes comentada, estableciendo que las personas detenidas en aplicación de la AEA tenían derecho a ser notificados y a ser oídos en un plazo razonable sobre que estaban sujetos a deportación, a los efectos de poder intentar el correspondiente recurso de habeas corpus para su protección que deben intentar en el "en el distrito de confinamiento," tres ciudadanos venezolanos detenidos en el Centro de detención Bluebonner en el Distrito Norte de Texas, con casos pendientes de asilo y señalados de ser miembros del Tren de Aragua, asistidos por abogados de la *American Civil Liberties Union Foundation* ACLU, intentaron el 16 de abril de 2025 ante la Corte Federal de dicho Distrito Norte de Texas, Abilene Division, una acción de habeas corpus (caso: *W.M.M., F.G.M., and A.R.P., et al., Petitioners – Appellants v. DONALD J. TRUMP, in his official capacity as President of the United States, et al.*)., basada en los siguientes motivos: (1) que la Proclamación emitida por el Presidente el 14 de marzo de 2025 es *ultra vires* en virtud de la Ley AEA; (2) que el proceso regulado en la AEA es inconsistente con el procedimiento de la Ley de Inmigración y Nacionalidad (INA); (3) que el proceso regulado en la AEA impide que los detenidos soliciten asilo; (4) que el proceso regulado en la AEA viola el estatuto de retención de deportación; (5) que el proceso regulado en la AEA viola la Ley de Reforma y Reestructuración de Asuntos Exteriores de 1998; (6) que la declaración categórica de la Proclamación de que toda persona sujeta a la Proclamación es acusada de hostilidad real viola la AEA; (7) que la Proclamación viola los derechos de los peticionarios al debido proceso bajo la Quinta Enmienda; y (8) que la remoción sumaria viola los derechos de los peticionarios al habeas corpus. Adicionalmente solicitaron los recurrentes de la Corte que emitiera una *Temporary Restraigning Order* TRO, para su protección y, además, solicitaron se certificara una clase de recurrentes para representar todos los extranjeros detenidos en el Distrito que "hayan sido, sean o puedan ser" sujetos de aplicación de la invocación presidencial de la ley AEA.

Como lo indicó el Juez de la Corte Federal James Wesley Hendrix en su sentencia del 9 de mayo de 2025,[340] la solicitud

[340] Véase el texto de la sentencia en el documento que está disponible en: https://www.supremecourt.gov/DocketPDF/24/24A1007/358650/20250512175756685_24A1007%20supplement%20brief.pdf

de TRO fue denegada el 17 de abril, reservándose considerar la certificación de clase de los demandantes. Al día siguiente, 18 de abril, los accionantes solicitaron de nuevo a la Corte que emitiera una *Temporary Restraigning Order*, para lo cual el Juez requirió de los demandados que respondieran la solicitud en 24 horas.

Mientras esto se estaba considerando el mismo día 18 de abril, los accionantes solicitaron una petición de emergencia al Juez, anunciándole que, si no se procedía a realizar una audiencia o a otorgar una moción de urgencia, los recurrentes buscarían obtener una protección de emergencia de la Corte de Apelaciones del Quinto Circuito. Pero antes de que la Corte decidiera cualquier cosa, los accionantes presentaron apelación ante la Corte de Apelaciones; procediendo, en la misma tarde del 18 de abril, a formular una aplicación de emergencia o *writ of mandamus* con solicitud de emisión de una *inmediate administrative injunction* ante la Corte Suprema de los Estados Unidos. Al día siguiente, el 19 de abril, la Corte de Apelaciones negó la apelación por considerarla prematura.

II. UNA NUEVA PETICIÓN DE RECURSO EXTRAORDINARIO ANTE LA SUPREMA CORTE DE LOS ESTADOS UNIDOS Y ORDEN DE SUSPENSIÓN TEMPORAL DE DEPORTACIÓN DE EXTRANJEROS HASTA NUEVA ORDEN DE LA CORTE

En cuanto a la petición extraordinaria ante la Corte Suprema, a la cual los abogados de los accionantes acudieron en la madrugada del 19 de abril de 2025, en la misma solicitaron que mediante una *injunction*, dicha Corte ordenara la suspensión de deportaciones de la clase de inmigrantes venezolanos detenidos en Texas, y preservara su *status quo*, alegando que docenas de ellos enfrentaban una deportación inminente en aplicación de la

Ley AEA, sin la revisión judicial (notificación y oportunidad de ser oídos) que la Corte Suprema había ordenado se respetara.[341]

Los peticionantes informaron a la Corte Suprema, además, que estaban buscando simultáneamente alivio judicial, mediante una nueva solicitud de medida cautelar (*TRO*) ante el Juez de Distrito del Distrito de Columbia, cuya orden de efectos nacionales previa había sido revocada por la Corte Suprema, y una solicitud de suspensión de deportación ante la Corte de Apelaciones del Quinto Circuito de Texas.

Informaron, además, que el día anterior, viernes 18, el Juez de Distrito del Distrito de Columbia (Juez Broasberg) no se había pronunciado sobre la solicitud de emergencia de una nueva medida cautelar *TRO*, y había rechazado la solicitud del grupo propuesto de una orden de restricción temporal que suspendiera su expulsión en virtud de la AEA, principalmente sobre la base de que el gobierno había declarado que no intentaría deportar a dos miembros del grupo (nombrados, A.A.R.P. y W.M.M.), "mientras su petición de *habeas corpus* estuviese pendiente." Sin embargo, agregaron

> "después de la orden del tribunal de distrito y a partir de anoche, los abogados de los Solicitantes y la clase propuesta de personas sujetas a deportación bajo la AEA fueron informados de que numerosos ciudadanos venezolanos actualmente bajo la custodia del gobierno en el Distrito Norte de Texas han recibido notificaciones de que están sujetos a la deportación bajo la AEA, y además fueron

[341] El texto de la petición de emergencia que está disponible en: https://www.supremecourt.gov/DocketPDF/24/24A1007/356063/20250418172902261_2025.04.18%20AARP%20Application.pdf. Véase sobre la petición los comentarios en Michelle Hackman y Mariah Timmes, "Lawyers Contest New Wartime-Law Deportation," en *The Wall Street Journal*, 19 abril 2025, p. A4

informados por funcionarios del gobierno que pueden ser deportados de los Estados Unidos tan pronto como esto suceda, por la tarde o mañana. El Departamento de Seguridad Nacional (DHS, por sus siglas en inglés) ha anunciado públicamente que las remociones de AEA son inminentes."

Los solicitantes alegaron ante la Suprema Corte que:

"Las acciones del Gobierno hasta la fecha, incluido su cronograma ultrarrápido, no brindan a los miembros de la clase propuesta una oportunidad realista de impugnar su deportación en virtud de la AEA. Las notificaciones que han recibido algunos miembros del grupo propuesto están solo en inglés y no informan a los miembros del grupo propuesto de su derecho a impugnar la designación en un tribunal federal. El gobierno se ha negado a dar cualquier información a los abogados firmantes de la clase propuesta. Y, hasta donde saben los solicitantes y sus abogados, el gobierno no está notificando a los abogados de inmigración de los miembros del grupo propuestos."

De ello concluyeron alegando que "La expulsión sin suficiente aviso y tiempo para solicitar el recurso de *habeas corpus* es una clara violación de la decisión de esta Corte del 7 de abril de 2025," solicitando a la Corte Suprema:

"una orden inmediata que prohíba cualquier deportación de los miembros propuestos del grupo. Sin la intervención de esta Corte, docenas o cientos de miembros propuestos del grupo pueden ser deportados a cumplir una posible sentencia de cadena perpetua en El Salvador sin ninguna oportunidad real de impugnar su designación o deportación.

La decisión de emergencia es necesaria no solo para preservar el *statu quo* y evitar daños permanentes e irreversibles a los solicitantes, sino también para preservar la jurisdicción de los tribunales, a la luz de la posición del gobierno de que no necesita devolver a las personas, ni siquiera a las que han sido deportadas por error."

Con base en lo anterior, y en las pruebas presentadas, los recurrentes solicitaron de la Corte que emitiera una:

"*Emergency writ of mandamus* o una *class-wide injunction pending appeal* y una *class-wide temporary administrative injunction*. Significativamente, la decisión solicitada aquí no busca prohibir que el gobierno enjuicie a cualquier individuo que haya cometido un delito. Tampoco busca la liberación de la detención de inmigrantes ni prohíbe al gobierno deportara cualquier persona que pueda ser expulsada legalmente bajo las leyes de inmigración. Solo pide que esta Corte preserve el *statu quo* para que los miembros propuestos no sean enviados a una prisión notoria en El Salvador antes de que el sistema judicial estadounidense pueda brindarles el debido proceso."[342]

La Corte Suprema de Estados Unidos en la misma madrugada del día 19 de abril de 2025, atendiendo a la emergencia de la solicitud, dictó una breve sentencia, sin mayor motivación, en la cual expuso y decidió así:

"Hay ante la Corte una solicitud en nombre de una supuesta clase de detenidos en la que se solicita una orden judicial contra su expulsión en virtud de la Ley de Enemigos Extranjeros. El asunto está actualmente pendiente ante

---

342 Véase el texto de este documento que está disponible en: https://www.supremecourt.gov/DocketPDF/24/24A1007/356063/20250418172902261_2025.04.18%20AARP%20Application.pdf

el Quinto Circuito. Tras la acción del Quinto Circuito, se invita al Procurador General a presentar una respuesta a la solicitud ante este Tribunal lo antes posible. *Se ordena al Gobierno que no expulse de los Estados Unidos a ningún miembro de la clase putativa de detenidos hasta nueva orden de este Tribunal*."[343]

El mismo día 19 de abril de 2025, en la noche, el Juez Alito, al quien se agregó el Juez Thomas, presentó su voto disidente respecto de esta escueta pero terminante decisión, expresando que:

"En resumen, literalmente en medio de la noche, la Corte emitió una reparación sin precedentes y legalmente cuestionable sin dar a los tribunales inferiores la oportunidad de pronunciarse, sin escuchar a la parte contraria, dentro de las ocho horas posteriores a la recepción de la solicitud, con dudoso apoyo fáctico para su orden, y sin proporcionar ninguna explicación de su orden. Me negué a unirme a la orden

[343] Véase el texto de este documento que está disponible en: https://www.supremecourt.gov/orders/courtorders/041925zr_c18e.pdf. Véase sobre la sentencia: Andrew Chung, Luc Cohen, Kristina Cooke and Jack Queen, "US Supreme Court temporarily blocks deportations of Venezuelan migrants under wartime law," Reuters 21 april 2025, disponible en https://www.reuters.com/world/us/us-supreme-court-temporarily-blocks-deportations-venezuelan-migrants-under-2025-04-19/; "Supre me Court orders Trump administration not to deport Venezuelans under Alien Enemies Act for now," *NBC News,* 19 abril 2025, disponible en: https://apple.news/AfmmGK9KTRsCmE-zZMZDEMA; John Fritze y Devan Cole, "What to know about the Supreme Court's midnight Alien Enemies Act Order,", CNN Politics, 20 abril 2025, disponible en https://www.cnn.com/2025/04/19/politics/supreme-court-alien-enemies-act-order/index.html; Alan Feuer, Hamed Aleaziz y Abbie VanSickle, "Justice Block Deportation of New Group of Migrants. Ouster of 50 Under Eartime Statute Is Banned, for Now." *The New York Times*, 20 abril 2025, pp. 1 y 26; Adam Liptak, "Speedy Ruling From a Slow-and-Steady Court," *The New York Times*, 20 abril 2025, p. 16.

del Tribunal porque no teníamos buenas razones para pensar que, dadas las circunstancias, emitir una orden a medianoche era necesario o apropiado."[344]

Los representantes del Gobierno respondieron a la solicitud durante el día 19 de abril de 2025 oponiéndose a que fuera la Suprema Corte la que en este caso decidiera el tema del respeto al debido proceso, antes de que ello fuera resuelto por las Cortes Distritales, alegando, además, que:

> "Los detenidos que han recibido tales notificaciones han tenido tiempo suficiente para presentar demandas de hábeas corpus, de hecho, los representantes de la clase putativa y otros han presentado tales demandas. Y el gobierno ha acordado no deportar, de conformidad con la AEA, a los detenidos de la AEA que presenten demandas de hábeas corpus (incluidos los representantes de la clase putativa)."

Solicitaron, en consecuencia, que la Corte Suprema revocara la suspensión administrativa que había acordado, y permitiera que los tribunales inferiores aborden las cuestiones jurídicas y fácticas pertinentes en primera instancia, incluido el desarrollo apropiado de un expediente sobre los hechos.

Y en cuanto a las motivaciones para aplicar a los migrantes venezolanos detenidos la Ley de Enemigos Extranjeros de 1798, los representantes del Gobierno insistieron ante la Corte Suprema en que:

344 Véase el texto de este documento que está disponible en: https://www.supremecourt.gov/opinions/24pdf/24a1007_22p3.pdf

"La Proclamación del Presidente del 14 de marzo describe sus hallazgos de que los miembros de TdA cumplen con los criterios legales para la remoción bajo la Ley de Enemigos Extranjeros, hallazgos que son indiscutibles aquí. El Presidente consideró que TdA está "llevando a cabo una *guerra irregular y emprendiendo acciones hostiles* contra Estados Unidos". .... Además, el Presidente determinó que TdA y otras organizaciones criminales han tomado el *control del territorio venezolano*, lo que ha dado lugar a un "*Estado criminal híbrido*". Además, TdA está "*estrechamente alineado" con el régimen de Maduro en Venezuela, y de hecho se ha "infiltrado" en el "aparato militar y de aplicación de la ley*" del régimen. El Estado híbrido resultante, determinó el Presidente, "está perpetrando una invasión e incursión depredadora en los Estados Unidos", lo que representa "un peligro sustancial" para la nación."[345]

La solicitud de los representantes del Gobierno fue respondida el 21 de abril por los abogados de los solicitantes migrantes, en particular, de la *American Civil Liberties Union Foundation*,[346] quienes precisaron que el motivo de la solicitud ante la Corte había sido "el hecho de que el gobierno no proporcionó suficiente aviso antes de tratar de expulsar a las personas en virtud de la Ley de Enemigos Extranjeros ("AEA"), como lo requiere el fallo de esta

[345] Véase el texto de este documento que está disponible en: https://www.supremecourt.gov/DocketPDF/24/24A1007/356072/20250419170105032_A.A.R.P.%20Opp.%20FINAL.pdf

[346] Véase el texto de este documento que está disponible en: https://www.supremecourt.gov/DocketPDF/24/24A1007/356074/20250421045953494_2025.04.21%20AARP%20SCOTUS%20Reply_Final%20pdfa.pdf

Corte de hace menos de tres semanas," insistiendo en que en su fallo del 7 de abril, la Corte Suprema sostuvo unánimemente que "los detenidos de AEA deben recibir notificación después de la fecha de esta orden de que están sujetos a la expulsión bajo la Ley ... dentro de un plazo razonable y de tal manera que les permita solicitar efectivamente el recurso de *hábeas corpus* en el lugar adecuado antes de que se produzca dicha expulsión". Sin embargo, alegaron, que el 17 de abril, "el gobierno tomó medidas contrarias al fallo específico de esta Corte" en relación con uno de los solicitantes (J.G.G), y:

> "en lugar de proporcionar una notificación oportuna que permitiera a los supuestos miembros del grupo solicitar el recurso de *habeas corpus* antes de la deportación, el gobierno les dio a los detenidos un formulario solo en inglés, que no se proporcionó a ningún abogado, que en ninguna parte menciona el derecho a impugnar la designación o expulsión, y mucho menos explica cómo los detenidos pueden hacerlo."

Alegaron que los funcionarios les dijeron a los detenidos que serían expulsados en 24 horas, y en muchos casos, incluso en menos de 24 horas, razón por la cual solicitaron de la Corte Suprema que "brinde orientación a los tribunales inferiores y al gobierno sobre qué medidas son suficientes para proporcionar una notificación adecuada." Por último, los solicitantes reconocieron en su alegato que la solicitud que formularon ante la Corte, que solicitaron se conservara, había sido "una solicitud extraordinaria dado que la Corte de Distrito aún no se ha pronunciado sobre el fondo."

De todo lo anterior lo cierto fue que la sentencia de la Corte Suprema del 19 de abril de 2025, ordenando al Gobierno no deportar de los Estados Unidos a ningún miembro de la clase putativa de detenidos, *"hasta nueva orden de esta Corte,"* continuó en aplicación en las semanas siguientes con efectos en todo el país.[347]

III. LA SENTENCIA DEL JUEZ FEDERAL DE DISTRITO NORTE DE TEXAS NEGANDO LA CERTIFICACIÓN DE CLASE SOLICITADA PARA QUE LOS ACCIONANTES EN *HABEAS CORPUS* REPRESENTARAN A LA CLASE DE DETENIDOS EN EL DISTRITO

Tres semanas después de la orden de la Corte Suprema, el 9 de mayo de 2025, el Juez Federal de la Corte del Distrito Norte de Texas, James Wesley Hendrix, emitió sentencia en el caso del cual estaba conociendo, decidiendo lo que consideró era la moción pendiente sobre la certificación de clase que le había sido solicitada por los tres accionantes que habían intentado inicialmente una acción conjunta de habeas corpus, para "representar a todos los extranjeros bajo custodia en el Distrito Norte de Texas "que estuvieron, están o estarán" sujetos a la invocación del Presidente de la Ley de Enemigos Extranjeros," denegándola. La decisión se resumió al inicio de la sentencia así:

> "Esta solicitud se basa en gran medida en la suposición de que su primera reclamación, que impugna la invocación de la AEA por parte del Presidente, prevalecerá. Pero la certificación de clase no es el momento de resolver el fondo del asunto, y el Tribunal no puede presumir que esta

[347] Véase algunos comentarios sobre sus efectos legales en: Vansickle, "Official Notices to Migrants Fall Short of Due Process, Expert Say," en *The New York Times*, 24 abril 2025, p. 21; Luke Broadwater, "Brushing Off Due Process For Migrants," en *The New York Times*, 25 abril 2025, p A1 y A13.

reclamación tendrá éxito. Más bien, el Tribunal debe seguir los mandatos de la Regla 23 al determinar si la certificación de clase es apropiada. En este caso, no se cumple la regla 23. Los peticionarios presentan muchas reclamaciones independientes impulsadas por circunstancias individuales, lo que las hace atípicas de los posibles miembros de la clase. Además, las diversas circunstancias de los peticionarios les impiden cumplir con el requisito de uniformidad de reparación de la Regla 23(b)(2). Finalmente, incluso si los peticionarios cumplieran con la Regla 23, o si el Tribunal pudiera evitarla en favor de un *habeas corpus* de clase bajo la *All Writs Act*, la Corte no ejercería su discreción para certificar una clase. Los detenidos deben poder ejercer sus propios derechos de hábeas corpus a través de sus propios argumentos y no verse envueltos en grandes desafíos que puedan permanecer en litigio durante un largo período. Por lo tanto, el Tribunal niega la certificación de clase."[348]

La Corte, además, reconociendo que el tiempo era esencial para ambas partes, precisó que emitía su decisión "para avanzar en el litigio, proporcionar claridad a las partes y permitir que los miembros putativos de la clase se ajusten en consecuencia.," El Tribunal aclaró, además, que por supuesto reconocía que la Corte Suprema había concedido una reparación temporal a la clase putativa a la espera de una nueva orden de la misma Corte Suprema; razón por la cual decidió "suspender el efecto" de su propia Orden "en espera de nuevas medidas por parte de la Corte Suprema," de manera que si la misma "conceda la petición pendiente de un auto de *certiorari*," la Orden del Juez de Distrito "queda automáticamente anulada."

---

[348] Véase el texto de la sentencia en el documento que está disponible en: https://www.supremecourt.gov/DocketPDF/24/24A1007/358650/20 2505121 75756685_24A1007%20supplement%20brief.pdf

Para decidir, el Juez Federal, partiendo del principio de que la regla general del litigio "es que las partes nombradas demandan en su propio nombre y pueden representar solo sus propios intereses," analizó con todo detalle, los estándares legales para la Clasificación de clase, destacando los cuatro prerrequisitos conforme a la Regla 23(a) de la *Federal Rule of Civil Procedure*, específicamente la referido a la numerosidad (el número de miembros de la clase), a la comunalidad (cuestiones de derecho o de hecho comunes a la clase), a la tipicidad (similaridad entre las peticiones de los demandantes y de los que representan) y a la adecuación de la representación los intereses de la clase).(que los representantes defiendan justa y adecuadamente los intereses de la clase). Luego de analizar los requisitos de legitimación de los accionantes, el Juez, reconociendo que hay dudas sobre si la certificación de clase es apropiada en los procesos de habeas corpus, analizó los prerrequisitos mencionados respecto de las peticiones de los accionantes, destacando primero, que buscaban protección de habeas corpus individualizada, siendo precisamente la acción de habeas corpus la que les correspondía intentar, para "solicitar impugnar su expulsión basándose en que pueden enfrentar persecución, que no son elegibles para la deportación bajo la AEA porque no son miembros de TdA, y las otras reclamaciones individualizadas que buscan los peticionarios."

El Juez, además, encontró que no hay tipicidad entre los alegatos de los accionantes y la clase putativa, habiendo al contrario muchas diferencias, como el hecho de que no todos son solicitantes de asilo, provocando diferencias incluso en sus derechos a un debido proceso. Destacó, por ejemplo, que "La petición muestra que los demandados tienen diferentes pruebas y teorías de por qué cada peticionario es miembro de TdA, y los demandados deberán presentar pruebas particularizadas de cada detenido para determinar su ciudadanía, edad y afiliación a TdA." En definitive, el Juez consideró que las diferencias de hecho que hay entre los peticionarios nombrados y los miembros putativos del grupo o clase, implican que "no comparten las mismas "características esenciales."

De todo su muy detallado y extenso análisis, el Juez Federal James Wesley Hendrix concluyó su decisión indicando lo siguiente:

> "Este litigio puede muy bien requerir un análisis individualizado y recursos para cada petición de habeas corpus. Los intereses de la justicia exigen que la Corte permita que cada uno de los detenidos decida por sí mismo si presenta peticiones de *hábeas corpus* y, en caso afirmativo, qué demandas desea proseguir. Solo una posibilidad en este caso podría resultar en un alivio para toda la clase: todas las demás resultan en el análisis de reclamos y hechos individuales. Es posible que las acciones colectivas nunca sean apropiadas en los procedimientos de hábeas corpus, pero ciertamente no son apropiadas en estos procedimientos en los que pueden predominar cuestiones individuales y de hecho intensivo en la reparación colectiva solicitada. La Corte, con respeto a la importancia de estas cuestiones y siguiendo la jurisprudencia que le obliga a considerar estas posibilidades, deniega la moción de certificación de clase y nombramiento de abogados de clase. Pero debido a que la Corte Suprema ha otorgado una reparación a la clase putativa en espera de una nueva orden de ese Tribunal, esta Corte suspende el efecto de esta Orden en espera de nuevas acciones de la Corte Suprema."

IV. LA PETICIÓN DE PROTECCIÓN EMERGENCIA DE LOS ACCIONANTES ANTE LA CORTE SUPREMA Y LA DE LOS REPRESENTANTES DEL GOBIERNO SOLICITANDO A LA CORTE SUPREMA SUSPENDER LA ORDEN QUE HABÍA EMITIDO EL 19 DE ABRIL DE 2025

Como consecuencia de la anterior sentencia del 9 de mayo de 2025, con fecha 10 de mayo los accionantes solicitaron a la Corte Suprema que su continua intervención en el caso era necesaria, porque otras cortes de Distrito habían ya certificado clases con detenidos en virtud de la Ley AEA, solicitando que otorgara *cerciorari* y que continuara la Orden protectora de emergencia dictada el 9 de abril de 2025, y que alternativamente indicara orientación sobre certificaciones de clase.

Por su parte, el *Solicitor General* Dean John Sauer, en representación del gobierno solicitó de la Corte Suprema, el 12 de mayo de 2025, mediante un *Supplemental Memorandum Regarding Emergency Application,* que como hasta esa fecha no se había producido ninguna decisión judicial otorgando protección definitiva, y en vista de la sentencia de la Corte Federal del Distrito Norte de Texas, se le permitiera al gobierno deportar extranjeros que se encuentran ilegalmente y están detenidos, en aplicación de otras disposiciones diferentes a la Ley de Extranjeros Enemigos, "lo que los solicitantes han admitido que el gobierno debería poder hacer."[349]

Los demandados acompañaron a su solicitud, copia de la sentencia de la Corte Federal del Distrito Norte de Texas de 9 de mayo de 2025, que negó a los recurrentes la certificación de

[349] Véase el texto del documento que está disponible en: https://www.supremecourt.gov/DocketPDF/24/24A1007/358650/2025051217575668 5_24A1007%20supplement%20brief.pdf

clase de los detenidos, considerando que como no son parte en el caso, carecían de base para la protección de emergencia dada por la Corte Suprema mientras sigue el litigio, además que no han formulado acciones individuales de *habeas corpus*, considerando así que "sólo los peticionarios de *hábeas corpus*" son los que debía seguir siendo partes en el caso

El *Solicitor General* destacó que tres semanas después de que su hubiese dictado la dictado la orden restrictiva por la Corte Suprema, era un tiempo razonable para que los miembros de la potencial clase hubiesen presentado acciones de *habeas corpus*, considerando que dado los problemas que se habían presentado en centros de detención con detenidos miembros del Tren de Aragua, la Corte Suprema debía rechazar la petición de *certiorari* formulada por los accionante, como protección por vía extraordinaria, argumentando que al menos no debería prologar la detención y bloquear la deportación, de los extranjeros detenidos que están sujetos a otras previsiones legales distintas a la Ley AEA (como las leyes de Inmigración), permitiendo que puedan ser deportados de los Estados Unidos.

V. LA SENTENCIA DE LA CORTE SUPREMA DE 16 DE MAYO DE 2025

La Corte Suprema comenzó por narrar las incidencias que la llevaron a dictar su sentencia del 9 de abril de 2025, ordenando al gobierno que "no deportara a ninguno de los miembros de la putativa clase de detenidos" a los efectos de conservar su jurisdicción para considerar las demandas, invitando al Gobierno a responder a la demanda después que la Corte de Apelaciones del Quinto Circuito de Texas decidiera.

Destacó la Corte Suprema que dicha Corte de Apelaciones desestimó la apelación de los demandantes por falta de jurisdicción y negó la moción para *injunction* mientras estaba pendiente la apelación por prematura, con el argumento de que los detenidos habían dado a dicha Corte solo 42 minutos para actuar.

De ello, la Corte Suprema resolvió entonces en su sentencia del 16 de mayo de 2015,[350] que procedía a interpretar la solicitud como una petición de *certiorari* de la decisión de la Corte de Apelaciones del Quinto Circuito (en adelante Quinto Circuito), resolviendo conceder la petición, al igual que la solicitud de *injunction* a la espera de futuros, anulando la sentencia del Quinto Circuito, y devolviéndole el caso para los siguientes procedimientos.

La Corte Suprema, en efecto, explicó que el Quinto Circuito se había equivocado al desestimar la apelación de los detenidos por falta de jurisdicción, aclarándole que las Cortes de Apelación tienen jurisdicción para revisar las órdenes interlocutorias que tienen "el efecto práctico de denegar una *injunction*," destacando en este caso, la inacción de la Corte de Distrito, no durante 42 minutos, sino durante 14 horas y 28 minutos, lo cual según dijo la Corte Suprema "tuvo el efecto práctico de negar una orden judicial a los detenidos que se enfrentaban a una amenaza inminente de daño grave e irreparable." Por ello, en consecuencia, la Corte Suprema, como se dijo, anuló la sentencia de la Corte de Apelaciones.

Luego se refirió la Corte Suprema a su decisión sobre la Quinta Enmienda considerando que "otorga a los extranjeros el derecho al debido proceso legal en el contexto de los procedimientos de deportación," precisando que durante mucho tiempo

---

350 Véase el texto de la sentencia que está disponible en: https://www.supremecourt.gov/opinions/24pdf/24a1007_g2bh.pdf; Véase John Fritze y Devan Cole, "Supreme Court blocks Trump from restarting Alien Enemies Act deportations," CNN, 16 mayo 2025, disponible en: https://www.cnn.com/2025/05/16/politics/supreme-court-alien-enemies-ac

ha sostenido que "ninguna persona será" expulsada de los Estados Unidos "sin la oportunidad, en algún momento, de ser escuchada," habiendo decidido que el debido proceso requiere una notificación que esté "razonablemente calculada, en todas las circunstancias, para informar a las partes interesadas" y que "después de un plazo razonable" para comparecer. En consecuencia, en su sentencia anterior, la Corte Suprema explicó, con el voto de todos sus integrantes,

> "que los detenidos en virtud de la AEA deben recibir notificación . . . que están sujetos a remoción en virtud de la Ley . . . dentro de un plazo razonable y de tal manera que les permita solicitar efectivamente el recurso de *hábeas corpus*" antes de la expulsión;" [aclarando, además], que con el fin de "solicitar realmente el recurso de *habeas corpus,*" un detenido debe tener suficiente tiempo e información para poder razonablemente ponerse en contacto con un abogado, presentar una petición y buscar la reparación adecuada."[351]

Después de hacer referencia a la situación de deportación inmediata en que se encontraban los detenidos en Texas, y a otro

[351] Sobre esto Tramayne Young ha señalado que: "Al conceder un período de protección temporal, la Corte solo determinó que una notificación dada a los detenidos el 18 de abril era insuficiente, y que los detenidos deberían tener "tiempo suficiente" y recursos para solicitar el recurso de habeas corpus, ponerse en contacto con un abogado, presentar una petición y buscar otras vías apropiadas para la protección…. En este momento, queda en manos del gobierno determinar qué aviso razonable y tiempo suficiente están dentro de los parámetros y la orientación dada en esta decisión." Véase en Tramayne Young "US Supreme Court rules deportees under Alien Enemies Act entitled to due process and 'reasonable notice,' en Jurist News, 18 mayo 2025, disponible en: https://www.jurist.org/news/2025/05/us-supreme-court-rules-deportees-under-alien-enemies-act-entitled-to-due-process-and-reasonable-notice/

caso pendiente en las Cortes en el cual el gobierno ha informado que no está en capacidad de devolver a un individuo deportado por error a una prisión en El Salvador (caso *Abrego García v. Noem*), donde se alega que el detenido enfrenta una detención indefinida, consideró que "los intereses de los detenidos en este caso son particularmente importantes," por lo que en "estas circunstancias, la notificación de aproximadamente 24 horas antes de la expulsión, sin información sobre cómo ejercer los derechos al debido proceso para impugnar esa eliminación, seguramente no pasa la prueba."

Por ello, consideró la Corte Suprema que estando lejos de las circunstancias concretas del caso para determinar en primera instancia el procedimiento preciso necesario para hacer cumplir la Constitución en este caso, devolvió el asunto a la Corte de Apelaciones del Quinto Circuito para ese propósito, precisando terminantemente lo siguiente:

> "Para ser claros, decidimos hoy solo que los detenidos tienen derecho a una notificación mayor que la que se les dio el 18 de abril, y otorgamos una *temporary injunction* para preservar nuestra jurisdicción mientras se resuelve la cuestión de cuál notificación es la que debe realizarse. La Corte Suprema no abordó el 19 de abril, y no lo hace ahora, el tema de los méritos subyacentes de las reclamaciones de las partes con respecto a la legalidad de las deportaciones conforme a la AEA. Reconocemos la importancia de los intereses de seguridad nacional del Gobierno, así como la necesidad de que esos intereses se persigan de manera coherente con la Constitución. A la luz de lo anterior, los tribunales inferiores deben referirse los casos de AEA con prontitud."

La sentencia fue adoptada por una mayoría de votos, con los votos disidentes de los Jueces Alito y Thomas, cuyos argumentos la mayoría no consideró convincentes, ni sobre la falta de jurisdicción de la Corte ni sobre la disponibilidad de protección judicial respecto de una clase.

Sobre lo primero los Jueces de la mayoría precisaron que la intervención de la Corte Suprema en el caso fue requerida por la "inacción de la Corte de Distrito" que tuvo el efecto de rechazar una *innjunction.* La Corte destacó que, en el caso, el Gobierno había indicado en el expediente ante una Corte Federal "que se reservaba el derecho de expulsar a los detenidos después de la medianoche," caso en el cual la Corte tenía el poder de otorgar la protección mediante *injunction* "para prevenir un daño irreparable a los demandantes y preservar su jurisdicción sobre el asunto." Consideró, por tanto, que ahora, luego de que el Quinto Circuito dictaminó, la "jurisdicción de *certiorari* también apoya la revisión en el curso ordinario" del proceso.

Y en cuanto a la protección otorgada a la clase de detenidos, la Corte Suprema consideró que todos, los demandantes y los miembros putativos de la clase, "tienen derecho a una notificación constitucionalmente adecuada antes de cualquier deportación, con el fin de buscar la reparación adecuada;" y que "aun cuando los supuestos miembros del grupo pueden en última instancia tomar diferentes medidas para proteger sus propios intereses en respuesta a dicha notificación, la notificación a la que tienen derecho es la misma." La Corte concluyó afirmando que

> "dado que los tribunales pueden emitir protecciones judiciales temporales respecto de una clase putativa, no es necesario que decidamos si se debe certificar una demanda colectiva en cuanto a las reclamaciones de los detenidos al respeto al debido proceso, para prohibir temporalmente al Gobierno expulsar a los miembros putativos de la clase mientras se resuelve la cuestión de la notificación debida."

Concluyó entonces la Corte otorgando la *injunction* en espera de los siguientes procedimientos, considerándola como un auto de *certiorari*. anulando la sentencia de la Corte de Apelaciones del Quinto Circuito, devolviéndole el caso e instruyéndole que, al decidir la apelación de los detenidos, debe abordar lo siguiente:

> "(1) Todos los factores normales de las *preliminary injunctions*, incluida la probabilidad de éxito en cuanto al fondo, en cuanto a las reclamaciones de *habeas corpus* subyacentes de los demandantes nombrados de que la AEA no autoriza su expulsión de conformidad con la Proclamación del Presidente del 14 de marzo de 2025, y
>
> (2) La cuestión de la notificación que se debe, en cuanto a las reclamaciones de debido proceso de la clase putativa contra la deportación sumaria."

La sentencia tuvo un Voto concurrente del Juez Kavanaugh, quien expresó:

> "Entiendo y estoy de acuerdo con la decisión del Tribunal de conceder una *injunction* temporal. La *injunction* simplemente garantiza que el Poder Judicial pueda decidir *si* estos venezolanos detenidos pueden ser legalmente deportados en virtud de la Ley de Enemigos Extranjeros antes de que sean efectivamente deportados. Las cuestiones jurídicas subyacentes que las Cortes pueden tener que decidir antes de que se produzcan las deportaciones incluyen: (i) si la Ley de Enemigos Extranjeros (a diferencia del proceso ordinario de expulsión en virtud de la Ley de Inmigración y Nacionalidad) autoriza la deportación de estos detenidos y, en caso afirmativo, qué notificación se debe presentar antes de la deportación. Varias Cortes Federales de Distrito ya han emitido fallos contradictorios sobre las cuestiones

legales subyacentes. Comparar: *A. S. R.* v. *Trump*, No. 3:25–cv–113 (WD Pa., May 13, 2025), with *G. F. F.* v. *Trump*, No. 1:25–cv–2886 (SDNY, May 6, 2025), *D. B. U.* v. *Trump*, No. 1:25–cv–1163 (D Colo., May 6, 2025), y *J. A. V.* v. *Trump*, No. 1:25–cv–72 (SD Tex., May 1, 2025).

El Poder Ejecutivo y los detenidos coinciden en la urgencia e importancia de esas cuestiones legales: el Poder Ejecutivo ha declarado que este caso es importante para la seguridad nacional de los Estados Unidos y que es "crítico deportar rápidamente a los miembros de TdA sujetos a la Proclamación". *Solicitud de anulación de órdenes en Trump v. J. G. G., No. 24A931 (28 de marzo de 2025), p. 37; véase Oposición a la Solicitud de Emergencia 3, 5*. Por su parte, los detenidos han solicitado explícitamente que la Corte actúe con rapidez y conceda *certiorari* antes de dictar sentencia. *See Reply 4.*

Las circunstancias exigen una pronta y definitiva resolución, que probablemente sólo puede ser provista por esta Corte. En esta coyuntura, yo preferiría no devolver el asunto a los tribunales inferiores y posponer aún más la resolución final de esta Corte sobre las cuestiones jurídicas críticas. Más bien, de acuerdo con la solicitud del Poder Ejecutivo de que se acelere –y como instan los propios detenidos–, yo otorgaría *certiorari*, ordenaría una pronta presentación de informes, celebraría poco después los argumentos orales y luego resolvería las cuestiones legales."[352]

La Corte, además, prohibió "al Gobierno que deporte a los demandantes nombrados o a los miembros putativos de la clase en esta acción en virtud de la AEA en espera de la orden del

[352] Véase el texto de la sentencia que está disponible en: https://www.supremecourt.gov/opinions/24pdf/24a1007_g2bh.pdf

Quinto Circuito y de lo que se resuelva en la petición de un *writ of certiorari,* si el mismo se solicita oportunamente. En caso de que se deniegue la petición de certiorari, esta orden terminará automáticamente. En caso de que se conceda el *writ of certiorari*, la orden terminará con el envío de la sentencia de esta Corte."

La prohibición de la Corte esta vez fue respecto las deportaciones con base en la Ley AEA, por lo que finalizó su sentencia precisando que el Gobierno podía "deportar a los demandantes nombrados o a los miembros de la clase putativa en virtud de otras autoridades legales."[353]

VI. LAS REACCIONES CONTRA LA SENTENCIA DE LA CORTE SUPREMA DE 16 DE MAYO DE 2025

Contra la sentencia de la Corte Suprema no solo reaccionó el Poder Ejecutivo, sino uno de los Jueces de la Corte de Apelaciones del Quinto Circuito cuya sentencia había sido anulada.

Primero ocurrió la reacción inmediata del Presidente de Estados Unidos en su cuenta de X (@realDonald Trump) del día siguiente, en la cual escribió lo siguiente:

> "La Corte Suprema acaba de decidir que los peores asesinos, traficantes de drogas, pandilleros, e incluso aquellos que están mentalmente enfermos, quienes vinieron a nuestro país ilegalmente, no pueden ser deportados forzosamente sin pasar por un largo, prolongado y costoso proceso legal, uno que tomará, posiblemente, muchos años para

---

353 Véase comentarios a esta sentencia en: Abbie Vansickle, "Justices Temporarily Block Use Of Enemy Law on Venezuelans," *The New York Times,* 17 mayo 2025, pp. A1 yA11; y Jess Bravin y C. Ryan Barber, "Justices Issue New Halt on Deportations," *The Wall Street Journal*, 17 mayo 2025, p. A2.

cada persona, y uno que permitirá a estas personas cometer muchos delitos antes de que incluso vean el interior de un Juzgado. El resultado de esta decisión permitirá que más criminales ingresen a nuestro país, causando un gran daño a nuestro apreciado público estadounidense. También alentará a otros criminales a ingresar ilegalmente a nuestro país, causando estragos y alboroto dondequiera que vayan.

La Corte Suprema de los Estados Unidos no me está permitiendo hacer para lo cual fui elegido. El somnoliento Joe Biden permitió que *Millones* de extranjeros criminales ingresaran a nuestro país sin ningún "*Proceso*" pero, para sacarlos de nuestro país, tenemos que pasar por un *Proceso* largo y prolongado. En cualquier caso, gracias al juez Alito y al juez Thomas por intentar proteger a nuestro país. ¡Este es un día malo y peligroso para Estados Unidos!"[354]

Y unos días después, el 20 de mayo de 2025, uno de los Jueces de la Corte de Apelaciones del Circuito Quinto, cuya decisión fue anulada por la Corte Suprema, el Juez James C. Ho, criticó y regañó a la misma por su decisión.

En efecto, luego de la sentencia de la Corte Suprema antes mencionada del 16 de mayo, la Corte de Apelaciones el 20 de mayo decidió como sigue:

[354] Disponible en: pic.x.com/LZpRgPBgQD. Véase algunos comentarios sobre la confrontación del gobierno con las Cortes en: Elizabeth Crisp, "Trump shows signs of mounting frustration with Supreme Court," en *The Hill*, 17 mayo 2025, disponible en: https://thehill.com/homenews/5305582-trump-frustration-supreme-court-rulings/; Ella Lee, Zach Schonfeld, y The Hill, "Trump's immigration agenda tests courts' presumption of good faith, en *WJHL | Tri-Cities News & Weather,* 20 mayo 2025, disponible en: https://www.wjhl.com/hill-politics/trumps-immigration-agenda-tests-courts-presumption-of-good-faith/amp/

> "El pasado viernes, el Tribunal Supremo anuló la sentencia de nuestro tribunal, que había desestimado este recurso por falta de jurisdicción. El Tribunal nos devolvió el caso para que prosiguiéramos con los procedimientos, y nos ordenó que procediéramos "de manera expedita". *Trump, 605 U.S. _, _ (2025)*. En consecuencia, este asunto se traslada al siguiente panel de argumentos orales ordinarios designado al azar."[355]

La decisión de los tres jueces de la Corte de Apelaciones, Ho, Wilson y Ramírez fue acompañada de un Voto concurrente del Juez Ho, en el cual, entre otras cosas expresó lo siguiente.

> "Como tribunal inferior, tenemos el deber de seguir las sentencias de la Corte Suprema, ya sea que estemos de acuerdo con ellas o no. No nos tiene por qué gustar. Pero tenemos que hacerlo. Por lo tanto, estoy de acuerdo con nuestra orden de hoy de acelerar nuestra consideración de este asunto, según lo ordenado por la Corte Suprema.
>
> Pero escribo para expresar mis sinceras preocupaciones sobre cómo el Juez de Distrito, así como el Presidente y otros funcionarios han sido tratados en este caso. Me preocupa que la falta de respeto que se les ha mostrado no inspire un respeto continuo por el poder judicial, sin el cual no podemos funcionar por mucho tiempo. *See, e.g., In re Westcott, 135 F.4th 243, 250–51 (5th Cir. 2025) (Ho, J., concurring).*
>
> "No es el papel del poder judicial controlar los excesos de los otros poderes, como tampoco es nuestro papel controlar los excesos de cualquier otro ciudadano estadounidense.

---

[355] Véase el texto de la sentencia que está disponible en: https://www.ca5.uscourts.gov/opinions/pub/25/25-10534-CV0.pdf

Los jueces no deambulan por el campo en busca de oportunidades para castigar a los funcionarios del gobierno por sus errores.

Más bien, nuestro trabajo es simplemente decidir aquellas disputas legales sobre las cuales el Congreso nos ha dado jurisdicción."

Y luego de justificar cuál había sido la actuación de la Corte de Apelaciones, al haber desestimado la urgencia de los recurrentes y haber declarado su falta de jurisdicción en la decisión que fue anulada por la Corte Suprema, cuestionando la apreciación de la misma de que en lugar de elogiar a la Corte de Apelaciones, la había acusado de haber incurrido en "inacción," expresando que:

"Parece que hemos olvidado que se trata de un tribunal de distrito, no de un *Denny's*. Esta es la primera vez que escucho a alguien sugerir que los jueces de distrito tienen el deber de revisar sus expedientes a todas horas de la noche, en caso de que una de las partes decida presentar una moción.

Si esto se va a convertir en la norma, entonces deberíamos decirlo: se espera que los jueces de distrito estén disponibles las 24 horas del día, y la Conferencia Judicial de los Estados Unidos y la Oficina Administrativa de los Tribunales de los Estados Unidos deben obtener del Congreso los recursos y el personal necesarios para garantizar las operaciones las 24 horas en todos los tribunales de distrito en todo el país.

Si esto no se ha convertido en la norma, entonces deberíamos admitir que se trata de un trato especial que se les da a ciertos litigantes favorecidos, como los miembros del Tren de Aragua, y deberíamos dejar de fingir que la Dama de la Justicia tiene los ojos vendados."

Y el Juez Ho concluyó su voto quejándose de que nunca se imaginaría que una decisión suya sería revocada por considerarlo "perezoso," que cualquier crítica a su decisión la consideraba "injustificada y desafortunada," y que no hacía falta decir "que el Presidente y sus colegas funcionarios del Poder Ejecutivo merecen el mismo respeto que los tribunales otorgan regularmente a todos los demás litigantes, incluidos otros presidentes y funcionarios." En ese sentido hizo referencias a casos en los que actuaron los Presidentes Obama, Clinton y Biden y concluyó diciendo que:

> "Sin embargo, dudo que alguna Corte hubiera negado a cualquiera de esos Presidentes el derecho a expresar sus opiniones en cualquier caso pendiente en el que fueran parte, antes de emitir cualquier fallo.
>
> Nuestro actual Presidente merece el mismo respeto."

De todo lo anterior terminó diciendo:

> "Esta apelación debería terminar. Los peticionarios negaron a la Corte de Distrito la oportunidad de pronunciarse sobre su moción de emergencia en primera instancia. Ello por sí solo debería ser suficiente para poner fin a esta apelación.
>
> Pero la Corte Suprema ha revocado nuestro fallo unánime. Por lo tanto, esta apelación debe proceder ahora. En consecuencia, estoy de acuerdo."[356]

---

[356] Véase el texto del voto concurrente del Juez Ho en la sentencia que está disponible en: https://www.ca5.uscourts.gov/opinions/pub/25/25-10534-CV0.pdf Véase el comentario de Zach Schonfeld, "Appeals court judge rebukes Supreme Court for deportation flight decision," en *The Hill,* 21 mayo 2025, disponible en: https://thehill.com/regulation/court-battles/5311284-appeals-court-judge-rebukes-supreme-cou

VII. EL CASO ANTE LA CORTE DE APELACIONES DEL QUINTO CIRCUITO Y SU SENTENCIA DEL 2 DE SEPTIEMBRE DE 2025

Como se indicó, la Corte Suprema en su sentencia del 16 de mayo de 2025 instruyó a la Corte de Apelaciones del Quinto Circuito, analizar, al decidir la apelación de los detenidos, todos los factores normales de las *preliminary injunctions*, incluida la probabilidad de éxito en cuanto al fondo, es decir, sobre la legalidad de la invocación de la Ley AEA de 1798 para la deportaciones de extranjeros, así como la cuestión de la notificación que se debe, en cuanto a las reclamaciones de debido proceso formuladas por los accionantes contra las deportaciones masivas y sumarias.

La Corte de Apelaciones celebró a tal efecto una audiencia oral el día 30 de junio de 2025,[357] en la cual los abogados del

rt-deportation-flight-decision/#origin=https%3A%2F%2Fwww.google. com%2F&cap=swipe,education&webview=1&dialog=1&viewport=natural&visibilityState=prerender&prerenderSize=1&viewerUrl=https%3A%2F%2Fwww.google.com%2Famp%2Fs%2Fthehill-com.cdn.ampproject.org%2Fc%2Fs%2Fthehill.com%2Fregulation%2Fcourt-battles%2F5311284-appeals-court-judge-rebukes-supreme-court-deportation-flight-decision%3Fusqp=mq331AQIUAKwASCAAgM%25253D&amp_kit=1. Véase referencias sobre las posiciones del Juez Ho de la Corte de Apelaciones de Distrito, en Mattathias Schwartz, "This Federal Judges the "Tip of the Spear' of Trump-Era Conservatism, *The New York Times*, 11 agosto 2025, p. A14; Ilya Somin, "En Banc Fifth Circuit Rules for Texas in Water Bouy Case, but Doesen/t Resolve Issue of Whether Illegal Migration Qualifies as Invasion" en *The Volkh Conspiracy*, reason, 32 julio 2024, disponible en: https://reason.com/volokh/2024/07/31/en-banc-fifth-circuit-rules-for-texas-in-water-buoy-case-but-doesnt-resolve-issue-of-whether-illegal -migration-qualifies-as-invasion/

357 Véase el video de la audiencia que está disponible en: https://www.courtlistener.com/audio/99627/wmm-v-trump/ Véase la información en Alan Feuer, "Hearing on Alien Enemies Act Poses Test for Trump's Mass Deportations," *The New York Times*, 30 junio 2025, p. A14.

Departamento de Justicia por los demandados y de la *American Civil Liberties Union* por los demandantes por primera vez debatieron sobre esos temas ante los jueces Andrew Oldham, Leslie H. Southwick e Irma Carrillo Ramírez, tal como resulta de la completa información publicada por el periodista Alan Feuer, que seguimos a continuación:

Sobre el tema de si el presidente Trump podría usar la Ley AEA de 1798 para deportar a los inmigrantes venezolanos acusados de pertenecer a una violenta pandilla criminal callejera (Tren de Aragua), la argumentación se centró en determinar si la presencia en ciudades estadounidenses de la banda Tren de Aragua podía interpretarse razonablemente como una invasión y si sus miembros eran agentes de una nación extranjera hostil que trabajaban bajo la dirección del gobierno venezolano. El abogado Lee Gelernt, en nombre de la ACLU, sostuvo que Trump había estirado groseramente el significado de la ley al tratar de definir lo que era un problema de inmigración o de justicia penal, como una invasión armada, cuestionando que se pudiera invocar dicha Ley AEA respecto de una pandilla.

Gelernt también advirtió a los Jueces que la propia comunidad de inteligencia del Gobierno había rechazado la idea de que el Tren de Aragua estaba trabajando con el gobierno de Nicolás Maduro de Venezuela, no estando conforme con la realidad ver a los migrantes venezolanos miembros de la organización como una amenaza militar para Estados Unidos. Argumentaron que, si los jueces aceptaran dicha aproximación al tema, estarían respaldando tácitamente el uso de poderes extraordinarios por parte de la Administración para deportar a personas que podía ser mejor tratadas a través del sistema de justicia penal.

Sobre el tema, el Juez Oldham, sugirió que a los presidentes se les debería conceder una gran deferencia cuando se trataba de decidir cuestiones de guerra o política exterior, preguntándose:

"¿Se nos permite llevar a cabo un juicio federal para contradecir al presidente de los Estados Unidos cuando dice que esto es una invasión armada?"

El abogado del Departamento de Justicia, Drew Ensign, fue de la opinión de que los jueces tenía una capacidad limitada para cuestionar la determinación del Gobierno de que el Tren de Aragua estaba involucrado en una invasión de territorio estadounidense, argumentando que había evidencia presentada por el FBI de que el Tren de Aragua tenía planes criminales contra críticos del gobierno de Venezuela; segundo que tenía presencia en 40 estados de todo el país, y que en ocasiones se había apoderado de complejos de apartamentos enteros, donde habían establecido "una ley para ellos mismos".

Sobre esto último, mostrando escepticismo, el juez Southwick se preguntó en voz alta si la ocupación de un edificio de apartamentos podía considerarse realmente como una invasión o una incursión depredadora, considerando que esa definición, le parecía demasiado amplia y podría abarcar el comportamiento de grupos criminales mucho más comunes.

En cuanto al otro tema, los abogados también discutieron sobre lo que significaba proporcionar a los migrantes venezolanos una oportunidad razonable para impugnar su deportación conforme a la Ley AEA, habiendo considerado el abogado Ensign, en nombre del Departamento de Justicia, que era suficiente con darles a los hombres siete días para presentar una demanda en la que impugnaran sus deportaciones; en cambio el abogado Gelernt dijo a los jueces que debían darles a los hombres 30 días de lapso.[358]

---

[358] Véase Alan Feuer, "Appeals Court Weighs President's Use of Act to Press Deportations," *The New York Times*, I julio 2025, p. A14.

Conforme a las instrucciones establecidas en la sentencia de la Corte Suprema antes analizada de 16 de mayo de 2025, la Corte de Apelaciones del Quinto Circuito partiendo de la premisa de que la Proclamación se había emitido en aplicación de un estatuto de 1798 aplicable solo en caso de una guerra declarada, una invasión o una incursión depredadora de una nación o gobierno extranjero (p. 2), dictó su sentencia en el caso el día 2 de septiembre de 2025, con el voto mayoritario de las Juezas Leslie H. Southwick e Irma Carrillo Ramírez, y el voto disidente del Juez Andrew S. Oldham,[359] en la cual concedió la *preliminary injunction* solicitada por los demandantes, bloqueando sus deportaciones, considerando que en el caso, "la única posibilidad de que la Ley de Enemigos Extranjeros se aplique en el expediente que tenemos ante nosotros es si la Proclamación identifica una incursión depredadora de fuerzas de una nación o gobierno extranjero," (p. 30), concluyendo que en el caso no había habido invasión o incursión depredadora alguna (p.4).

Para llegar a esta conclusión, la Corte de Apelaciones estableció su competencia para interpretar la Ley AEA (p. 12) y, en particular, el significado de las expresiones "invasión" e "incursión depredadora," (pp. 12, 17) considerando, sin embargo, que carecía de competencia para revisar judicialmente las averiguaciones sobre hechos (*fact-findings*) que el Presidente había expresado en la Proclamación, en particular, sobre que si el régimen de Maduro estaba dirigiendo las acciones del Tren de

---

359 Se trata de una extensa sentencia que junto con el voto disidente tiene 185 páginas. Véase su texto de la sentencia que está disponible en: https://www.ca5.uscourts.gov/opinions/pub/25/25-10534-CV1.pdf Véanse los comentarios sobre la sentencia en: Kyle Cheney and Josh Gerstein,: "Appeals court rejects Trump's bid to deport Venezuelan immigrants he deems 'alien enemies'. It's the latest legal setback for Trump's invocation of the rarely used 1798 wartime law," en Politico, 3 septiembre 2025, disponible en: https://www.politico.com/news /2025/09/03/fifth-circuit-ruling-trump-alien-enemies-00541115.

Aragua en los Estados Unidos, lo que había sido cuestionado por los demandantes (p. 11).

Luego de un exhaustivo análisis histórico y de significado de los términos, y de estudiar los alegatos de las partes, en cuanto a la palabra "invasión," la Corte de Apelaciones concluyó definiendo "invasión" a los efectos de la Ley AEA;

> "como un acto de guerra que implica la entrada en este país por una fuerza militar o al menos dirigida por otro país o nación, con una intención hostil. Algunas de las definiciones que hemos citado también sugieren que la intención debe ser conquistar, ocupar o ejercer algún control a largo plazo". (p. 22).

Considerando entonces que los demandantes "tienen probabilidades de demostrar que la Proclamación no puede ser respaldada ni por la existencia de una guerra declarada ni por una invasión." (p. 22).

En cuanto al término "incursión depredadora," e igualmente luego de exhaustivo análisis histórico del uso del término y de su significado, incluso en la forma usada en otras leyes y en la propia Constitución, la Corte indicó que con base en las definiciones de diccionarios y del texto de otras leyes:

> "una incursión depredadora", como se usa en la AEA, definitivamente se aplica a una entrada no autorizada de unidades del ejército de otra nación para cometer actos que son destructivos para los intereses de los Estados Unidos, como victimizar a su gente o propiedad, en beneficio de una potencia extranjera o sus agentes sin el objetivo necesario de una ocupación o control a largo plazo del territorio estadounidense". (p. 24).

De ello, el convencimiento de la Corte de que una incursión depredadora consistía en unas "fuerzas armadas de cierto tamaño y cohesión, involucradas en algo menos que una invasión, cuyos objetivos podrían variar ampliamente, y están dirigidas por un gobierno o nación extranjera" (pp. 30-31).

Como consecuencia de estas conclusiones a las cuales llegó la Corte de Apelaciones sobre el significado de las expresiones "invasión" e "incursión depredadora" la misma, en su sentencia, pasó a examinar los hechos narrados por el Presidente Trump en la Proclamación para invocar la aplicación de la Ley AEA, y determinar si eran prueba de invasión o incursión depredadora en la forma siguiente:

> "- *TdA . . . se infiltró ilegalmente en los Estados Unidos y [está] llevando a cabo una guerra irregular y emprendiendo acciones hostiles contra los Estados Unidos..*

> Esta declaración es un resumen de los hallazgos específicos y no tiene fuerza independiente en nuestro análisis.

> *- TdA ha participado y continúa participando en la migración ilegal masiva a los Estados Unidos para promover sus objetivos de dañar a los ciudadanos estadounidenses, socavar la seguridad pública y apoyar el objetivo del régimen de Maduro de desestabilizar las naciones democráticas de las Américas, incluido Estados Unidos.*

> El hecho de que un país aliente a sus residentes y ciudadanos a ingresar ilegalmente a este país no es el equivalente moderno de enviar una fuerza armada y organizada para ocupar, interrumpir o dañar a los Estados Unidos. No hay ningún hallazgo de que esta inmigración masiva fuera una fuerza o fuerzas armadas y organizadas. Es una acción que habría sido posible cuando se escribió la AEA, y la AEA no la habría cubierto. La AEA tampoco se aplica hoy.

- *El resultado es un estado criminal híbrido que está perpetrando una invasión e incursión depredadora en los Estados Unidos, y que representa un peligro sustancial para los Estados Unidos..*

Este hallazgo se refiere a las acciones previamente identificadas y las declara una invasión e incursión depredadora. Simplemente sostuvimos que estas acciones no están dentro del alcance de la AEA, y este hallazgo no cambia esa decisión.

- *TdA ha invadido los Estados Unidos y continúa invadiendo, intentando invadir y amenazando con invadir el país; perpetró guerras irregulares dentro del país; y utilizó el narcotráfico como arma contra nuestros ciudadanos.*

Los hallazgos adicionales aquí se refieren a la guerra irregular y al uso del narcotráfico. No hay una descripción de lo que se entiende por guerra irregular. Ya hemos sostenido que las afirmaciones fácticas del Presidente deben ser aceptadas, pero las etiquetas independientes de las acciones no declaradas no son hallazgos relevantes. Aceptamos el hallazgo de que el narcotráfico se está utilizando como arma, pero sostenemos que ni siquiera está dentro de un significado actualizado de invasión o incursión depredadora. La implicación completamente precisa de este hallazgo es que las drogas son un flagelo y debilitan a nuestros ciudadanos y a nuestro país, pero no está fuera de razón que en 1798 un país enemigo pudiera tratar de enfermar y debilitar físicamente a los que están dentro de los Estados Unidos. Eso no habría sido una invasión o incursión depredadora entonces, y no lo es hoy.

- Encuentro y declaro que TdA está perpetrando, intentando y amenazando con una invasión o incursión depredadora contra el territorio de los Estados Unidos.

No hay nuevas afirmaciones fácticas aquí; en cambio, la Proclamación resume los hallazgos que ya se habían hecho.

- TdA está llevando a cabo acciones hostiles y llevando a cabo una guerra irregular contra el territorio de los Estados Unidos tanto directamente como bajo la dirección, clandestina o no, del régimen de Maduro en Venezuela.

Aquí, también, los hallazgos están reafirmando más claramente lo que era más una implicación en hallazgos anteriores de que el régimen de Maduro está dirigiendo las acciones hostiles. Discutiremos ese hallazgo cuando revisemos el requisito de la AEA de que las acciones sean de una nación o gobierno.

- Además, encuentro y declaro que todos esos miembros de TdA son un peligro para la paz pública o la seguridad de los Estados Unidos". (pp. 32-34)

Sobre todas estas "averiguaciones sobre hechos concernientes al peligro planteado por todos los miembros del TdA," la Corte de Apelaciones, si bien reconoció que no eran revisables judicialmente por la misma, sin embargo, fue enfática en considerar que dichos *finding facts* "no constituyen una invasión o una incursión depredadora" (p. 34).

Concluyendo luego con la afirmación de que

"Aceptamos cada uno de los hallazgos fácticos en la Proclamación, pero no las etiquetas aplicadas a esos hallazgos. En lugar de ello, aplicando nuestra obligación de interpretar la AEA, concluimos que las constataciones no respaldan que se haya producido una invasión o una incursión predatoria. Por lo tanto, concluimos que es probable que los peticionarios demuestren que la AEA se invocó indebidamente" (p. 35).

Luego pasó la Corte de Apelaciones a analizar la otra expresión resaltante de la Ley AEA," a los efectos de determinar si las acciones del TdA son acciones de una "nación o gobierno extranjero, como la ley AEA requiere para su invocación (p. 35).

Sobre ello, la sentencia recordó que los Demandantes:

> "argumentar que TdA no es una nación o gobierno con "nativos, ciudadanos, habitantes o súbditos"; en cambio, es una pandilla con miembros. En respuesta, el Gobierno insiste en que la determinación de que TdA es "entrelazado con el régimen de Maduro" es "un juicio sensible de seguridad nacional que merece una deferencia particular". Eso puede ser, pero si el tribunal tiene autoridad para definir estos términos legales, si el entrelazamiento es legalmente suficiente es para que el tribunal determine si el entrelazamiento es legalmente suficiente."
>
> Según el Gobierno, cuando "una organización está tan estrechamente vinculada a una nación extranjera como para crear un 'estado criminal híbrido', una incursión o invasión de la organización es una incursión o invasión de una 'nación o gobierno extranjero'." (p. 35).

Luego de analizar las declaraciones de la Proclamación, la Corte de Apelaciones precisó que la misma "identifica al régimen de Maduro como el que controla las actividades de TdA en los Estados Unidos. *Véase, por ejemplo*, *id.* en 13034 ("TdA está llevando a cabo acciones hostiles y llevando a cabo guerras irregulares... en la dirección...del régimen de Maduro."); agregado sin embargo, que en virtud de que la Corte acepta las afirmaciones fácticas del Presidente, "la pregunta es si esta interconexión hace que las actividades de TdA en los Estados Unidos sean atribuibles al gobierno venezolano." (p. 37).

Y sobre ello, concluyó la Corte que si la misma hubiese determinado "que el TdA estaba involucrado en una invasión o una incursión depredadora, los hallazgos en la Proclamación de que tales acciones estaban siendo dirigidas al menos en parte por el régimen extranjero de Maduro satisfarían el requisito de que esas acciones fueran por parte de un gobierno o nación". (p. 38).

Sin embargo, la Corte afirmó que, en cambio, lo que decidió fue que "el *TdA* no era el tipo de fuerza organizada ni participaba en el tipo de acciones necesarias para constituir una invasión o incursión depredadora," y que habiendo sido su conclusión de que "la Proclamación no identifica las acciones del régimen de Maduro en control de Venezuela que constituyen uno de los actos determinantes para invocar la AEA," entonces consideraba que era "probable que los peticionarios tengan éxito en los méritos de sus reclamos" (p. 38).

Con base en todos los argumentos antes comentados, la Corte de Apelaciones protegió a los demandantes, mediante una *preliminary injunction*, interpretando la ley ARA y considerando que había sido aplicada ilegalmente en el caso, a los venezolanos miembros del TdA, por no existir ninguna invasión o incursión depredadora en los términos de la ley por parte de una nación o gobierno extranjero.

Por último, sobre lapso para garantizar el debido proceso que debía otorgarse a las personas afectadas por las deportaciones masivas en aplicación de la Ley AEA, de acuerdo con las indicaciones de la Corte Suprema, la Corte de Apelaciones consideró que el lapso de siete días que ya había sido otorgado en el caso por la Administración, era razonable.

Sobre esta importante sentencia, la reacción de celebración de la American Civil Liberties Union, que representó a los migrantes venezolano fue inmediata, considerando que:

"El uso sin precedentes de un estatuto de guerra por parte de la administración Trump en tiempos de paz fue rechazado correctamente por la Corte",

Eta es una enorme victoria para el Estado de derecho, que deja en claro que el presidente no puede simplemente declarar una emergencia militar y luego invocar los poderes que quiera."[360]

---

[360] Véase en Alan Feuer, "Appelas Court Block Use of Alienn Ebenies Act to Deport Venezuelans," *The New York TImes*, 4 septiembre 2025, p. A15. Véase igualmente la Información en: Gareth Vipers, "Court Blocks U.S. Deportation Policy," *The Wall Street Journal*, 4 septriembre 2025, p. A3.

SÉPTIMA PARTE

LAS DECISIONES DE LA CORTE FEDERAL DE MASSACHUSETTS, EN OTROS CASOS DE MIGRANTES DEPORTADOS HACIA SUDAN

Sobre el mencionado tema de las deportaciones de migrantes detenidos, sin su conocimiento, desde cárceles en los Estados Unidos a otro país distinto al de la nacionalidad, se planteó en otros casos que deben mencionarse, en términos generales, por un grupo de migrantes latinoamericanos detenidos, al presentar el 23 de marzo de 2025, una acción de protección colectiva, de clase, ante la Corte Federal del Distrito de Massachusetts, contra otra Orden Ejecutiva del Presidente Trump "*Serling our Borders*" del 20 de enero de 2025, con base en la cual se giró una instrucción permitiendo deportaciones hacia "un tercer país."

El Juez Brian E. Murphy, dictó sentencia el 18 de abril de 2025 en la cual certificó la clase demandante y otorgó una *preliminary injunction*, resolviendo en la siguiente forma:

> "Este caso plantea una pregunta simple: antes de que los Estados Unidos envíen a la fuerza a alguien a un país que no sea su país de origen, ¿se le debe informar a esa persona a dónde va y se le debe dar la oportunidad de decirle a los Estados Unidos que podría ser asesinada si es enviada allí? Los demandados argumentan que los Estados Unidos

pueden enviar a un extranjero deportable a un país que no es de su origen, no donde un juez de inmigración lo haya ordenado, donde puede ser torturado y asesinado inmediatamente, sin darle a esa persona la oportunidad de decirle a las autoridades deportadoras que enfrenta un grave peligro o la muerte debido a dicha deportación. Los nueve jueces en ejercicio de la Corte Suprema de los Estados Unidos, el Procurador General Adjunto de los Estados Unidos, el Congreso, el sentido común, la decencia básica y esta Corte no están de acuerdo. Los demandantes buscan un remedio limitado y mesurado, uno que los demandados han admitido en otros procedimientos que es el mínimo que se ajusta al debido proceso. Los demandantes simplemente piden que se les diga que van a ser deportados a un nuevo país antes de que los lleven a dicho país, y que se les dé la oportunidad de explicar por qué tal deportación probablemente resultará en su persecución, tortura y/o muerte. Este pequeño mínimo detalle procesal es ordenado por la Constitución de los Estados Unidos, y por esta razón, la moción de certificación de clase es *concedida*, y la moción de *preliminary injunction* es concedida en parte."

En particular, sobre la *injunction*, la misma ordenó que:

"antes de deportar a cualquier extranjero a un tercer país, es decir, cualquier país que no esté explícitamente previsto en la orden de expulsión del extranjero, los demandados deben: (1) notificar por escrito al extranjero, y al abogado de inmigración del extranjero, si lo hubiera, del tercer país al que el extranjero puede ser expulsado, en un idioma que el extranjero pueda entender; (2) proporcionar una oportunidad significativa para que el extranjero plantee su temor de regresar para obtener elegibilidad o protecciones CAT; (3) solicitar la reapertura del procedimiento si el extranjero demuestra un "temor razonable"; y (4) si no se determina que el extranjero ha demostrado un "temor razonable", proporcionar una oportunidad significativa y un mínimo de 15 días, para que ese extranjero intente reabrir los procedimientos de inmigración para impugnar la posible expulsión en un tercer país."[361]

La sentencia, fue apelada ante la Corte de Apelaciones del Primer Circuito de los Estados Unidos, habiendo procedido dicha Corte a denegar la moción de suspensión de la misma planteada por el gobierno, mostrando preocupación por la continuidad de la aplicación de la guía del Departamento de Seguridad Interna sobre deportaciones a un tercer país, y el daño irreparable que puede resultar de las deportaciones indebidas en este contexto.[362]

Ante el mismo Juez Murphy de la Corte Federal de Massachusetts, se formularon alegatos por otros migrantes en el sentido de que su Orden del día 18 de abril de 2025 estaba siendo incumplida por el gobierno o en situación de incumplimiento inminente, lo que llevó al Tribunal a modificar o aclarar la *Preliminary Injuction* dictada, sin cambiar su esencia, "que seguía exigiendo a los demandados que notificaran por escrito la expulsión hacia un tercer país y una oportunidad significativa de presentar una reclamación conforme a la Convención contra la Tortura."

---

361 Véase el texto de la sentencia que está disponible en: https://storage.courtlistener.com/recap/gov.uscourts.mad.282404/gov.uscourts.mad.282404.64.0_7.pdf.

362 Véase la sentencia que está disponible en: https://fingfx.thomsonreuters.com/gfx/legaldocs/klpymykyzpg/05162025thirdcountries.pdf. Véase los comentarios en Joshua Villanueva, "Federal appeals court blocks Trump plan to deport migrants to third countries," en *Jurist News,* 18 mayo 2025, disponible en: https://www.jurist.org/news/2025/05/federal-appeals-court-blocks-trump-era-plan-to-deport-migrants-to-third-countries/

El día 21 de mayo los demandantes en el caso solicitaron nuevamente ante la Corte Federal, la emisión de una *temporary restraining order* y una *preliminary injunction*, alegando que los Demandados estaban violando o ya habían violado la *Preliminar Injunction* al expulsar a un número desconocido de personas a Sudán del Sur sin previo aviso y sin la oportunidad de demostrar la elegibilidad de la Convención contra la Tortura. Poco después, la Corte convocó para el 20 de mayo una audiencia por videoconferencia a distancia, en la cual los abogados de los demandados evidenciaron que tenían muy poca información, ordenando la Corte que los demandados "mantuvieran la custodia de los individuos mientras todos determinaban que es lo que estaba ocurriendo."[363]

Una nueva audiencia presencial se verificó el 21 de mayo, en la cual la Corte federal tuvo conocimiento de que un grupo de al menos seis extranjeros demandantes de la clase en el caso, estaban detenidas en una base militar extranjera en Djibouti, concluyendo en su sentencia del 26 de mayo de 2025, que los demandados habían violado la *Preliminary Injunction*, quienes alegaron, además, que la misma no era suficientemente explicita.[364]

363 Véase la narrative de los pasos procesales en el caso en la sentencia de la Corte Federal de Massachusetts de 26 de mayo de 2025, que está disponible en: https://storage.courtlistener.com/recap/gov.uscourts.mad.282404/gov.uscourts.mad.282404.135.0.pdf; igualmente en: https://www.courtlistener.com/docket/69775896/135/dvd-v-us-department-of-homeland-security/. Véase el comentario en Nicole Acevedo, "Federal judge doubles down on order to return deported Guatemalan migrant," NBCNews, 27 mayo 2025, disponible en: https://www.nbcnews.com/news/latino/federal-judge-doubles-order-return-deported-guatemalan-migrant-rcna209260

364 *Idem*

El Juez Murphy, en definitiva, en dicha sentencia del 26 de mayo, consideró que los demandados (el gobierno) había caracterizado erróneamente su orden judicial, a la vez que fabricaron "el mismo caos que denuncian," señalando que "al apresurarse a subir a seis miembros del grupo a un avión con destino al inestable Sudán del Sur, en clara violación de la ley y de la orden de este Tribunal, los Demandados no le dieron a este Tribunal otra opción que determinar que estaban violando la *Preliminary Injunction,*" denegando el Juez la solicitud de los demandados de que se reconsiderara la misma y se suspendieran sus efectos mientras se apelaba.[365]

La respuesta del gobierno ante esta sentencia fue, por una parte el mensaje que publicó el Presidente Trump en su plataforma *Truth Social,* diciendo que el Juez Murphy de Boston, "no sabía absolutamente nada de la situación, ni de ninguna otra cosa," escribiendo en general que: "Los jueces están absolutamente fuera de control, están dañando a nuestro país y no saben nada sobre situaciones particulares, o lo que están haciendo, ¡Y esto debe cambiar, *inmediatamente*!;"[366] y por la otra, la apelación de emergencia formulada contra la sentencia por el *Solicitor General* de los Estados Unidos con fecha 28 de mayo de 2025,[367]

---

365 *Idem.* Véase los comentarios a esta sentencia en: Ella Lee, "Federal judge blasts Trump admin over deportees in South Sudan," en The Hill, 27 mayo 2025, disponible en: https://thehill.com/regulation/court-battles/5319518-trump-administration-migrant-deportation-lawsuit/amp/; Jacob Knutson, "Judge Rips Trump Administration Over Failure to Give Deportees Due Process," Democracy Docket, 27 mayo 2025, disponible en: https://www.democracydocket.com/news-alerts/judge-rips-trump-administration-over-failure-to-give-deportees-due-process/

366 Véase en: https://truthsocial.com/@realDonaldTrump/posts/114552682280589564

367 Véase el texto de la apelación que está disponible en: https://www.documentcloud.org/documents/25954397-24a1153/

solicitando la suspensión de efectos de la *injunction* mientras estaba pendiente la decisión de la apelación que estaban formulando ante la Corte de Apelaciones del Quinto Circuito.

En dicha apelación de emergencia, el gobierno explicó a la Corte Suprema que el Poder Ejecutivo había adoptado medidas para resolver el grave problema que se originaba por la presencia en los Estados Unidos de peligrosos criminales extranjeros a quienes se había permitido vivir en el país por largo tiempo "mediante la deportación a terceros países que han acordado acogerlos," precisando que:

> "Convencer a los terceros países de que acepten a algunos de los extranjeros más indeseables requiere una diplomacia delicada, que implica la negociación y el equilibrio de otros intereses de política exterior. Hasta hace poco, esos esfuerzos estaban funcionando. Apenas la semana pasada, el gobierno estaba en el proceso de expulsar a un grupo de delincuentes extranjeros que habían estado en el país durante años o décadas después de recibir órdenes finales de expulsión, a pesar de haber cometido crímenes horribles. [...]
>
> Todos estos extranjeros ya han recibido un extenso proceso legal. Todos fueron juzgados y condenados en un tribunal penal, con todo el proceso y las protecciones que se otorgan a los acusados penales. Todos fueron declarados deportables."

Pero, agregó el *Solicitor general*, "una sola Corte Federal de Distrito "ha paralizado estos esfuerzos en todo el país," mediante una *extraordinary preliminary injunction:*

> "que impide que el Departamento de *Homeland Security* ejerza su autoridad legal indiscutible para deportar a un extranjero a un país no identificado específicamente en su

orden de expulsión (es decir, un "tercer país"), a menos que el Departamento satisfaga previamente un conjunto oneroso de procedimientos inventados por la Corte de Distrito para evaluar cualquier posible reclamación en virtud de la Convención contra la Tortura (CAT)."

El *Solicitor General* denunció entonces ante la Corte Suprema que:

> "Esos procedimientos creados judicialmente están causando estragos en el proceso de deportación a terceros países. Además de usurpar la autoridad del Ejecutivo sobre la política de inmigración, la orden judicial interrumpe los delicados esfuerzos diplomáticos, de política exterior y de seguridad nacional."

Concluyó el *Solicitor General* exigiendo de la Corte Suprema que suspendieran los efectos de la *injunction* decretada por el Juez de Distrito, denunciando en general, que "los acontecimientos recientes ilustran vívidamente las patologías de las *injunctions*."[368]

---

[368] *Idem*. Véanse igualmente los comentarios de Adam Liptak, "Trump Asks Supreme Court to Let Him Send Migrants to South Sudan," *The New York Times*, 27 mayo 2025, disponible en: https://www.nytimes .com/2025/05/27/us/politics/trump-deportations-south-sudan.html y Rebecca Santana And Lindsay Whitehurst, "Trump administration asks Supreme Court to halt judge's order on deportations to South Sudan," en *AP*, 27 mayo 2025, disponible en: https://apnews.com/ article/deportation-immigration-south-sudan-department-of-homeland-security -26547035c21e45339cffec1450dffa35#; Drew Meetze, "US Home land Security asks Supreme Court to stay temporary block on migrants deportations to third countries," en *Juristnews*, 28 mayo 2025, disponible en: https://www.jurist.org/news/2025/05 /us-homeland-security-asks-supreme-court-to-stay-temporary-block-on-migrants-deportatio ns-to-third-countries/

La Corte Suprema dictó sentencia el 23 de junio de 2025, en la cual, sin motivación alguna, resolvió que:

> "La *preliminary injunction* de 18 de abril de 2025, de la Corte de Distrito del Distrito de Massachusetts, caso No. 25–cv–10676, se suspende hasta que se resuelva el recurso de apelación en la Corte de Apelaciones de Primer Circuito…"[369]

La sentencia, que se entendió como una especie de triunfo del gobierno para efectuar deportaciones de extranjeros a un tercer, se acompañó de un muy duro Voto disidente de la Juez Sonia Sotomayor (al cual se unieron las Jueces Elena Kagan y Ketanji Jackson, en el cual expuso lo siguiente conforme al principio *pro homine*:

> "En asuntos de vida o muerte, lo mejor es proceder con la caución. En este caso, el Gobierno adoptó el enfoque contrario. Deportó injustamente a un demandante a Guatemala, a pesar de que un juez de inmigración determinó que probablemente enfrentaría tortura allí. Luego, en clara violación de una orden judicial, deportó a seis más a Sudán del Sur, una nación que el Departamento de Estado considera demasiado insegura para todos, excepto para su personal más crítico. La oportuna intervención de una atenta Corte de Distrito solo evitó por poco una tercera serie de traslados ilegales a Libia. En lugar de permitir que nuestros colegas de las cortes inferiores gestionen este litigio de alto riesgo con el cuidado y la atención que claramente requiere, esta

---

[369] Véase el texto de la sentencia de la Corte Suprema que está disponible en: https://www.documentcloud.org/documents/25981737-24a1153-order/ Véase los comentarios en Adam Liptak, "Justices Allow Deportations to 3rd Nation," en *The New York Times*, 24 junio 2025, pp A1 y A17; y en Mariah Timms, "Court Clears Removal of Migranys to Third Countries," *The Wall Street Journal,* 24 junio 2025, p. A2e.

Corte interviene ahora para conceder al Gobierno una ayuda de emergencia de una orden respecto de una orden que ha desafiado en repetidas ocasiones. No puedo sumarme a un abuso tan grosero de la facultad discrecional equitativa de la Corte."

La Juez Sotomayor insistió que, conforme a las leyes federales, en general se permite al Gobierno "deportar a los no ciudadanos que se encuentren ilegalmente en los Estados Unidos solo a países con los que tengan una conexión significativa," sea el país por el cual entró a los Estados Unidos, o el país escogido por el extranjero, o en su defecto el país de su ciudadanía o su antiguo país de residencia.

Por tanto, consideró que la deportación a un "tercer país" cuyo "gobierno acepte al extranjero," es una opción limitada que solo es permisible "después de que el Gobierno pruebe todas y cada una de las alternativas señaladas en la ley, y determine que todas ellas son "impracticables, desaconsejables o imposibles."

La Juez, en su extenso voto disidente, también argumentó sobre la necesidad de resguardar el debido proceso que había sido el motivo central de la decisión de la Corte de Distrito, argumentando para concluir que:

> "El nuestro es un gobierno de leyes, no de hombres, y que nos sometemos a los gobernantes sólo si estamos bajo reglas". *Youngstown Sheet & Tube Co. v. Sawyer,* 343 U. S. 579, 646 (1952) (Jackson, J., concurrente). Al recompensar la anarquía, la Corte socava una vez más ese principio fundamental. Aparentemente, la Corte considera que la idea de que miles de personas sufrirán violencia en lugares remotos es más aceptable que la remota posibilidad de que una Corte de Distrito excediera sus poderes correctivos

cuando ordenó al Gobierno que proporcionara notificación y proceso al que los demandantes tienen derecho constitucional y legalmente. Ese uso de la discrecionalidad es tan incomprensible como inexcusable. Respetuosamente, pero con pesar, disiento." [370]

Ahora bien, apenas se dictó la sentencia de la Corte Suprema, el mismo día 23 de junio, los abogados de los demandantes formularon una moción de emergencia ante el Juez de Distrito Brian E. Murphy solicitándole que continuara bloqueando la deportación de los ocho extranjeros detenidos en Djibouti.

El Juez el 23 de junio negó la moción, por innecesaria, indicando que el mes anterior, es decir el 21 de mayo, había emitido una orden separada distinta a la que había suspendido la Corte Suprema, protegiendo a los hombres de Djibouti de ser trasladados.[371]

Respecto de esta decisión, el profesor Adrian Vermeule de la Harvard Law School la comentó críticamente, señalando:

> Considérese al juez Brian Murphy de la Corte Federal del Distrito en Massachusetts. El juez Murphy emitió una *preliminary injunctiion* contra la transferencia de extran-

---

370 Véase el texto de la sentencia de la Corte Suprema que está disponible en: https://www.supremecourt.gov/opinions/24pdf/24a1153_l5gm.pdf Véase el comentario en: Max Robinette, "US Supreme Court allows government to remove migrants with minimal notice," en *Jurist News,* 24 junio 2025, disponible en: https://www.jurist.org/news/2025/06/us-supreme-court-removes-preliminary-injunction-on-deportations-allows-government-to-remove-migrants-with-minimal-notice/ y en https://www.documentcloud.org/documents/25981737-24a1153-order/

371 Véase la referencia a lo resuelto por el Juez de la Corte Federal en Adam Liptak y Mattathias Schwaetz, "Battling Federal Judge, Administration Ask Justices to Clarity Due Process Ruling," en *The New York Times*, 25 junio 2025, p. A12.

jeros deportables hacia terceros países, en los casos en los cuales la transferencia estaba expresamente permitida por la ley federal. Hasta ahora, este era solo un ejemplo ordinario de extralimitación judicial.

Pero después de que la Corte Suprema emitiera una orden para suspender, es decir, detener, la orden judicial preliminar mientras avanzaba el litigio (con voto disidente de la Jueza Sonia Sotomayor), el Juez Murphy fue más allá de la extralimitación. Decidió que su orden de hacer cumplir la orden judicial que el tribunal había suspendido seguía vigente, una propuesta para la cual su única autoridad citada era la disidencia de la jueza Sotomayor. Eso parecía ser malicioso, ya sea que cuente o no como "cumplimiento" en absoluto. La Corte Suprema, con la notable concurrencia de la jueza Elena Kagan, tuvo que suspender esta segunda orden y explicar que el renovado esfuerzo del juez Murphy también era ilícito."[372]

Contra la mencionada decisión del Juez Murphy, en efecto, el día 24 de junio, los abogados del gobierno volvieron a acudir de nuevo ante la Corte Suprema solicitándole una aclaratoria sobre la sentencia del Juez Murphy del día anterior, en el sentido de "dejar claro más allá de toda duda que el gobierno puede proceder inmediatamente a la expulsión de los extranjeros criminales de Djibouti en terceros países."[373]

La Corte Suprema respecto de la Moción de clarificación solicitada, el 2 de julio de 2025 emitió su decisión situando las peticiones de las partes así: El gobierno argumentó que "la

---

[372] Véase Adriaan Vermeule, "There Really Are Rouge Judges," *The New York Times*, 4 agosto 2025, p. A17.

[373] Véase la referencia en Adam Liptak y Mattathias Schwaetz, "Battling Federal Judge, Administration Ask Justices to Clarity Due Process Ruling," en *The New York Times*, 25 junio 2025, p. A12.

suspensión de la *preliminary injunction* del 18 de abril despojaba de ejecutabilidad la orden correctiva del 21 de mayo"; frente a lo cual los demandantes del caso argumentaron "que la Corte de Distrito entendió correctamente que su orden del 21 de mayo permanecía en vigor, a pesar de "la orden de suspensión dictada por la Corte Suprema respecto de la *preliminary injunction*, "que pretendía hacer cumplir porque la orden del 21 de mayo opera efectivamente como un remedio para el desacato civil."

Ante ello, la Corte Suprema indicando que "a pesar del lenguaje provocador" del voto disidente de la Juez Sotomayor, abordando el tema de "que un tribunal inferior no ha dado efecto a una orden de esta Corte," decidió otorgar la moción de aclaratoria, precisando que con la sentencia del 23 de junio, la Corte Suprema "suspendió la *preliminary injunction* del 18 de abril en su totalidad," concluyendo entonces resolviendo que "La orden correctiva del 21 de mayo no se puede usar ahora para hacer cumplir una *injunction* que nuestra suspensión hizo inejecutable."[374]

La Jueza Sotomayor, acompañada de la Jueza Jackson, formuló su Voto disidente sobre esta decisión expresando entre otros conceptos los siguientes:

> "Los Estados Unidos no pueden deportar a los no ciudadanos a un país donde puedan ser torturados o asesinados. El derecho internacional y el derecho interno garantizan ese derecho humano básico.

[374] Véase el texto de la sentencia que está disponible en: https://www.documentcloud.org/documents/25989920-24a1153-order-motion/. Véase la información en Adam Liptar y Mattathias Schwartz, "Justices Allow Administration to Deport 8 Migrants to Sout Sudan." *The New York Times*, 4 july 2025, p. A17.

En este caso, el Gobierno trata de anularla deportando a los no ciudadanos a países potencialmente peligrosos sin la conciencia ni la oportunidad de hacer valer el temor a la tortura (p. 1) [...]

Lo que el Gobierno quiere hacer, concretamente, es enviar a los ocho no ciudadanos que ha sacado ilegalmente de los Estados Unidos de Yibuti a Sudán del Sur, donde serán entregados a las autoridades locales sin tener en cuenta la probabilidad de que se enfrenten a la tortura o a la muerte (p. 2).

En términos sencillos, el Gobierno solicita a la Corte que elimine un obstáculo que se opone a la consecución de esos fines ilícitos. Ese obstáculo, una vez más, es la orden correctiva de la Corte de Distrito, que emitió para resolver las violaciones del Gobierno a la medida cautelar que este Tribunal suspendió posteriormente (p. 2) [...].

La orden de hoy solo aclara una cosa: los demás litigantes deben seguir las reglas, pero la administración tiene a la Corte Suprema en marcación rápida." (p. 6) [375]

Aún con la decisión de la Corte Suprema, los abogados de los extranjeros deportados recurrieron de urgencia ante el Juez Randolph D. Moss de la Corte de Distrito del Distrito de Columbia, solicitando protección, habiendo expresado en la audiencia que tuvo lugar el 4 de julio, como se informó en la prensa, que era:

---

375 *Idem*. Véase sobre este Voto disidente el Editorial "Sotomayor Endorses a Judicial Mutiny," *The Wall Street Journal*, 5-6 julio 2025, p.A14.

"evidente que el gobierno de los Estados Unidos no puede tomar seres humanos y enviarlos a circunstancias en las que su bienestar físico esté en riesgo" con el propósito de castigarlos o para disuadir a otros migrantes de venir a los Estados Unidos."[376]

Sin embargo, el Juez, luego de ordenar al gobierno que detuviera brevemente sus planes de deportación, envió el caso al Juez Murphy de la Corte federal de Massachusetts, quien debía tener la última palabra sobre el asunto, y este en virtud de las dos decisiones previas de la Corte Suprema, encontró que las mismas también se aplicaban a la nueva demanda de los deportados, considerando que planteaba "sustancialmente las mismas demandas que las anteriores."[377]

Y así los deportados fueron enviados la noche del viernes 4 de julio de Djibouti a Sudan del Sur, poniendo fin al litigio.

---

[376] Véase la referencia en: Mattathias Schwartz, "U.S. Turns Eight Migrants Ove to South Sudan, Ending Weeks of Limbo," *The New York Times*, 6 julio 2025, p. 21

[377] *Idem*. Véase, igualmente, en Katelyn Polantz, Priscilla Alvarez and Michael Williams, "Trump administration deports Djibouti detainees to South Sudan after judge denies emergency bid to block flight," en *CNN.Politics*, 5 julio 2025, disponible en: https://www.cnn.com /2025 /07/04/politics/migrants-djibouti-south-sudan; y Brendan Hickey, "US Supreme Court allows deportation of migrants to South Sudan," *JuristNews*, 5 julio 2025, disponible en: https://www.jurist. org/news /2025/07/us-supreme-court-allows-deportation-of-migrants-to-south-sudan/

OCTAVA PARTE

EL CASO ANTE LA CORTE FEDERAL DE MARYLAND DE LA DEPORTACIÓN DE UN CIUDADANO SALVADOREÑO (SR. ABREGO GARCÍA) AL CUAL SE LE APLICÓ, ERRADAMENTE, LA PROCLAMACIÓN DIRIGIDA CONTRA VENEZOLANOS, Y ENVIADO A LA CÁRCEL EN EL SALVADOR

Entre los migrantes deportados el día 15 de marzo de 2025 en aplicación de la Proclamación presidencial del día anterior, invocando la Ley de Enemigos Extranjeros de 1798 en contra de los venezolanos miembros del Tren de Aragua, que como derivaba de su texto, solo podía aplicarse a ciudadanos venezolanos, sin embargo, fue embarcado y remitido a la cárcel CECOT de El Salvador, un ciudadano salvadoreño, Kilmer Abrego García, habiéndose cometido un grave error, que fue alegado por sus abogados en la demanda que intentaron ante la Corte Federal de Distrito de Maryland, en la cual solicitaron que ordenara al

Gobierno que requiriera de El Salvador que se devolviera a Abrego García a los Estados Unidos.[378]

Como en el caso de las deportaciones masivas de marzo de 2025, no se había respetado en ningún caso el debido proceso legal, razón por la cual, los venezolanos deportados no tuvieron posibilidad de alegar y probar, por ejemplo, que no eran miembros del Tren de Aragua y no podían por tanto ser deportados con base en la Proclamación, el Sr. Abrego quién ni siquiera era venezolano, no pudo no siquiera alegar dicho hecho y defenderse ante la injusta deportación.

En ese caso, sin duda, se había cometido un grave y evidente error, todo lo cual fue alegado por sus abogados en la demanda que intentaron ante la Juez Paula Xinis de la Corte Federal de Distrito de Maryland, la cual tomó decisión en el caso, ordenando a la Administración "facilitar y efectuar el regreso de [Abrego García] a los Estados Unidos a más tardar a las 11:59 p.m. del lunes, April 7," considerando que el error cometido, "chocaba con la conciencia."[379]

La decisión de la Jueza de Distrito fue apelada ante la Corte de Apelaciones del Cuarto Circuito, la cual con fecha 7 de abril decidió en forma unánime rechazar la pretensión del gobierno de suspender orden de la Jueza Xinis, vinculando dos de los jueces, como se informó en la prensa, "la deportación inadvertida

---

378 Véase la información en Joseph de Ávila, "U.S. Admits It Sent Man By Mistake To Prison in El Salvador," *The Wall Street Journal*, 2 abril 2025, p. A3.

379 Véase las referencias a 'la sentencia de la Juez de Distrito en la sentencia de la Corte Suprema del 10 de abril de 2025, disponible en: https://www.supremecourt.gov/opinions/24pdf/24a949_lkhn.pdf

con un secuestro."[380] Por ello, por ejemplo, Stephen Vladeck, profesor de derecho en la Universidad de Georgetown, dijo que la idea de que "el gobierno puede hacer desaparecer a la gente en un país extranjero sin el debido proceso y sin responsabilidad por lo que suceda después" equivale a "una crisis del Estado de derecho".[381]

La Juez Stephanie D. Thacker (al que se unió el Juez Robert B. King) de la Corte de Apelaciones, en efecto, expresó que: "el gobierno de los Estados Unidos no tiene autoridad legal para arrebatar a una persona que está legalmente presente en los Estados Unidos fuera, de la calle y sacarla del país sin el debido proceso", considerando "inconcebible" la afirmación del gobierno de que los tribunales federales son impotentes para intervenir en este caso; y precisando que "la orden de la Jueza Xinis "solo requiere que el gobierno de los Estados Unidos ejerza la autoridad y el control que debe haber retenido sobre los detenidos que alberga temporalmente en El Salvador", por lo cual "exigir que el gobierno efectúe y facilite el regreso de Abrego García no es una orden novedosa."[382]

El otro miembro de la Corte de Apelaciones Juez J. Harvie Wilkinson III, emitió una opinión concurrente en la que estaba de acuerdo en que no se justificaba ninguna suspensión, pero sin llegar a la posición de la mayoría de que el juez Xinis tenía el poder de decirle al gobierno que exigiera la repatriación del Sr.

---

380 Véase Adam Liptak, "Roberts Temporarily Blocks Order Requiring Return of Wrongly Deported Migrant," *The New York Times*, 8 abril 2025, p. A14.

381 Véanse las referencias en Zolan Kanno-Young, "Man Deported In Error Stays, 2 Leaders Vow," *The New York Times*, 15 abril 2025, p. A1 y A14.

382 Véase en Adam Liptak, "Supreme Court Backs a Migrant Wrongly Ousted," *The New York Times*, 11 abril 2025, p. A1 y A20.

Abrego García. "No hay duda de que el gobierno cometió un craso error aquí," escribió, considerando que la orden de la Juez de Distrito era justo que se interpretara como un requerimiento el gobierno de que "facilite" la liberación de Abrego García, en lugar de "exigirla," pues lo primero "parece estar dentro de los poderes legales de la Corte de primera instancia en esta circunstancia; en cambio lo último sería una intrusión en el centro de los poderes ejecutivos."[383]

Los abogados del gobierno, encabezados por el Solicitor general, John Sauer, acudieron el mismo día 7 de abril en la mañana ante la Corte Suprema con una petición de emergencia, alegando que la jueza Xinis se había excedido en su autoridad al participar en la especie de "diplomacia de las cortes de distrito", porque la orden requeriría trabajar con el gobierno de El Salvador para asegurar su liberación, argumentando que:

> "Si este precedente se mantiene, otras cortes de distrito podrían ordenar a los Estados Unidos que negocien con éxito el regreso de otros extranjeros expulsados en cualquier parte del mundo antes del cierre de las operaciones. Bajo esa lógica, las cortes de distrito tendrían efectivamente jurisdicción extraterritorial sobre las relaciones diplomáticas de Estados Unidos con todo el mundo".[384]

El Chief Justice Roberts, en sentencia dictada el mismo 7 de abril de 2025, suspendió temporalmente la orden de la Juez de Distrito, pendiente de la revisión del caso por la Corte, lo que ocurrió mediante sentencia del 10 de abril de 2025, en la cual en forma unánime los Jueces del alto tribunal decidió que el

---

383 Véase Adam Liptak, "Roberts Temporarily Blocks Order Requiring Return of Wrongly Deported Migrant," *The New York Times*, 8 april 2025, p. A14.

384 *Idem*.

Gobierno debía "facilitar," es decir, tomar medidas para regresar al Sr. Abrego a los Estados Unidos, quien había sido enviado por error a El Salvador, rechazando las afirmaciones del gobierno de que no podía hacer nada para remediar su error. La decisión de la Corte Suprema,

Precisó que en el caso:

"Los Estados Unidos ha reconocido que Abrego García estaba sujeto a una orden de retención que prohibía su deportación a El Salvador y que, por lo tanto, la deportación a El Salvador era ilegal. Estados Unidos ha declarado que la expulsión a El Salvador fue el resultado de un 'error administrativo'."

Y ratificó la orden de la Jueza Federal de Distrito (excepto en cuanto al plazo que había establecido para el cumplimiento de la orden), indicando que:

"La orden requiere adecuadamente que el Gobierno 'facilite' la liberación de Abrego García de la custodia en El Salvador y que garantice que su caso se maneje como se habría hecho si no hubiera sido enviado indebidamente a El Salvador. Sin embargo, el alcance previsto del término "efectuar" en la orden del Tribunal de Distrito no está claro y puede exceder la autoridad del Tribunal de Distrito. El Tribunal de Distrito debe aclarar su directiva, teniendo debidamente en cuenta la deferencia debida al Poder Ejecutivo en la conducción de los asuntos exteriores. Por su parte, el Gobierno debería estar dispuesto a compartir lo que pueda sobre las medidas que ha dado y la perspectiva de nuevas medidas."[385]

---

[385] Véase el texto de la decisión que está disponible en: https://www.supremecourt.gov/opinions/24pdf/24a949_lkhn.pdf. Véase demás, la

Las Juezas Sonia Sotomayor, Elena Kagan y Ketanji Brown Jackson, agregaron a la decisión, una declaración a la breve orden de la Corte Suprema, observando que:

> "El gobierno de los Estados Unidos arrestó a Kilmar Armando Abrego García en Maryland y lo trasladó a un "centro de confinamiento de terrorismo" en El Salvador, donde ha estado detenido durante 26 días... Hasta el día de hoy, el Gobierno no ha citado ninguna base legal para el arresto sin orden judicial de Abrego García, su traslado a El Salvador o su confinamiento en una prisión salvadoreña. Ni podía. El gobierno sigue obligado por la orden de un juez de inmigración de 2019 que prohíbe expresamente la expulsión de Abrego García a El Salvador porque enfrentaba una "clara probabilidad de persecución futura" allí y "demostró que las autoridades [de El Salvador] no podían o no querían protegerlo". ... El Gobierno no ha impugnado la validez de esa orden. En lugar de apresurarse a corregir su atroz error, el Gobierno lo desestimó como un "descuido". .... El Gobierno solicita ahora una orden de esta Corte que le permita dejar a Abrego García, esposo y padre sin antecedentes penales, en una cárcel salvadoreña sin motivo reconocido por la ley. El único argumento que ofrece el Gobierno en apoyo de su petición, que los tribunales de los Estados Unidos no pueden conceder una reparación una vez que un deportado cruza la frontera, es claramente erróneo. ... El argumento del Gobierno, además, implica que podría deportar y encarcelar a cualquier persona, incluidos los ciudadanos

---

referencia en Alan Feuer y Aishivarya Kavi, "White House Mantain Defiant Stance Against Return of Deported Man," *The New York Times*, 12 abril 2025, p. A13.

estadounidenses, sin consecuencias legales, siempre que lo haga antes de que pueda intervenir un tribunal."[386]

Las Juezas agregaron además que estaban

"de acuerdo con la orden de la Corte de que el remedio adecuado es proporcionar a Abrego García todo el proceso al que habría tenido derecho si no hubiera sido expulsado ilegalmente a El Salvador. Eso significa que el gobierno debe cumplir con su obligación de proporcionar a Abrego García el "debido proceso legal", incluida la notificación y la oportunidad de ser escuchado, en cualquier procedimiento futuro… También debe cumplir con sus obligaciones conforme a la Convención contra la Tortura."[387]

En todo caso, a partir de la decisión de la Corte Suprema, el conflicto se planteó entre la Juez de Distrito Paula Xinis y el Gobierno, por la renuencia de la Administración de cumplir la orden judicial y suministrar la más mínima información de lo que debía estar haciendo para facilitar el retorno del Sr. Abrego. Al contrario, por ejemplo, como lo informó la prensa, el 15 de abril con ocasión de la visita del Presidente de El Salvador Nayib Bukele, a la Casa Blanca en Washington, tanto el asesor del Presidente Trump como el Presidente Bukele, "carecen de autoridad para traer de regreso a los Estados Unidos al migrante deportado a El Salvador. La *Attorney General* Palm Bondi Bukele expresó: "que correspondía a El Salvador devolver a Abrego García: Eso no nos corresponde." Y el Presidente Bukele señaló: "Yo no

---

386 Idem Véanse además las referencias en: Jess Bravin, "Justices Order Man's Return in Mistaken Deportation," *The Wall Street Journal*, 11 abril 2025, p. A3.

387 *Idem*

tengo el poder para devolverlo a los Estados Unidos."[388] Y el Secretario de Estado Marco Rubio expresó que: "ningún tribunal de los Estados Unidos tiene derecho a llevar a cabo la política exterior de los Estados Unidos."[389]

Nicholas Kristoff, columnista del *The New York Times*, apreció de la entrevista de ambos Presidentes que:

> "Trump y Bukele se burlaron efectivamente de nuestros tribunales federales al dejar en claro que no tenían intención de traer a Abrego García a casa.
>
> Trump se enorgullece de su capacidad para liberar a los rehenes retenidos en prisiones extranjeras, pero se presenta como indefenso cuando se trata de traer de vuelta a Abrego García, a pesar de que estamos pagando a El Salvador para encarcelar a los deportados."[390]

La apreciación de la prensa sobre la reunión presidencial fue clara y alarmante:

> "ni Trump ni Bukele tenían intención de devolver a Abrego García, a pesar de que la Corte Suprema ha dictaminado que debería regresar a Estados Unidos.

---

388 Véase las referencias en vera Bergengruen, Tarini Parri y Jess Bracin, "U.E., El Salvador Won't Budge On Mistakenly Feport man," *The Wall Street Journal*, 13 abril 2025, p. A1 y A4.

389 Véase en Jamille Bouie, "America, Tis Is as Old, Brutal Tyranny," *The New York Times*, 20 abril 2025, p. 3.

390 Véase Nicholas Kristof, "Protect America From America's President," *The New York Times*, 17 abril 2025, p. A23. Véase en el mismo sentido crítico de las risas y sonrisas de los dos presidentes refiriéndose al caso del Sr. Abrego García en: Frank Bruni, columnista del *The New York Times*, "All the President's Flatterers," *The New York Times*, 18 abril 2025, p. A 22.

> El caso se ha convertido en un símbolo del desafío de Trump a los tribunales y su voluntad de deportar a las personas sin el debido proceso. [391]

De allí la apreciación que, con razón, formuló el periodista Adam Liptak sobre este proceso referido al Sr. Abrego, en el sentido de que: "el cumplimiento de las órdenes judiciales por parte de la administración Trump comenzó con la lentitud, pasó a la gimnasia semántica y ahora ha llegado a la cúspide del desafío absoluto;"[392] al punto de que en la audiencia que tuvo lugar el 15 de abril ante la Jueza de la Corte Federal de Maryland, al solicitar a los abogados del Gobierno información sobre los pasos dados parta cumplir la orden, exclamó que hasta esa fecha, el Gobierno "nada había hecho, nada."[393] El abogado del Gobierno, Sr. Ensign, incluso solo llegó a decirle a la Jueza, no se sabe si seriamente o en burla, que "Si Abrego García se presenta el solo a un puerto de entrada, nosotros facilitaremos su entrada a los Estados Unidos."[394]

Por ello, frente a esta conducta, Douglas Laycock, profesor emérito de la Universidad de Virginia, expresó que:

---

391 Véanse las referencias en Zolan Kanno-Young, "Man Deported In Error Stays, 2 Leaders Vow," *The New York Times*, 15 abril 2025, p. A1 y A14.

392 Véase Adam Liptak, "Trump Flirts With Defying Court Orders. Scholars Raiseb Alarm About Path Ahead," *The New York Times*, 16 abril 2025, pp. 1A y A16.

393 Véase las referencias en Jacob Gershman, Ryan Barber y Victoria Albert, "Standoff Over Immigrant Deported in Error Escalates," *The Wall Street Journal*, 16 abril 2025, p. A4.

394 Véase la referencia en Alan Feuer, "Judge Rebukes Administration's Efforts to Return Wrongly Deported Man," *The New York Times*, 16 abril 2025, p. A15.

"A menudo se ve a los acusados arrastrando los pies y tardando en cumplir, el desafío abierto por parte de los funcionarios federales es extraordinariamente raro."[395]

Sobre este caso del Sr. Abrego García, debe recordarse que había sido el 4 de abril de 2025, después de plantear durante casi tres semanas, internamente a su cadena de mando, preocupaciones con respecto al cumplimiento del gobierno con las órdenes judiciales y sobre la franqueza con los tribunales, cuando el abogado Reuveni compareció en nombre del gobierno ante la Jueza Paula Xinis, de la Corte de Distrito , informándole franca y sinceramente que la deportación del Sr. Abrego García de los Estados Unidos había sido un error. Y que más tarde ese mismo día, en la noche, presionado por el gobierno, había rechazado las instrucciones de sus superiores de presentar un escrito a la Corte Federal tergiversando los hechos, habiendo sido el resultado que fue puesto en licencia administrativa el 5 de abril de 2025, habiendo sido despedido del Departamento de Estado 11 de abril de 2025."[396]

No es de extrañar, por tanto, como se reportó en la prensa del 14 de abril, el Sr. Stephen Miller, principal asesor de política interna de la Administración del Presidente Trump, haya cambiado abruptamente de rumbo, contradiciendo afirmaciones de otros

---

395 Véase la referencia en Jacob Gershman, Ryan Barber y Victoria Albert, "Standoff Over Immigrant Deported in Error Escalates," *The Wall Street Journal*, 16 abril 2025, p. A4

396 Todo lo dicho por el Sr. Reuveni lo ratificó públicamente en entrevista dada al diario The New York times, publicada el 11 de julio de 2025. En la misma expresó su disposición de testificar ante el Congreso o ante la Corte Federal sobre lo que describió como "el esfuerzo internacional de la Administración de ignorar a los jueces y el derecho al debido proceso de cientos de migrantes." Véase en Devlin Barrett, "Justice Dept. Whistler-Blower Warns of Administration's Assault of Law," *The New York Times,* 11 julio 2025, p. A15.

funcionarios de la Administración, y lo expuesto por la propia Corte Suprema que había establecido que "la expulsión a El Salvador fue el resultado de un 'error administrativo'," declaró en *Fox News* que el Sr. Abrego García no había sido deportado injustamente, expresando: "No fue enviado por error a El Salvador", "Esta fue la persona correcta enviada al lugar correcto;" culpando al abogado del Departamento de Justicia Sr. Reuveni de admitir que la deportación había sido un error, indicando que:

> "Un abogado del DOJ que desde entonces ha sido relevado de sus funciones, un saboteador, un demócrata, puso en una presentación, incorrectamente, que se trataba de un traslado equivocado."[397]

Ahora bien, como la sentencia de la Jueza del Distrito de Maryland había sido apelada por ante la Corte de Apelaciones del Cuarto Circuito en Virginia, la misma, bajo la ponencia del Juez J. Harvie Wilkimgson III, emitió su decisión el 17 de abril, rechazando la solicitud de la Administración de suspender los intentos de la Corte Federal de implementar la orden de la Corte Suprema, que había expresado que el poder ejecutivo debería "facilitar" el regreso a Estados Unidos del Sr. Abrego desde una prisión salvadoreña para que pueda recibir el debido proceso.

"Facilitar' es un verbo activo", escribió el juez Wilkinson, por lo que la instrucción de la Corte Suprema de que las Cortes inferiores deben respetar la primacía del ejecutivo en asuntos exteriores, no "permite que el gobierno no haga esencialmente nada." Destacó la Corte de Apelaciones, por ello, que no era del

---

397 Véase las referencias en Alan Feuer, "Trump Aides Muddle The Facts SurroundingA Migrant Deportation. Abrupt Turnarround After Admitting Error," *The New York Times,* 15 abril 2025, p. A14; y en Alan Feuer, "Courts Edge Vloser to Clash With White House," The New York Times, 18 abril 2025, p. A17.

todo correcto el argumento de la Attorney General Pam Bondi de que facilitar significaba "proporcionar un avión" si El Salvador decidía liberar al Sr. Abrego García, indicando que:

> "El argumento del gobierno de que todo lo que debe hacer es eliminar cualquier barrera interna para el regreso [de Abrego García], ... no está bien tomada a la luz de la orden de la Corte Suprema de que el gobierno facilite la liberación de Abrego García de la custodia en El Salvador."

Terminó la Corte de Apelaciones su decisión advirtiendo frente al conflicto que se estaba desarrollando entre el Ejecutivo y los Jueces, que:

> "Ahora las ramas están demasiado cerca de molerse irrevocablemente unas contra otras en un conflicto que promete disminuir ambas. La Judicatura perderá mucho de las constantes insinuaciones sobre su ilegitimidad, a las cuales por costumbre y desapego solo podemos responder con moderación. El Ejecutivo perderá mucho con una percepción pública de su anarquía y los contagios que conlleva."[398]

En cuanto a la orden de la Jueza Xinis de Corte Federal del Distrito de Maryland, la misma continuó siendo desatendida por parte de la Administración, habiendo emitido el 22 de abril de 2025, una decisión criticando al gobierno por desobedecer sus instrucciones de responder preguntas sobre los pasos que había tomado para facilitar el retorno del Sr. Abrego. Como se comentó en la prensa:

---

398 Véase las referencias en el editorial "Judge Wilkingson's Sage Advice," *The Wall Street Journal*, 19 abril 2025, p. A14

"La fuerte reprimenda de la jueza, Paula Xinis, contenida en una orden de ocho páginas, sugirió que había perdido la paciencia con el patrón del Departamento de Justicia de bloquearla en el caso que involucra al hombre deportado, Kilmar Armando Abrego García.

En su orden, la jueza Xinis acusó al Departamento de "rehusarse en forma deliberada y de mala fe en cumplir con las obligaciones de información; calificando de "engañosos" sus intentos de evadir proporcionarla información sobre cómo Abrego. [...]

La Jueza escribió:

"Durante semanas, los demandados han buscado refugio detrás de vagas e infundadas afirmaciones de privilegio, usándolas como escudo para obstruir el descubrimiento y evadir el cumplimiento de las órdenes de esta Corte. [...], Los demandados han sabido, al menos desde la semana pasada, que esta Corte requiere demostraciones legales y fácticas específicas para respaldar cualquier reclamo de privilegio. Sin embargo, han seguido confiando en afirmaciones repetitivas. Eso termina ahora,"[399]

Un mes después de la orden anterior y de los continuos intentos de la Juez de Distrito de Maryland por hacer cumplir su orden judicial, el 6 de junio de 2025, en cumplimiento de la orden judicial emitida por la Juez Paula Xinis, la *Attorney General* de Estados Unidos, Pamela Biondi anunció que el gobierno norteamericano, con la cooperación del gobierno de El Salvador, había llevado de regreso a los Estados Unidos, a Abrego García, pero no para que siguiera algún proceso en materia de

[399] Véase las referencias a la decisión de la Jueza Xinis, en Alan Feuer, "Justice Dept. Continues to Stonewall on Efforts to Return Maryland Man," *The New York Times,* 23 abril 2025, p. A18.

inmigración, sino para ser acusado de dos crímenes en el Distrito de Tennessee, de conspirar para transportar ilegalmente a extranjeros indocumentados con fines de lucro y transporte ilegal de extranjeros ilegales con fines de lucro; hechos ocurridos años atrás, pero que habrían justificado el esfuerzo del gobierno de deportarlo.[400]

Por ello, el Presidente Trump expresó que "Nunca debería haber tenido que ser devuelto, miren lo que ha pasado con él. Echen un vistazo a lo que encontraron en el gran jurado", "Creo que Pam Bondi hizo un gran trabajo;" y el abogado de Abrego García, Sandoval-Moshenberg, por su parte, argumentó que:

> "El gobierno hizo desaparecer a Kilmar en una prisión extranjera en violación de una orden judicial. Ahora, después de meses de demora y secretismo, lo traen de vuelta, no para corregir su error, sino para procesarlo. Esto muestra que estuvieron jugando con la cancha todo el tiempo." "El debido proceso significa la oportunidad de defenderse antes de ser castigado, no después. Esto es un abuso de poder, no de justicia".[401]

---

400 Véase la información en Seth McLaughlin, "AG Bondi defends deportation of illegal immigrant from Maryland mistakenly sent to El Salvador," en *The Washington Times,* 6 abril 2025, disponible en: https://www.washingtontimes.com/news/2025/apr/6/pam-bondi-attorney-general-defends-kilmar-abrego-garcias-mistaken/

401 Véase en Hannah Rabinowitz, Devan Cole, Katelyn Polantz y Evan Perez, "Kilmar Abrego García has been returned to the United States to face criminal charges," en *CNN Politics*, 6 junio 2025, disponible en: https://edition.cnn.com/2025/06/06/politics/kilmar-abrego-garcia. Véase además, las informaciones obre el caso en: Ximena Bustillo and Jasmine Garsd, "Kilmar Abrego García, wrongly deported to El Salvador, is back in the U.S. to face smuggling charges," en *ncpr,* 6 junio 2025, disponible en: https://www.northcountrypublicradio.org/news/npr/nx-s1-5425509/kilmar-abrego-garcia-is-on-his-way-back-to-the-

Debe mencionarse, en relación con las acusaciones contra Abrego García y el anuncio de que sería procesado de inmediato por varios crímenes si se lo retornaba a Estados Unidos, que lo cierto fue que con fecha 22 de junio de 2025, la Juez Barbara D. Holmes negó la moción del gobierno de que Abrego permaneciera detenido durante el juicio penal, y anunció que estaba considerando poner en libertad a Abrego García mientras se le seguía juicio, argumentando que "el gobierno no pudo probar que el caso involucraba a un menor, había un grave riesgo de que Abrego García huyera y de que Abrego García obstruyera la justicia o interfiriera con la integridad del procedimiento." E indicó:

> "En general, la fuerza de los factores que pesan a favor de la liberación supera a todos los demás factores a favor de la detención, lo que obliga a la liberación de Abrego García, particularmente dado el claro defecto de la ley de que las personas que aún no han sido condenadas por un delito deben ser puestas en libertad en espera de juicio"[402]

---

u-s-from-el-salvador-lawyer-says; en Erin Mansfield y Nick Penzenstadler, "Kilmar Abrego García charged with human smuggling after return from El Salvador," en USAtoday, 6 junio 2026, disponible en: https://www.msn.com/en-us/news/crime/kilmar-abrego-garcia-is-returning-from-el-salvador-to-face-criminal-charges-in-us/ar-AA1G eIla?ocid=BingNewsSerp; en Sadie Gurman, C. Ryan Barber y Mariah Timms, "U.S. Brings Abrego García Back From El Salvador to Face Criminal Charges. The case over his wrongful deportation became a flashpoint in the debate over the Trump administration's immigration crackdown," en *The Wall Street Journal*, 6 junio 2025, disponible en: https://www.wsj.com/us-news/u-s-brings-abrego-garcia-back-from-el -salvador-to-face-criminal-charges-bc6d8ad5

402 Véase la información en Zach LaChance, "Judge rules Abrego García must be released while awaiting trial," Washington Examiner, 22 junio 2025, disponible en: https://www.washingtonexaminer.com/news/justice/3450466/judge-abrego-garcia-must-be-released-while-awaitin g-t rial/; Paul Wagner, Post en *NBC4 Washington*, 22 junio 2025, con copia de la sentencia, disponible en: https://x.com/paulcwagner

La Juez Holmes, explicó además en la audiencia fijada para decidir al efecto, que "Abrego, como todas las personas arrestadas por cargos penales federales, tiene derecho a una determinación completa y justa sobre si debe permanecer bajo custodia federal en espera de juicio", agregando que en su orden "La Corte le dará a Abrego el debido proceso que tiene garantizado."[403]

Sin embargo, la Juez en la audiencia del 25 de junio, decidió solicitar a las partes mayor información antes de tomar alguna decisión sobre la puesta en libertad de Abrego, en condiciones estrictas, incluso de ponerlo bajo custodia de su hermano, fijando para el día 27 de junio la oportunidad para resolver el tema.[404]

/status/ 1936913922981839218; Levi Ismail, "Judge plans to order release of Kilmar Abrego García pending trial, with possible deportation looming," en NewsChannel, 23 junio 2025, disponible en: https://www.newschannel5.com/news/newschannel-5-investigates/judge-plans-to-order-the-release-of-kilmar-abrego-garcia-pending-trial-with-the-possibility-of-deportation-looming; Glenn Trusshny Alan Feuer, "Ruling Cast Doubt on Administration's Claims Against Migrant," *The New York Times,* 25 junio 2025, p. A12.

403 Véase la información en Greg Wehner y Breanne Deppisc, "Judge sets strict conditions for Abrego Garcia's release as Trump officials pursue case against him," en *msn*, 25 junio 2025, disponible en: https://www.msn.com/en-us/news/crime/judge-sets-strict-conditions-for-abrego-garcia-s-release-as-trump-officials-pursue-case-against-him/ar-AA1Hqi6J

404 Véase Matt Lavietes, Gary Grumbach and Juliette Arcodia, "Kilmar Abrego García to stay in federal custody," en *NBC News* 25 junio 2025, disponible en https://www.nbcnews.com/news/us-news/kilmar-abrego-garcias-release-terms-debated-court-hearing-rcna214938

Los abogados de Abrego García solicitaron a la Juez dejar detenido al procesado para evitar la deportación, mientras era enjuiciado por los cargos de los que se le acusó, lo cual fue acogido por la Jueza.[405]

La acusación criminal la llevaba la Corte Federal de Distrito de Nashville, Waverly D. Crenshaw Jr., ante la cual, incluso, los abogados de Abrego cuestionaron las evidencias que se habían presentado.[406] Incluso dicha Juez tuvo que exhortar formalmente a los funcionarios del gobierno que se ciñeran a las "reglas que prohíben declaraciones extrajudiciales que puedan interferir con que un acusado penal tenga un juicio justo," insistiendo en que la "Constitución requiere que Ábrego sea considerado inocente a menos y hasta que se demuestre su culpabilidad más allá de toda duda razonable por un jurado" todo ello luego de la queja formulada por los abogados de Abrego sobre comentarios que había hecho la secretaria de Seguridad Nacional, Kristi Noem, quien se había referido al procesado como un "monstruo", expresando que esperaba que "este juez haga lo correcto y lleve a este hombre ante la justicia por los crímenes que ha cometido, y este juez debe aplicar la ley por igual a cada persona que se presente en su sala de audiencias."

---

405 Véase la información en Juliana Kim, "Judge orders Abrego García to remain in custody after his lawyers raise deportation concerns," '*npr*', 30 junio 2025, disponible en: https://www.npr.org/2025/06/27/g-s1-74925/abrego-garcia-tennessee-judge-delay-release-deportation

406 Véase la información en Alan Feuer, "Lawyers for Abrego García Question Evidence in His Criminal Case," *The New York Times,* 17 julio 2025, p. A16.

Los abogados de Ábrego García consideraron que esas declaraciones tenían el potencial de "contaminar al grupo de jurados" y poner en peligro a Ábrego García y a su familia.[407]

En una audiencia que tuvo lugar el 7 de julio ante la Juez Xinis para considerar la solicitud de los abogados del traslado de Abrego a Maryland, los abogados del gobierno anunciaron que si Abrego era puesto en libertad, dejarían los cargos criminales y lo deportarían, negándose a responder las preguntas formuladas por la Juez;[408] planteamiento que la Juez exigió se clarificara perentoriamente mediante declaración jurada de un funcionario.[409] La exasperación de la Juez Xinis en el caso, fue aún

---

407 Véase la información en: Devan Cole, "Juez en el caso de Ábrego García pide al Gobierno de Trump que modere comentarios públicos para asegurar un juicio justo," *CNN EE. UU.*, 31 julio 2025, disponible en: https://cnnespanol.cnn.com/2025/07/31/eeuu/juez-abrego-garcia-gobierno-modere-comentarios-trax

408 La Juez en un punto, exasperada, indicó que "tratar de averiguar qué es lo que va a suceder la semana que viene es como tratar de clavar una gelatina en la pared. Véase en Devan Cole y Molly Reinmann, "Trump administration says it will deport Kilmar Abrego García before his trial if he's released from criminal custody," *CNN Politics,* 7 julio 2025, disponible en: https://www.cnn.com/2025/07/07/politics/abrego-garcia-deportation-hearing#origin=https%3A%2F%2Fwww.google.com%2F&cap=swipe,education&webview=1&dialog=1&viewport=natural&visibilityState=prerender&prerenderSize=1&viewerUrl=https%3A%2F%2Fwww.google.com%2Famp%2Fs%2Fwww-cnn-com.cdn.ampproject.org%2Fc%2Fs%2Fwww.cnn.com%2F2025%2F07%2F07%2Fpolitics%2Fabrego-garcia-deportation-hearing%3Fusqp=mq331AQIUAKwASCAAgM%25253D&amp_kit=1

409 Véase la información en Alan Feuer y Minho Kim, "U.S. Will Try to Re-deport Abrego García," *The New York Times*, 8 julio 2025, p. A16. Véase los comentarios sobre la audiencia ante la Juez en: Adriana Figueroa, "Abrego García lawyers try to return him to Maryland, fearing removal to third country: en *News from the States,* 7 julio 2025, disponible en: https://www.newsfromthestates.com/article/abrego-garcia-lawyers-try-return-him-maryland-fearing-removal-third-country;

más marcada en la audiencia del día 12 de julio, en la cual llegó a decirle al abogado del Gobierno, ante la falta de respuestas a sus preguntas sobre cómo iba a proceder el gobierno en el caso de Abrego, que "Ustedes han indiscutiblemente violado la ley. Pero ahora Ustedes prometen que no lo harán de nuevo, pero sin mostrar cómo no lo volverán a hacer."[410]

En la continuación de la audiencia el 15 de julio de 2025, la Juez volvió a criticar al gobierno por la falta de información sobre qué es lo que harían sus funcionarios para garantizar el debido proceso para Abrego García si es puesto bajo custodia de ICE después de su liberación; ante lo cual, los abogados del procesado solicitaron que fijara un aviso para que Abrego pudiera acudir al tribunal apropiado, para poder defenderse "antes de que sea enviado a un país aún no identificado y sea potencialmente sujeto a tortura o persecución en violación de una orden judicial."[411]

Jacob Fischler, "Judge turns down attempt by Trump administration to dismiss Abrego Garcia suit," *News from the States*, 9 julio 2025, disponible en: https://www.newsfromthestates.com/article/judge-turns-down-attempt-trump-administration-dismiss-abrego-garcia-suit

410 Véanse las referencias a lo discurrido en la audiencia judicial en Alan Feuer y Minho Kim, "JudgeSignals Safeguards for Ábrego García," *The New York Times*, 12 julio 2025, p. A16.

411 Véase la referencia en Soo Rin Kim, "Abrego Garcia's attorneys ask judge to require 72 hours' notice before he's deported. Abrego García is expected to be released on bond from detention in Tennessee," en *abcNews,* 15 julio 2025, disponible en: https://abcnews.go.com/US/abrego-garcias-attorneys-judge-require-72-hoursnotice/story?id=123682707#origin=https%3A%2F%2Fwww.google.com%2F&cap=swipe,education&webview=1&dialog=1&viewport=natural&visibilityState=prerender&prerenderSize=1&viewerUrl=https%3A%2F%2F www.google.com%2Famp%2Fs%2Fabcnews-go-com.cdn.ampproject.org%2Fc%2Fs%2Fabcnews.go.com%2FUS%2Fabrego-garcias-attorneys-judge-require-72-hours-notice%2Fstory%3Fid=123682707&usqp=mq331AQIUAKwASCAAgM%25253D&amp_kit=1

Finalmente, la Juez de Distrito Xinis con fecha 23 de julio de 2025, tomó su decidió protegiendo al demandante Kilmar Abrego García, restringiendo la posibilidad del Gobierno de volver a deportarlo inmediatamente, para lo cual ordenó que debía notificársele con 72 horas de antelación sobre cualquier intento de deportación, ordenando además que el demandante fuera enviado a Maryland Estado en la cual la Juez tenía jurisdicción. Simultáneamente, el Juez Federal Crenshaw de Tennessee, que llevaba el caso criminal contra Abrego, decidió dejarlo en libertad mientras continuaba el juicio, suspendiendo sin embargo la ejecución de la orden a propia solicitud de sus abogados, dejándolo en custodia por 30 días,[412] sin duda, para protegerlo de cualquier acción del gobierno que pudiese afecta su situación en los Estados Unidos.

La reacción del gobierno contra la Juez no se hizo esperar, habiendo expresado una vocera de la Casa Blanca sobre la Juez Xinis:

> "Esta jueza de distrito local se ha excedido enormemente en su autoridad al intentar interferir con los esfuerzos de ICE para detener, en espera de deportación, a un extranjero ilegal criminal que representa una amenaza para la seguridad de nuestras comunidades."[413]

---

412 Véase la información en Louise Radnofsey y María Timmes, "Judge Bars Immediate Deportation of Abrego García." *The Wall Street Journal,* 24 julio 2025, p. A4; Alan Feuer, "Courts Order Abrego's Release and Restrict Expulsion," *The New York Times,* 25 julio 2025, p.A14.

413 *Idem*, Véase la información en Louise Radnofsey y María Timmes, "Judge Bars Immediate Deportation of Abrego García." *The Wall Street Journal,* 24 julio 2025, p. A4.

Por su parte, Tricia McLaughlin, Secretaria Asistente del Department of Homeland Security (DHS), expresó en su cuenta X que Abrego "jamás caminará de nuevo por calles americanas," y que

> "El hecho de que esta juez desquiciada esté tratando de decirle a ICE que no pueden arrestar a un miembro de la pandilla MS-13, acusado por un gran jurado de tráfico de personas y sujeto a arresto de inmigración bajo la ley federal, es *ilegal y loco*."[414]

Como corolario de todo lo anterior y, en particular, de la persecución que sus abogados estimaron se había desatado contra el Sr. Abrego García, el día 20 de agosto de 2025, intentaron por ante la Corte Federal del Distrito en Nashville, una acusación contra al Departamento de Justicia, como se informó en la prensa:

> "por el enjuiciamiento vengativo contra Abrego, por presentar un caso penal en su contra después de que él y sus abogados lucharon contra su deportación [y], para denunciar el comportamiento de la administración, que lo ha estado persiguiendo de una forma u otra durante casi cinco meses."[415]

En la acusación, los abogados indicaron que:

---

414 Véase en Breanne Deppisch, "'Lawless and insane': Trump admin readies for fight after judges block Abrego García removal for now," *Fox News,* 24 julio 2025, disponible en: https://www.foxnews.com/politics/lawless-insane-trump-admin-readies-fight-after-judges-block-abrego-garcia-removal-now.amp.

415 Véase la información en: Alan Feuer, "Justice Dept. Is Accused Of 'Retribution Campaign'," *The New York Times*, 21 agosto 2025, p. A15.

"Los pronunciamientos públicos sin precedentes atacando al Sr. Abrego por el exitoso ejercicio de derechos constitucionales, por parte de altos miembros del gabinete, líderes del DOJ e incluso, del presidente de los Estados Unidos, hacen que este sea un raro caso en el espíritu de venganza sea claro en el expediente."[416]

Posteriormente, como se había anunciado, el Sr. Abrego fue puesto en libertad por en el juicio penal que se le seguía por la Corte Federal de Nashville, Tennessee, trasladándose a Maryland donde vivía su familia, sobre lo cual su abogado expresó, que ello ocurría:

"después de ser arrestado y deportado ilegalmente, y luego encarcelado, todo debido al ataque vengativo del gobierno contra un hombre que tuvo el coraje de luchar contra el continuo asalto de la administración al estado de derecho. "Está agradecido de que su acceso a los tribunales estadounidenses haya proporcionado un debido proceso significativo." [417]

Pero, sin embargo, la persecución oficial contra Agrego, al momento de ser liberado, seguía en marcha, pues mediante escrito presentado la víspera ante la Corte Federal de Nashville, como se reportó en la prensa:

"el Departamento de Justicia y el Departamento de Seguridad Nacional trabajando juntos, informaron a los abogados del Sr. Abrego García que si no aceptaba la oferta de declararse culpable y ser enviado a Costa Rica el lunes por

[416] *Idem.*

[417] Véase la información en: Alan Feuer, "Wrongfully Depoprted Man Is Freed From U.S. Custody," *The New York Times*, 23 agosto 2025, p. A14; y en Mariah Times y Louise Radonofsky, Äbrego Garcia Is Freed From Custody, for Now," *The Wall Street Journal*, 23 agosto 2025, p.A4.

la mañana [es decir, el 25 de agosto], entonces el Servicio de Inmigración y Control de Aduanas comenzaría el proceso de expulsión a Uganda."[418]

Y efectivamente, el día 25 de agosto a su llegada a Baltimore, Maryland el Sr. Abrego García fue detenido de nuevo por funcionarios del ICE, con ocasión de una convocatoria para una entrevista, lo que como lo afirmaron sus abogados era falso, y sin que los funcionarios de inmigración dieran razón por la detención. En todo caso, los abogados de Abrego intentaron una acción de habeas corpus ante la Jueza Xinis de la Corte Federal de Distrito de Maryland, requiriendo impedir la deportación hacia Uganda, alegando además que la Administración arrestó a Abrego sin otorgarle oportunidad alguna de expresar "sus temores de persecución y tortura en ese país."

La Jueza, aparte de fijar una audiencia para el día 28 de agosto para estudiar la acción, decidió el mismo día 25 de agosto, prohibiendo al gobierno deportar de nuevo al Sr. Abrego García, quien quedó detenido en una instalación de ICE en Virginia.

---

[418] Véase Alan Feuer, "Lawyers Say U.S. Sought to 'Coerce' Expelled Man," *The New York Times*, 24 agosto 2025, p. 16. Debe mencionarse que la persecución oficial contra el Sr. Abrego también tuvo sus efectos en el personal del departamento de Justicia, del cual muchos abogados de carrera fueron despedidos. Véase Breanne Deppisch, "Abrego García case prompts key DOJ oustings, clears way for Trump deportation agenda". "Abrego Garcia's case has led career officials to exit DOJ who could have internally resisted Trump's law enforcement policies," en *Fox News*, 4 Septiembre 2025; disponible En: https://www.foxnews.com/politics/abrego-garcia-case-prompts-key-doj-oustings-clear s-way-trump-deportation-agenda#origin=https:/www.google.com/& cap=swipe,education&webview=1&dialog=1&viewport=natural&visibilityState=prerender&prerenderSize=1&viewerUrl= https:/www.google.com/amp/s/www-foxnews-com.cdn.ampproject. org/c/s/www.foxnews.com/politics/abrego-garcia-case-prompts-key-doj-oustings-clears-way-trump-deportation-agenda?usqp=mq331AQIUAKwASCAAgM%25253D&amp_kit=1

Dado que los abogados del Departamento de Justicia en el caso tenían un largo historial de incumplimiento de sus órdenes, la Jueza se aseguró de que la entendieran, diciéndoles a los funcionarios del Gobierno:

> "Sus clientes tienen absolutamente prohibido en este momento sacar al Sr. Abrego García del territorio de los Estados Unidos"[419]

El 27 de agosto de 2025, en todo caso, los abogados de Abrego informaron que estaba iniciando petición de asilo en los Estados Unidos;[420] y además, el 28 de agosto de 2025, ante las continuas declaraciones públicas extrajudiciales formuladas por la Secretaria de Seguridad Interior Noem y por la *Attorney General* Bondi y de otros funcionarios del Gobierno, en contra del Sr. Abrego, indicando entre otras cosas, que para salvaguardar su derecho a un juicio justo y a la presunción de inocencia,

---

[419] Véase las referencias a la sentencia en Alan Fewuer, Jazmine Ulloa y Chris Cameron, "Abrego Garcia, Detained Again. Now faces Deportation to Uganda," *The New York Times,* 26 agosto 2025, pp. A1 y A10; y en Louise Radnofsky, Mariah Timmis y Jack Morphet, "Abrego Garcia's Deportation Is Blocked." *The Wall Street Journal.*, 26 agosto 2025, p. A3. Véanse los comentarios de Arianna Roberts, "ICE detains Kilmar Ábrego García amid ongoing litigation over wrongful deportation," en J*uristNews*, 25 agosto 2025, disponible en: https://www.jurist.org/news/2025/08/ice-detains-kilmar-abrego-garci a-amid-ongoing-litigation-over-wrongful-deportation/.

[420] Véase la Información en: "Kilmar Abrego García to seek asylum in U.S.," en Melissa Quinn, *CBXNews,* 27 agosto 2025, disponible en: https://www.msn.com/en-us/politics/government/kilmar-abrego-garci a-to-seek-asylum-in-u-s/ar-AA1LkxKA?ocid=msedgntp&pc=LCT S &cvid=68af4f4d27b349c7b928c2eba5e1588b&ei=18. Véase los comentarios de Rachel Ettlinger, "Maryland federal judge orders Klimar Abrego García remain in US pending legal proceedings," en *JurisNews*, 29 agosto 2025, disponible en: https://www.jurist.org/news/ 2025/08/maryland-federal-judge-orders-kilmar-abrego-garcia-remain-in-us-pending-legal-proceedings/

formularon una petición ante la Corte Federal del Distrito Medio de Tennessee solicitando que ordenase:

> "que todos los funcionarios del Departamento de Justicia y del DHS involucrados en este caso, y todos los funcionarios de su cadena de supervisión, incluida la *Attorney General* Pamela Bondi y la Secretaria de Seguridad Nacional Kristi Noem, se abstengan de hacer comentarios extrajudiciales que representen una probabilidad sustancial de perjudicar materialmente este procedimiento." [421]

El día 5 de septiembre, el Gobierno informó a los abogados de Abrego que en vista de los alegatos de que Abrego no tendría en Uganda trato seguro, entonces la deportación que tenían programada sería para Eswatini, una pequeña nación africana antes llamada Swazilandia.[422]

---

421 Véase el texto de la petición que está disponible en: https://storage.courtlistener.com/recap/gov.uscourts.tnmd.104622/gov.uscourts.tnmd.104622.118.0.pdf?ftag=MSF0951a18

422 Véase en Ted Hesson y Jan Wolfe, "Trump administration says Kilmar Abrego García faces deportation to Eswatini," *Reuters, USAToday*, 7 septiembre 2025, disponible en: https://www.usatoday.com/story/ news/nation/2025/09/07/kilmar-abrego-garcia-eswatini-trump-administration/86031893007/#

NOVENA PARTE

EL CASO ANTE LA CORTE FEDERAL DE DISTRITO DE MARYLAND Y LA ORDEN DE FACILITAR EL REGRESO DE UN MIGRANTE VENEZOLANO DEPORTADO

I. LA DECISIÓN DE LA CORTE FEDERAL DE DISTRITO DE MARYLAND

En un proceso de *class action litigation* que se había iniciado ante la Corte Federal de Distrito de Maryland en 2019, que comprendía a migrantes menores de edad que habían ingresado a los Estados Unidos y habían luego solicitado asilo, proceso en el cual algunos habían logrado suscribir un acuerdo judicial en noviembre de 2024 con tal propósito, la Juez Stephanie A. Gallager emitió una sentencia del 23 de abril de 2025, en protección de uno de los migrantes venezolanos (Cristian) de los que fueron deportados en 15 de marzo de 2025 en aplicación de la Ley de Enemigos Extranjeros, ordenando al Gobierno "que facilite su regreso" a los Estados Unidos[423]

[423] Véase el texto de la sentencia que está disponible en: https://storage.courtlistener.com/recap/gov.uscourts.mdd.457483/gov.uscourts.mdd.457483.253.0_2.pdf. Véase además, los comentarios en Hanna

La sentencia fue dictada en el curso de dicho proceso iniciado en 2019, por tanto, como las partes aceptaron, no se trató de una decisión resolviendo un caso de *habeas corpus* o una demanda sobre los poderes del gobierno de invocación de la Ley de AEA, sino de violación de un Acuerdo Judicial suscrito en noviembre de 2024 ante la propia Corte Federal en perjuicio de un solicitante de asilo iniciado desde 2019, y que protege a algunos jóvenes migrantes con solicitudes de asilo pendientes.

Dicho Acuerdo requería que el Gobierno "se abstuviera de ejecutar la orden final de deportación de [un] Miembro del Grupo hasta que USCIS emitiera una Determinación Final sobre una solicitud de asilo debidamente presentada bajo los términos de este Acuerdo." La decisión de la Juez, por tanto, prohibió también la deportación de otras personas cubiertas por dicho Acuerdo de conciliación, que se había concluido en noviembre de 2024.[424]

Park y Shania Shelton en "Maryland judge orders return of Venezuelan asylum seeker deported to El Salvador," en *CNN Politics,* 24 abril 2025, disponible en: https://www.cnn.com/2025/04/24/politics/maryland-judge-return-venezuelan-asylum-eeker/index.html; y en Josh Gerstein y Kyle Cheney, "Trump admin must seek return of another man who was improperly deported to El Salvador, judge rules," en *Politico,* 24 mayo 2025, disponible en: https://www.politico.com/news/2025/04/24/trump-el-salvador-deportation-venezuelan-minor-judge-00307336

424 Véase además, los comentarios en Hanna Park y Shania Shelton en "Maryland judge orders return of Venezuelan asylum seeker deported to El Salvador," en *CNN Politics,* 24 abril 2025, disponible en: https://www.cnn.com/2025/04/24/politics/maryland-judge-return-venezuelan-asylum-eeker/index.html; y en Josh Gerstein y Kyle Cheney, "Trump admin must seek return of another man who was improperly deported to El Salvador, judge rules," en *Politico,* 24 mayo 2025, disponible en: https://www.politico.com/news/2025/04/24/trump-el-salvador-deportation-venezuelan-minor-judge-00307336

La Juez Gallager concluyó en su sentencia que este caso, "a diferencia de otros casos relacionados con la expulsión de personas por parte del gobierno en virtud de la AEA," era una disputa contractual, decidiendo que los demandados había:

> "incumplido los términos del Acuerdo de Conciliación al expulsar al menos a un Miembro del Grupo de los Estados Unidos mientras su solicitud de asilo sigue pendiente con USCIS. Es un principio axiomático del derecho contractual que cuando un demandado incumple un contrato, ese demandado debe restablecer la situación que existía antes del incumplimiento."

La Juez Federal también decidió que:

> "según los principios del derecho contractual, Cristian y cualquier otro Miembro del Grupo que haya sido expulsado en violación del Acuerdo de Conciliación, deben ser devueltos a los Estados Unidos para esperar la adjudicación de su solicitud de asilo sobre el fondo por parte de USCIS."

Al tomar esta decisión, la Juez hizo referencia al proceso muy publicitado que estaba en curso y la decisión de la Corte Suprema ordenando que el Gobierno facilitara la devolución a Estados Unidos del Sr Abrego García deportado erróneamente, expresando su acuerdo con la definición sobre el significado de "facilitar" dado en ese caso por la Juez Xinis y la Corte de Apelaciones del Cuarto Circuito: ("Por lo tanto, los acusados siguen obligados, como mínimo, a tomar las medidas disponibles para ayudar, asistir o facilitar la liberación de Abrego García de la custodia en El Salvador y reanudar su *statu quo ante*.")

> "Por lo tanto, al igual que el Juez Xinis en el caso Abrego García, este Tribunal ordenará a los Demandados que faciliten el regreso de Cristian a los Estados Unidos para que pueda recibir el proceso al que tenía derecho según el

Acuerdo de Conciliación vinculante de las partes. Este Tribunal ordena además que facilitar el regreso de Cristian incluye, pero no se limita a que los Demandados hagan una solicitud de buena fe al gobierno de El Salvador para que libere a Cristian a la custodia de los EE. UU. para su transporte de regreso a los Estados Unidos a la espera de la adjudicación de su solicitud de asilo sobre los méritos por parte de USCIS."[425]

El Gobierno en este caso solicitó a la Juez que dejara sin efecto su orden porque si el deportado lo regresaban a Estados Unidos, se le negaría el asilo, respecto de la cual la Juez mediante decisión de 6 de mayo de 2025, a pesar de señalar que posiblemente ese pueda ser el final de la situación del deportado, sin embargo, formalmente se negó a revocar su orden.[426]

II. LA APELACIÓN ANTE LA CORTE DE APELACIONES DEL CUARTO CIRCUITO Y LA RATIFICACIÓN DE LA SENTENCIA DE LA CORTE FEDERAL MEDIANTE SENTENCIA DEL 20 DE MAYO DE 2025

El Gobierno apeló la decisión de la Juez Federal ante la Corte de Apelaciones del Cuarto Circuito, la cual en fecha 8 de mayo decidió temporalmente suspender la sentencia de la Juez

---

425 Véase el texto de la sentencia que está disponible en: https://storage.courtlistener.com/recap/gov.uscourts.mdd.457483/gov.uscourts.mdd.457483.253.0_2.pdf

426 Véase la Información en Alan Feuer y Aishvarya Kavi, "Judge Declines to Lift Order for Return of Deported Migrant," en *The New York Times,* 7 mayo 2025, p. A15; y en Laura Romero, "Judge rejects DOJ's argument against return of drpottref Venezuelan man to US," en abc News, 6 mayo 2025, disponible en https://abcnews.go.com/US/ judge-hear-arguments-after-ordering-return-venezuelan-migrant/ story? Id = 121516728 .

Federal hasta el 15 de mayo,[427] ordenando a los apelados (demandantes) presentar sus argumentos antes del 12 de mayo, y a los apelantes (el gobierno), los suyos antes del 13 de mayo.[428]

Después de oír los argumentos de las partes, la Corte de Apelaciones dictó sentencia el 18 de mayo de 2025,[429] rechazando la solicitud del gobierno de que se suspendiera la orden de la Corte Federal de Distrito de Maryland que había requerido al gobierno que "facilitara" el retorno del venezolano (Cristian) quien fue deportado a El Salvador el 15 de marzo de 2025, en violación de un Acuerdo judicial de conciliación. La sentencia fue emitida por la Juez DeAndrea Gist Benjamin, con el voto concurrente del Juez Roger Gregory, ambos votando por mantener intacta la orden de la Juez Gallager, y el voto disidente del Juez Julius Richardson.

---

427 Véase la información en Breanne Deppisch, "Federal judge's order for Trump to return deported migrant temporarily halted on appeal," *FoxNews*, 12 mayo 2025, disponible en: https://www.foxnews.com/politics /federal-judges-order-trump-return-deported-migrant-temporarily -halted-appeal#origin=https:/www.google.com/&cap=swipe,education &webview=1&dialog=1&viewport=natural&visibilityState=prerender&prerenderSize=1&viewerUrl=https:/www.google.com/amp/s/www-foxnews-com.cdn.ampproject.org/c/s/www.foxnews.com/politics/federal-judges-order-trump-return-deported-migrant-temporarily-halted-appeal?usqp=mq331AQIUAKwASCAAgM%25253D&amp_kit =1

428 Véase la orden judicial cuyo texto está disponible en: https://storage.courtlistener.com/recap/gov.uscourts.ca4.178657/gov.uscourts.ca4.178657.12.0.pdf

429 Véase el texto de la sentencia que está disponible en: https://storage.courtlistener.com/recap/gov.uscourts.ca4.178657/gov.uscourts.ca4.178657.34.0.pdf. Véase los comentarios a la sentencia en Kattie Mettler, "Appeals court allows order to return deported Venezuelan man to go forward," en *The Washington Post,* 20 mayo 2025, disponible en: https://www.washingtonpost.com/immigration/2025/05/20/alien-enemies-act-deportation-return/;

La sentencia de la Corte de Apelaciones estudió detenidamente el arreglo de conciliación bajo la teoría de los contrato confirmando la violación del contrato por parte del gobierno al haber deportado al accionante sin que se hubiese resuelto en forma final el tema de asilo pendiente, y respecto del alegato del gobierno de que sufriría "un daño irreparable porque la autoridad del presidente conforme a la Ley AEA se vería "socavada" si era necesario para facilitar el regreso de Cristian a los Estados Unidos," la Corte de Apelaciones lo consideró como un argumento vacío, pues el mismo ignoraba "por completo la decisión de la Corte Suprema en el caso *Noem v. Abrego García*, 145 S. Ct. 1017 (2025)" reafirmando que, en esa sentencia, la Corte Suprema decidió unánimemente:

> "la orden [del Tribunal de Distrito] requiere apropiadamente que el Gobierno 'facilite' la liberación de Abrego García de la custodia en El Salvador y que se asegure de que su caso se maneje como lo habría sido si no hubiera sido enviado indebidamente a El Salvador."[430]

III. SOBRE LA SENTENCIA DE LA CORTE DE APELACIONES RATIFICANDO LA SENTENCIA DE LA CORTE FEDERAL

En todo caso, volviendo al caso de la decisión de la Corte de Apelaciones del Cuarto Circuito, en el caso del venezolano Cristian, deportado violando un arreglo judicial de conciliación

430 Sobre el caso ante la Corte de Apelaciones, a finales de junio de 2025 se informaba en la prensa que dicha Corte estaba considerando el caso del venezolano Cristian, quien había sido deportado por error en la primera deportación masiva de extranjeros hacia El Salvador ocurrida en 15 de marzo de 2027, en violación del acuerdo judicial de conciliación. Véase Alan Feuer, "Judge Orders Administration to "Facilitate" Return of Another Deported Immigrant," en *The New York Times*, 25 junio 2025, p. A13.

inmigratoria, en respuesta al argumento del Juez disidente Richardson, de que la orden se había excedido respecto de lo que había resuelto la Corte Suprema, la mayoría de la Corte de Apelaciones basada en lo expuesto por el voto concurrente del Juez Wilkinson precisó que "un tribunal podría ordenar al gobierno que "facilite" el regreso de una persona deportada indebidamente, pero no podría exigirlo." Agregando igualmente que "facilitar" es "un verbo activo" y "requiere que se tomen medidas" de buena fe para lograr la reparación, dejando claro, además, que la decisión de la Corte Suprema no permite al gobierno "no hacer prácticamente nada."

Debe mencionarse sobre este tema, que tres días después de haberse publicado esta sentencia de la Corte de Apelaciones del Cuarto Circuito, otro Juez Federal, en este caso, Brian E. Murphy, de la Corte Federal del Distrito de Massachusetts, mediante una *preliminary injunction* de 23 de mayo de 2025,[431] le ordenó al Departamento de Seguridad Interior (*Homeland Security*) que devolviera a los Estados Unidos a un ciudadano guatemalteco que las autoridades de inmigración habían deportado ilegalmente a México, a pesar de la orden judicial que le otorgaba protección su deportación. El Juez en este caso, igualmente, ordenó al gobierno que tomara todos los pasos necesarios, incluso coordinándose con el abogado del deportado, para facilitar su regreso, agregando a tal efecto, que el gobierno debía "presentar un informe actualizando a la Corte sobre la situación del demandante" en un plazo de cinco días. Enfatizando que el interés público pesa mucho a favor de seguir la ley y honrar las

431 Véase el texto de esta sentencia que está disponible en: https://storage.courtlistener.com/recap/gov.uscourts.mad.282404/gov.uscourts.mad.282404.132.0.pdf

protecciones judiciales. "Las reglas son tediosas y frustrantes", escribió, "pero también nos mantienen justos y honestos."[432]

El resultado de esta decisión tan terminante fue que el día 4 de junio de 2025, el gobierno de los Estados Unidos hizo trasladar de vuelta a territorio norteamericano al inmigrante deportado por error, quien fue internado en un centro de detención en Arizona mientras se tramitaba el procedimiento de inmigración correspondiente.[433]

Debe mencionarse igualmente que en la misma línea de ordenar al gobierno que facilite el regreso al país de extranjeros deportados erróneamente, la Corte Federal de Apelaciones del Segundo Circuito de Nueva York, en el caso de Jordin Melgar

---

432 Véase también los comentarios a esta decisión en Edward Helmore, "US judge orders Trump administration to return wrongly deported gay man. Judge says Guatemalan's removal to Mexico, despite fears of being harmed there, 'lacked any semblance of due process': en *The Guardian*, 24 mayo 2025, disponible en: https://www.theguardian.com/us-news/2025/may/24/trump-administration-wrongly-depor ted-gay-man; y Joshua Villanueva, "Federal judge finds US wrongfully deported asylum seeker despite protection order," en *Jurist News,* 25 mayo 2025, disponible en: https://www.jurist.org/news/2025/05/federal-judge-finds-us-wrongfully-deported-asylum-seeker-despite-prote ction-order/

433 Véase la información en Nate Raymond, "Guatemalan deportee arrives in US after judge orders Trump to facilitate return," en Reuters, 4 junio 2025, disponible en: https://www.reuters.com/world/us/guatemalan-deportee-arrives-us-after-judge-orders-trump-facilitate-return-2025-06-04/ ; Kyle Cheney, "Administration returns improperly deported Guatemalan. The man is bound for an immigration detention facility in Arizona," en *Politico,* 4 junio 2025, disponible en: htps://www.politico.com/news/2025/06/04/administration-returns-deported -guatemalan-00388840; Laura Romero, "Trump administration, for 1st time, returns wrongly deported migrant to US. The Guatemalan man was brought back on Wednesday, according to his lawyer," en *abcNews*, 5 junio 2025, disponible en: https://abcnews.go.com/US/trump-administration-1st-time-returns-wrongly-deported-migrant/sto ry? id=122540257a.

Salmeron, un salvadoreño quién a pesar de que aparentemente había sido miembro de una banda criminal de El Salvador (MS-13), de la cual se había retirado, había sido deportado hacia El Salvador el 5 de mayo, unos minutos después de que la Corte hubiera ordenado detener la deportación. Como se informó en la prensa, se trató de "la cuarta orden judicial de los últimos meses, en la cual jueces federales ordenaron a la administración Trump que procurara el regreso de los inmigrantes que fueron expulsados del país, ya sea por error o en violación de órdenes judiciales."[434]

Pero volviendo a la sentencia de la Corte de Apelaciones del Cuarto Circuito, emitida bajo la Ponencia del Juez Benjamin, el mismo terminó su decisión con estas consideraciones generales:

> "Tanto el Ejecutivo como el Judicial tienen la obligación de cumplir la ley". *A.A.R.P. v. Trump*, 145 S. Ct. 1034, 1036 (2025) (Alito, J., disidente). Y nuestra obligación de "decir cuál es la ley" nos obliga a intervenir. *Véase Marbury v. Madison*, 1 Cranch 137, 177 (1803). La tarea es delicada, pero no se puede eludir, ya que "el sistema de leyes de nuestra nación está diseñado para prevenir, no para permitir" una degradación de la *revisión judicial* efectiva. *Trump v. J.G.G.*, 145 S. Ct. 1003, 1011 (2025) (Sotomayor, J., disidente); *cf. Comm. for Nuclear Resp., Inc. v. Seaborg*, 463 F.2d 788, 793 (D.C. Cir. 1971) ("Un ingrediente esencial de nuestro Estado de derecho es la autoridad de los

---

434 Véase Alan Feuer, "Judges Orders Administration to "Facilitate "Return of Another Deported Immigrant," en *The New York Times*, 25 junio 2025, o. A13; y Michael Kunzelman, "Tribunal ordena al gobierno de EEUU facilitar el regreso de un hombre deportado a El Salvador," *Associated Press, The Wilton Bulletin*, 24 junio 2025, disponible en: https://www.wiltonbulletin.com/news/article/tribunal-ordena-al-gobi erno-de-eeuu-facilitar-el-20392440.php

tribunales para determinar si un funcionario o agencia ejecutiva ha cumplido con la Constitución y con los mandatos del Congreso que definen y limitan la autoridad del ejecutivo. Cualquier alegación de absolutismo ejecutivo no puede anular el deber de la Corte de asegurar que un funcionario no haya excedido su competencia o desobedecido la voluntad legislativa").

El Juez Gregory en su voto concurrente consideró no encontrar ninguna razón válida para justificar la ruptura contractual en este caso por parte del Gobierno, agregando que:

> "La declaración *ipse dixit* del Presidente de que la nación de Venezuela, aunque a través del Tren de Aragua ("TdA") como representante, ha participado en una "invasión" o "incursión depredadora" contra el territorio de los Estados Unidos es insostenible. Peor aún, el argumento del gobierno en este caso es que esta invocación claramente inválida de la Ley puede usarse para anular todas y cada una de las obligaciones contractuales del gobierno federal. Eso no puede ser, y no es, el Estado de derecho."

Pero aparte de considerar que en ningún caso la invocación de la Ley AEA podría justificar la violación de cláusulas contractuales por el Gobierno, el Voto concurrente del Juez fue explícito en relación con la aplicación de la propia Ley AEA, indicando que sus cláusulas requieren:

> "(i) "una guerra declarada entre los Estados Unidos y cualquier nación o gobierno extranjero, o" (ii) una "invasión o incursión depredadora [] perpetrada, intentada o amenazada contra el territorio de los Estados Unidos por cualquier nación o gobierno extranjero", y (iii) una "proclamación pública presidencial del evento". 50 U.S.C. § 21. El presidente Trump ha hecho su proclama, pero nadie

afirma que haya una guerra declarada. Por lo tanto, la cuestión es si hay una invasión o una "incursión" depredadora [...] por cualquier nación o gobierno extranjero."

No necesitamos adentrarnos en la maraña de cuestiones políticas que rodean si el régimen de Maduro realmente dirige las actividades de TdA, relevantes para si la supuesta invasión es atribuible a una "nación o gobierno extranjero". Ello se debe a que, como han concluido casi todos los tribunales que se han pronunciado sobre la cuestión, las acciones de TdA no pueden constituir una invasión o una incursión depredadora en el sentido corriente del texto de la AEA. [...]

"Estoy de acuerdo en que la "invasión" y la "incursión depredadora" requieren algún tipo de ataque militar, cuya evidencia estuvo presente en todos los casos anteriores en los que se invocó la AEA.

Volviendo al texto de la reciente Proclamación del Presidente Trump, no veo evidencia de ningún tipo que sugiera que se esté llevando a cabo una "invasión" o una "incursión depredadora". El Presidente no puede, por decreto, declarar conclusiones legales sobre si hay o no una invasión sin proporcionar hechos subyacentes que lo respalden. [...]

Ahora, nos quedamos con esta situación preocupante: una Proclamación presidencial injustificada que se utiliza para justificar la anulación de las obligaciones contractuales de los Estados Unidos. Nuestros tribunales siempre han respaldado el interés público fundamental en la ejecución de los acuerdos de transacción y los derechos contractuales."

Concluyendo su voto concurrente, afirmando que:

"Como se está volviendo demasiado común, nos enfrentamos nuevamente a los esfuerzos del Poder Ejecutivo por dejar de lado el Estado de derecho en pos de sus objetivos. Es el deber de las cortes actuar como un baluarte contra las mareas políticas que buscan anular las protecciones constitucionales y los principios fundamentales de la ley, incluso en nombre de fines nobles como la seguridad pública. La Corte de Distrito aplicó fielmente las disposiciones contractuales en litigio en este caso, y ordenó correctamente a los Estados Unidos que remediaran la violación de sus promesas explícitas. No puedo estar más de acuerdo con la denegación de la suspensión pendiente de apelación en este asunto."[435]

[435] Véase el texto de la sentencia que está disponible en: https://storage.courtlistener.com/recap/gov.uscourts.ca4.178657/gov.uscourts.ca4.178657.34.0.pdf Véase además los comentarios de Devan Cole, "Appeals court won't lift order requiring Trump to facilitate return of asylum seeker deported to El Salvador," en *CNNPolitics*, 19 mayo 2025, disponible en: https://edition.cnn.com/2025/05/19/politics/asy lum-seeker-el-salvador-order#origin=https%3A%2F%Fwww.google.com%2F&cap=swipe,education&webview=1&dialog=1&viewport=natural&visibilityState=prerender&prerenderSize=1&viewerUrl=https%3A%2F%2Fwww.google.com%2Famp%2Fs%2Fwww-cnn-com.cdn.ampproject.org%2Fc%2Fs%2Fwww.cnn.com%2F2025%2F05%2F19%2Fpolitics%2Fasylum-seeker-el-salvador-order%3Fusqp=mq331AQIUAKwASCAAgM%25253D&amp_kit=1

IV. UNA DECISIÓN DE LA CORTE FEDERAL DEL DISTRITO DE MARYLAND ESTABLECIENDO CON CARÁCTER GENERAL LA PROHIBICIÓN DE DEPORTACIÓN DE INMIGRANTES DESPUÉS DE QUE HAYAN INTENTADO ACCIONES DE *HABEAS CORPUS*

Con fecha 21 de mayo de 2025, el *Chief Judge* de la Corte Federal de Maryland, George L. Russell, III emitió una sentencia general para ser aplicada después de las 5pm del 20 de mayo de 2025, que fue la misma fecha de la sentencia antes comentada de la Corte de Apelaciones del Cuarto Circuito, ordenando que

> "tras la presentación de una Petición de *Writ of Habeas Corpus* de conformidad con 28 U.S.C. § 2241 en nombre de un detenido extranjero, el Gobierno/Demandados, incluidos todos aquellos que actúen por ellos o en su nombre, están PROHIBIDOS y RESTRINGIDOS de expulsar a los Peticionarios en tales casos, de los Estados Unidos continentales o alterar su estatus legal, siempre que el nombre completo y A# del Peticionario se hayan proporcionado a la Corte, ya sea en la Petición o en una presentación sellada por separado."[436]

La Orden, como se indicó en su texto, tiene que ingresarse "en cada uno de estos casos al momento de su presentación y sus términos permanecerán en vigor hasta las 4:00 p.m. del segundo

---

[436] Véase el texto de la sentencia que está disponible en: https://www.mdd.uscourts.gov/sites/mdd/files/2025-01.pdf Véase el comentario en Ian Round, "Maryland judge issues order blocking deportation after habeas filings," The Daily Record, 22 mayo 2025, disponible en: https://thedailyrecord.com/2025/05/22/maryland-habeas-corpus-deportation-freeze/

día hábil siguiente a la presentación de la Petición, a menos que el juez presidente extienda aún más los términos de esta Orden."

Para dictar la Orden general, el Juez Russell III, se basó en el argumento general de que el "*All Writs Act* permite a los tribunales "emitir todos los mandamientos necesarios o apropiados en ayuda de sus respectivas jurisdicciones y que estén de acuerdo con los usos y principios de la ley". 28 U.S.C. § 1651(a)," y, además, que "la Corte Suprema reconoce "un poder judicial limitado para preservar la jurisdicción del tribunal o mantener el *statu quo* mediante un mandamiento judicial en espera de la revisión de la acción de un organismo a través de los canales legales prescritos". F.*T.C. v. Dean Foods Co., 384 U.S. 597, 604 (1966) (citando casos)."*

Con base en ello emitió la mencionada orden de prohibición, con el objeto de:

> "preservar las condiciones existentes y la posible jurisdicción de esta Corte sobre los asuntos pendientes mientras la Corte determina el alcance de su autoridad para conceder la reparación solicitada; para asegurar que los peticionarios puedan participar en la adjudicación de sus solicitudes de recurso de *habeas corpus*, incluyendo la participación en procedimientos judiciales y el acceso a asesoría legal para tal fin; para garantizar que la Corte pueda evaluar sus respectivas reclamaciones de reparación sobre la base de su testimonio en el tribunal que se pueda ofrecer; y para asegurar que el Gobierno tenga una oportunidad plena de informar y presentar argumentos en su defensa."

V. LA NOTIFICACIÓN POR EL GOBIERNO ANTE LA CORTE FEDERAL DE LA LIBERACIÓN DE LOS 250 MIGRANTES VENEZOLANOS DETENIDOS EN EL SALVADOR, INCLUIDO EL DEMANDANTE CRISTIAN, Y SU TRASLADO A VENEZUELA

El día 22 de julio de 2025 en una audiencia ante la Juez de Distrito de Maryland, en Baltimore, Gallager, donde debía informarse sobre los trámites del Gobierno para el cumplimiento de la orden judicial de facilitar el regreso de Cristian a los Estados Unidos, conforme a la reseña de *Associated Press:*

> "los abogados del venezolano informaron a la Corte que "no sabían dónde estaba el deportado, ni cómo poder entrar en contacto con él," y que ahora estaba de regreso en Venezuela "un país del cual escapó porque temía ser perseguido," agregando el abogado Kevin DeJong que: "Lo enviaron de regreso al único país del que realmente está buscando asilo." "Nos sorprendió ver que eso sucediera el viernes" (18 de julio).
>
> La Juez Gallagher, quien fue nominada a la magistratura federal por Trump en 2019, dijo a los abogados del gobierno que ayudaran a proporcionar información de contacto para Cristian. Pero la abogada del Departamento de Justicia, Ruth Ann Mueller, no pudo confirmar ni siquiera en qué parte de Venezuela terminó. "Esta es una situación que evoluciona rápidamente", dijo.
>
> La jueza dijo que no ha visto evidencia que demuestre que la administración Trump intentó que Cristian fuera enviado directamente a los Estados Unidos después de su liberación de prisión en El Salvador.

Los abogados de los demandantes dijeron que planean presentar una moción solicitando sanciones contra el gobierno por no cumplir con las órdenes de la corte."

Mueller, sin embargo, argumentó que estaban cumpliendo, diciendo que cree que "lo que sucedió con El Salvador es discutible ahora", dada la liberación de Cristian. Dijo que facilitar su regreso se ve "muy diferente ahora que está en Venezuela". El primer paso sería que los abogados de Cristian se pusieran en contacto con él y confirmaran si realmente quiere regresar a los EE. UU."[437]

En otra reseña de la audiencia se indica que el abogado del venezolano, Kevin DeJong argumentó que:

"Lo usaron como peón en un acuerdo de intercambio de prisioneros". "Esto no solo es una violación de la orden de este tribunal, sino que es un paso activo y decidido para deportarlo. Alguien debería rendir cuentas por estas violaciones atroces."

Los funcionarios federales insistieron en que están cumpliendo, pero el juez no estuvo de acuerdo y ordenó al gobierno que facilitara su regreso.

"Si Cristian desea regresar, el gobierno de Estados Unidos trabajará para facilitarlo", dijo Ruth Ann, abogada del Departamento de Justicia.

---

437 Véase en Lea Skene, "Lawyers say Venezuelan migrant ordered returned to US sent to home country under prisoner exchange," *AP (Associated Press,* 22 julio 2025, disponible en: https://apnews.com/article/cristian-venezuela-donald-trump-immigration-crackdown-a4d60581d19c6e24c8da4e907e8c73b7

Sus abogados dijeron que han tratado de contactar a Cristian, pero no pueden obtener ninguna información de contacto de los funcionarios federales."[438]

Toda esta información se refería a negociación de liberación de los venezolanos deportados por los Estados Unidos y enviados a la cárcel CECOT en El Salvador que culminó con la liberación, el día 18 de julio de 2025, de 252 venezolanos migrantes de dicha cárcel, que fueron enviados a Venezuela, a cambio de la liberación por Venezuela de diez estadounidenses presos que fueron enviados a los Estados Unidos, vía El Salvador, y otros presos políticos venezolanos.[439]

Sobre este canje de prisioneros, el Presidente de la Asamblea Nacional de Venezuela, Jorge Rodríguez indicó que:

> "Las negociaciones solamente fueron con los Estados Unidos de América" [...] "ni hablaron ni estuvieron de acuerdo "en tener ningún tipo de negociación" con el presidente de El Salvador, a quien, además, describió como un "mandadero" del gobierno estadounidense. [...]

---

438 Véase en Kate Amara, *WBALTV,* 22 julio 2025, disponible en: https://www.wbaltv.com/article/doj-maryland-court-deporting-man-protected-member-settlement/65478964

439 Véase "Bukele expulsa a todos los venezolanos deportados por EE. UU. y hace un canje con el régimen de Maduro," *Semana, Morfema Press*, 18 julio 2025, disponible en: https://morfema.press/actualidad/bukele-expulsa-a-todos-los-venezolanos-deportados-por-ee-uu-y-hace-un-canje-con-el-regimen-de-maduro/ "Quiénes son los presos liberados en el canje entre EE.UU. y Venezuela," en *BBCNewsMundo*, 18 julio 2025, disponible en: https://www.bbc.com/mundo/articles/c17w17z575qo; "Foro Penal compartió las identidades de los presos políticos excarcelados: solo ha verificado 35," *Morfema Press*, 19 julio 2025, disponible en: https://morfema.press/actualidad/foro-penal-compartio-las-identidades-de-los-presos-politicos-excarcelados-solo-ha-verificado-35/

"Jamás, ni remotamente, nos pasó por la cabeza hablar con el payaso."[440]

Pero al contrario, conforme a declaración jurada de Mellisa B. Harper, subdirectora interina del Servicio de Inmigración y Control de Aduanas de los Estados Unidos de América (ICE),consignada oficialmente por los abogados del Gobierno ante la Corte Federal de Baltimore en la audiencia del 22 de julio, el Gobierno americano indicó que la decisión de liberar a 252 venezolanos del Centro de Confinamiento del Terrorismo (CECOT) y enviarlos a Venezuela, había sido responsabilidad exclusiva del gobierno salvadoreño, es decir, había sido "tomada únicamente por el Gobierno de El Salvador en ejercicio de su autoridad soberana," precisando que:

> "Si bien Estados Unidos realizó esfuerzos diplomáticos para ayudar a hacer posible este acuerdo, la decisión de liberar a los nacionales venezolanos del CECOT y repatriarlos a Venezuela fue tomada únicamente por el Gobierno de El Salvador en ejercicio de su autoridad soberana."[441]

El tema tenía gran importancia judicial, pues uno de los asuntos más discutidos en varias Cortes federales, había sido precisamente sobre si los Estados Unidos tenían o no el control último sobre los venezolanos deportados y detenidos en El Salvador.

---

440 Véase la reseña: "Jorge Rodríguez dice que "jamás" negociaron con Bukele: "Fue con EE.UU.," El Nacional, 20 julio 2025, disponible en: https://www.elnacional.com/2025/07/jorge-rodriguez-dice-que-jamas-negociaron-con-bukele/#google_vignette

441 Véase David Bernal, "Funcionaria de EUA afirma que liberar a venezolanos del CECOT y enviarlos a su país fue decisión del gobierno de El Salvador,'" *La Prensa Gráfica*, 22 julio 2025, disponible en: https://www.laprensagrafica.com/elsalvador/Funcionaria-de-EUA-afirma-que-liberar-a-venezolanos-del-CECOT-y-enviarlo

Conforme lo indicó el Gobierno de El Salvador ante el Grupo de Trabajo sobre Desapariciones Forzadas o Involuntarias ("WGEID") de la Oficina del Alto Comisionado de las Naciones Unidas para los Derechos Humanos, como anteriormente se comentó y en forma contraria a lo afirmado por el gobierno norteamericano ante la Corte Federal del Distrito de Maryland,

> "El Estado salvadoreño señala enfáticamente que sus autoridades no han arrestado, detenido o trasladado a las personas" encerradas en la Cárcel CECOT de El Salvador. "Las acciones del Estado de El Salvador se han limitado a la implementación de un mecanismo de cooperación bilateral con otro Estado, [los Estados Unidos] a través del cual ha facilitado el uso de la infraestructura penitenciaria salvadoreña para la custodia de personas detenidas en el ámbito del sistema de justicia y la aplicación de la ley de ese otro Estado [Estados Unidos]. En este contexto, la jurisdicción y responsabilidad legal sobre estas personas recae exclusivamente en las autoridades extranjeras competentes [de los Estados Unidos], en virtud de los acuerdos internacionales suscritos y de conformidad con los principios de soberanía y cooperación internacional en materia penal."[442]

[442] Véase *Informe sobre Desapariciones Forzadas o Involuntarias en los cuatro casos del WGEID que investigan las desapariciones de cuatro hombres venezolanos, quienes fueron enviados a El Salvador el 15 de marzo de 2025,* cuyo texto está disponible en: https://storage.courtlistener.com/recap/gov.uscourts.dcd.278436/gov.uscourts.dcd.278436.160.1.pdf

DÉCIMA PARTE

OTROS CASOS ANTE OTRAS CORTES FEDERALES

I. EL CASO ANTE LA CORTE FEDERAL DEL DISTRITO SUR DE TEXAS, Y DECISIÓN DE *INJUNCTION* DECLARANDO ILEGAL LA APLICACIÓN DE LA LEY DE ENEMIGOS EXTRANJEROS, DE 1798 EN EL CASO, PROHIBIENDO SU APLICACIÓN EN DICHO DISTRITO EN RELACIÓN CON LOS MIGRANTES VENEZOLANOS

En uno de los casos que se inició en Texas a raíz de la sentencia de la Corte Suprema, llevado ante el Juez Federal Fernando Rodríguez T., del Circuito Sur de Texas, el mismo, el 1 de mayo de 2025, emitió una *injunction* declarando ilegal la aplicación de la Ley de Enemigos extranjeros de 1798 a venezolanos migrantes detenidos en USA, prohibiendo al Gobierno hacer deportaciones de venezolanos con base en la misma.

En efecto, conforme lo había resuelto la Corte Suprema en su sentencia del 7 de abril de 2025, al revocar la *TRO* o medida cautelar con ámbito nacional que había dictado el Juez Broasberg de la Corte Federal de Distrito del Distrito de Columbia, las acciones de impugnación y protección con relación a de la aplicación de la Ley de Enemigos Extranjeros de 1798 conforme a la Proclamación presidencial del 15 de marzo de 2025 respecto de los inmigrantes venezolanos miembros de la banda criminal Tren de Aragua TdA, solo debían formularse por vía de acciones de habeas corpus por parte de los inmigrantes afectados y ante el Juez de Distrito del lugar de la detención de los mismos.

Ajustándose a ello, tres de los cinco solicitantes iniciales que habían intentado las acciones iniciales de protección el 15 de marzo ante el Juez del Distrito de Columbia, y que había dado lugar a la *TRO* de esa misma fecha, y que se encontraban detenidos en la cárcel de El Valle en el Distrito de Texas, con fecha 9 de abril de 2025 intentaron una *Class Petiton for Writ of Habeas Corpus* en protección de los inmigrantes afectados detenidos en el Distrito Sur de Texas, impugnando la competencia del Gobierno para deportarlos con base en la Proclamación del 15 de marzo de 2025 y la Ley de Extranjeros Enemigos AEA, negando además ser miembros del Tren de Aragua. Solicitaron además del Juez de Distrito que emitiera una *Temporary Restraining Order* TRO para impedir que el Gobierno pudiese deportar a los miembros de la clase, la cual fue otorgada por el Juez Fernando Rodríguez T., el mismo día 9 de abril de 2025.

En el caso, el Juez de Distrito dictó su sentencia el 1 de mayo de 2025, en la cual emitió una *Writ de Habeas Corpus* y una *permanente injunction* prohibiendo al Gobierno emplear la Proclamación del Presidente del 15 de marzo de 2025 y la Ley de Enemigos Extranjeros de 1798 contra los accionantes y contra la clase de personas configurada por los migrantes venezolanos detenidos en el Distrito Sur de Texas y calificados como miembros de la banda Tren de Aragua.[443]

---

[443] Véase el texto de la sentencia en: https://storage.courtlistener.com/recap/gov.uscourts.txsd.2000771/gov.uscourts.txsd.2000771.58.01.pdf. Véase comentarios sobre la decisión en: Nicholas Riccardi, AOP, "Judge bars deportations of Venezuelans from South Texas under 18th

La acción intentada, como lo resumió el Juez Rodríguez en su sentencia, los demandantes:

> "alegando que, al tratar de expulsarlos de los Estados Unidos sobre la base de la Proclamación, los demandados [el Gobierno] lo hacen ilegalmente y en violación de sus derechos al debido proceso en virtud de la Quinta Enmienda de la Constitución. Los peticionarios impugnan que el Presidente pueda invocar la AEA en las circunstancias alegadas, y también niegan que sean miembros de la TdA. Presentan una demanda individualmente y como representantes de una clase de personas dentro del Distrito Sur de Texas a quienes los Demandados tratarán de deportar sobre la base de la Proclamación y la AEA. Los peticionarios solicitan una orden judicial permanente que prohíba a los demandados emplear la AEA para deportarlos."

Para adoptar su decisión, el Juez comenzó por dejar sentando que ni su Corte ni las partes en el proceso cuestionaban la autoridad y responsabilidad del Poder Ejecutivo de hacer cumplir las leyes federales y, junto con las agencias locales de

---

Century wartime law. The federal judge is the first to rule that the Alien Enemies Act can't be used against immigrants that the Trump administration claims are gang members invading the U.S.," en *The Texas Tribune*, 1 mayo 2025, disponible en: https://www.texastribune.org/2025/05/01/south-texas-judge-blocks-deportations-venezue lans-trump-alien-enemies-/; Kyle Cheney, "Trump's use of Alien Enemies Act for swift deportations is illegal, Trump-appointed judge rules. The Alien Enemies Act applies only when the country is facing an armed, organized attack, the judge ruled," *Politico*, 1 mayo 2025, disponible en. https://www.politico.com/news/2025/05/01/trump-deportations-court-ruling-00321455?cid=apn; Mariah Timms, "Judge Bars Trump's Use of Wartime Law to Expel Venezuelans," *The Wall Street Journal*, 2 mayo 2025, p. A3; Alan Feuer, Mattathias Schwartz y Charlie Savage, "Texas Judge Rules Use of Alien Enemies Acts For Deportees Is Illegal," *The New York Times,* 2 mayo 2025, p. A12.

aplicación de la ley, proteger la población de la Nación;" ni cuestionaban "que el Poder Ejecutivo pudiera ordenar la detención y expulsión de extranjeros que participan en actividades delictivas en los Estados Unidos," de manera que el Poder Ejecutivo continuaba su actividad en ejecución de la Ley de Inmigración y Nacionalidad "para deportar a los extranjeros que se considere que representan un peligro para el país."

Luego de dejar claras estas premisas, el Juez federal fue preciso en su sentencia en explicar que:

> "la pregunta que presenta esta demanda es si el Presidente puede utilizar un estatuto específico, la AEA, para detener y expulsar a los extranjeros venezolanos que son miembros de TdA."

Siendo su respuesta terminante a dicha pregunta, que fue su sentencia, que:

> "el expediente histórico deja claro que la invocación de la AEA por el Presidente a través de la *Proclamación excede el alcance de la ley y es contraria al sentido común y corriente de los términos de la ley*. En consecuencia, el Tribunal concluye que, como cuestión de derecho, el *Poder Ejecutivo no puede basarse en la AEA*, conforme la Proclamación, para detener a los Peticionarios Nombrados y a la clase certificada, o para expulsarlos del país."

Con base en ello, el Juez, luego de haber oído los argumentos de las partes en audiencia que sostuvo el 24 de abril donde, además, consideró y acordó la moción de Certificación de Clase que envolvía la acción intentada, dictó su sentencia acordando la *Injunction* solicitada, concluyendo en la forma siguiente:

> "La Corte ha llegado a la conclusión de que J.A.V., J.G.G. y W.G.H., a título individual y como representantes de la clase certificada, han demostrado tener derecho a la

reparación en caso de hábeas. Los Demandados (el Gobierno) los han designado o los designarán como enemigos extranjeros en virtud de la Proclamación, sometiéndolos a detención, transferencia y expulsión ilegales en virtud de la AEA. Como resultado, J.A.V., J.G.G. y W.G.H. tienen derecho a que se les conceda su *Petición de Habeas Corpus* y a una orden judicial permanente (*permanent injunction*) que prohíba a los Demandados utilizar la Proclamación y la AEA en su contra. La clase certificada garantiza una protección similar. El Tribunal dictará una Sentencia Definitiva con las medidas apropiadas."

Para llegar a esta conclusión, el Juez consideró que la Ley de Enemigos Extranjeros, de 1798:

"otorga amplios poderes al Presidente, quien puede invocar la ley cuando exista una "guerra declarada" entre los Estados Unidos y una "nación o gobierno extranjero" o cuando "cualquier nación o gobierno extranjero perpetre, intente o amenace con invadir el territorio de los Estados Unidos". *Ídem*. Bajo cualquiera de las dos condiciones, el Presidente debe "hacer proclamación pública del evento" antes de ejercer su autoridad bajo la ley."

Sobre esta previsión de la Ley, en su fallo, la Corte precisó que el Congreso, en la misma:

"identificó tres escenarios que permiten al presidente invocar la AEA, es decir, una guerra declarada, una invasión o una incursión depredadora. La estructura de la AEA no exige que las dos últimas ("invasión" e "incursión depredadora") deban ser precursoras de la primera ("guerra declarada").

Descartada la situación de guerra, con las anteriores premisas, la Corte pasó a analizar el texto de la Ley, en particular poniendo énfasis en los dos últimos escenarios ("invasión" o "incursión depredadora"), desde el punto de vista histórico, comenzando por constatar que en el pasado la ley solo se había invocado en conexión con tres guerras, en 1812, 1917 y 1941, y pasando luego a examinar el alegato de los demandados de que la aplicación de la ley era un tema que encajaba en las "cuestiones políticas," que en los Estados Unidos están fuera del alcance de los tribunales.

Sobre ello el Juez constató que:

> "la Proclamación coloca al gobierno de Venezuela como la entidad controladora de las actividades de TdA en los Estados Unidos. De acuerdo con la Proclamación, TdA "emprende acciones hostiles y lleva a cabo una guerra irregular contra el territorio de los Estados Unidos, tanto directamente como *bajo la dirección . . . del régimen de Maduro en Venezuela*". Proclamación, 90 Fed. Reg. 13033 (énfasis añadido). Según la Proclamación, Maduro, "quien dice actuar como Presidente de Venezuela... dirige la empresa Cártel de los Soles, patrocinada por el régimen, que se coordina con *TdA y depende de ella. para llevar a cabo su objetivo* de utilizar estupefacientes ilegales como arma[.]" *Ídem.* (sin subrayar en el original). Aunque la Proclamación se centra en las actividades de TdA en los Estados Unidos, coloca el control de esas actividades en Maduro, actuando en su supuesto papel de Presidente de Venezuela. En otras palabras, la Proclamación declara que el país de Venezuela, a través de Maduro, dirige y controla las actividades de TdA en los Estados Unidos. Los demandados caracterizan con precisión el mensaje de la Proclamación: "TdA se ha vuelto indistinguible de la Estado venezolano". (Resp.,

Doc. 45, 27) Como resultado, la Corte concluye que la Proclamación atribuye la responsabilidad de las acciones de TdA en los Estados Unidos al gobierno venezolano, lo que satisface este aspecto de la AEA."

El Juez, sobre esta narrativa de la Proclamación, decidió que no podía resolver sobre "la veracidad de las declaraciones sobre hechos contenidas en la Proclamación, o sobre idoneidad de las medidas tomadas por el Presidente en cuanto a los extranjeros venezolanos y los miembros de TdA." Dijo en sus conclusiones que:

> "la doctrina de la cuestión política prohíbe a la Corte sopesar la verdad de esas declaraciones fácticas, incluso si Maduro dirige las acciones de TdA o el alcance de la actividad criminal a la que se hace referencia. En cambio, el Tribunal determina si las declaraciones de hecho en la Proclamación, tomadas como verdaderas, describen una "invasión" o una "incursión depredadora" a los efectos de la AEA."

Es decir, la Corte fue enfática en considerar que sí tenía toda la "autoridad para interpretar los términos de la AEA y determinar si la base anunciada para la Proclamación invoca correctamente el estatuto," en particular, para "determinar cuál conducta constituye una "invasión" o una "incursión depredadora", lo que consideró "distinto a determinar si tales hechos han ocurrido de hecho o están siendo amenazados de ocurrir."

Para ello, la Corte entró a considerar uno de los motivos formulados alegados por los demandantes en su impugnación de la Proclamación y su aplicación respecto de ellos, que fue que la Proclamación "no encajaba dentro de los límites legales de la AEA", porque no se había producido ni había habido amenaza de "invasión" o "incursión depredadora" alguna, y porque ninguna "nación o gobierno extranjero" había participado en tal conducta."

Para proceder a interpretar la Ley, la Corte hizo un exhaustivo estudio, desde el punto de vista gramatical, sobre el significado claro y ordinario del lenguaje legal utilizado en la misma, que se "remonta a la época de la fundación de la nación," basándose, como lo hacen las Cortes, en "las definiciones de diccionarios contemporáneos y registros históricos que revelan el uso común de los términos en cuestión," concluyendo, conforme a la mayoría de la documentación que analizó sobre el uso de los términos "invasión" e "incursión depredadora," y en forma coincidente con lo que argumentaron los demandantes, que:

> "el uso se refería a un *ataque de fuerzas militares*. Esto era cierto incluso cuando el registro histórico no se refería a la Guerra de la Independencia o a la Guerra de 1812. Los usos de "incursión depredadora" a veces se referían a las entradas de los nativos americanos en los territorios occidentales, al igual que los usos de "incursión". Pero incluso estos registros se refieren a un *grupo organizado de individuos armados* que ingresan a un área para atacar un fuerte, asentamiento o ciudad, y quienes escribían generalmente discutían la necesidad de una respuesta militar a la entrada."

Y que:

> "Los registros históricos que presentan las partes, complementados por los registros adicionales que la Corte revisó, demuestran que, en el momento de la promulgación de la AEA, el significado simple y corriente de "invasión" era una entrada en el territorio de la nación por una fuerza militar o una fuerza armada organizada, con el propósito de conquistar u obtener el control sobre el territorio. Del mismo modo, el uso común de "incursión depredadora" y, en menor grado, "incursión", se refería a una fuerza militar o a una fuerza armada organizada que entraba en un territorio para destruir la propiedad, saquear y dañar a las personas, con una posterior retirada de ese territorio."

Con base en ello, y a los hechos narrados en la Proclamación, la Corte concluyó su decisión afirmando que

> "Por lo que se refiere a las actividades de la TdA dirigida por venezolanos en los Estados Unidos, y tal como se describen en la Proclamación, la Corte concluye que no caen dentro del significado simple y corriente de "invasión" o "incursión depredadora" a los efectos de la AEA.".

Lo que confirmó la sentencia de la Corte de Texas, al indicar que:

> "La Proclamación no hace referencia ni sugiere de manera alguna que exista una amenaza de un grupo armado organizado de individuos que ingresando a los Estados Unidos bajo la dirección a Venezuela para conquistar el país o asumir el control de una parte de la Nación. Por lo tanto, el lenguaje de la Proclamación no puede interpretarse como describiendo una conducta que cae dentro del significado de "invasión" a los efectos de la AEA. En cuanto a la "incursión depredadora", la Proclamación no describe a un grupo armado de individuos ingresando a los Estados Unidos como una unidad organizada para atacar una ciudad, un pueblo costero u otra área geográfica definida, con el propósito de saquear o destruir propiedades y vidas. Si bien la Proclamación hace referencia a que los miembros de TdA han dañado vidas en los Estados Unidos y participan en delitos, la Proclamación no sugiere que lo hayan hecho a través de un ataque armado organizado, o que Venezuela ha amenazado o intentado tal ataque a través de los miembros de TdA. Como resultado, la Proclamación tampoco llega a describir una "incursión depredadora" tal como se entendía ese concepto en el momento de la promulgación de la AEA."

Por todas las razones anteriores, la Corte del Distrito Sudoeste de Texas, concluyó su sentencia indicando que:

> "la invocación de la AEA por parte del Presidente a través de la Proclamación excede el alcance de la ley y, en consecuencia, *es ilegal*. Los demandados no poseen la autoridad legal bajo la AEA, y sobre la base de la Proclamación, para detener a extranjeros venezolanos, transferirlos dentro de los Estados Unidos o expulsarlos del país."

Debe mencionarse, por último, que los demandantes también impugnaron la Proclamación presidencial del 15 de marzo de 2025, con base en la Convención de Naciones Unidas contra la Tortura u otros tratos o castigos crueles, inhumanos y degradantes, aportando como evidencia la declaración de Juanita Goebertus Estrada, Directora de la División de las Américas de Human Rights Watch (HRW), sobre "abusos alarmantes dentro de la cárcel salvadoreña CECOT, a la que los peticionarios afirman que Estados Unidos ha enviado y seguirá enviando a personas designadas como extranjeras enemigas en virtud de la Proclamación." Sobre ello, en efecto, HRW, en Informe hecho público el 11 de abril de 2025, según se informa en Nota de Prensa, afirmó lo siguiente:

> "Los gobiernos de Estados Unidos y El Salvador han sometido a más de 200 ciudadanos venezolanos a desapariciones forzadas y detenciones arbitrarias, señaló hoy Human Rights Watch.
>
> El 15 de marzo de 2025, el gobierno de Estados Unidos deportó 238 venezolanos a El Salvador, donde fueron trasladados de inmediato a la mega cárcel conocida como Centro de Confinamiento del Terrorismo (CECOT), conocida por sus condiciones abusivas.

Desde entonces, los venezolanos han permanecido incomunicados. Las autoridades estadounidenses y salvadoreñas no han revelado una lista de las personas expulsadas, aunque CBS News publicó una lista filtrada de nombres. Familiares de personas aparentemente trasladadas a El Salvador dijeron a Human Rights Watch que las autoridades estadounidenses dijeron que no podían compartir ninguna información sobre el paradero de sus familiares, mientras que las autoridades salvadoreñas no han respondido en absoluto.

"Estas desapariciones forzadas son una grave violación del derecho internacional de los derechos humanos", dijo Juanita Goebertus, directora para las Américas de Human Rights Watch. "La crueldad de los gobiernos de Estados Unidos y El Salvador ha dejado a estas personas fuera de la protección de la ley y ha causado un inmenso dolor a sus familias".

Las autoridades estadounidenses deben identificar públicamente a los venezolanos que fueron expulsados a El Salvador. El gobierno salvadoreño debe confirmar su paradero actual, revelar si existe alguna base legal para su detención y permitirles el contacto con el mundo exterior."[444]

La Corte de Distrito, sin embargo, no se pronunció sobre ello, alegando que carecía de competencia para juzgar sobre la

[444] Véase "US/El Salvador: Venezuelan Deportees Forcibly Disappeared. Disclose Fate of all Detainees; End Incommunicado Detention," *Human Rights Watch*, 11 abril 2025, disponible en: https://www.hrw.org/news/2025/04/11/us/el-salvador-venezuelan-deportees-forcibly-disappeared . Véanse los comentarios sobre este Informe en Ishika Tanwar, "US and El Salvador responsible for disappearances of Venezuelan deportees: HRW," en *JuristNews*, 13 abril 2025, disponible en: https://www.jurist.org/news/2025/04/us-and-el-salvador-responsible-for-disappearances-of-venezuelan-deportees-hrw-reports/

impugnación de la proclamación basada en dicha Convención de Naciones Unidas contra la Tortura u otros tratos o castigos crueles, inhumanos y degradantes.

En todo caso, al declararse la ilegalidad de la Proclamación en este caso, que era el objeto perseguido por la solicitud de *injunction*, y prohibirse al Gobierno emplear la Proclamación y la Ley de Extranjeros Enemigos contra los demandantes y la clase de personas venezolanos inmigrantes detenidos acusados de ser miembros del Tren de Aragua, cualquier otra consideración adicional resultaba en el caso innecesaria.[445]

Lo que no significa que en el caso no haya quedado pendiente el análisis jurídico de si el Gobierno de los Estados Unidos, al proceder a deportar a los inmigrantes detenidos, podía proceder sin el conocimiento de los mismos a trasladarlos desde una cárcel en los Estados Unidos a una cárcel de otro país distinto al de la nacionalidad de los deportados, específicamente a una cárcel en El Salvador, con destino futuro incierto sobre su condición de privados allí de libertad, sin que hubiera habido condena judicial alguna en ninguna parte, y menos en El Salvador para estar encarcelados allí, incluso sin saber por cuánto tiempo.

---

[445] Véanse los comentarios sobre esta sentencia del Juez Rodríguez en Wiliam A. Galston, "A Conservative Judge Block Trump," en *The Wall Street Journal*, 7 mayo 2025, p. A13.

II. EL CASO ANTE LA CORTE DE DISTRITO SUR DE NUEVA YORK Y LA *PRELIMINARY INJUNCTION* PROHIBIENDO LA APLICACIÓN DE LA PROCLAMACIÓN PRESIDENCIAL BASADA EN LA LEY AEA EN EL DISTRITO SUR DE NUEVA YORK

El caso se inició por una acción de habeas corpus que dos migrantes venezolanos detenidos intentaron el 9 de abril de 2025 ante el Juez Federal del Distrito Sur de New York, actuando además en representación de una clase, a través de la *American Civil Liberties Union*, siendo dicho Distrito el lugar de detención, conforme lo había resuelto la Corte Suprema. Solicitaron protección judicial para impedir que el gobierno pudiera deportarlos en aplicación de la Ley AEA sin otorgarles al menos 30 días para poder defenderse. Los demandantes habían sido detenidos inicialmente en la cárcel de Orange County del Distrito Sur de Nueva York, de donde fueron transferidos a un Centro de detención en Texas para ser deportados a El Salvador, y montados a un avión para ello, del cual, sin embargo, fueron bajados luego de que el Juez federal del Distrito de Columbia dictara una TRO prohibiendo la deportación, y enviados de nuevo a la cárcel de Orange County,

En el caso, el Juez Federal, Alvin Hellerstein H., en la audiencia que celebró el mismo día 9 de abril, decidió que cualquier migrante venezolano en su distrito judicial, sujeto a deportación bajo el estatuto debía tener la oportunidad de tener una audiencia antes de ser expulsado del país; indicando que "Me parece que hay que proteger a las personas."[446] El Juez pareció

---

[446] Véase la información en Alan Feuer y Jonah Bromwich, "Rulings in New York and Texas Block Deportations of Venezuelan to El Salvador," *The New York Times*, 10 abril 2025, p. A23; Gloria Pazmino, "Federal judges in New York and Texas block deportations of some

inclinado a exigir que el gobierno notificase a los migrantes venezolanos con al menos 10 días de anticipación antes de deportarlos bajo esa Ley del siglo XVIII.

Hellerstein dijo que entendía el deseo del gobierno de avanzar rápidamente en las deportaciones, pero que la Administración debía garantizar a los migrantes el debido proceso, exclamando que "Esto no es un tribunal secreto, una inquisición en la época medieval. Esto es Estados Unidos de América." Adicionalmente dijo que Proclamación de Trump del 15 de marzo de invocar la Ley de 1798 para deportar a cientos de hombres acusados de ser miembros de la banda venezolana Tren de Aragua a una prisión en El Salvador, podría entrar estar en conflicto con las protecciones de la Octava Enmienda de la Constitución de Estados Unidos contra el castigo cruel e inusual. Y concluyó afirmando que dicha: "Proclamación es contraria a la ley,"[447] con base en lo cual después de la audiencia dictó una *Temporary Restraining Order* "prohibiendo a los Demandados expulsar a los Peticionarios (y a la clase que representaba) de los Estados Unidos en virtud de la Proclamación Presidencial, a menos que se les notificara en inglés y español y se les escuchara."

---

people challenging the Alien Enemies Act." *CNNPolitics,* 9 abril 2025, disponible en: https://www.cnn.com/2025/04/09/politics/alien-enemies-act-new-york-texas/index.html

447 Véase la información en: Luc Cohen y Tom Hals, "Judges extend Venezuela deportation blocks, question Trump's use of wartime law," *Reuters*, 22 abril 2025, disponible en: https://www.reuters.com/legal/trump-must-give-some-venezuelan-migrants-21-days-notice-before-deportations-2025-04-22/; *Nicholas Riccardi, Associated Press*, "Colorado judge extends ban on deportations in state stemming from Trump's use of Alien Enemies Act," PBS News, 22 abril 2025, disponible en: https://www.pbs.org/newshour/politics/colorado-judge-extends-ban-on-deportations-in-state-stemming-from-trumps-use-of-ali en-enemies-act

Dicha TRO fue extendida luego de oír a las partes en la audiencia del 22 de abril de 2025, y en fecha posterior, el 6 de mayo de 2025, el Juez Hellerstein dictó sentencia,[448] otorgando una *preliminary injunction* en el caso, iniciando su decisión indicando lo siguiente:

> "Esta nación fue fundada sobre las verdades "evidentes" de que "todos los hombres son creados iguales, que están dotados por su Creador con ciertos derechos inalienables, [y] que entre estos están la vida, la libertad y la búsqueda de la felicidad". Declaración de Independencia, en ¶ 2 (1776). Nuestra Constitución encarna estas verdades, en un gobierno limitado de poderes enumerados, en su sistema de controles y equilibrios que separan los poderes ejecutivo, legislativo y judicial, y en su garantía de que ni ciudadanos ni extranjeros sean "privados de la vida, la libertad o la propiedad, sin el debido proceso legal". U.S. Const. amend. V. see Plyler v. Doe, 457 U.S. 202, 210-12 (1982) (extending these protections to aliens)."

Y continuó en su primera página la sentencia con este párrafo:

> "Sin embargo, en marzo de 2025, más de 200 extranjeros fueron deportados de este país al Centro de Confinamiento por Terrorismo ("CECOT") de El Salvador, con pocas esperanzas de proceso o regreso. El proceso para la deportación está en curso, extendiéndose a los litigantes en este caso y otros, el cual ha sido frustrado solo por orden de este y otros tribunales federales. El destino, El Salvador, un país pagado para recibir a nuestros extranjeros, no es ni el país

[448] Véase el texto de la sentencia que está disponible en: https://storage.courtlistener.com/recap/gov.uscourts.nysd.640153/gov.uscourts.nysd.640153.84.0.pdf

de donde vinieron los extranjeros, ni al que desean ser deportados. Pero son llevados allí, y allí para permanecer, indefinidamente, en una cárcel notoriamente malvada, sin poder comunicarse con un abogado, familiares o amigos."

El Juez luego analizó la actuación del gobierno conforme a la proclamación del 4 de marzo, pero observando que los representantes del gobierno, "convenientemente," al citar la Ley de Enemigos Extranjeros, no mencionaron la sección de la misma que, según expresó en su sentencia:

> "impone un "deber" a los tribunales federales de dar un "examen y audiencia completos" a la "queja" del Ejecutivo contra el extranjero, y de ordenar la expulsión del extranjero solo si "aparece una causa suficiente". 50 U.S.C. § 23. Por lo tanto, en virtud de la AEA, y de una decisión reciente de la Corte Suprema de los Estados Unidos, la expulsión no puede producirse salvo después de una notificación y una audiencia."

En consecuencia, la Corte Federal, otorgó la moción de *preliminary injunction* solicitada por los demandantes contra la deportación, analizando para ello la totalidad de la Ley de Enemigos Extranjeros AEA, demostrando que la Proclamación Presidencial, "al ordenar la deportación sin el debido proceso, contradice la AEA." El Juez luego analizó los requisitos de notificación y audiencia tanto en la AEA como en la Constitución, concluyendo que, dado que los Demandados no han demostrado la existencia de una "guerra", "invasión" o "incursión depredadora", la Ley de Enemigos Extranjeros "no fue invocada válidamente por la Proclamación Presidencial."

En la sentencia el Juez Federal analizó con todo detenimiento la Ley de Enemigos Extranjeros de 1798, y la Proclamación Presidencial, destacando en particular cómo al dictarla, el

Presidente "sin pruebas" que lo respaldasen, ordenó la "inmediata . . . deportación" de los miembros de TdA, sin "mencionar las disposiciones de "queja" y "examen y audiencia completos" de la Ley AEA, "ni el deber que impone a los tribunales en el Artículo III." Destacó el Juez Federal, además, que el Presidente no hace mención en su Proclamación a la "detención indefinida" de los deportados "en una cárcel extranjera contratada por los Estados Unidos."

Ahora bien, partiendo de los cuatro condiciones establecidas para el otorgamiento de las *preliminary injunctions* (que (1) es probable que triunfe en cuanto al fondo; (2) es probable que sufra un daño irreparable en ausencia de una *preliminary* reparación; (3) la balanza de la equidad se inclina a su favor; y (4) una *injunction* es de interés público), analizó el caso, comenzando por declarar su competencia para interpretar la Ley AEA y controlar judicialmente la constitucionalidad y legalidad de la Proclamación.

Luego el Juez analizó el tema de la notificación y audiencia previa a los detenidos, argumentando en detalle el contenido de la notificación que no es una simple carta, que la autoridad tiene que dar al detenido, indicándole "los actos cometidos y la justificación para su deportación," otorgando el tiempo razonable al detenido "para preparar y presentar, o para encontrar un abogado que prepare y presente, una petición de *hábeas corpus*," lo que en este caso no ha hecho el gobierno, considerando, al contrario, que en el caso, "los demandantes no han sido notificados de lo que presuntamente hicieron para unirse a TdA, cuándo se unieron, y lo que hicieron en los Estados Unidos, o en cualquier otro lugar, para compartir o promover los objetivos ilícitos de TdA," considerando que "sin dicha prueba, los peticionarios están sujetos a la remoción por el solo dictado del Ejecutivo, en contravención de la AEA y de los requisitos constitucionales del debido proceso."

Haciendo referencia a lo resuelto por la Corte Suprema en el caso que decidió, el Juez Federal concluyó que en definitiva "notificación suficiente para permitir que una persona se defienda a sí misma es básica para el debido proceso." Que consideró no se salvaguardó en el caso.

Luego pasó el Juez a considerar si las bases de aplicación de la Ley AEA por la Proclamación presidencial fueron satisfechas, pasando a interpretar el significado de la Ley AEA en particular sobre las nociones de invasión e incursión depredadora, buscando el "significado ordinario al momento en el cual el Congreso sancionó la ley," concluyendo luego de un exhaustivo estudio histórico de textos, y de su expresión gramatical, así como de los textos moderno, que en todo caso se trata de una operación armada o militar, como cosa opuesta a una violatoria inmigración civil. De allí la terminante conclusión del Juez federal Hellerstein, de sostener que:

> "los predicados de la Proclamación Presidencial, de que TdA ha participado en una "guerra", una "invasión" o una "incursión depredadora" de los Estados Unidos, no existen."
>
> Agregando que:
>
> "No hay nada en la AEA que justifique la conclusión de que los refugiados que migran de Venezuela, o los mafiosos de TdA que se infiltran en los migrantes, están involucrados en una "invasión" o "incursión depredadora". No buscan ocupar territorio, eliminar la jurisdicción estadounidense de ningún territorio, ni devastar el territorio. TdA bien puede estar involucrada en el tráfico de estupefacientes, pero eso es un asunto criminal, no una invasión o una incursión depredadora."

Razón por la cual el Juez Hellerstein consideró que como "la Proclamación Presidencial excede el alcance de la AEA," entonces prohibió, hasta nueva orden de la Corte "a los Demandados, sus funcionarios, agentes, sirvientes, empleados, abogados y cualquier persona que esté en concierto o participación activa con ellos, que la apliquen" en el Distrito Sur de Nueva York, y que con base en dicha Proclamación Presidencial. saquen el territorio de los Estados Unidos a los demandantes incluidos los miembros de la Clase Certificada, ni los transfieran del Distrito Sur de Nueva York.[449]

III. EL CASO ANTE EL JUEZ FEDERAL DE DENVER, COLORADO QUE TAMBIÉN OTORGÓ UNA *PRELIMINARY INJUNCTION* PROHIBIENDO APLICAR LA PROCLAMACIÓN PRESIDENCIAL Y LA LEY AEA EN EL DISTRITO DE DENVER

Un grupo de inmigrantes detenidos, temiendo inminente transferencia fuera del Distrito de Denver y deportación sin notificación adecuada, en aplicación de la proclamación presidencial del 14 de marzo en virtud de la Ley AEA, intentaron una acción de *habeas corpus* y una demanda de clase en representación de otros sujetos que están en las mismas circunstancias, solicitando revisión judicial y protección ante la Jueza Federal de Distrito de Denver, Charlotte Sweeney, y en particular, presentando una *Emergency Motion for Temporary Restraining Order*, la cual fue concedida por la Jueza el 22 de abril de 2025, resolviendo lo siguiente:

---

[449] Véase los comentarios a esta decisión en: Drew Meetze, "US Federal judges temporarily block Trump deportations under wartime law," en *Jurist News,* 7 mayo 2025, disponible en https://www.jurist.org/news/2025/05/us-federal-judges-temporarily-block-trump-deportations-under-wartime-law/

"Los peticionarios y los miembros de la clase certificada provisionalmente no serán transferidos fuera del Distrito de Colorado. El Tribunal ordena lo siguiente con respecto a la notificación que los Demandados y el gobierno deben proporcionar a los Peticionarios y a la clase de personas certificadas provisionalmente que buscan representar: Los Demandados deberán proporcionar una notificación de veintiún (21) días a las personas detenidas de conformidad con la Ley y la Proclamación."

El 2 de mayo de 2025, la Juez extendió la prohibición de aplicación de la Ley AEA en el Estado de Colorado hasta el 6 de mayo, ratificando que el gobierno debía notificar a los migrantes venezolanos detenidos en Colorado con 21 días de anticipación antes de cualquier deportación bajo la mencionada Ley, y debía informárseles de su derecho a impugnar su deportación. Agregó, además, que era "probable que la ACLU tuviera razón al afirmar que la Ley de Enemigos Extranjeros era inaplicable porque la presencia del Tren de Aragua en los Estados Unidos no equivalía a un acto de guerra," argumentando además que no puede haber una invasión sin una "acción militar en tiempo de guerra."[450]

Los demandantes conforme a la instrucción de la Corte presentaron una petición de *preliminary injunction*, la cual fue resuelta por la Corte de Distrito mediante sentencia de fecha 6 de mayo de 2025,[451] en la cual, luego de recordar las condiciones legales para el otorgamiento de la moción, la Corte pasó a estudiar los argumentos de las partes, desechando el argumento de los abogados del gobierno de que los demandantes no tenían

---

450 Véase la referencia en Matathias Schwartz, "Un Texas Borderland, a Sweeping Legal Ruling," *The New York Times*, 3 mayo 2025, p. A23.

451 Véase el texto de la sentencia que está disponible en: https://storage.courtlistener.com/recap/gov.uscourts.cod.243061/gov.uscourts.cod.243061.52.0_1.pdf

legitimación para demandar porque no estaban bajo ninguna actual e inminente amenaza por estar sujetos a la Proclamación del Presidente, considerando al contrario que si están en un "riesgo sustancial de amenaza de ser objeto de la Proclamación," solicitando además el control judicial de la conformidad de la Proclamación con la Ley AEA.

Los demandados, además, argumentaron que el Juez no podía considerar el caso porque la autoridad del presidente conforme a la Ley AEA no podía ser objeto de *Judicial Review* y, además, se trataba de una cuestión política, que escapaba de la competencia de la Corte. Al contrario, la Corte consideró que "la revisión judicial de la Proclamación y la Ley es un ejercicio adecuado de la autoridad de los tribunales federales," siendo ello una característica de la estructura constitucional de la Nación y en especial de la separación de podres. En cuanto al argumento de las cuestiones políticas, la Corte consideró que ello no era aplicable cuando una Corte interpreta una disposición legal o decidir la constitucionalidad de una ley.

Desechados los argumentos de los abogados del gobierno, el juez concedió a los demandantes la moción de *preliminary injunction*, considerando que tenían buen chance de triunfan en el mérito del caso, sobre que la proclamación no se ajusta a los requerimientos de la ley AEA, y en particular, considerando que la palabra "invasión" es usada en la Ley en relación con una "acción militar", como lo demuestra el estudio histórico de los textos, y otras sentencias judiciales. Igualmente, la Corte se refirió al término "incursión depredadora" concluyendo que la misma igualmente se refiere a la realizada por una "fuerza militar o una fuerza armada organizada que ingresa a un territorio para destruir la propiedad, saquear y dañar a las personas." La Jueza Federal de Denver, también entró a analizar el término de "nación o gobierno extranjero" empleado en la Ley, concluyendo, que no tenía necesidad de entrar en esa discusión para resolver la moción solicitada, considerando en definitiva que "es probable que los peticionarios prosperen en cuanto a los méritos de su afirmación de que la invocación de la Ley por parte del Presidente "a través de la Proclamación excede el alcance de la ley" y, por lo tanto, es ilegal."

La Corte concluyó otorgando la *preliminary injunction*, prohibiéndole a los demandados "detener, transferir o deportar del Distrito de Colorado a los Peticionarios y a los miembros de la clase certificada en virtud de la Ley AEA y basada en la Proclamación," revocando en consecuencia la orden que había emitido el 22 de abril de exigir al gobierno que notificara a los miembros de la clase antes de ser deportados, ya que ahora el gobierno tiene prohibición de deportar a persona alguna conforme a la Proclamación y a la Ley AEA.[452]

IV. EL CASO ANTE LA CORTE FEDERAL DE NEVADA, PROHIBIENDO LA DEPORTACIÓN DE UN MIGRANTE DETENIDO

El día 3 de abril de 2925, los abogados de un migrante venezolano (Adrián Arturo Viloria Avilés) quien había ingresado a los Estados Unidos en 2023 y estaba en proceso de establecer su residencia en Salt Lake City, intentaron una acción de habeas corpus contra la amenaza del gobierno de deportarlo de los Estados Unidos, luego de haber sido detenido en Utah en febrero

---

452 Véase el texto de la sentencia que está disponible en https://storage.courtlistener.com/recap/gov.uscourts.mdd.457483/gov.uscourts.mdd.457483.253.0_2.pdf. Véase referencias a la decisión en Drew Meetze, " US federal judges temporarily block Trump deportations under wartime law," en *Jurist News,* 7 mayo 2025, disponible en: https://www.jurist.org/news/2025/05/us-federal-judges-temporarily-block-trump-deportations-under-wartime-law/

de 2025 por el Servicio de Inmigración y Control de Aduanas (ICE), habiendo sido entonces identificado como miembro del Tren de Aragua. Se encontraba pare al momento de intentar la acción en el Centro de Detención del Sur de Nevada, en Pahrump. Al día siguiente de la presentación de la acción, el 4 de abril de 2025, incluso, fue transferido a un centro de detención en Nuevo México y el 14 de abril transferido de nuevo al centro de detención Bluebonne, en Texas.

Luego de la celebración de la audiencia respectiva el 16 de agosto, en la cual los abogados del detenido alegaron que aun cuando no había sido amenazado en concreto de ser deportado conforme a la AEA, la Juez Gloria M. Navarro de la Corte de Distrito de Nevada otorgó una *Preliminary Injunction* a favor del accionantes, ordenando que permaneciera detenido en Estados Unidos, argumentando lo siguiente:

> "Aunque el peticionario no ha sido designado para la deportación bajo la AEA, las partes han acordado la emisión de una *preliminary injunction* bajo los términos establecidos a continuación porque no se pueden ofrecer garantías de que la base para la remoción del peticionario no se cambiará antes de la audiencia programada para el 20 de junio. Además, el Gobierno no puede explicar por qué el peticionario fue transportado a Texas, de donde el Gobierno había expulsado previamente a los deportados conforme a la AEA, si sus procedimientos de expulsión no se rigen por la AEA. La Corte concluye que se justifica una *preliminary injunction* para mantener el *statu quo* y preservar la jurisdicción de esta Corte."[453]

---

[453] Véase el comentario de Matthew Seeman, "Judge in Nevada orders Venezuelan man facing deportation to remain held in US," en *3News*, 18 abril 2025, disponible en: https://news3lv.com/news/local/judge-orders-venezuelan-man-facing-deportation-to-remain-held-in-nevada.

Para decidir, la Juez Navarro consideró que, si bien parecía que el accionante estaba recibiendo debido proceso, pero sus abogados plantearon preocupaciones legítimas de que el gobierno podrían intentar deportarlo inmediatamente con base en la Ley AEA, estimando que:

> "La remoción del peticionario bajo la AEA causaría un daño inmediato e irreparable al peticionario porque parece que la remoción privaría a este tribunal de jurisdicción sin ninguna garantía de que se le haya otorgado el debido proceso al que tiene derecho. La Corte Suprema ha aclarado recientemente que las personas detenidas en virtud de la AEA "deben recibir notificación . . . que están sujetos a expulsión en virtud de la Ley […] Sin embargo, los demandados aún no han explicado el tipo de notificación que tienen la intención de proporcionar o cuánto tiempo le darán al peticionario antes de tratar de expulsarlo en virtud de la AEA. Por lo tanto, actualmente no hay garantía de que el peticionario tenga una oportunidad razonable de impugnar su deportación si los demandados cambiaran su designación y lo expulsaran en virtud de la Ley."

En definitiva, la Juez Federal otorgó la *preliminary injunction*, "para mantener el statu quo y preservar la jurisdicción de este Tribunal", prohibiendo al gobierno deportar al accionante de los Estados Unidos hasta después que se realice la audiencia sobre el mérito fijada para el 20 de junio de 2025.

V. EL CASO ANTE LA CORTE FEDERAL DEL DISTRITO OESTE DE PENNSYLVANIA DECIDIENDO QUE EL PRESIDENTE EN SU PROCLAMACIÓN SE AJUSTÓ A LOS TÉRMINOS DE LA LEY DE 1798, EXIGIENDO SIN EMBARGO QUE SE RESPETE EN DEBIDO PROCESO

El 15 de abril de 2025, ante la Corte Federal del Distrito Oeste de Pennsylvania, y mediante un recurso de habeas corpus acudió un venezolano (A.S.R) detenido en un centro de detención de Philipsburg, al cual había ingresado en febrero de 2025, al haber sido detenido en una sede del *Immigration Customs and Enforcement* ("ICE") por información de que era miembro del Tren de Aragua TdA y tenía unos *tatoos*, teniendo pendiente una audiencia sobre su eventual deportación que estaba fijada para el mismo día 15 de abril de 2025.

El recurrente alegó estar sujeto a "riesgo de inminente deportación" conforme a la Proclamación del Presidente Trump sobre enemigos extranjeros, solicitando una *preliminary injunction* contra el Gobierno, negando vehementemente su pertenencia al TdA. La Corte el mismo día 15 de abril dictó una *temporary restraining order TRO*, prohibiendo al Gobierno temporalmente deportar al accionante de los Estados Unidos, o transferirlo fuera del Distrito Oeste de Pensilvania."[454]

Sin embargo, al día siguiente, el recurrente informó a la Corte que había sido removido del Distrito y transferido a una cárcel en Texas, lo que motivó la decisión de la Corte (24 de abril) de considerar que a pesar de ello, conservaba su

---

[454] Esta narrativa y la que sigue en el texto es tomada del texto de la sentencia de la Corte Federal del Distrito Oeste de Pennsylvania de 13 de mayo de 2025, cuyo texto puede verse en: https://storage.courtlistener.com/recap/gov.uscourts.pawd.318716/gov.uscourts.pawd.318716.72.0_4.pdf

jurisdicción en el caso, ordenando el 15 de abril la extensión de la duración de la TRO dictada hasta el 13 de mayo de 2025, exigiendo que se notificada al recurrente en inglés y español con 14 días de antelación para impugnar su deportación, y ordenando que no se transfiriera al recurrente del Distrito de Texas.

El 29 de abril de 2025 el recurrente solicitó una *preliminary injunction,* recibiendo los argumentos de las partes y realizando una audiencia el 5 de mayo de 2025.

Al momento de decidir el caso, la Juez Stephanie Haines en el texto de la sentencia de 13 de mayo de 2025,[455] resumió la petición del recurrente a la Corte solicitándole que:

> "(1) determine que la Proclamación no cumple con la AEA, (2) considere insuficiente el debido proceso que el Poder Ejecutivo está proporcionando actualmente a los detenidos de conformidad con la Proclamación, y (3) otorgarle al accionante, cierta reparación adicional."

La Juez consideró que la demanda tocaba aspectos fundamentales del sistema constitucional americano, por lo cual, para decidir, comenzó por enumerar los *asuntos sobre los cuales no se iba a referir en su sentencia, como era el tema de* si el Presidente de los Estados Unidos podía ordenar la expulsión de extranjeros conforme a leyes distintas a la AEA, o si la expulsión conforme a la AEA podía referirse a personas que simplemente

---

455 Véase el texto de la sentencia que está disponible en: https://storage.courtlistener.com/recap/gov.uscourts.pawd.318716/gov.uscourts.pawd.318716.72.0_4.pdf. Véanse comentarios a la sentencia de Mattathias Schwartz y Alan Feuer, "Trump Can Use Wartime Act For Deportations, Judge Says," en *The New York Times*, 15 mayo 2025, p. A17.wx; y Drew Meetze, " US federal judge allows Trump to use Alien Enemies Act to deport accused gang members," en *Jurist News,* 14 mayo 2025, disponible en: https://www.jurist.org/news/2025/05/us-federal-judge-allows-trump-to-use-alien-enemies-act-to-deport-accused-gang-members/

habían emigrado al país, por oposición a las que además son miembros de una organización terrorista extranjera. Tampoco se refirió la Juez a la cuestión "de si las personas que están sujetas a la expulsión en virtud de la AEA tienen derecho a una "notificación suficiente que les permita solicitar realmente el recurso de hábeas corpus en el lugar adecuado antes de que se produzca dicha expulsión," sobre lo cual ya la Corte Suprema había declarado que tienen derecho a dicha notificación.

En cambio, precisó al Juez que lo que iba a contestar era la pregunta de que, siempre que el Gobierno proporcione suficiente notificación y debido proceso:

> ¿Puede el Presidente emitir una Proclamación de conformidad con la AEA que ordene la expulsión de: (1) ciudadanos venezolanos, (2) que tengan catorce (14) años de edad o más, (3) que se encuentren dentro de los Estados Unidos, (4) que no sean realmente naturalizados ni residentes permanentes legales, y (5) ¿quiénes son miembros del Tren de Aragua ("TdA"), que es una Organización Terrorista Extranjera ("FTO")?

La Corte tras un extenso examen, respondió afirmativamente a esta cuestión, denegando parcialmente la petición de una *preliminary injunction,* en cuanto a que el gobierno podía hacer uso de la Ley de 1798 para deportar extranjeros miembros del Tren de Aragua, pero otorgándola en parte en cuanto a considerar que "la notificación que el Poder Ejecutivo está formulando actualmente a las personas sujetas a remoción bajo la AEA es deficiente según nuestra Constitución."

La Corte examinó con todo detalle la Ley de Enemigos Extranjeros de 1798 (Para. 21) así como el contenido y afirmaciones de la Proclamación del Presidente del 14 de marzo de 2025, y las partes del *United States Code* que autorizan al Secretario de Estado para designar organizaciones terroristas extranjeras, y con base en la sentencia de la Corte Suprema de fecha 7 de abril de 2025, consideró que podía "interpretar el significado de palabras y términos dentro de la AEA, como "invasión" e "incursión depredadora."

A tal efecto después de estudiar la jurisprudencia, la Corte se refirió a la decisión de la Corte Federal del Distrito Sur de Texas, llegando a la conclusión de que la Corte "no puede (y por lo tanto no lo hará) evaluar la veracidad de las declaraciones de la Proclamación," pues de lo contrario ello implicaría "requerir del Poder Ejecutivo revelar a la Corte información de inteligencia nacional y extranjera que sustenta la conclusión de una invasión real o amenaza de una invasión o incursión depredadora, lo que sería contrario a la ley."

Después de analizar los estándares legales para el otorgamiento de las *preliminary injunction,* la Corte pasó a interpretar los términos de la Ley AEA, en particular el de "invasión depredadora, rechazando la interpretación dada por los demandados de que la misma conforme a la AEA significa "(1) una entrada a los Estados Unidos (2) con fines contrarios a los intereses o las leyes de los Estados Unidos." Basándose en las definiciones de dichos términos en los diccionarios, al contrario concluyó la Corte que las mismas sobre invasión depredadora" contienen dos características: primero, que se refieren a "una unidad cohesiva que entra en el territorio con un propósito unido;" y segundo, que "indican que la incursión se usaba comúnmente para referirse a la actividad militar en 1798," considerando conforme a sentencias de la Corte Suprema de 1805 y de 1832 que se trataba de acciones "llevadas a cabo por una unidad cohesionada que entraba en territorio con un propósito destructivo común y significativo." De ello dedujo la Corte, rechazando el criterio de los demandados que la "migración por sí sola" no constituye una "incursión depredadora" en el sentido de la AEA, y la definición propuesta por los Demandados."

Pero la Corte también rechazó la definición dada por el demandante, según la cual "una "incursión depredadora" en virtud de la AEA es una "acción militar de un gobierno extranjero que constituye o precede inminentemente a actos de guerra." La Corte precisó que, en este, la Corte no se estaba ocupando "únicamente de la "inmigración ilegal masiva" o de las "actividades delictivas", sino más bien de una entidad que ha sido designada [por el Secretario de Estado] como Foreign Terrorist Organization FTO de conformidad conforme a un proceso legal," hecho que la Corte consideró de significante peso, pasando a hacerse las siguientes preguntas que respondió afirmativamente:

> *Primero,* ¿Es una FTO debidamente designada la que cumple con los requisitos legales del Título 8 del Código de los Estados Unidos, Sección 11 89, y que, de acuerdo con la Proclamación, ingresa a los Estados Unidos con fines tales como desestabilizar el país, cometer delitos desenfrenados y luego canalizar las ganancias de ese delito a América del Sur?
>
> *Y segundo*: ¿no es la definición misma de un grupo cohesivo que entra en territorio con un propósito destructivo común y significativo, justo como un destacamento de un ejército en 1798? ¿No es tal FTO el equivalente moderno de los "enemigos, piratas y ladrones", que cometen "incursiones" en torno a la promulgación de la AEA?

Y la respuesta a las preguntas fue afirmativa, en criterio de la Corte Federal, considerando como premisa el principio de que "mientras "el "significado" de una ley se fija en el momento de su promulgación, pueden surgir nuevas "aplicaciones" a la luz de los cambios del mundo," con base en las siguientes razones:

Primero, la Ley AEA "no requiere que una "invasión o incursión depredadora" sea "perpetrada, intentada o amenazada contra el territorio de los Estados Unidos por el ejército de cualquier nación o gobierno extranjero". 50 U.S.C. 21 (énfasis añadido). Las palabras en cursiva no están presentes en el texto, y la palabra "militar" no está en la Sección 21. En consecuencia, si la "incursión depredadora" requiere una acción "militar", esa necesidad debe provenir del significado de "incursión depredadora" a partir de 1798, no de la ley en sí misma."

Segundo, porque "Las palabras "terrorista" y "terrorismo" no tenían ningún uso significativo en 1798. De hecho, ninguno de los diccionarios consultados por la Corte contiene una entrada para la palabra "terrorista" o "terrorismo," habiendo la jurisprudencia usada el termino terrorista en 1941, y "terrorismo" en 1880. De ello consideró la Corte que "dado que estas palabras no tenían un uso significativo cuando se promulgó la AEA, es difícil poner demasiado énfasis en el hecho de que los que vivieron en 1798 no aplicaron la "incursión depredadora" a las actividades terroristas."

Tercero, porque las definiciones modernas de "incursión depredadora" coinciden con las definiciones dadas de 1773 y 1828 que la Corte citó anteriormente en su fallo.

Cuarto, que como los términos "terrorista" y "terrorismo" se han vuelto más comunes, los tribunales de todo el país han utilizado "incursión" de maneras que respaldan la aplicación de "incursiones depredadoras" a las FTO." Citando al respecto numerosos fallos de tribunales federales, concluyó la Corte de todo ello que:

> (1) la palabra "militar" no se encuentra en la AEA, (2) "terrorista" y "terrorismo" no tenían un uso significativo en el momento en que el Congreso aprobó la AEA, (3) las palabras "depredador" e "incursión" tienen definiciones de diccionario similares hoy en día como lo hicieron en y alrededor de 1798, y (4) las organizaciones terroristas se mencionan con frecuencia hoy en día como cometiendo

"incursiones" que ciertamente son "depredadoras". Es decir, se hace referencia a las organizaciones terroristas de maneras que hablan de grupos cohesivos que ingresan al territorio con fines destructivos comunes y significativos."

De ello concluyó la Corte afirmando que, si una FTO hubiera existido y estaba ingresando a los Estados Unidos en 1798 para tales fines, tanto el público como el Congreso hubieran considerado que esas FTO cometían "incursiones depredadoras" contra el territorio de los Estados Unidos.

Por ello, la Corte Federal concluyó definiendo la expresión "incursión depredadora" conforme a la AEA:

> "una entrada hostil a los Estados Unidos por parte de un grupo cohesivo de individuos, como un destacamento militar o una Organización Terrorista Extranjera designada, que están unidos por un objetivo común de causar una interrupción significativa a la seguridad pública, ya sea la seguridad de las personas, propiedad, o intereses pecuniarios, de aquellos dentro de los Estados Unidos".

La Corte consideró "que esa definición es fiel al significado de "incursiones depredadoras" en 1798, pero también da cuenta de nuevas aplicaciones dados "cambios en el mundo," razón por la cual consideró que la Proclamación presidencial y su afirmación de que el Tren de Aragua está cometiendo una "incursión depredadora," se ajusta a las previsiones de la ley AEA, pues dicha Organización Terrorista Extranjera "es un grupo cohesivo de individuos unidos por un objetivo común de causar una interrupción significativa a la seguridad común del público, al igual que los destacamentos militares o los piratas en la época en que el Congreso promulgó la AEA".

Agregando que:

> "una entidad que es: (1) una organización terrorista designada, (2) empeñada en desestabilizar a los Estados Unidos, y (3) inundar a los Estados Unidos con narcóticos ilegales, que está utilizando como un "arma" contra los ciudadanos de los Estados Unidos, ciertamente está unida por el objetivo común de causar una interrupción significativa a la seguridad pública, ya sea la seguridad de las personas, propiedad, o –intereses pecuniarios– de aquellos dentro de los Estados Unidos."

Por lo tanto, por todas las razones anteriores, la Corte consideró que la Proclamación cumple con la definición de "incursión predatoria" en virtud de la AEA, no habiendo el demandante demostrado una probabilidad de éxito en cuanto al fondo de esta cuestión; y que además la Proclamación cumple con la definición de "contra el territorio de los Estados Unidos" lo que se aplica a las acciones de las FTO, como el TdA; y con la definición de "por cualquier nación o gobierno extranjero" incluidas en la Ley AEA, respecto de lo cual la Corte concluyó que la determinación de ello solo compete exclusivamente al Poder Ejecutivo.

En consecuencia, la Corte dio por válida la conclusión del presidente Trump, en la Proclamación, de que TdA está actuando "bajo la dirección, clandestina o de otro tipo, del régimen de Maduro en Venezuela," razón por la cual la Corte expresó su total acuerdo con lo decidido por la Corte del Distrito Sur de Texas, que sostuvo lo siguiente sobre este mismo tema:

> "Aunque la Proclamación se centra en las actividades de TdA en los Estados Unidos, coloca el control de esas actividades en Maduro, actuando en su supuesto papel de Presidente de Venezuela. En otras palabras, la Proclamación declara que el país de Venezuela, a través de Maduro, dirige y controla las actividades de TdA en los Estados

Unidos. Como resultado, la Corte concluye que la Proclamación atribuye la responsabilidad de las acciones de TdA en los Estados Unidos al gobierno venezolano, lo que satisface este aspecto de la AEA."

La Corte federal, por último, evaluó el tema del debido proceso que consideró no estaba siendo respetado satisfactoriamente por el Gobierno, ordenando que los demandados:

> "deben proporcionar a los detenidos individuales que están sujetos a la AEA y a la Proclamación la siguiente notificación antes de deportarlos de conformidad con esas disposiciones de la ley: (1) notificación con veintiún (21) días de anticipación y una "oportunidad de ser escuchado", (2) notificación que articule claramente el hecho de que el detenido individual está sujeto a la deportación en virtud de la Proclamación y la AEA, y (3) notificación en inglés y español, el idioma de las personas que se busca expulsar y, si es necesario, se proporcionarán intérpretes de español a inglés para las audiencias necesarias. En el caso de A.S.R., si los Demandados lo designan nuevamente como sujeto a la AEA y a la Proclamación, deben proporcionar toda la notificación anterior a su abogado en ese momento."[456]

---

[456] Véase el comentario de la sentencia en Kyle Cheney, "Judge backs Trump's invocation of Alien Enemies Act for deportations," en *Politico,* 13 mayo 2025, disponible en: www.politico.com/news/2025/05/13/alien-enemies-act-trump-ruling-00346312; Laura Romero, James Hill y Ely Brown, "Federal judge in Pennsylvania rules that Trump's invocation of AEA is lawful," *abcNEWS,* 13 mayo 2025, disponible en: https://abcnews.go.com/US/federal-judge-pennsylvania-rules-trumps-invocation-aea-lawful/story?id=121773295; y en Dietrich Knauth, "US judge says Trump can use Alien Enemies Act for deportations," *Reuters,* 13 mayo 2025, disponible en: https://www.reuters.com/legal/us-judge-says-trump-can-use-alien-enemies-act-deportations-2025-05-13.

Y por todo ello, la sentencia concluyó afirmando que, al aplicar la Ley, como la Proclamación en cuestión cumple con la AEA, y el Tribunal considera además que los Demandados deben proporcionar una mayor notificación a aquellos sujetos a la expulsión en virtud de la AEA de lo que están proporcionando actualmente, la Juez en definitiva dejó "que las Ramas Políticas del gobierno, y en última instancia el pueblo que elige a esas personas, decidan si las leyes y quienes las ejecutan continúan reflejando su voluntad."[457]

VI. EL CASO ANTE LA CORTE FEDERAL DEL DISTRITO CENTRAL DE CALIFORNIA

EL 17 de mayo de 2025, el Sr. Darwin Antonio Arévalo Millan (en lo adelante "Arévalo") presentó ante la Corte Federal de Distrito del Central de California una acción en su nombre y en nombre de una clase putativa de ciudadanos venezolanos sujetos a la Proclamación del 14 de marzo de 2025, contra Donald J. Trump, en su carácter de Presidente de los Estados Unidos, Pamela Bondi, *Attorney General* de los Estados Unidos, Kristi Noem, Secretaria del Departamento de *Homeland Security*, y otros altos funcionarios; formulando una Petición en la cual requirió de la Corte control judicial de la misma conforme a la Constitución, la Constitución de California y varias otras leyes y específicamente que la Corte emitiera las siguientes ordines de protección:

> "impedir que el Gobierno expulse a Arévalo, o a cualquier miembro de la clase putativa, de los Estados Unidos en virtud de la Proclamación; impedir que el Gobierno

[457] Véase el texto de la sentencia que está disponible en: https://storage.courtlistener.com/recap/gov.uscourts.pawd.318716/gov.uscourts.pawd.318716.72.0_4.pdf

traslade a Arévalo, o a cualquier miembro de la clase putativa, fuera de este distrito judicial; exigir al Gobierno que notifique con al menos 30 días de antelación a cualquier remoción o traslado fuera de este distrito judicial de conformidad con la Proclamación; notificar al abogado de Arévalo de la transferencia a este distrito judicial de cualquier persona designada como Enemigo Extranjero en virtud de la Proclamación; y exigir al Gobierno que conserve razonablemente todos los bienes y pruebas que posea en relación con Arévalo y cualquier otro miembro de la clase putativa y que proporcione esas pruebas al abogado de Arévalo cuando éste lo solicite."[458]

Dos días después, el 19 de mayo de 2025, la Corte emitió una *Temporary Restraining Order,* certificando para tal efecto la clase compuesta por "Todos los no ciudadanos que estén bajo custodia en el Distrito Central de California que estuvieron, están o estarán sujetos a la Proclamación Presidencial de marzo de 2025 titulada," mediante la cual "prohibió temporalmente al Gobierno deportar a Arévalo, o a cualquier miembro de la clase putativa, en virtud de la AEA o la Proclamación en espera de una nueva Orden de esta Corte," con vigencia hasta el 2 de junio, requiriéndole al gobierno presentar sus argumentos.

Después de oír los alegatos de los demandados el Juez John W. Holcomb, el 2 de junio de 2025 emitió una *preliminary injunction* "prohibiendo y restringiendo" que se deportara y se trasladara fuera de su Distrito "a cualquier miembro de la clase putativa de conformidad con la Proclamación" en espera de

458 Véase el texto en la relación del caso que se hace en la sentencia dictada en el caso, por la Corte Federal el 2 de junio de 2025, cuyo texto puede consultarse y está disponible en: https://storage.courtlistener.com/recap/gov.uscourts.cacd.970913/gov.uscourts.cacd.970913.26.0.pdf

nueva Orden de la Corte con respecto al tipo de notificación y proceso que se debe garantizar antes de la deportación.

Para tomar su decisión, el Juez de Distrito, después de referirse a los procesos que se estaban desarrollando en relación con la Proclamación ante las Cortes Federales del Distrito de Columbia y del Distrito Norte de Texas, y a las sendas decisiones que en esos caos había adoptado la Corte Suprema, el Juez Holcomb se refirió al caso de Arévalo, quien había aplicado al asilo y quien al comparecer a una entrevista de rutina ante el ICE, había sido arrestado y ubicado en un Centro de detención, donde se le informó que por los tatuajes que tenía podía ser considerado miembro del Tren de Aragua. Y si bien el gobierno alegó ante el Juez, cuestionando la legitimación del recurrente, que el mismo no había sido designado como sujeto de deportación conforme a la Ley AEA, dadas las imprecisiones de los testimonios que recibió, en definitiva, el Juez concluyó que "Arévalo se enfrenta a una amenaza inminente de expulsión en virtud de la Proclamación y, en consecuencia, está legitimado para hacer valer sus reclamaciones."

Para decidir el caso, el Juez analizó lo que consideró el meollo de la demanda de Arévalo que era:

> "que (1) la Proclamación es ilegal porque el Presidente Trump no ha invocado adecuadamente la AEA; y que (2) incluso si la Proclamación es legal, ninguna persona puede ser deportada de conformidad con la AEA hasta que esa persona haya sido notificada y haya tenido la oportunidad de impugnar su designación como enemigo extranjero."

Al analizar el tema de la invocación de la Ley AEA por el Presidente, y sobre el alegato de ilegalidad de la misma, el Juez consideró su competencia para ejercer el control judicial sobre la misma, concluyendo que si bien podía interpretar la Ley, esa interpretación se limitaba "a decidir si el Presidente ha determinado si se ha perpetrado, intentado o amenazado con una invasión o incursión depredadora," de manera que si el Presidente ha llegado a tal conclusión en este caso, "el Tribunal no puede considerar las diversas impugnaciones de Arévalo sobre las conclusiones contenidas en la Proclamación o sobre al ejercicio por parte del Presidente de su autoridad conforme a la Ley AEA."

Para decidir, el Juez, por otra parte, citó y se refirió a las decisiones sobre la Proclamación que ya habían adoptado, interpretando la Ley, como se ha visto, las Cortes Federales del Distrito de Columbia y la Corte de Apelaciones en el caso; del Distrito de Colorado, del Distrito Sur de Texas; del Distrito Sur de Nueva York; del Distrito Oeste de Pennsylvania, desechando el argumento del gobierno de que las Cortes no podían controlar judicialmente la autoridad del presidente ejecutando la Ley AEA.

Sin embargo, el Juez Holcomb, recurriendo a precedentes de la Corte Suprema absteniéndose de interpretar qué debía entenderse por "guerra," discrepó de las decisiones de los otros Jueces de Distrito en cuanto a la interpretación sobre qué debía interpretarse por "invasión" o "incursión depredadora," y cuando podía considerarse que las mismas se producían, considerando que ello escapaba al control judicial. Agregó la Corte, además, al contrario, que:

"Más bien, el texto claro de la AEA deja claro que la autoridad del Presidente para detener y deportar a los no ciudadanos depende de la "proclamación" del Presidente de que "cualquier invasión o incursión depredadora es perpetrada, intentada o amenazada contra el territorio de los Estados Unidos". Véase 50 U.S.C. § 21. Por su naturaleza, esa concesión de autoridad por parte del Congreso deja en manos del Presidente la decisión de si se ha producido una "invasión" o una "incursión depredadora". Véase id.; véase también Ludecke, 335 U.S., p. 170 (en el que se sostiene que la AEA deja el acto de determinar si una "guerra" está en curso a "los organismos políticos habituales del Gobierno"). Y, debido a que la AEA permite que el Presidente decida si esos eventos han ocurrido, la AEA necesariamente también otorga al Presidente la discreción para decidir lo que significan esos términos."[459]

Concluyó la Corte, en definitiva, que "la concesión por la Ley AEA de autoridad al Presidente es casi "ilimitada", id. en 164, e incluye la competencia de decidir si se ha producido una invasión o una incursión depredadora. Como tal, este Tribunal no puede interpretar esos términos sin restringir la autoridad del Presidente en virtud de la AEA," concluyendo entonces sobre el tema, que era poco probable que Arévalo pudiera tener éxito en el mérito sobre la ilegalidad de la Proclamación.

Sin embargo, por lo que se refirió al alegato sobre la violación del debido proceso, para otorgar la *Preliminary Injunction* el Juez consideró que al contrario el recurrente si tenía probabilidad de tener éxito en los méritos, en relación a su alegato de que "los detenidos de AEA tienen derecho a más notificación y

---

[459] Véase el texto en la sentencia que está disponible en: https://storage.courtlistener.com/recap/gov.uscourts.cacd.970913/gov.uscourts.cacd.970913.26.0.pdf

proceso de los que el Gobierno ha prometido proporcionar y que, como tal, es probable que Arévalo tenga éxito en los méritos de su reclamación de debido proceso." El Juez desecho los argumentos del Gobierno de que en el caso Arévalo no sufriría ningún daño irreparable porque supuestamente está recibiendo el proceso que le corresponde a través de los procedimientos de deportación de conformidad con la INA; el Gobierno estaría proporcionando un proceso adecuado en el marco de la Ley AEA; y Arévalo no habría probado que enfrentaría persecución si fuera expulsado de los Estados Unidos. El Juez analizó los alegatos y concluyó que "ninguno de esos argumentos es persuasivo."

Debe mencionarse que, en este caso, a requerimiento del gobierno, el Juez acordó que Arévalo consignara una fianza para garantizar "los fondos de los contribuyentes si se determina que el Gobierno fue injustamente impedido" de actuar, de lo cual el Juez, considerando que el cumplimiento por el Gobierno de la orden del Tribunal impondrá poco o ningún costo adicional para el Gobierno o los contribuyentes, estableció una fianza nominal de Un dólar.

El Juez, en todo caso, para acordar la *preliminary injunction* en beneficio de la clase putativa, rechazó el argumento del gobierno de que los procedimientos colectivos o de clase no están disponibles en el contexto del *habeas corpus*, concluyendo, al contrario, que los peticionarios de habeas corpus no están impedidos de solicitar una reparación colectiva; definiendo finalmente la clase a los efectos de su decisión como la integrada por:

"Todos los no ciudadanos bajo custodia en el Distrito Central de California que estuvieron, están o estarán sujetos a la Proclamación Presidencial de marzo de 2025 titulada "Invocación de la Ley de Enemigos Extranjeros con respecto a la invasión de los Estados Unidos por el Tren de Aragua" y/o su implementación, con la excepción de cualquier no ciudadano que haya presentado una petición de *habeas corpus* individual antes del comienzo de esta acción."[460]

[460] Véase el texto en la sentencia que está disponible en: https://storage.courtlistener.com/recap/gov.uscourts.cacd.970913/gov.uscourts.cacd.970913.26.0.pdf

DÉCIMA PRIMERA PARTE

ALGO SOBRE LAS REACCIONES CONTRA JUECES FEDERALES POR PARTE DEL EJECUTIVO EN ALGUNOS CASOS DE DEPORTACIONES CONFORME A LA PROCLAMACIÓN PRESIDENCIAL, Y SOBRE LOS PELIGROS DE LA CONFRONTACIÓN ENTRE PODERES

En los meses siguientes de 2025 que siguieron a la toma de posesión por segunda vez de la Presidencia de los Estados Unidos por parte del Presidente Donald J. Trump, éste emitió un conjunto de Órdenes Ejecutivas tendientes a asegurar el inicio inmediato de la implementación y ejecución de muchas de las políticas públicas que había prometido durante su campaña electoral, que provocaron reacciones por parte de los afectados, mediante la interposición de diversos recursos judiciales tendientes a controlar la constitucionalidad e ilegalidad de los actos ejecutivos.

Entre las órdenes ejecutivas de mayor impacto, en un país tradicionalmente abierto a la inmigración, fue la Proclamación del Presidente Trump invocando la aplicación de la Ley de Extranjeros Enemigos de 1798, ordenando la deportación masiva de migrantes venezolanos miembros de la banda criminal Tren de Aragua que se encontraban detenidos en los Estados Unidos, cuya impugnación originó los múltiples procesos judiciales que se han analizado en este libro, consideradas como normales en el funcionamiento del control judicial en los Estados Unidos,[461] que dieron origen a múltiples vicisitudes procesales, caracterizadas entre otras, por la insuficiente información que la Administración ha suministrado a los requerimientos judiciales.[462]

Entre todos los casos judiciales analizados, se destaca el proceso iniciado apenas ocurrió la publicación de la Proclamación Ejecutiva, el mismo día 15 de marzo de 2025, ante el Juez James Boasberg de la Corte Federal de Distrito del Distrito de Columbia, sede del Poder Ejecutivo, por un conjunto de

---

461 Véase por ejemplo: Myah Ward, Kyle Cheney, Ali Bianco y Josh Gerstein, "Federal judge halts deportations after Trump invokes Alien Enemies Act. District Judge James Boasberg ordered the return of planes already headed to Central America," en *Político,* 15 de marzo de 2025, disponible en: https://www.politico.com/news/2025/03/15/ trump-deportation-lawsuit-00232121; Jed Rubenfeld, "Are the Venezuelan Deportations Unconstitutional? The administration deported hundreds of people under the Alien Enemies Act. A judge stayed the order. That's not a crisis. It's how our system works," en *TheFreePress*, 21 marzo 2025, disponible en: https://www.thefp.com/p/are-the-venezuelan-deportations-unconstitutional; Trino Márquez Cegarra, "El Poder Judicial: muro de contención de Trump," en *Analitica.com*, 28 marzo 2025, disponible en: https://www.analitica. com/opinion/el-poder-judicial-muro-de-contencion-de-trump/; Carlos Sarmiento Sosa, "Jueces norteamericanos, organismos internacionales: ¿tienen las respuestas ante la orden ejecutiva del presidente Trump?,' en *El Nacional,* 29 marzo 2025, disponible en: https:// www.elnacional.com/opinion/jueces-norteamericanos-organismos-in ternacionales-tienen-las-respuestas-ante-la-orden-ejecutiva-del-presidente-trump/#google_vignette

462 Véase un resumen de los primeros días de las vicisitudes del proceso en Alkan Feuer, "Details Offered on Deportation Flights Woefully Insufficient', Judge Says," en *The New York Times*, 21 marzo 2025, p A13; Jan Wolfe, "DOJ, Court Face Off Over US. Deportation Flihts," *The Wall Street Journal,* 21 Marzo 2025, p. A4.

migrantes venezolanos que estaban siendo deportados hacia El Salvador; proceso en el cual, en paralelo a otros casos sobre la ejecución de otras políticas ejecutivas, se ha se ha desarrollado un grave conflicto entre el Poder Judicial y las Cortes Federales, con múltiples ataques públicos por parte de funcionarios públicos contra los jueces, con grave amenaza a la democracia y al Estado de derecho, habiéndose incluso identificado con ocasión del mismo un proceso de destrucción del sistema democrático utilizando los propios instrumentos del mismo.[463]

Y así, apenas se dictó la medida cautelar (*emporary restraining order, TRO*) por la Corte de Distrito de Columbia en este caso, el propio Presidente de los Estados Unidos, en respuesta a la decisión del Juez Boasberg indicó que "Solo hago lo que los votantes querían que hiciera. Este juez, como muchos de *los jueces corruptos* ante los que me veo obligado a comparecer, *debería ser destituido,"*[464] advirtiendo además que se trataba de un "*Lunático radical de izquierda, alborotador y agitador*."[465]

---

463 Véase el análisis de Jess Bidgood, "How Trump Is Attacking the Legal System, via the Legal System," *The New York Times*, 30 julio 2025, disponible en: https://www.nytimes.com/2025/07/30/us/politics/trump-legal-system.html

464 Véase "Alan Fever, Zolan Kanno-Youngs y Adam Lipptak, "Onslaught by G.O.P. on Judge Who Issue Deportation Order," *The New York Times*, 19 marzo, 2025 p. A1

465 Véase las referencias en Mattathis Schwrtz y Abbie Vansickle, "On the bench, High Profile Cases Come With Threats and Intimidation," *The New York Times*, 20 marzo 2025, p. A16; James Taranto, "The Constitutionalists: Roberts and Trump," *The Wall Street Journal*, 22/23 marzo, p. A11; Erica L. Green, Zolan Kanna-Young y Maggie Habermann, "Trump Sprints to Consolidte Control of Levers of Power," *The New York Times*, 23 marzo 2025, p. 23.

Frente a ello, todo lo cual ha sido considerado como distracción injustificable,[466] el *Chief Justice* de la Suprema Corte, John Roberts, incluso, de inmediato tuvo que responder que:

> "Durante más de dos siglos, se ha establecido que la destitución (*impeachment*) no es una respuesta adecuada al desacuerdo sobre una decisión judicial. El proceso normal de revisión de apelaciones existe para ese propósito."[467]

Unas semanas después, el mismo Chief Justice Roberts se refirió en otra conferencia a los ataques personales a los Jueces, en general, expresando que:

---

466 Véase William McGurn, "The Judicial Impeachment Distraction," *The Wall Street Journal*, 25 marzo 2025, p. A15.

467 Véase Josh Gerstein, Kyle Cheney y Meredith Lee Hill, "John Roberts, in rare statement, hits back after Trump calls for impeaching judges. It's the most intense public conflict between Trump and Roberts since 2018," en *Político",* 18 marzo 2025, disponible en: https://www.politico.com/news/2025/03/18/john-roberts-donald-trump-impeach-federal-judges-00235742; Devin Dwyer, "Chief justice's rebuke of Trump shows deep concern about attacks on courts: ANALYSIS," en *abcNews*, 18 marzo 2025, disponible en: https://abcnews.go.com/Politics/roberts-rebuke-trump-shows-seriousness-c on cern-white-house/story?id=119921304 ; y Jess Bravin y Jan Wolfe, "Roberts Steps in to Defend Cour System," *The Wall Street Journal*, 19-marzo 2025, p. A3. Semanas después Roberts ratificó su apreciación en un discurso en un evento judicial, en el cual se refirió al rol del Poder Judicial y a la independencia judicial como base de la Constitución. Véase el reportaje en: Soo Rin Kim, "Chief Justice John Roberts makes rare public appearance, defends judicial independence," en *abcNEWS,* 7 mayo 2025, disponible en: https://abcnews.go.com/amp/Politics/chief-justice-john-roberts-makes-rare-public-appearance/story?id=121574672

> "Es obvio que la Corte ha cometido errores a lo largo de su historia, y esos deben ser criticados, siempre y cuando sea en términos de la decisión, realmente, y no *ad hominem* contra los jueces. Simplemente creo que eso no hace ningún bien."[468]

Antes, en el mismo sentido, la Jueza Ketanji Brown Jackson de la Corte Suprema igualmente señaló en una conferencia que:

> "En toda la nación, los jueces están enfrentando crecientes amenazas de no solo violencia física, pero también, retaliación judicial solo por cumplir su trabajo, y los ataques no son aleatorios. Parecen designados para intimidar a aquellos entre nosotros que sirven es esta capacidad crítica..." [...]
>
> "Una sociedad en la que los jueces temen rutinariamente por su propia seguridad o su propio sustento debido a sus decisiones, es una sociedad que se ha apartado sustancialmente de las normas de comportamiento que gobiernan un sistema democrático. Los ataques a la independencia judicial es la forma en que operan los países que no son libres, no son justos y no están orientados al estado de derecho.
>
> "Tener un poder judicial independiente, definido como jueces que son indiferentes a la presión indebida y determinan y deciden cada caso de acuerdo con el estado de derecho, es uno de los ingredientes clave" que hace que una sociedad libre y justa funcione. [...]

---

468 Véase el texto en Josh Gerstein, "Rule of law is 'endangered,' chief justice says. Speaking at Georgetown Law, Chief Justice John Roberts denounced "*ad hominem*" criticism of the justices," en *Político,* 12 mayo 2025, disponible en: https://www.politico.com/news/2025/05/12/chief-justice-roberts-speech-georgetown-00343406

> "Las amenazas y el acoso son ataques a nuestra democracia, a nuestro sistema de gobierno. Y, en última instancia, corren el riesgo de socavar nuestra Constitución y el Estado de derecho."[469]

En el mismo sentido, semanas después, el 24 de julio de 2025, en la Conferencia del Noveno Circuito Judicial de los Estados Unidos, reunido en Monterrey, California, la Jueza Helena Kagan expresó:

> "Los jueces son blancos precisos para cualquier tipo de críticas, fuertes críticas, criticas afiladas, pero vilipendiar a los Jueces es esa forma es un paso más allá y debe ser entendido como tal."
>
> "Frente a ese tipo de amenazas a una judicatura independiente, los jueces tienen que hacer justamente lo que están obligados a hacer, que es hacer el derecho en la mejor manera que saben cómo hacerlo, tomar razonadas e independientes decisiones basadas en precedentes, basadas en otras leyes, y no dejarse intimidar por ninguna de esas amenazas."[470]

---

469 Véase el texto en Josh Gerstein, "Ketanji Brown Jackson sharply condemns Trump's attacks on judges. The Supreme Court justice said it was time to address "the elephant in the room": the "threats and harassment" that judges have received from Trump and his allies," en *Politico,* 1 mayo 2025, disponible en: https://www.politico.com/news /2025/05/01/ketanji-brown-jackson-sharply-condemns-trumps-attack s-on-judges-00323010; y Marthe McHardy, "Donald Trump Rails Against Judges Despite Justice Jackson's New Warning," Newsweek, 3 mayo 2025,diapoinible en: https://www.newsweek.com/donald-trump-judges-attack-justice-jackson-2067624

470 Véase Lawrence Hurley,"Justice Elena Kagan urges judges not to be intimidated by increase in threats. President Donald Trump and his allies have been frequent critics of judges and at times have called for the impeachment of those who rule against him," en *NBC News*, 24 julio 2025, disponible en: https://www.nbcnews.com/politics/supre

Ahora bien, en paralelo a las audiencias del Juez Boasberg, el 18 de marzo de 2025, el miembro de la Cámara de representantes, Brandon Gill, presentó a la misma un Proyecto de resolución para la destitución mediante juicio político del Juez James Boasberg, *Chief Justice United States District Court for the District of Columbia,* por delitos graves y delitos menores, con el siguiente texto:

> "Se resuelve, Que James E. Boasberg, Juez Principal de la Corte de los Estados Unidos para el Distrito de Columbia, sea acusado por delitos graves y delitos menores, y que el siguiente artículo de juicio político se exhiba ante el Senado de los Estados Unidos. Artículo de juicio político exhibido por la Cámara de Representantes de los Estados Unidos de América en nombre de sí misma y del pueblo de los Estados Unidos de América, contra James E. Boasberg.
>
> A través de su conducta, en la que violó su juramento a la Constitución y su deber de imparcialidad para con el pueblo de los Estados Unidos, el Juez Principal Boasberg ha abusado de los poderes de su autoridad judicial, habiendo participado en acciones que priorizan el beneficio político sobre el deber de imparcialidad debido al público y a los litigantes, como se indica a continuación:
>
> (1) El Juez Principal Boasberg ha impedido que el Presidente Trump expulse de los Estados Unidos a extranjeros asociados con el Tren de Aragua, una Organización Terrorista Extranjera designada.

me-court/justice-elena-kagan-urges-judges-not-intimidated-increase-threats-rcna220884

(2) El Juez Principal Boasberg requirió que el Presidente Trump diera la vuelta a los aviones en pleno vuelo que tenían extranjeros asociados con el Tren de Aragua, una Organización Territorial Extranjera designada.

Esta conducta pone en peligro la seguridad de la nación, representa un abuso del poder judicial y va en detrimento del funcionamiento ordenado del poder judicial. Usando los poderes de su cargo, el Juez Principal Boasberg ha intentado arrebatar el poder al Poder Ejecutivo e interferir con la voluntad del pueblo estadounidense.

Al hacerlo, el Juez Principal Boasberg utilizó los poderes de su cargo para participar en acciones que sobrepasan su autoridad judicial. Al tomar una decisión política fuera del ámbito de sus funciones judiciales, comprometió la imparcialidad de nuestro sistema judicial y creó una crisis constitucional.

Por lo tanto, el Juez Principal Boasberg es culpable de delitos graves y delitos menores y debe ser destituido de su cargo."[471]

Debe mencionarse por otra parte, que ante las demandas judiciales intentadas en materia de inmigración, el Presidente de los Estados Unidos envió el 22 de marzo de 2025, un *Memorandum* a la Attorney General y a la Secretaria de Seguridad Interior titulado: "*Preventing Abuses of the Legal System and the Federal Court,*" en el cual expresó que "Los abogados y bufetes de abogados que participen en acciones que violen las leyes de los Estados Unidos o las reglas que rigen la conducta de los abogados deben rendir cuentas de manera eficiente y efectiva,"

[471] Véase el texto de este documento que está disponible en: https://x.com/RepBrandonGill/status/1902036717068050864; y en https://www. congress.gov/bill/119th-congress/house-resolution/229/text

haciendo referencia expresa a que "El sistema de inmigración, en el que el fraude desenfrenado y las reclamaciones infundadas han suplantado las bases constitucionales y legales sobre las que el Presidente ejerce poderes fundamentales en virtud del Artículo II de la Constitución de los Estados Unidos, también está repleto de ejemplos de comportamiento sin escrúpulos por parte de abogados y bufetes de abogados," ordenando en definitiva que la *Attorney General* "busque sanciones contra abogados y bufetes de abogados que participen en litigios frívolos, irrazonables y vejatorios contra los Estados Unidos o en asuntos ante departamentos y agencias ejecutivas de los Estados Unidos."[472]

Todo ello ha originado que en el juicio que se sigue en la Corte de Distrito del Distrito de Columbia, incluso se hayan presentado *amicus curiae* en defensa de la función de los jueces ante los ataques de otras ramas de gobierno, e incluso del en defensa del propio Juez Boasberg.[473]

En todo caso, hay que observar que los ataques del Poder Ejecutivo contra los jueces, se multiplicaron con motivo de las múltiples acciones y ordenes ejecutivas adoptadas por el Presidente Trump para la ejecución de las políticas que había anunciado, y que fueron objeto de control judicial, llegando a niveles

---

472 Véase el texto de este documento que está disponible en: https://www.whitehouse.gov/presidential-actions/2025/03/preventing-abuses-of-the-legal-system-and-the-federal-court/ Véase Joshua Villanueva, "Trump administration targets law firms over 'frivolous' immigration cases and 'partisan' lawsuits," *Jurist News*, March 23, 2025, disponible en: https://www.jurist.org/news/2025/03/trump-administration-targets-law-firms-over-frivolous-immigration-cases-and-political-lawsuits/

473 Véase por ejemplo los documentos de *amicus curiae* presentados en el juicio el l 11 de mayo de 2025, disponibles en: https://storage.courtlistener.com/recap/gov.uscourts.dcd.278436/gov.uscourts.dcd.278436.121.0.pdf; y https://storage.courtlistener.com/recap/gov.uscourts.dcd.278436/gov.uscourts.dcd.278436.122.0.pdf

alarmantes, destacándose por ejemplo, las declaraciones del Vicepresidente de los Estados Unidos, Sr. Vance cuando afirmó que "los jueces no están autorizados a controlar el poder legítimo del Ejecutivo;"[474] o lo dicho por uno de los asesores del Presidente, de que: "Si cualquier Juez en cualquier lugar puede bloquear cualquier orden presidencial en todas partes, no tenemos democracia, tenemos tiranía del poder judicial;"[475] agregando el mismo que "la única forma de restaurar el poder del pueblo en Estados Unidos es destituir a los jueces."[476]

O lo expresado por el propio Presidente ante la orden del Juez Federal de California de reenganche de los miles de empleados públicos despedidos como consecuencia de una de sus órdenes ejecutivas, que el Juez "se estaba colocando en la posición del Presidente electo,"[477] lo que completó la Secretaria de prensa de la Casa Blanca indicando que: "Un solo juez intenta arrebatarle inconstitucionalmente al poder ejecutivo la facultad de contratar y despedir;" calificando la orden judicial de "absurda e inconstitucional."[478]

---

474 Véase Brandon Drenon & Anthony Zurcher, "Vance questions authority of US judges to challenge Trump," *BBC,* 10 febrero 2025, disponible en: https://www.bbc.com/news/articles/c4gx3j5k63xo; Erwin Chemerinsky, "Ïf Trump Defies the Courts, Then What?", *The New York Times*, 10 marzo 2025, p. A16,

475 Véase Harold Pease, "We have Tyranny of the Judiciary," Elon Musk" Libertyunderfire.org, 6 marzo 2025, disponible en: ttps://libertyunderfire.org/2025/03/we-have-tyranny-of-the-judiciary-elon-musk/. Igualmente, en *The New York Times*, 13 marzo 2025, p. A18

476 Véase la Información en *The New York Times*, 2 marzo 2025, p. 21; *The Wall Street Journal,* 17 marzo 2015, p. A4.

477 Véase la Información en *The New York Times*, 18 marzo 2025, p. A12.

478 Véase la Información en *The Wall Street Journal,* 14 marzo 2025, p. A3.

Ello ocurrió también, como se señaló, en materia de deportaciones masivas de migrantes: al expresar la misma Secretaria de prensa que "Un solo juez en una sola ciudad no puede dirigir los movimientos de un avión llevando terroristas extranjeros que fueron físicamente expulsados del territorio de los Estados Unidos."[479]

También ha sido sorprendente la expresión del propio Presidente de Estados Unidos, cuando dijo, frente al control judicial de sus acciones, que: "El que salva a su país no viola ninguna ley" (*He who saves his Country does not violate any Law*,[480] que es más o menos que decir, *mutatis mutandis*, como en la época del Estado absoluto, "*The King can do no wrong*" o "*Le Roi ne peut mal faire*."[481]

Por ello, no es de extrañar que una Juez Federal al ordenar recientemente mediante una orden restrictiva temporal con motivo de conocer sobre una solicitud de *injunction*, la restitución en su cargo de la presidenta de la Junta Nacional de Relaciones Laborales, haya tenido que decir en su sentencia que "El presidente estadounidense no es un rey, ni siquiera uno "electo", y su

---

479 Véase Jess Bravin, "President Pushes Liits of Executive Authority" *The Wall Street Journal*, 18 marzo 2025, p. A1. Igualmente véase el Editorial de esa misma fecha, *The Wall Street Journal* p. A14; Adam Lipak, "Defiance of Judge's Order Stokes Fears of Constitutional Crisis, or Worse," *The New York Times*, 20 marzo 2025, p. A16.

480 Véase el reportaje: "Trump: 'He who saves his Country does not violate any Law'", en MSN, disponible en: https://www.msn.com/en-us/news/politics/trump-he-who-saves-his-country-does-not-violate-any-law/ar-AA1z8iON. Igualmente, en *The New York Times*, 4 marzo 2025, p. A15.

481 Véase las referencias en Allan R. Brewer-Carías, *Principios del Estado de derecho. Aproximación histórica*, Cuadernos de la Cátedra Mezerhane sobre democracia, Estado de derecho y derechos humanos, Miami Dade College, Programa Goberna Las Americas, Editorial Jurídica Venezolana International. Miami-Caracas, 2016.

poder para destituir a funcionarios federales y funcionarios honestos como la demandante, no es absoluto," agregando que: "los Padres de la Constitución dejaron en claro que nadie en nuestro sistema de gobierno estaba destinado a ser rey, incluido el Presidente, y no solo de nombre"[482]

Por todo lo anterior, no es de extrañar que otra Jueza Federal, Jia M. Cobb Washington, D.C., unos meses después, el 1 de agosto de 2025, al dictar una orden judicial bloqueando los intentos de la Administración del Presidente Donald Trump de deportar de forma expedita a materialmente cientos de inmigrantes con estatus condicional en los Estados Unidos otorgado por razones humanitarias, considerando que las acciones del Departamento de Seguridad Interior con ese propósito "excedían la competencia estatutaria del mismo y eran arbitrarias y caprichosas," haya tenido que precisar en su sentencia, que el caso en sus manos presentaba "una cuestión de juego limpio", y que la Corte:

> "no respaldará la propuesta radical de que el Presidente se ve perjudicado, irreparablemente, siempre que no pueda hacer algo que quiere hacer, incluso si lo que quiere hacer es violar la ley." […] El Poder Ejecutivo debe seguir las leyes debidamente promulgadas o pedirle al Congreso que las cambie, y el público tiene un gran interés en que se respete ese principio."[483]

---

[482] Véase la Información en *abcnews*, 6 marzo 2025.

[483] Véase el texto de la sentencia que está disponible en: https://ecf.dcd.uscourts.gov/cgi-bin/show_public_doc?2025cv0872-41. Véase el comentario a la sentencia en: Jonathan Stempel, "Judge blocks Trump from fast-tracking deportations of immigrants paroled into US," en Reuters, 1 agosto 2025, disponible en: https://www.reuters.com/legal/government/judge-blocks-trump-fast-tracking-deportations-immigrants-paroled-into-us-2025-08-01/

En este caso, también, la reacción del Departamento de Seguridad interior no se hizo esperar, habiendo dicho su portavoz, Tricia McLaughlin que "las Jueza Cobb está ignorando flagrantemente a la Corte Suprema de los Estados Unidos que confirmó las expulsiones aceleradas de extranjeros ilegales por una mayoría de 7-2. Este fallo es ilegal y no se mantendrá."[484]

En ese contexto de críticas y amenazas a los jueces, se destaca, por ejemplo, lo expuesto por el Juez John J. McConnell Jr. del Distrito de Rhode Island, quien luego de dictar una sentencia bloqueando la aplicación de la orden ejecutiva restringiendo la nacionalidad por nacimiento, expresó que su tribunal había recibido más de 400 mensajes de voz "viles, amenazantes y horribles," destacando uno que pedía que fuera encarcelado y asesinado," agregando que:

> "He estado en la judicatura casi 15 años, y debo decir que es la única vez que realmente mi fe en el sistema judicial y el estado de derecho se ha sacudido", dijo McConnell, y agregó que hasta ahora ha enfrentado seis amenazas de muerte creíbles además de otras amenazas para él y su familia."[485]

---

[484] Véase la referencia en By Kyle Cheney, Josh Gerstein and Myah Ward, "Judge blocks Trump rapid-fire deportations for immigrants with parole status," en *Político*, 1 agosto 2025, disponible en: https://www.politico.com/news/2025/08/01/immigration-humanitarian-parole-ruling-00488290?fbclid=IwZXh0bgNhZW0CMTEAAR4GXv-8FrMOO9oXFfHvMqleTxMrmPz7NPqzXkBLP0l7aax2l0ApoAWGCLQdxA_aem_VSXEsDziIIwmPc4edgLmPw&utm_source=chatgpt.com

[485] Véase Melissa Quinn, Jacob Rosen, Katrina Kaufman, "Federal judges warn of rise in threats and harassment: "Daunting" and "frightening," en *CBS News,* 31 julio 2025, disponible en: https://www.cbsnews.com/amp/news/federal-judges-warn-rise-threats-harassment/; y en Ella Lee, "Judges overseeing Trump cases speak out against

Otro Juez, John Coughenour del Distrito Oeste de Washington, había dictado una sentencia bloqueando la decisión de la Administración congelando las ayudas federales, informándose que:

> "él y su esposa fueron golpeados, lo que provocó que la policía se presentara en su casa con armas desenfundadas después de que la oficina del alguacil local recibiera una llamada de que la había asesinado.
>
> Dijo que "soportaría" las amenazas y los esfuerzos de intimidación porque se inscribió para ser juez, pero enfatizó que su familia no lo hizo, calificando de "simplemente incorrecto" que ellos también hayan sido atacados.
>
> "Me ha sorprendido cuánto daño se ha hecho a la reputación de nuestro poder judicial porque algunos actores políticos piensan que pueden obtener alguna ventaja atacando la independencia del poder judicial y amenazando el estado de derecho."[486]

Ante toda esta situación, y ante las amenazas proferidas contra los jueces, se entiende lo expresado por la Jueza Elena Kagan de la Corte Suprema, cuando recordó que los jueces:

---

threats," en *The Hill*, 31 agosto 2025, disponible en: https://thehill.com/regulation/court-battles/5430326-trump-judges-face-threats/amp/; y también en *AOL*, 31 agosto 2025, disponible en: https://www.aol.com/judges-overseeing-trump-cases-speak-182858141.html?guccounter=1

486 Véase Ella Lee, "Judges overseeing Trump cases speak out against threats," en *The Hill*, 31 agosto 2025, disponible en: https://thehill.com/regulation/court-battles/5430326-trump-judges-face-threats/amp/; y también en *AOL*, 31 agosto 2025, disponible en: https://www.aol.com/judges-overseeing-trump-cases-speak-182858141.html?guccounter=1

> "solo necesitan hacer lo que están obligados a hacer, que es hacer la ley de la mejor manera que saben hacerlo, dictar sentencias independientes y razonadas, basadas en precedentes, basados en otras leyes, para no ser inhibidos por ninguna de estas amenazas."[487]

Lo último en las reacciones del Poder Ejecutivo contra el Juez Boasberg, de la Corte Federal del Distrito de Columbia, fue la denuncia formal que en contra del Juez federal Boasberg presentó el Departamento de Justicia el día 29 de julio de 2025, firmada por Chad Mizelle, Jefe de Gabinete de la *Attorney General* Palm Bondi, ante el Juez Sir Srinivasan de la Corte de Apelaciones del Distrito de Columbia, mediante la cual el Gobierno lo acusó de:

> "hacer comentarios públicos impropios al *Chief Justice* de la Corte Suprema y otros Jueces federales, que habrían minado la integridad e imparcialidad de la Judicatura, solicitando además que fuera separado de conocer la demanda del caso."

Específicamente, como se detalla en la reseña publicada en *Fox News,* acusaron al Juez de que en una reunión de la Conferencia judicial de los Estados Unidos que tuvo lugar el 11 de marzo de 2025, para tratar temas presupuestarios y de seguridad, el Juez Boasberg:

> "Trató impropiamente de influenciar al Chief Justice Roberts y a cerca de una docena de otros Jueces federales, saliéndose de los temas tradicionales, para expresar su creencia que la Administración Trump podría "desconocer las

---

487 Véase en Khaleda Rahman, "Supreme Court's Peacemaker Speaks Out– 'Scary Stuff'," en Newsweek, 21 julio 2025, disponible en: https://www.newsweek.com/supreme-court-elena-kagan-threats-2103 906

sentencias de las cortes federales" y desencadenar "una crisis constitucional." Aún cuando este comentario habría sido inapropiado incluso si tuviese alguna base, fueron incluso peores porque el Juez Boasberg no tenía base la Administración Trump ha siempre cumplido con todas las ordenes de las Cortes. El Juez Broasberg tampoco identificó ninguna supuesta violación de órdenes judiciales para justificar esas improcedentes predicciones."

"Días después de esas afirmaciones el Juez Boasberg comenzó a actuar conforme a su creencia preconcebida de que la Administración Trump no cumpliría las ordenes de las Cortes. Primero, aún cuando carecía de autoridad, para hacerlo, emitió una *temporary restraining order* impidiendo al Gobierno deportar terroristas violentos del Tren de Aragua que la Corte Suprema anuló sumariamente."

"Tomados en conjunto, las palabras y andanzas del Juez Boasberg violan los Cánones del Código de Conducta de los Jueces de los Estados Unidos, y erosionan la confianza pública en la neutralidad de la justicia, y obligan a una formal investigación."

"El Departamento de Justicia está pidiendo al Juez principal Srinivasan que remita la queja a un comité de investigación especial, ya que una investigación es esencial para determinar si la conducta del juez Boasberg constituye "una conducta perjudicial para la administración efectiva y expedita de los asuntos de los tribunales".

La denuncia también pide que el Juez Boasberg sea retirado del caso que involucra a migrantes venezolanos que fueron deportados a El Salvador, "para evitar una mayor erosión de la confianza pública mientras avanza la investigación."[488]

Sobre esta demanda, el antiguo Juez Federal J. Michael J. Luttig la consideró como signo de "la guerra contra los jueces" declarada por el Departamento de Justicia contra los jueces con los que no ha estado de acuerdo;[489] y otra antigua Juez federal Nancy Gertner y el Profesor Stephen I. Vladeck de la *Georgetown University Law Center*, consideraron que se trataba de un ataque contra un Juez Federal que no podía sostenerse, pues el comentario que hizo el Juez Boasberg en presencia del Chief Justice Roberts y de otros Jueces federales, fue en una reunión privada (*working-breakfest*) convocada por Roberts (*Judicial Conferences*), como usualmente suele hacerlo, sin agenda ni "tópicos tradicionales" a tratar, en las cuales a menudo hace preguntas generales a los jueces sobre lo que sucede en sus tribunales. En dicha reunión, informaron que como se indicó en el website *The Federalist*:

---

488 Véase la información en Jake Gibson, David Spunt, Breanne Deppisch, "Bondi DOJ files complaint alleging misconduct by Federal Judge James Boasberg. Second official complaint against a federal judge since Bondi took office as Attorney General," en *Fox News*, 29 julio 2025, disponible en: https://www.foxnews.com/politics/bondi-doj-files-complaint-alleging-misconduct-federal-judge-james-boasberg.amp

489 Véase en Jess Bidgood, "How Trump Is Attacking the Legal System, via the Legal System," *The New York Times*, 30 julio 2025, disponible en: https://www.nytimes.com/2025/07/30/us/politics/trump-legal-system.html

> "la contribución del juez Boasberg a la discusión fue transmitir las preocupaciones planteadas por sus colegas en el tribunal federal en Washington sobre lo que sucedería si la administración Trump ignorara las órdenes judiciales en casos futuros no especificados, y no, como implica la denuncia, sus preocupaciones personales."

Agregaron Gertner y Vladeck que los comentarios de Boasberg, hechos el 11 de marzo, incluso antes de que el mismo conociera de algún caso contra la Administración Trump, no fueron públicos, y que quien violó la ley en este caso fue la *Attorney General* al hacer pública la denuncia, que más bien requería confidencialidad, considerando que puso de nuevo "a la política antes que a la ley."

Concluyeron la exjueza Gertner y el Profesor Vladeck indicando que, en realidad, lo que parecía es que el "espectáculo" montado por la *Attorney General* Sra. Bondi haciendo pública la denuncia contra el Juez Boasberg, lo que perseguía era avisar a los otros Jueces Federales en el sentido de que supieran que "Si el juez principal de la Corte Federal de Distrito en Washington puede recibir tal tratamiento, tal vez otros jueces lo piensen dos veces antes de plantear preocupaciones legítimas."[490]

Otro caso que debe mencionarse de reacción del Ejecutivo contra los jueces federales en estos casos de las deportaciones masivas ocurrió con motivo de la sentencia de carácter general emitida el 20 de mayo de 2025 por el *Chief Judge* de la Corte Federal de Distrito de Maryland, George L. Russell, III para ser aplicada después de las 5pm del 20 de mayo de 2025, que fue la

---

490 Véase Nancy Gertner y Stephen J. Vladeck, "This Attack on a Federal Judge Cannot Stand," en *The New York Times,* 7 agosto 2025, p. 21.

misma fecha de la sentencia antes comentada de la Corte de Apelaciones del Cuarto Circuito, estableciendo la prohibición de deportación de inmigrantes después de que hubieran intentado acciones de *habeas corpus*.[491]

Como se comentó anteriormente, la sentencia se dictó fundamentalmente para preservar las condiciones existentes y la posible jurisdicción de la Corte sobre los asuntos pendientes mientras determinaba el alcance de su autoridad para conceder la reparación solicitada; para asegurar que los peticionarios pudieran participar en los procesos de *habeas corpus*, y tener la asesoría legal necesaria para sus alegatos, al igual de que para que el Gobierno también tuviera la oportunidad plena de informar y presentar argumentos en su defensa.

Luego de esta decisión, el día 24 de junio de 2025, el Gobierno intentó una demanda no solo contra el *District Chief Judge* George L. Russell III del Distrito de Maryland, sino contra todos los otros catorce (14) jueces federales que conforman el Distrito judicial, requiriendo una orden judicial que bloqueara la *preliminary injunction* que había dictado, prohibiendo a los funcionarios federales de inmigración, por solo dos días, las deportaciones o la alteración del status legal de extranjeros detenidos que hubiesen intentado acciones de habeas corpus en Maryland.[492] La decisión, fue en definitiva, para

---

491 Véase el texto de la sentencia que está disponible en: https://www.mdd.uscourts.gov/sites/mdd/files/2025-01.pdf. Véase el comentario en Ian Round,, "Maryland judge issues order blocking deportation after habeas filings," *The Daily Record*, 22 mayo 2025, disponible en: https://thedailyrecord.com/2025/05/22/maryland-habeas-corpus-deportation-freeze/

492 Véase sobre esta demanda los comentarios de Shaniece Jackson, "US DOJ sues federal court and all its judges over immigration order," *JuristNews,* 26 junio 2025, disponible en https://www.jurist.org/news/2025/06A/us-doj-sues-federal-court-and-all-of-its-judges-over-

preservar las condiciones existentes y la jurisdicción potencial de la Corte "sobre asuntos pendientes mientras determinaba el alcance de su autoridad para otorgar la reparación solicitada.".

Como lo comentó Scott Merrill en un artículo publicado en el sitio de la *New Hampshire Bar Association*, es la primera vez que una Administración presidencial demanda a un panel completo de Jueces Federales activos, en relación con una orden judicial, citando la opinión del Profesor Daniel Pi, de la *Franklin Pierce School of Law* de la Universidad de New Hampshire, quien argumentó que:

> "Los jueces a veces cometen errores, por eso tenemos tribunales de apelaciones. ¿Pero demandar a todos los jueces de un distrito? Ese es el tipo de cosas que a veces se ven en abogados incompetentes: no es una estrategia legal seria".
>
> "Este tipo de demanda no se trata de un tema legal, se trata de enviar un mensaje. "La audacia de demandar no solo a un juez, sino a todos los jueces de un Distrito federal, tiene la intención de avivar el miedo".
>
> "Trump esencialmente argumenta que el poder judicial no debería ser una rama independiente del gobierno. Ese es un asalto fundamental a la separación de poderes."[493]

---

immigration-order/ ; Ashley Olive, "Trump DHS sues entire bench of federal judges in Maryland district court over automatic injunctions. DHS lawsuit targets Maryland federal court's automatic pause policy that delays deportations," Fox News, 25 junio 2025, disponible en: https://www.foxnews.com/politics/trump-dhs-sues-entire-bench-federal-judges-maryland-district-court-over-automatic-injunctions.amp

493 Véase en Scott Merrill, "Trump DOJ Sues Federal Judges in Maryland as Supreme Court Clears Path for Birthright Citizenship Order,' New Hampshire Bar Association, julio 2025, disponible en: https://www.nhbar.org/trump-doj-sues-federal-judges-in-maryland-as-supreme-court-clears-path-for-birthright-citizenship-order/

Por su parte, Andrew Warren, antiguo Fiscal del Estado de Florida, sobre la demanda expresó que:

> "Esto no es solo un desafío a una política. "Es un asalto frontal a la autoridad judicial. La idea de que los jueces no pueden bloquear acciones inconstitucionales desafía el principio fundamental de revisión judicial establecido en *Marbury v. Madison*".

Advirtiendo que, con este tipo de demanda, lo que está diciendo es que:

> "los jueces son antiestadounidenses o corruptos, y ahora se los está llevando a los tribunales, por hacer su trabajo.
>
> "Cuando apuntas al poder judicial de esta manera, socavas una de las pocas instituciones que pueden proteger los derechos de las personas contra la extralimitación del gobierno. Esta demanda lleva las cosas un paso más allá. [Es como decir:] "No tienes autoridad para impedirnos deportar personas." No se trata solo de impugnar un fallo; es un ataque personal contra los jueces."[494]

En la misma orientación, esta demanda, en criterio del Profesor de la Facultad de Derecho de Georgetown, Stephen I. Vladeck,

> "está en consonancia con los esfuerzos de la administración Trump para deslegitimar la magistratura federal. "Creo que estamos viendo un intento sin precedentes por parte del gobierno federal de retratar a los jueces de distrito no como una rama coordinada del gobierno", dijo, "sino como nada más que oposición política."[495]

---

494 *Idem.*

495 Véase en Alan Feuer, "White House Sues Judges Over Deportation Rule," en *The New York Times*, 26 junio 2025, p. A13.

Como se comentó el periodista Alan Feuer, en la demanda:

"los abogados del Departamento de Justicia señalaron, como lo han hecho muchos funcionarios de la administración en las últimas semanas, que los tribunales de todo el país han emitido una avalancha de *injunctions* contra varias partes de la agenda del presidente Trump casi desde el momento en que regresó al cargo.

Los abogados trataron de presentar su demanda contra el juez Russell y sus colegas en ese contexto, diciendo que la nueva regla de legitimación se entrometía en los poderes inherentes de la Casa Blanca para "hacer cumplir las leyes de inmigración de la nación".

"Esta demanda implica otro ejemplo lamentable del uso ilegal de poderes equitativos para restringir al ejecutivo", escribieron los abogados. "Específicamente, los acusados han instituido una orden judicial abiertamente automática contra el gobierno federal, emitida fuera del contexto de cualquier caso o controversia en particular".

A primera vista, el espectáculo de la administración Trump demandando a toda una Corte de Distrito dejó en claro cuán fea y extraña se ha vuelto la relación entre los poderes ejecutivo y judicial.

Trump y sus principales asesores han atacado repetidamente –y personalmente– a los jueces federales en un caso tras otro, culpándolos por fallar en su contra con poco reconocimiento, aunque los fallos a menudo se han producido en respuesta a políticas que han sondeado, si no sobrepasado, los límites de la ley."[496]

---

496 *Idem*

Por último, también sobre la extraña demanda colectiva contra los jueces, el antiguo Juez Federal J. Michael J. Luttig consideró que se trataba de un "litigio frívolo" que tenía la intención de "acosar, intimidar y amenazar aún más a los tribunales federales porque, según la Constitución, han fallado en contra del Presidente y su administración." [497]

Por ello, con razón, el periodista Alan Feuer, en un comentario publicado en agosto de 2025 titulado "*Jurists Show Loss of Faith in Justice Dep*," observó como:

> "en los últimos meses, a medida que los miembros del Departamento de Justicia del presidente Trump han engañado repetidamente a los tribunales, violado sus órdenes y demonizado a los jueces que han fallado en su contra, algunos juristas han comenzado a mostrar una airada pérdida de fe en las personas y la institución en la que alguna vez creyeron más."

Ello, según Fauer, ha provocado la disolución de los lazos tradicionales de confianza, conocidos en los círculos legales como la presunción de regularidad, y:

> "Si bien es imposible saber con certeza qué tan profunda se ha establecido esta desconfianza entre los jueces de todo el país, varios jueces en las últimas semanas han cuestionado abiertamente la honestidad y credibilidad

497 Véase en Jess Bidgood, "How Trump Is Attacking the Legal System, via the Legal System," *The New York Times*, 30 julio 2025, disponible en: https://www.nytimes.com/2025/07/30/us/politics/trump-legal-sys tem.html. En la audiencia fijada para el caso, presidida por el juez Federal de Distrito de Baltimore, Thomas T. Collen, no pudo dejar de expresar sus reservas acerca de la inusual demanda y su escepticismo sobre la misma. Véase Alan Feuer, "Judge Is Skeptical of U.S. Government's Suit Against Federal Bench in Maryland, "*The New York Times,* 14 agosto 2025, p. A17.

fundamentales de los abogados del Departamento de Justicia de maneras que habrían sido impensables hace meses."[498]

En conocimiento de la extraña demanda, dado que todos los jueces del Distrito estaban demandados, fue asignado al Juez de la Corte Federal del Distrito Oeste de Virginia, Thomas T. Cullen, quien en ocasión de la audiencia inicial del caso que tuvo lugar en Baltimore día 13 de abril, como se informó en la prensa "si bien no emitió decisión, expresó su escepticismo sobre la extraordinaria maniobra legal de la administración, que los abogados de los jueces de Maryland calificaron como completamente sin precedentes," preguntándose desde el inicio sobre el porqué había sido "necesario que la Administración demandara a toda la Corte federal de Maryland por una orden que detuvo la deportación inmediata de migrantes que impugnaban sus expulsiones."[499]

Luego de dos semanas de oír y leer argumentos, el Juez Cullen dictó su sentencia el 26 de agosto de 2025,[500] desechando la demanda, considerando que el Ejecutivo tenía la vía de la apelación si no estaba conforme con la decisión de la Corte de

---

498 Véase Alan Feuer, "More Jurists Show Loss of Faith in Justice Dep.," *The New York Times,* 5 agosto 2025, p. A1.

499 Véase los comentarios en: Lea Skene, "Trump lawsuit against Maryland's entire federal bench meets skepticism in court," PBS News, 13 agosto 2025, disponible en: https://www.pbs.org/newshour/politics/trump-lawsuit-against-marylands-entire-federal-bench-meets-skepticism-in-court

500 Véase la sentencia, que está disponible en: https://storage.courtlistener.com/recap/gov.uscourts.mdd.584990/gov.uscourts.mdd.584990.58.0_4.pdf. Véase los comentarios a la sentencia en: Sofia Jenkins, "Federal judge dismisses Trump lawsuit against Maryland federal judges," en *JuristNews,* 26 agosto 2025, disponible en: https://www.jurist.org/news/2025/08/federal-judge-dismisses-trump-lawsuit-against -maryland-federal-judges/

Distrito. En su lugar, el Ejecutivo escogió una vía de confrontación demandando, demandando en un en "litigios novedoso y potencialmente calamitoso a todo un cuerpo judicial, una parte vital de esta rama coordinada del gobierno, y a sus principales funcionarios."

El Juez Cullen, en su sentencia, estimó que "la Corte de Distrito para el Distrito de Maryland, como entidad de los Estados Unidos soberanos, es inmune a la demanda," razón por la cual desestimó la demanda. El Juez estimó que loa redactores de la Constitución:

> "establecieron tres ramas coordinadas para establecer un solo soberano. Esa estructura puede engendrar ocasionalmente enfrentamientos entre dos ramas y la usurpación de una rama en la autoridad de otra. Pero la mediación en esas disputas debe ocurrir de una manera que respete el papel constitucional del Poder Judicial"

Considerando el Juez, en definitiva, que "cualesquiera que fueran los méritos de su queja contra los jueces de la Corte de Distrito de Maryland, el Ejecutivo debía encontrar una manera adecuada de plantear esas preocupaciones," y no la extraña demanda intentada; agregando que:

> "Aunque cierta tensión entre las ramas coordinadas del gobierno es un sello distintivo de nuestro sistema constitucional, este esfuerzo concertado del ejecutivo para difamar e impugnar a los jueces individuales que fallan en su contra no tiene precedentes y es desafortunado."[501]

---

[501] Véase los comentarios a la sentencia en: Alan Feuer, "Judge Dismisses Trump Administration Suit Against Federal Bench in Maryland. The judge used the ruling to take President Trump and some of his top aides to task for having repeatedly attacked other judges who have

Ante toda esta situación de confrontación por la cual ha optado el Ejecutivo contra los jueces, han sido importantes las manifestaciones públicas que han expresado algunos jueces federales ante las amenazas que han recibido, como por ejemplo ocurrió el 31 de julio de 2025, en un evento denominado "*Speak Up For Justice*" establecido para apoyar la movilización en apoyo de la Judicatura y para crear conciencia sobre las amenazas que enfrentan los jueces y sus familias.

En dicho, evento los jueces federales de Distrito. John J. McConnell Jr. del Distrito de Rhode Island, John Coughenour del Distrito Oeste de Washington y Esther Salas, del Distrito de New Jersey expresaron su preocupación ante las campañas de acoso contra ellos, desde que asumieron los casos prominentes. Como se reportó sobre el evento:

> "Los comentarios públicos de los jueces condenando las amenazas violentas y la intimidación que han enfrentado son una ocurrencia rara, ya que los jueces en ejercicio a menudo permanecen en silencio en medio de las críticas para evitar parecer parciales.
>
> Pero los jueces dijeron que había llegado el momento de hablar, ya que la independencia del poder judicial está siendo objeto de crecientes ataques.

---

dared to rule against the White House," *The New York Times*, 26 agosto 2025, disponible en: https://www.nytimes.com/2025/08/26/us/politics/trump-suit-maryland-judges.html?campaign_id=60&emc =edit_na_20250826&instance_id=161302&nl=breaking-news&regi_id=278306411&segment_id=204673&user_id=1eac8c068a0792c465672fa29b8501f7; y en Alan Feuer, "In Sccathing Rebuke, Judge Picked by Trump Tosses Suit Against Maryland Bench," *The New York Times,* 27 agosto 2025, p. A17.

"Necesitamos un llamado a la acción en este país de nuestros abogados y jueces para decir: 'No en este país, no ante nuestra vista'," dijo Coughenour.[502]

Por su parte, el Juez John J. McConnell Jr. dijo

"Me ha sorprendido cuánto daño se ha hecho a la reputación de nuestro poder judicial porque algunos actores políticos piensan que pueden obtener alguna ventaja atacando la independencia del poder judicial y amenazando el estado de derecho."[503]

Por su parte, otra Jueza, Esther Salas, del Distrito de New Jersey, habló sobre el "aumento de la retórica violenta en los últimos meses que ha llevado a más jueces a hablar sobre las amenazas que han recibido", refiriéndose al hecho de que "de arriba hacia abajo, desde los portavoces de la Casa Blanca nos llaman jueces locos, izquierdistas e inconstitucionales".

Explicó que los jueces "para ser justos, no son partidistas, pero tenemos que hablar de los hechos. Y los hechos son que tenemos líderes políticos con grandes plataformas sociales, líderes políticos con poder, llamándonos trastornados e idiotas, ese es el tipo de retórica incendiaria que creo que hizo que los jueces que están aquí hoy se presentaran". El juez también instó a los

502 Véase Ella Lee, "Judges overseeing Trump cases speak out against threats," en *The Hill*, 31 agosto 2025, disponible en: https://thehill.com/regulation/court-battles/5430326-trump-judges-face-threats/amp/ y también en *AOL*, 31 agosto 2025, disponible en: https://www.aol.com/judges-overseeing-trump-cases-speak-182858141.html?guccounter=1

503 Véase: Nate Raymond, "US judges recount death threats, 'swatting' after rulings against Trump," en *Reuters,* 31 julio 2025, disponible en: https://www.reuters.com/legal/government/us-judges-recount-death-threats-swatting-after-rulings-against-trump-2025-07-31/

líderes políticos de la nación a bajar el tono de la retórica y dejar de llamar a los jueces "corruptos" y "parciales", expresando que:

> "Están invitando a la gente a hacernos daño, están invitando a ese hombre a llamarte porque ahora se siente envalentonado para usar esas palabras en tu contra, porque nuestros líderes nos están llamando idiotas, trastornados y monstruos", dijo. "No lo hagas personal. Apela a un tribunal superior".[504]

La jueza Salas agradeció a los jueces que hablaron en el evento del jueves, diciendo que estaban rompiendo su silencio porque ven una "amenaza real a la democracia y la seguridad e independencia judicial que ha hecho de este país lo que es hoy".[505]

Todo lo dicho anteriormente, sin duda muestra una situación general en los Estados Unidos de confrontación de poderes y de amenaza del Poder Ejecutivo contra el Poder Judicial, es decir, tal como lo indicó Katelyn Polantz, de CNN, una situación "de enfrentamiento del Gobierno con el poder judicial federal, eludiendo órdenes judiciales que bloquean su agenda, demandando a jueces por supuesta mala conducta y avanzando hacia lo que varios jueces federales actuales y retirados advierten

---

504 Véase Melissa Quinn, Jacob Rosen, Katrina Kaufman, "Los jueces federales advierten sobre el aumento de las amenazas y el acoso: "Desalentador" y "aterrador", en *CBS News,* 31 julio 2025, disponible en: https://www.cbsnews.com/amp/news/federal-judges-warn-rise-threats-harassment/;

505 Véase Melissa Quinn, Jacob Rosen, Katrina Kaufman, "Los jueces federales advierten sobre el aumento de las amenazas y el acoso: "Desalentador" y "aterrador", en *CBS News,* 31 julio 2025, disponible en: https://www.cbsnews.com/amp/news/federal-judges-warn-rise-threats-harassment/;

podría convertirse en una crisis constitucional,"[506] ante lo cual, deben destacarse, por su importancia, las observaciones de un ex juez venezolano (Eleazar Saldivia, exiliado en los Estados Unidos desde 2014) expresadas en una entrevista que le hizo Alanah Vargas, Directora Editorial Asociada de la organización *JURIST*, publicada en el portal *Jurist News,* en julio de 2025, con el título: *What happened in Venezuela can happen anywhere,* en la cual expresó lo siguiente al contestar las siguientes dos preguntas, entre otras:

> "Desde *su perspectiva, ¿qué señales de advertencia está viendo ahora en los Estados Unidos que se hacen eco del desmantelamiento de los tribunales de Venezuela*?
>
> "Cuando veo intentos de desacreditar a los jueces, manipular los nombramientos de los tribunales y utilizar el poder judicial como herramienta política, estas son las primeras señales. Estos sucesos siguen el mismo patrón que vi en Venezuela. Estados Unidos todavía tiene instituciones sólidas, pero el momento de actuar es ahora. Cuando aparecen las grietas; no cuando los cimientos se han derrumbado. Debemos defender la independencia judicial protegiendo a los jueces de las represalias políticas. Debemos apoyar la integridad de las instituciones legales porque en Venezuela nunca pensamos que esto nos podría pasar a nosotros. Teníamos controles y equilibrios establecidos. Creíamos que estábamos preparados para defendernos de cualquier ataque a la Constitución y al estado de derecho. […] Cuando vi a figuras políticas aquí [en Estados Unidos] atacando a los jueces, me sentí terrible porque así lo hicieron en Venezuela.

---

506 Véase Katelyn Polantz, "Los tribunales son impotentes. Así es la constante erosión del poder judicial durante el Gobierno de Trump," *CNN EE.UU.,* 10 agosto 2025, disponible en: https://cnnespanol.cnn.com /2025/08/10/eeuu/dentro-erosion-poder-judicial-gobierno-trump-trax

Todos los jueces de Venezuela fueron acusados de ser corruptos o traidores. El silencio de la comunidad jurídica ayudó a Hugo Chávez y Nicolás Maduro a llegar a este punto.

Necesitamos hablar temprano. Necesitamos que la comunidad legal entienda que debemos proteger a nuestros jueces a toda costa porque son los únicos que pueden regular y controlar a los poderosos. Son los únicos que pueden regular y controlar los poderes ejecutivo y legislativo. De lo contrario, perderemos nuestra democracia. Después de perder su democracia, no queda nada más que miedo, injusticia, intimidación y persecución. Son tantas cosas.

La gente ahora es más consciente de lo que sucedió en Venezuela. Pero en ese entonces, nadie sabía lo que estaba sucediendo en ese momento.

Ud. ha vivido las consecuencias de un poder judicial politizado. ¿Cuál es su mensaje para los jueces, abogados y ciudadanos estadounidenses que pueden creer que "esto no puede suceder aquí"?

Una vez creí que tampoco podía suceder en Venezuela. Pero pasó. Comenzó con pequeños actos de miedo y silencio. Mi mensaje para los estadounidenses es este: la democracia depende de valientes jueces, abogados y ciudadanos informados. No esperes ese colapso. Habla cuando veas injusticia. Defienda los tribunales antes de que se politicen sin remedio. No permita la destrucción de la reputación de la corte porque ese es el comienzo del colapso."[507]

[507] Véase: Alanah Vargas, "What happened in Venezuela can happen anywhere'–Interview with Exiled Venezuelan Judge Eleazar Saldivia," *Jurist News,* 3 julio 2025, disponible en: https://www.jurist.

La llamada de atención es importante porque, sin duda, como lo dijo el juez entrevistado, lo que pasó en Venezuela puede suceder en cualquier parte cuando se resquebraja el Estado de derecho (*Rule of Law*), y se somete a control político al Poder Judicial. De allí, lo importante que puede ser conocer qué fue lo que sucedió en Venezuela, y cómo se llegó a la situación actual, como se explica en el *Anexo* de este libro.

Nueva York, 9 de septiembre de 2025

org/features/2025/07/03/what-happened-in-venezuela-can-happen-anywhere-interview-with-exiled-venezuelan-judge-eleazar-saldivia/

ANEXO

SOBRE LA CRISIS DEL ESTADO DE DERECHO EN VENEZUELA COMO CONSECUENCIA DEL DESMANTELAMIENTO DEL PODER JUDICIAL Y DE SU INDEPENDENCIA

La Comisión Internacional de Juristas con sede en Ginebra, que como es bien sabido está compuesta de 60 eminentes jueces y abogados de todas las regiones del mundo, y tiene por misión la promoción y protección de los derechos humanos a través del Estado de derecho, presentó en 2021 un importante Informe, con el sugestivo título: *Jueces en la Cuerda Floja. Informe sobre Independencia e Imparcialidad del Poder Judicial en Venezuela,*[1] en el cual analizó la situación del Poder Judicial en el país, documentando:

> "cómo el control político ejercido por las autoridades del partido de gobierno (Partido Socialista Unido de Venezuela) sobre el Tribunal Supremo de Justicia (TSJ), ha contribuido a socavar el Estado de derecho, la independencia judicial y la falta de rendición de cuentas por las graves violaciones de derechos humanos, en Venezuela."

---

1 El texto del Informe está disponible en el sitio wed de la Comisión, en: https://www.icj.org/wp-content/uploads/2021/06/Ve

El Informe está precedido de un *Resumen Ejecutivo,* en el cual se lee:

"Aunque el ordenamiento jurídico nacional consagra garantías de imparcialidad e independencia judicial de acuerdo con el Estado de derecho, existen numerosas deficiencias en la legislación ordinaria. Y en la práctica, el funcionamiento de la independencia judicial es pésimo. Esto se evidencia de varias maneras.

En primer lugar, el Poder Judicial carece de independencia frente al control o influencia del poder político y, en medio del continuo autoritarismo, los jueces siguen estando sujetos a graves presiones externas.

En segundo lugar, el Tribunal Supremo de Justicia (TSJ), en el ejercicio de algunas de sus funciones jurisdiccionales, de gobierno y de gestión judicial, ha socavado la independencia de los jueces. Por ejemplo, el TSJ ha permitido a los actores políticos ignorar los procedimientos y requisitos constitucionales en el proceso de nombramiento de los magistrados del TSJ. Además, ha permitido que los actores políticos controlen de forma efectiva o influyan indebidamente en el Tribunal Supremo y, en consecuencia, en el Poder Judicial en general.

En tercer lugar, la práctica reiterada del Tribunal Supremo de Justicia de suspender los concursos para nombrar jueces, así como el efecto que esto tiene en el elevado número de jueces provisionales, ha llevado a que la mayoría de los jueces sean nombrados sin cumplir los procedimientos constitucionales y a un aumento del poder discrecional en los nombramientos por parte del TSJ a través de su Comisión Judicial. Esta Comisión tiene amplios poderes para nombrar y destituir a los jueces provisionales y para crear, modificar y suprimir tribunales. Además, el TSJ ha establecido en su jurisprudencia que la destitución de los jueces provisionales no requiere de un procedimiento disciplinario, lo que viola el principio de garantía de inamovilidad en el cargo según las normas internacionales. Asimismo, los jueces han sido destituidos inmediatamente después de adoptar decisiones judiciales que no han sido del agrado de los magistrados del TSJ.

En cuarto lugar, existen mecanismos de control, tanto formales como informales, que condicionan y presionan el trabajo de los jueces, como el uso de directivas e instrucciones por parte de los magistrados del TSJ y otros jueces con funciones administrativas, que buscan presionar a los jueces para que tomen determinadas decisiones en los casos.

En quinto lugar, existen debilidades en los procedimientos disciplinarios judiciales, como su falta de implementación de acuerdo con la Constitución y los problemas derivados del nombramiento directo de los jueces disciplinarios por parte del TSJ. A esto se suma la falta de operatividad de los colegios electorales judiciales y la existencia de normas que permiten la participación mayoritaria de los Consejos Comunales –organizaciones civiles con clara filiación política al Partido Socialista Unido de Venezuela- en la selección de los jueces disciplinarios.

En sexto lugar, el deterioro de la independencia judicial repercute en la falta de rendición de cuentas de los funcionarios públicos y debilita la lucha contra la impunidad en casos de graves violaciones de derechos humanos, lo que a su vez
5 vulnera los derechos de las víctimas. Además, dado el control que ejercen los miembros del gobierno sobre el Poder Judicial, los jueces no solo son incapaces de proteger a las víctimas de violaciones de derechos humanos y de la represión derivada de motivaciones políticas, sino que el Poder

Judicial, en muchos casos, ha sido utilizado como herramienta de represión contra los disidentes. También se ha detectado una corrupción rampante en el Poder Judicial, consistente, por ejemplo, en "cobros" indebidos que son exigidos por funcionarios judiciales para llevar a cabo trámites y procesos judiciales, así como casos de jueces que a su vez son contratistas del Estado.

La CIJ considera que es fundamental restablecer y garantizar la independencia del Poder Judicial en Venezuela, lo que significa también restaurar el Estado de derecho en el país. Este informe hace una serie de recomendaciones para contribuir a la superación de la crisis institucional y al restablecimiento del Estado de derecho.

Las principales recomendaciones se dirigen a despolitizar urgentemente el Poder Judicial en general y específicamente el Tribunal Supremo de Justicia, así como a avanzar en los procesos de nombramiento de los altos cargos del Poder Judicial y del TSJ de acuerdo con las disposiciones constitucionales. Además, la CIJ recomienda que se establezcan mecanismos independientes y autónomos dentro del Poder Judicial para la selección de jueces y para el ejercicio de las funciones disciplinarias, y que se refuerce la transparencia y la rendición de cuentas en el sistema de justicia.

Asimismo, la CIJ sugiere que se revise parte de la legislación nacional sobre el Poder Judicial con el fin de adecuarla a los estándares internacionales, especialmente aquella que regula formalmente los procesos de selección y concurso de jueces. También es urgente poner fin al uso de la justicia militar contra civiles y reforzar la prohibición constitucional de someter civiles a la jurisdicción militar."[2]

---

2 *Idem*. pp. 5-6

La anterior descripción que hace la Comisión Internacional de Juristas sobre la situación del Poder Judicial en Venezuela, por supuesto, la misma Comisión la enmarca como una consecuencia del proceso más amplio de la destrucción de Estado de derecho en su conjunto, que produjo el colapso de todas sus instituciones,[3] incluyendo la demolición del propio régimen democrático,[4] como consecuencia del populismo constitucional autoritario que se impuso en el país a partir de 1999.[5]

De esa manera, por tanto, es como se puede entender cómo ocurrió, en particular, la demolición de la independencia y autonomía del Poder Judicial,[6] que bien documenta el *Informe* de la Comisión Internacional de Juristas, desapareciendo del país toda forma de control efectivo por parte de los jueces en relación con las actuaciones de los otros poderes del Estado, en particular, en

---

3 Véase Allan R. Brewer-Carías, *Collapse of the Rule of Law and the Struggle for Democracy in Venezuela*. Lectures and Essays (2015-2020), Foreword: Asdrúbal Aguiar, Colección Anales, Cátedra Mezerhane sobre democracia, Estado de Derecho y Derechos Humanos, Miami Dade College, 2020.

4 Véase Allan R. Brewer-Carías, *Dismantling Democracy. The Chávez Authoritarian Experiment*, Cambridge University Press, New York 2010.

5 Véase Allan R. Brewer-Carías, Authoritarian *Government v. The Rule of Law. Lectures and Essays (1999-2014) on the Venezuelan Authoritarian Regime Established in Contempt of the Constitution*, Fundación de Derecho Público, Editorial Jurídica Venezolana, Caracas 2014; *Kakistocracia depredadora y populismo constitucional. El falso Estado de derecho, basado en mentiras, las inhabilitaciones políticas, el secuestro de elecciones y reformas constitucionales contra la democracia* (Estudio Preliminar de Jaime Orlando Santofimio), Tirant lo blank, Bogotá 2025.

6 Véase Allan R. Brewer-Carías, *La demolición de la independencia y autonomía del Poder Judicial en Venezuela 1999-2021,* ISBN 978-1-63821-550-9. Colección Biblioteca Allan R. Brewer-Carías, Instituto de Investigaciones Jurídicas de la Universidad Católica Andrés Bello, N° 7, Editorial Jurídica Venezolana, Caracas 2021

materia de control de la constitucionalidad de las leyes y en materia de control contencioso administrativo respecto de los actos del Poder Ejecutivo y de la Administración Pública.

Y es que, en efecto, el contraste con lo que ocurrió, entre los valores más importantes expresados en la Constitución de 1999 estaba la concepción del Estado de derecho como un "Estado de Justicia" (artículo 1), que el Tribunal Supremo de Justicia creado en 1999 señaló en sentencia de su Sala Político Administrativa en 2000, que era una "nueva concepción de Estado" que traía consigo "no tan solo una transformación orgánica del sistema judicial (Artículos 253 y 254 de la Constitución)," sino también un cambio en la concepción del Poder Judicial como "el poder integrado y estabilizador del Estado, ya que es el único que tiene competencia para controlar y aún disolver al resto de los Poderes Públicos," lo que a juicio del Tribunal Supremo nos hacía "un Estado Judicialista."[7]

Para ello, lo primero que un Estado de Justicia exige es que la Justicia se imparta por órganos independientes, autónomos e imparciales, a los cuales todos tengan derecho de acceder en forma gratuita y sin discriminación, y que aseguren el derecho de todos a lograr la tutela efectiva de sus derechos, y la condena y castigo a quienes violen las leyes, debiendo prevalecer, en todo caso, la justicia material sobre las formalidades.[8]

---

7 Véase sentencia N° 659 de 24 de marzo de 2000 (Caso: *Rosario Nouel vs. Consejo de la Judicatura y Comisión de Emergencia Judicial*), en *Revista de Derecho Público*, N° 81 (enero-marzo), Editorial Jurídica Venezolana, Caracas, 2000, p. 103 y 104.

8 Véase sentencia de la Sala Política Administrativa del Tribunal Supremo No. 949 de 26 de abril de 2000, en *Revista de Derecho Público*, N° 82, Editorial Jurídica Venezolana, Caracas, 2000, pp. 163 ss.

En ese contexto, solo jueces autónomos e independientes son los que pueden asegurar que se cumplan los principios esenciales de dicho Estado de derecho, y en particular, el respeto a la supremacía de la Constitución, el aseguramiento de la democracia representativa mediante elecciones libres, justas y limpias, la garantía de funcionamiento de la separación de poderes, la garantía y respeto de los derechos humanos, el aseguramiento del principio de legalidad y el control del ejercicio del poder, es decir, de la actuación de los diversos poderes del Estado.[9]

La consecuencia de todo ello, en particular del último principio, es que, por supuesto, sin control judicial del poder, en definitiva no pueden tener vigencia ninguno de los elementos y componentes esenciales de la democracia como los define la Carta Democrática Interamericana de 2001, es decir, no puede haber verdaderas elecciones libres, justas y confiables; no puede haber pluralismo político, ni acceso al poder conforme a la Constitución; no puede haber efectiva participación en la gestión de los asuntos públicos, ni transparencia administrativa en el ejercicio del gobierno, ni rendición de cuentas por parte de los gobernantes; en fin, no puede haber sumisión efectiva del gobierno a la Constitución y las leyes, así como subordinación de los militares al gobierno civil; no puede haber efectivo acceso a la justicia; y real y efectiva garantía de respeto a los derechos humanos, incluyendo la libertad de expresión y los derechos sociales.

Y esa es, efectivamente, a pesar de todos los enunciados constitucionales, la situación en la cual se encuentra Venezuela

---

[9] Véase Allan R. Brewer-Carías, *Principios del Estado de Derecho. Aproximación histórica*, Cuadernos de la Cátedra Mezerhane sobre democracia, Estado de derecho y derechos humanos, Miami Dade College, Programa Goberna Las Américas, Editorial Jurídica Venezolana International. Miami-Caracas, 2016.

luego de 25 años de destrucción sistemática y continua de todos los componentes del Estado democrático de derecho,[10] como consecuencia de la ausencia de Poder Judicial independiente y autónomo, y de toda posibilidad efectiva de control judicial respecto de los otros poderes del Estado. Un proceso que se realizó desde adentro y por dentro del Estado mismo, desde cuándo, ante una democracia en crisis, desamparada y abandonada por el liderazgo que la construyó durante cuatro décadas (1958-1998), Hugo Chávez Frías, un exmilitar que había intentado dar un golpe militar en 1992, siete años después, en 1999, logró su objetivo de asaltar el poder pero mediante la convocatoria de una Asamblea Constituyente no prevista en la Constitución entonces vigente, con la cual, ante irresponsables aplausos generales,[11] comenzó a arrasar con todas las instituciones del Estado democrático de derecho, comenzando, evidentemente con el asalto al Poder Judicial, que fue desde el inicio, paralela y sistemáticamente amenazado e intervenido hasta lograr su control político total.

---

10 Véase sobre este tema, Allan R. Brewer-Carías, "Sobre el Estado de derecho en Venezuela y su desintegración bajo el régimen autoritario," en *Boletín de la Academia de Ciencias Políticas y Sociales*, N° 176, julio-diciembre 2024, Caracas 2024, pp. 1329-1350; y "Desmontaje de la democracia y el Poder Judicial Sobre la destrucción del Estado de derecho y la imposibilidad de que pueda haber elecciones de democracia representativa," en *El Nacional*, *Especial sobre la resistencia democrática y la esperanza que perdura. Venezuela no se rinde,* 28 de julio de 2025, p. 9.

11 Véase Allan R. Brewer-Carías, *Crónica constitucional sobre el momento constituyente perdido de 1998. (Que el liderazgo democrático no entendió ni supo asumir, y que Chávez le arrebató en 1999 para establecer un régimen autoritario). Enseñanzas para el presente*, Colección de Crónicas constitucionales para la Memoria Histórica, N° 8, Biblioteca Allan R. Brewer-Carías, Universidad Católica Andrés Bello, Caracas 2024.

Para ese fin, la primera medida que se adoptó en la Asamblea Constituyente en 1999,[12] fue proceder a la remoción de la casi totalidad de los jueces del país, sin garantía alguna de debido proceso y violando la garantía de la independencia judicial; proceso que lamentablemente contó con la anuencia de la Corte Suprema de Justicia que entonces existía, que quedó arropada por la marea constituyente,[13] llenándose la judicatura con jueces provisorios y temporales,[14] sin garantía alguna de estabilidad; quedando la destitución de los mismos al arbitrio de una Comisión *ad hoc* del Tribunal Supremo de Justicia, todo ello con el

---

12 Véase el voto salvado al proceso de intervención del Poder Judicial por la Asamblea Nacional Constituyente, en Allan R. Brewer-Carías, *Debate Constituyente, (Aportes a la Asamblea Nacional Constituyente)*, Tomo I, (8 agosto-8 septiembre), Caracas 1999.

13 Véase Allan R. Brewer-Carías (Coordinador y editor, *La muerte de una Constitución. El proceso constituyente de 1999 desencadenado por dos sentencias de la Corte Suprema,* (Con trabajos de: Eduardo Jorge Prats, Alessandro Pace, Georges Liet-Vaux y de Juan Manuel Raffalli, Ramón Guillermo Aveledo, Víctor Hernández Mendible, Carlos Luis Carrillo Artíles, Ricardo Antela Garrido, Lolymar Hernández Camargo, Michael Núñez Torres y Rafael Estrada Michel, Jaime Grimaldo Lorent, Ricardo Combellas, Jesús María Casal, Tulio A. Álvarez, Eduardo Piacenza, Carlos García Soto, Gustavo Grau Fortoul, José Ignacio Hernández G. y Miguel J. Mónaco), Colección Biblioteca Allan R. Brewer-Carías, Instituto de Investigaciones Jurídicas, Universidad Católica Andrés Bello, N°. 9, Editorial Jurídica Venezolana, Caracas 2022

14 Por ejemplo, en el *Informe Especial* de la Comisión Interamericana de Derechos Humanos sobre Venezuela correspondiente al año 2003, la misma expresó, que "un aspecto vinculado a la autonomía e independencia del Poder Judicial es el relativo al carácter provisorio de los jueces en el sistema judicial de Venezuela. Actualmente, la información proporcionada por las distintas fuentes indica que más del 80% de los jueces venezolanos son "provisionales". *Informe sobre la Situación de los Derechos Humanos en Venezuela 2003*, OEA, p. 161.

aval del mismo Tribunal.15 Por ello, como lo observó el Secretario General de la OEA, Luis Almagro, ya para mayo de 2016, en Venezuela –dijo– "no existe una clara separación e independencia de los poderes públicos, donde se registra uno de los casos más claros de cooptación del Poder Judicial por el Poder Ejecutivo."[16]

Para asegurar ese control político, además, la nueva Constitución de 1999 le atribuyó al Tribunal Supremo de Justicia la administración del sistema de administración de justicia, y bastó con que el Poder Ejecutivo controlara a sus magistrados, mediante inconstitucionales nombramientos como tales a personas totalmente comprometidas con el gobierno o el partido oficial, al punto de que algunos llegaron a expresar públicamente que su misión, antes que impartir justicia, era contribuir a la ejecución

---

15 Como lo observó la Comisión Internacional de Juristas de Ginebra en 2014: "Un sistema de justicia que carece de independencia, como lo es el venezolano, es comprobadamente ineficiente para cumplir con sus funciones propias. En este sentido en Venezuela, [...] el poder judicial, precisamente por estar sujeto a presiones externas, no cumple su función de proteger a las personas frente a los abusos del poder, sino que, por el contrario, en no pocos casos es utilizado como mecanismo de persecución contra opositores y disidentes o simples críticos del proceso político, incluidos dirigentes de partidos, defensores de derechos humanos, dirigentes campesinos y sindicales, y estudiantes." Véase en http://icj.wpengine.netdna-cdn.com/wp-content/uploads/2014/06/VENEZUELA-Informe-A4-elec.pdf.

16 Véase la comunicación del Secretario General de la OEA de 30 de mayo de 2016 con el *Informe sobre la situación en Venezuela en relación con el cumplimiento de la Carta Democrática Interamericana,* p. 125. Disponible en *oas.org/documents/spa/press/OSG-243.es*.pdf. Véase también en el libro: *La crisis de la democracia en Venezuela, la OEA y la Carta Democrática Interamericana. Documentos de Luis Almagro (2015-2017),* Segunda edición, Iniciativa Democrática de España y las Américas (IDEA), Editorial Jurídica Venezolana International, 2017, p. 73.

de la política socialista del gobierno,[17] para que se llegara a la situación actual, 25 años después, de un Poder Judicial cuyos jueces no tienen ni independencia ni autonomía.[18]

Ello condujo a que el principio de la independencia y autonomía del Poder Judicial que declara el artículo 254 de la Constitución de 1999, se haya convertido en letra muerta, pues la base fundamental para asegurarlas está en las normas relativas al ingreso de los jueces a la carrera judicial y a su permanencia y estabilidad en los cargos, que no se cumplen, y nunca se han cumplido en los cinco lustros de vigencia del texto fundamental. El que lea las normas constitucionales, sin embargo, se maravillará de encontrar que el artículo 255 de la Constitución, en cuanto a la carrera judicial, prevé que el ingreso a la misma y el ascenso de los jueces solo se podría hacerse mediante concursos públicos de oposición que aseguren la idoneidad y excelencia de los participantes, debiendo además la ley garantizar la participación ciudadana en el procedimiento de selección y designación de los jueces. Sin embargo, nunca, durante la vigencia de la Constitución, se han desarrollado esos concursos, en esa forma.

Pero además, en cuanto a la estabilidad de los jueces, dice la Constitución que los mismos sólo pueden ser removidos o suspendidos de sus cargos mediante juicios disciplinarios llevados a cabo por jueces disciplinarios (art. 255); pero tampoco en

---

17 Véase el Discurso de Orden de la Magistrada Deyanira Nieves Bastidas, Apertura del Año Judicial 2014, en http://www.tsj.gov.ve/informacion/miscelaneas/DiscursodeOrden-Apertura2014DeyaniraNieves.pdf.

18 Véase Allan R. Brewer-Carías, *La demolición de la independencia y autonomía del Poder Judicial en Venezuela 1999-2021,* ISBN 978-1-63821-550-9, Colección Biblioteca Allan R. Brewer-Carías, Instituto de Investigaciones Jurídicas de la Universidad Católica Andrés Bello, N° 7, Editorial Jurídica Venezolana, Caracas 2021.

ese case ello jamás se ha implementado, y a partir de 1999,[19] más bien los despidos sin debido proceso se regularizaron en una ilegítima transitoriedad constitucional, con la existencia de una Comisión de Funcionamiento del Poder Judicial creada ad hoc para "depurar" el poder judicial.[20] Esa Comisión, durante más de 10 años destituyó materialmente a casi todos los jueces del país, discrecionalmente y sin garantía alguna del debido proceso,[21] los cuales fueron reemplazados por jueces provisorios o temporales,[22] por supuesto dependientes del poder y sin garantía alguna

19 Véase nuestro voto salvado a la intervención del Poder Judicial por la Asamblea Nacional Constituyente en Allan R. Brewer-Carías, *Debate Constituyente, (Aportes a la Asamblea Nacional Constituyente)*, Tomo I, (8 agosto-8 septiembre), Caracas 1999; y las críticas formuladas a ese proceso en Allan R. Brewer-Carías, *Golpe de Estado y proceso constituyente en Venezuela,* Universidad Nacional Autónoma de México, México, 2002.

20 Véase Allan R. Brewer-Carías, "La justicia sometida al poder y la interminable emergencia del poder judicial (1999-2006)", en *Derecho y democracia. Cuadernos Universitarios*, Órgano de Divulgación Académica, Vicerrectorado Académico, Universidad Metropolitana, Año II, Nº 11, Caracas, septiembre 2007, pp. 122-138.

21 La Comisión Interamericana de Derechos Humanos también lo registró en el Capítulo IV del *Informe* que rindió ante la Asamblea General de la OEA en 2006, que los "casos de destituciones, sustituciones y otro tipo de medidas que, en razón de la provisionalidad y los procesos de reforma, han generado dificultades para una plena vigencia de la independencia judicial en Venezuela" (párrafo 291); destacando aquellas "destituciones y sustituciones que son señaladas como represalias por la toma de decisiones contrarias al Gobierno" (párrafo 295 ss.); concluyendo que para 2005, según cifras oficiales, "el 18,30% de las juezas y jueces son titulares y 81,70% están en condiciones de provisionalidad" (párrafo 202).

22 En el *Informe Especial* de la Comisión sobre Venezuela correspondiente al año 2003, la misma también expresó, que "un aspecto vinculado a la autonomía e independencia del Poder Judicial es el relativo al carácter provisorio de los jueces en el sistema judicial de Venezuela. Actualmente, la información proporcionada por las distintas fuentes indica que más del 80% de los jueces venezolanos son "provisionales".

de estabilidad. Ello, por lo demás, ha continuado hasta el presente, demoliéndose sistemáticamente la autonomía judicial, sin que haya variado nada la creación en 2011 de unos tribunales de la llamada "Jurisdicción Disciplinaria Judicial" que quedó además sujeta políticamente a la Asamblea Nacional, quien designa a los supuestos o "jueces disciplinarios."[23]

Con todo ello, el derecho a la tutela judicial efectiva y al control judicial del poder del Estado ha quedado marginado, siendo imposible garantizar efectivamente equilibrio alguno entre el Estado y su Administración y los derechos de los ciudadanos-administrados; lo que se agrava con la configuración del Tribunal Supremo de Justicia de Venezuela como un poder altamente politizado[24], y lamentablemente sujeto a la voluntad del Presidente de la República, lo que en la práctica ha significado la eliminación de toda la autonomía del Poder Judicial.

Informe sobre la Situación de los Derechos Humanos en Venezuela 2003, *cit.* párr. 161

23 Véase Allan R. Brewer-Carías, "Sobre la ausencia de independencia y autonomía judicial en Venezuela, a los doce años de vigencia de la constitución de 1999 (O sobre la interminable transitoriedad que en fraude continuado a la voluntad popular y a las normas de la Constitución, ha impedido la vigencia de la garantía de la estabilidad de los jueces y el funcionamiento efectivo de una "jurisdicción disciplinaria judicial"), en *Independencia Judicial*, Colección Estado de Derecho, Tomo I, Academia de Ciencias Políticas y Sociales, Acceso a la Justicia org., Fundación de Estudios de Derecho Administrativo (Funeda), Universidad Metropolitana (Unimet), Caracas 2012, pp. 9-103.

24 Véase lo expresado por el magistrado Francisco Carrasqueño, en la apertura del año judicial en enero de 2008, al explicar que : "no es cierto que el ejercicio del poder político se limite al Legislativo, sino que tiene su continuación en los tribunales, en la misma medida que el Ejecutivo", dejando claro que la "aplicación del Derecho no es neutra y menos aún la actividad de los magistrados, porque según se dice en la doctrina, deben ser reflejo de la política, sin vulnerar la independencia de la actividad judicial". Véase en *El Universal*, Caracas, 29-01-2008.

En cuanto al control político del Tribunal Supremo, en efecto, ello se comenzó a lograr desde cuando terminó la Asamblea Nacional Constituyente con sus funciones, al establecer mediante un régimen transitorio inconstitucional emitido sin aprobación popular, una composición del Tribunal Supremo de Justicia para asegurar su control por parte del Poder Ejecutivo; y con ello, la total politización de toda la Judicatura, al haberse atribuido constitucionalmente a dicho Tribunal, como se dijo, el gobierno y administración de la Justicia.[25]

Las promesas constitucionales sobre la independencia y autonomía del Poder Judicial, por tanto, todas fueron violadas, de manera que durante los pasados 25 años no se respetaron las condiciones para la elección de los Magistrados del Tribunal Supremo; ni se respetó la mayoría calificada de votos en la Asamblea Nacional que se requería para ello; ni se respetó el derecho a la participación ciudadana requerida en la nominación de candidatos solo a través de Comités de Postulaciones integrados por representantes de los diversos sectores de la sociedad. Y como se ha dicho, jamás en Venezuela se celebraron los concursos públicos de oposición para la elección de los jueces que prevé la Constitución para el ingreso a la carrera judicial, la cual materialmente no existe.[26]

---

25 Véase Allan R. Brewer-Carías, *Golpe de Estado y proceso constituyente en Venezuela,* Universidad Nacional Autónoma de México, México, 2002.

26 Como lo destacó la Comisión Internacional de Juristas, en un *Informe* de marzo de 2014, que resume todo lo que en el país se había denunciado en la materia, al dar "cuenta de la falta de independencia de la justicia en Venezuela," se destaca que "el Poder Judicial ha sido integrado desde el Tribunal Supremo de Justicia (TSJ) con criterios predominantemente políticos en su designación. La mayoría de los jueces son "provisionales" y vulnerables a presiones políticas externas, ya que son de libre nombramiento y de remoción discrecional por una

Con todo esto, la promesa constitucional de la separación de poderes y sobre todo, de la autonomía e independencia del Poder Judicial, quedó incumplida, siendo por tanto las previsiones constitucionales un gran disfraz, habiendo el Poder Judicial abandonado su función fundamental de servir de instrumento de control y de balance respecto de las actividades de los otros órganos del Estado y para asegurar su sometimiento a la Constitución y a la ley; y a la vez, habiendo materialmente desaparecido el derecho ciudadano a la tutela judicial efectiva para controlar el poder.

Por ello, los jueces en Venezuela, en general, no son capaces ni pueden realmente impartir justicia justa, particularmente si con ello afectan en alguna forma alguna política gubernamental o el interés de algún funcionario público, lo que ocurre precisamente cuando se solicita la nulidad de alguna actuación del Estado o se exige responsabilidad de la Administración, sabiendo, como lo saben, que una decisión de ese tipo significa destitución inmediata, como tantas veces ha ocurrido en los últimos años. En algunos casos, incluso con encarcelamiento de los jueces que osaron dictar una sentencia que no complació al gobierno.

Un caso emblemático que puede citarse como muestra, es el caso de la Jueza María de Lourdes Afiuni, destituida por haber decidido otorgar la libertad a un procesado mientras duraba el juicio, incluso siguiendo la recomendación específica en el caso del Grupo de Expertos de la ONU sobre Detenciones Arbitrarias, y cambiándole la detención por un régimen de presentación ante el Tribunal. Por lo que quizás fueron razones personales, ello no

Comisión Judicial del propio Tribunal Supremo, la cual, a su vez, tiene una marcada tendencia partidista." Véase en http://icj.wpengine.netdna-cdn.com/wp-content/uploads/2014/06/VENEZUELA-Informe-A4-elec.pdf

le gustó a Hugo Chávez cuando era Presidente de la República, quien en un programa de Televisión indicó que dicha Jueza debía ser detenida y condenada a treinta años de cárcel. Y así, por "orden" personal pública del Presidente, la Jueza fue encarcelada de inmediato, con trato brutal, incluso sin desarrollo del proceso penal por algunos años, lo que llevó al mismo Grupo de Expertos de la ONU a considerar estos hechos como "un golpe del presidente Hugo Chávez contra la independencia de los jueces y abogados" solicitando la "inmediata liberación de la juez," concluyendo que "las represalias ejercidas sobre jueces y abogados por el ejercicio de sus funciones garantizadas constitucionalmente creando un clima de temor, solo sirve para minar el Estado de derecho y obstruir la justicia."[27]

Como lo indicó la Comisión Interamericana de Derechos Humanos, el caso de la jueza Afiuni envió una fuerte señal a la sociedad y al resto de los jueces de que el poder judicial no tiene la libertad de adoptar decisiones contrarias a los intereses del gobierno,[28] pues de hacerlo corren el riesgo de ser removidos de sus cargos, procesados y sometidos a sanciones.

Con un Poder Judicial sometido políticamente es evidente que no puede existir un Estado de Justicia, y menos aún si el mismo es utilizado como instrumento para la persecución política de la disidencia. En este sentido, llenos están los tribunales

---

27 Véase en http://www.unog.ch/unog/website/news_media.nsf/%28 http News-ByYear_en%29/93687E8429BD53A1C125768E00529DB6? OpenDocument&cntxt=-B35C3&cookielang=fr. El 14-10-2010, el mismo Grupo de Trabajo de la ONU solicitó formalmente al Gobierno venezolano que la Juez fuse "sometida a un juicio apegado al debido proceso y bajo el derecho de la libertad provisional." *V.* en El *Universal*, 14-10-2010, en http://www.eluniversal.com/2010/10/14/pol_ava _instancia-de-la-onu_14A4608051.shtml.

28 Véase CIDH. *Informe Democracia y Derechos Humanos en Venezuela*, 30 de diciembre de 2009, Capítulo III, párr. 301.

de causas abiertas por razones políticas para la persecución, con el objeto de apresar disidentes sin que exista voluntad efectiva de someterlos a juicio, porque ni motivos ni pruebas habría para ello. Ese fue, por ejemplo, el resultado de las detenciones de estudiantes realizadas con ocasión de las manifestaciones estudiantiles de febrero de 2014, quienes en su mayoría luego fueron liberados, pero sin gozar de libertad plena, después de sufrir brutal escarmiento. Otro ejemplo fue la detención del dirigente político de oposición Leopoldo López, a quien se sometió a juicio penal por los más graves delitos políticos, sin prueba alguna, sólo para encerrarlo en prisión con un juicio cuya audiencia preliminar ni siquiera se realizó en su momento. También hay que referirse a los casos de la amenaza de detención, para que acudieran a declarar como testigos, proferida en varias ocasiones contra grupos de reconocidos dirigentes políticos, por supuestos e imaginarios delito de magnicidio, sólo basado en supuestas pruebas falsas,[29] sólo para amedrentarlos y buscar alejarlos el país.

Por supuesto, la situación de intervención política del Poder Judicial ha producido específicamente una desjusticiabilidad del Estado, siendo imposible en la práctica que el Poder Judicial en Venezuela pueda llegar a decidir y enjuiciar la conducta de los funcionarios de la Administración y frente a ella, garantizar los derechos ciudadanos. De ello ha resultado, que en Venezuela existe un Estado totalmente incontrolado e irresponsable, al cual no se lo puede someter a juicio, pues los tribunales garantizan que no responda ante los mismos de sus acciones inconstitucionales o ilegales, o que causan daños a las personas.

---

29 Véase como ejemplo, la información en http://www.venezuelaaldia.com/2014/07/gobierno-falsifico-correos-sobre-magnicidio-dice-pedro-burelli/.

Basta analizar las sentencias del Tribunal Supremo de Justicia en los últimos cuatro lustros, para constar que en materia de control de constitucionalidad de las leyes y otros actos estatales, a pesar de que el país cuenta con la acción popular y un completísimo sistema mixto de control de constitucionalidad de las leyes, las acciones intentadas por los particulares contra leyes inconstitucionales muchas veces jamás fueron decididas, y por tanto, difícilmente se encuentra alguna sentencia anulatoria, salvo que haya sido intentada por los abogados del propio Estado, en interés del mismo.

Además, en cuanto a la acción de amparo, también establecida en la Constitución, ya dejó de ser un medio efectivo de protección de los derechos ciudadanos, de manera que las decisiones dictadas contra funcionarios públicos sólo "protegen" cuando el poder político da su acuerdo, o cuando con ello se busca un determinado fin político como la sanción a funcionarios por desacato, lo que incluso ha llevado a la revocación del mandato popular de funcionarios, sin base constitucional alguna.[30]

Pero en particular, por lo que se refiere a la justicia contencioso administrativa establecida para controlar la legalidad de la actuación de la Administración y condenar a la misma por responsabilidad, el control político que se ejerce sobre los jueces de la Jurisdicción Contencioso Administrativa ha conducido a que en los últimos lustros la misma haya dejado de ser un efectivo sistema para el control judicial de las actuaciones administrativas. Es evidente que si la autonomía de los jueces no está garantizada ni la independencia está blindada, el mejor sistema de

---

30 Véase lo expuesto sobre la inconstitucional revocación del mandato popular de alcaldes por supuesto desacato a órdenes de amparo en Allan R. Brewer-Carías, *Golpe a la democracia dado por la Sala Constitucional*, Editorial Jurídica Venezolana, Caracas 2014.

justicia contencioso administrativa como el que está regulado en el artículo 259 de la Constitución, es letra muerta; y lamentablemente, esto es lo que también ha ocurrido en Venezuela en los últimos años durante el gobierno autoritario.

Ese proceso de deterioro, comenzó a evidenciarse palmariamente desde 2003, cuando el Poder Ejecutivo, utilizando al Tribunal Supremo de Justicia, hizo cerrar a la Corte Primera de lo Contencioso Administrativo que era la Corte de más alto rango por debajo del propio Tribunal Supremo, secuestrando su competencia, destituyendo a sus Magistrados, y allanando policialmente sus instalaciones; y todo, porque dicha Corte había emitido una medida cautelar de suspensión de efectos de un acto administrativo que bloqueaba le ejecución de una política muy sensible para el Presidente Hugo Chávez, como era la contratación de médicos cubanos.

Los magistrados de dicha Corte, en respuesta a una demanda de nulidad y amparo que había intentado la Federación Médica Venezolana contra los actos administrativos dictados por el Alcalde Metropolitano de Caracas, el Ministro de Salud y el Colegio de Médicos del Distrito Metropolitano de Caracas mediante los cuales se había decidido contratar médicos de nacionalidad cubana para el desarrollo de un importante programa asistencial de salud en los barrios de Caracas (denominado "Barrio Adentro"), pero sin que se cumplieran los requisitos que debían tener dichos "médicos" para poder ejercer la medicina conforme se establecía en la Ley de Ejercicio de la Medicina. La acción de la Federación Médica Venezolana se intentó en representación de los derechos colectivos de los médicos venezolanos, considerando dicho programa de contratación como discriminatorio y violatorio de los derechos de los médicos venezolanos a ejercer su profesión (derecho al trabajo, entre otros), solicitando su protección.[31]

Un mes después, el 21 de agosto de 2003, la Corte Primera de lo Contencioso Administrativo dictó una simple medida cautelar de tutela (amparo) considerando que había suficientes elementos en el caso que hacían presumir la violación del derecho a la igualdad ante la ley de los médicos venezolanos, ordenando la suspensión temporal del programa de contratación de médicos cubanos, y ordenando al Colegio de Médicos del Distrito Metropolitano el sustituir los "médicos" cubanos ya contratados ilícitamente, sin licencia, por médicos venezolanos o médicos extranjeros con licencia para ejercer la profesión en Venezuela.[32]

De cara al régimen autoritario, ello fue un gravísimo error, pues como se dijo, la decisión, había afectado directamente intereses políticos del gobierno del entonces presidente Hugo Chávez, derivados de uno de los tantos Convenios de cooperación que había suscrito con Cuba, y que hicieron dependiente a Venezuela del gobierno de dicho país; y fue el Presidente Chávez, de nuevo, quién personalmente ordenó por televisión la destitución de los magistrados[33] que habían "osado" cuestionar su

---

31 Véase Claudia Nikken, "El caso "Barrio Adentro": La Corte Primera de lo Contencioso Administrativo ante la Sala Constitucional del Tribunal Supremo de Justicia o el avocamiento como medio de amparo de derechos e intereses colectivos y difusos," en *Revista de Derecho Público*, Nº 93-96, Editorial Jurídica Venezolana, Caracas, 2003, pp. 5 ss.

32 Véase la decisión de 21 de agosto de 2003 en *Idem,* pp. 445 ss.

33 Los Magistrados de la Corte Primera destituidos en violación de sus derechos y garantías, demandaron al Estado por violación de sus garantías judiciales previstas en la Convención Interamericana de Derechos Humanos, y la Corte Interamericana de Derechos Humanos condenó al Estado por dichas violaciones en sentencia de fecha 5 de agosto de 2008, (Caso *Apitz Barbera y otros ("Corte Primera de lo Contencioso Administrativo") vs. Venezuela*). Véase en http://www.

política gubernamental, calificando al Presidente de dicha Corte como un "bandido".[34]

Por ello, la respuesta gubernamental a la medida cautelar fue el anuncio público hecho por el Ministro de Salud, por el Alcalde Metropolitano de Caracas y por el propio Presidente de la República de que la medida judicial cautelar dictada no iba a ser ejecutada en forma alguna; es decir, anuncio público de desacato a una medida judicial.[35]

Estos anuncios fueron seguidos de varias decisiones gubernamentales, como antes se resumió:

Primero, la Sala Constitucional del Tribunal Supremo de Justicia, controlada por el Poder Ejecutivo, se avocó al conocimiento del caso, y usurpando las competencias de la Corte Primera de lo Contencioso Administrativo, declaró la nulidad del amparo cautelar decretado.

A ello siguió el hecho del allanamiento de la sede de la Corte Primera por agentes de la policía política, con la detención de un escribiente o alguacil por motivos fútiles.

Luego, unas semanas después, la Comisión Especial Judicial del Tribunal Supremo de Justicia, sin fundamento legal

---

corteidh.or.cr/ Excepción Preliminar, Fondo, Reparaciones y Costas, Serie C Nº 182. Frente a ello, sin embargo, la Sala Constitucional del Tribunal Supremo de Justicia en sentencia Nº 1.939 de 18 de diciembre de 2008 (Caso *Gustavo Álvarez Arias y otros*), declaró inejecutable dicha decisión de la Corte Interamericana. Véase en http://www. tsj.gov. ve/decisiones/scon/Diciembre/1939-181208-2008-08-1572.html

34 Discurso público, 20 septiembre de 2003.

35 El Presidente de la República dijo: "*Váyanse con su decisión no sé para donde, la cumplirán ustedes en su casa si quieren…*", en el programa de TV *Aló Presidente*, Nº 161, 24 de Agosto de 2003.

alguno, destituyó a los cinco magistrados de la Corte Primera que osaron tomar la medida, la cual desde luego fue intervenida.[36]

A pesar de la protesta de los Colegios de Abogados del país e incluso de la Comisión Internacional de Juristas;[37] el hecho es que la Cote Primera permaneció cerrada, sin jueces, por más de diez meses,[38] tiempo durante el cual simplemente no hubo a ese nivel justicia contencioso administrativa alguna en el país.

Esa fue la respuesta gubernamental a una sentencia de amparo cautelar dictada por el juez contencioso administrativo competente respecto de un programa gubernamental sensible, a partir de la cual se afianzó el control político sobre el Poder Judicial en Venezuela.[39]

No es difícil deducir lo que significó ese hecho para los jueces que fueron luego nombrados para reemplazar a los

---

36 Véase la información en *El Nacional*, Caracas, Noviembre 5, 2003, p. A2. En la misma página el Presidente destituido de la Corte Primera dijo: "*La justicia venezolana vive un momento tenebroso, pues el tribunal que constituye un último resquicio de esperanza ha sido clausurado*".

37 Véase en *El Nacional*, Caracas, Octubre 12, 2003, p. A–5; y *El Nacional*, Caracas, Noviembre 18,2004, p. A–6.

38 Véase en *El Nacional*, Caracas, Octubre 24, 2003, p. A-2; y *El Nacional*, Caracas, Julio 16, 2004, p. A-6.

39 Véase Allan R. Brewer-Carías, "La progresiva y sistemática demolición institucional de la autonomía e independencia del Poder Judicial en Venezuela 1999-2004," en *XXX Jornadas J.M Domínguez Escovar, Estado de derecho, Administración de justicia y derechos humanos,* Instituto de Estudios Jurídicos del Estado Lara, Barquisimeto, 2005, pp. 33-174; "La justicia sometida al poder (La ausencia de independencia y autonomía de los jueces en Venezuela por la interminable emergencia del Poder Judicial (1999-2006))," en *Cuestiones Internacionales. Anuario Jurídico Villanueva 2007*, Centro Universitario Villanueva, Marcial Pons, Madrid, 2007, pp. 25-57.

destituidos, quienes sin duda comenzaron a entender cómo es que debían comportarse en el futuro frente al poder; y a partir de entonces la declinación de la justicia contencioso administrativa en el país, fue manifiesta.[40] A partir de entonces, nunca más un juez contencioso administrativo en Venezuela osó cuestionar, así fuera mediante medidas cautelares, las acciones de la Administración que pudieran tener interés político, pues a la fuerza comenzaron a saber que de lo contario serían destituidos *in limene.*

En todo caso, debe mencionarse que contra la arbitrariedad que se cometió en contra los jueces contencioso administrativo destituidos, que éstos demandaron al Estado ante la Comisión Interamericana de Derechos Humanos por violación a sus garantías constitucionales judiciales, y el caso llegó ante la Corte Interamericana de Derechos Humanos, la cual dictó su sentencia el 5 de agosto de 2008,[41] condenando al Estado por la violación de las garantías judiciales, a pagarles compensación, a reincorporarlos a cargos similares en el Poder Judicial, y a publicar parte de la sentencia en la prensa venezolana.

Sin embargo, frente a esta decisión, Sala Constitucional del Tribunal Supremo, en sentencia Nº 1.939 de 12 de diciembre de 2008,[42] declaró "inejecutable" en el país la sentencia interna-

---

40 Véase Antonio Canova González, *La realidad del contencioso administrativo venezolano (Un llamado de atención frente a las desoladoras estadísticas de la Sala Político Administrativa en 2007 y primer semestre de 2008)*, Funeda, Caracas 2009.

41 Véase Caso *Apitz Barbera y otros ("Corte Primera de lo Contencioso Administrativo") vs. Venezuela,* Excepción Preliminar, Fondo, Reparaciones y Costas, Serie C Nº 182, en www.corteidh.or.cr.

42 Caso Abogados Gustavo Álvarez Arias y otros) Véase en http://www.tsj.gov.ve/decisiones/scon/Diciembre/1939-181208-2008-08-1572. html.

cional de la Corte Interamericana de Derechos Humanos,[43] considerando que dicha Corte, además de haberse contradicho[44] al constatar la supuesta violación de los derechos o libertades protegidos por la Convención:

> "dictó pautas de carácter obligatorio sobre gobierno y administración del Poder Judicial que son competencia exclusiva y excluyente del Tribunal Supremo de Justicia y estableció directrices para el Poder Legislativo, en materia de carrera judicial y responsabilidad de los jueces, violentando la soberanía del Estado venezolano en la organización de los poderes públicos y en la selección de sus funcionarios, lo cual resulta inadmisible."

---

43 Véase Allan R. Brewer-Carías, "La interrelación entre los Tribunales Constitucionales de América Latina y la Corte Interamericana de Derechos Humanos, y la cuestión de la inejecutabilidad de sus decisiones en Venezuela," en Armin von Bogdandy, Flavia Piovesan y Mariela Morales Antonorzi (Coordinadores), *Direitos Humanos, Democracia e Integraçao Jurídica na América do Sul*, Lumen Juris Editora, Rio de Janeiro 2010, pp. 661-70; y en *Anuario Iberoamericano de Justicia Constitucional,* Centro de Estudios Políticos y Constitucionales, Nº 13, Madrid 2009, pp. 99-136.

44 La Sala Constitucional consideró que la Corte Interamericana decidió que la omisión de la Asamblea Nacional de dictar el Código de Ética del Juez o Jueza Venezolano, "*ha influido en el presente caso, puesto que las víctimas fueron juzgadas por un órgano excepcional que no tiene una estabilidad definida y cuyos miembros pueden ser nombrados o removidos sin procedimientos previamente establecidos y a la sola discreción del TSJ,*" pero luego "sorprendentemente, en ese mismo párrafo [147] y de manera contradictoria, afirma que no se pudo comprobar que la Comisión de Emergencia y Reestructuración del Poder Judicial haya incurrido en desviación de poder o que fuera presionada directamente por el Ejecutivo Nacional para destituir a los mencionados ex jueces y luego concluye en el cardinal 6 del Capítulo X que "*no ha quedado establecido que el Poder Judicial en su conjunto carezca de independencia*".

Luego, en su sentencia, la Sala Constitucional venezolana concluyó que:

> "En este caso, estima la Sala que la ejecución de la sentencia de la Corte Interamericana de Derechos Humanos del 5 de agosto de 2008, afectaría principios y valores esenciales del orden constitucional de la República Bolivariana de Venezuela y pudiera conllevar a un caos institucional en el marco del sistema de justicia, al pretender modificar la autonomía del Poder Judicial constitucionalmente previsto y el sistema disciplinario instaurado legislativamente, así como también pretende la reincorporación de los hoy ex jueces de la Corte Primera de lo Contencioso Administrativo por supuesta parcialidad de la Comisión de Funcionamiento y Reestructuración del Poder Judicial, cuando la misma ha actuado durante varios años en miles de casos, procurando *la depuración del Poder Judicial* en el marco de la actividad disciplinaria de los jueces. Igualmente, el fallo de la Corte Interamericana de Derechos Humanos pretende desconocer la firmeza de las decisiones de destitución que recayeron sobre los ex jueces de la Corte Primera de lo Contencioso Administrativo que se deriva de la falta de ejercicio de los recursos administrativos o judiciales, o de la declaratoria de improcedencia de los recursos ejercidos por parte de las autoridades administrativas y judiciales competentes." (énfasis añadido)

En todo caso, lo importante a destacar es que fue con la decisión de destituir a los jueces contencioso administrativo en 2003, por haber dictado una medida cautelar que suspendía temporalmente la ejecución de una política gubernamental, que se consolidó la trágica situación en la cual se ha colocado a la Jurisdicción Contencioso Administrativa, cuyos tribunales a pesar de todas las excelsas declaraciones constitucionales y legales, en la práctica se han negado a aplicar el derecho administrativo, a controlar a la Administración Pública y a proteger a los ciudadanos frente a la misma. Como consecuencia de ello, la Juris-dicción Contencioso Administrativa en Venezuela cayó en desuso, de manera que no más del uno por ciento de la totalidad de las sentencias dictadas por dichos tribunales son anulatorias de actos administrativos o de responsabilidad administrativa,[45] habiendo quedado reducida a resolver cuestiones laborales de la función pública o tributarias.

Eso, lamentablemente es lo que ocurre en la actualidad en Venezuela, donde a pesar de las declaraciones constitucionales no hay control jurisdiccional de la Administración Pública, pues simplemente, no hay Estado de derecho, y lo que hay es al contrario y lamentablemente, un gobierno de la indisciplina autoritaria, de la legalidad adulterada, de la ilegalidad legalizada y del fraude constitucional; con jueces al servicio del gobierno del Estado y de su política autoritaria, repudiados en otras jurisdicciones;[46] tal cual como aquellos jueces del horror del régimen nazi.

---

45 Véase Antonio Canova González, *La realidad del contencioso administrativo venezolano (Un llamado de atención frente a las desoladoras estadísticas de la Sala Político Administrativa en 2007 y primer semestre de 2008)*, Funeda, Caracas, 2008.

46 Véase Allan R. Brewer-Carías, "Las Cortes Supremas de Costa Rica, Brasil y Chile condenan la falta de garantías judiciales en Venezuela. De cómo, ante la ceguera de los gobiernos de la región y la abstención de la Corte Interamericana de Derechos Humanos, han sido las Cortes Supremas de estos países las que con base en la jurisdicción universal de protección de los derechos humanos, han comenzado a juzgar la falta de autonomía e independencia del Poder Judicial en Venezuela, dictando medidas de protección a favor de ciudadanos venezolanos contra el Estado venezolano," en *Revista de Derecho Público,* N° 143-144, (julio-diciembre 2015, Editorial Jurídica Venezolana, Caracas 2015, pp. 495-500.

Siendo el Estado venezolano uno no sometido al derecho, por no poder ser controlado ni respecto del cual los ciudadanos pueden exigir responsabilidad, sin duda, no puede haber Estado de Justicia, por lo puede decirse que en Venezuela, la justicia llegó a su fin, habiendo asumido el Tribunal Supremo, particularmente su Sala Constitucional, ya sometida al control del poder, no el rol que la Constitución le asigna para ejercer con poderosísimos instrumentos el control de constitucionalidad de las leyes y demás actos estatales, sino el rol protagónico de ser nada más ni nada menos que el instrumento del autoritarismo para impedir que la Constitución pueda tener total vigencia; para ilegítimamente mutar su contenido, sin límites; para desmantelar todas las instituciones del Estado democrático, y para impedir que pueda haber elecciones justas, limpias y confiables.[47]

Así, la Sala Constitucional del Tribunal Supremo de Justicia, en lugar de ser el guardián de la Constitución,[48] ha sido

---

47 Véase Allan R. Brewer-Carías, *El golpe a la democracia dado por la Sala Constitucional (De cómo la Sala Constitucional del Tribunal Supremo de Justicia de Venezuela impuso un gobierno sin legitimidad democrática, revocó mandatos populares de diputada y alcaldes, impidió el derecho a ser electo, restringió el derecho a manifestar, y eliminó el derecho a la participación política, todo en contra de la Constitución)*, Colección Estudios Políticos N° 8, Editorial Jurídica venezolana, Caracas 2014; segunda edición, (Con prólogo de Francisco Fernández Segado), 2015.

48 Véase Allan R. Brewer-Carías, *El sistema de justicia constitucional en la Constitución de 1999 (Comentarios sobre su desarrollo jurisprudencial y su explicación, a veces errada, en la Exposición de Motivos),* Editorial Jurídica Venezolana, Caracas 2000. Véase en general, Allan R. Brewer-Carías, *El sistema mixto o integral de control de la constitucionalidad en Colombia y Venezuela*, Universidad Externado de Colombia (Temas de Derecho Público Nº 39) y Pontificia Universidad Javeriana (*Quaestiones Juridicae* Nº 5), Bogotá 1995; Allan R. Brewer-Carías, "La justicia constitucional en la Constitución de 1999", en *Derecho Procesal Constitucional*, Colegio de Secretarios de

convertida en el instrumento más utilizado por el régimen autoritario, para demoler el Estado de derecho y sus principios.[49] Para ello, incluso, el Juez Constitucional se inventó un endémico "proceso autónomo de interpretación abstracta de la Constitución"[50] que le ha permitido administrar una "justicia constitucional a la carta," a solicitud del gobierno y, en particular, del Procurador General de la República, mediante la cual ha modificado

la Suprema Corte de Justicia de la Nación, A.C., Editorial Porrúa, México 2001, pp. 931-961.

49 Sobre el tema nos hemos ocupado desde hace unos años. Véase por ejemplo: Allan R. Brewer-Carías, "El juez constitucional al servicio del autoritarismo y la ilegítima mutación de la Constitución: el caso de la Sala Constitucional del Tribunal Supremo de Justicia de Venezuela (1999-2009)", en *Revista de Administración Pública*, N° 180, Madrid 2009, pp. 383-418; "La ilegítima mutación de la Constitución por el juez constitucional y la demolición del Estado de derecho en Venezuela," en *Revista de Derecho Político*, N° 75-76, Homenaje a Manuel García Pelayo, Universidad Nacional de Educación a Distancia, Madrid 2009, pp. 289-325. Véase, además, Allan R. Brewer-Carías, "Los problemas del control del poder y el autoritarismo en Venezuela", en Peter Häberle y Diego García Belaúnde (Coordinadores), *El control del poder. Homenaje a Diego Valadés,* Instituto de Investigaciones Jurídicas, Universidad Nacional Autónoma de México, Tomo I, México 2011, pp. 159-188

50 Véase Sentencia N° 1077 de la Sala Constitucional de 22 de septiembre de 2000, caso: *Servio Tulio León Briceño*. Véase en *Revista de Derecho Público,* N° 83, Caracas, 2000, pp. 247 y ss. Véase en general sobre ello, Allan R. Brewer-Carías, "*Quis Custodiet Ipsos Custodes*: De la interpretación constitucional a la inconstitucionalidad de la interpretación," en *VIII Congreso Nacional de derecho Constitucional, Perú*, Fondo Editorial 2005, Colegio de Abogados de Arequipa, Arequipa, septiembre 2005, pp. 463-489; y en *Revista de Derecho Público*, N° 105, Editorial Jurídica Venezolana, Caracas 2006, pp. 7-27.

y mutado ilegítima y fraudulentamente,[51] usurpando así las potestades del poder constituyente originario.[52]

---

[51] Véase sobre la ilegítima mutación constitucional por el Juez: Néstor Pedro Sagües, *La interpretación judicial de la Constitución*, Buenos Aires 2006, pp. 56-59, 80-81, 165 ss.

[52] Todos los estudios sobre las sentencias dictadas por la Sala Constitucional en Venezuela, además de los publicados en la *Revista de Derecho Público*, Editorial Jurídica Venezolana, Caracas, publicados en Allan R. Brewer-Carías, *Comentarios Jurisprudenciales sobre Derecho Constitucional y Derecho Administrativo, Revista de Derecho Público 1980-2024*, Editorial Jurídica Venezolana, Caracas 2025, los otros publicados en los siguientes libros: Allan R. Brewer-Carías, *Golpe de Estado y proceso constituyente en Venezuela*, Universidad Nacional Autónoma de México, México 2002, 405 pp.; *La Sala Constitucional versus el Estado democrático de derecho. El secuestro del poder electoral y de la Sala Electoral del Tribunal Supremo y la confiscación del derecho a la participación política*, Los Libros de El Nacional, Colección Ares, Caracas 2004, 172 pp.; *Crónica sobre la "In" Justicia Constitucional. La Sala Constitucional y el autoritarismo en Venezuela*, Caracas 2007; *Práctica y distorsión de la Justicia Constitucional en Venezuela (2008-2012),* Colección Justicia N° 3, Acceso a la Justicia, Academia de Ciencias Políticas y Sociales, Universidad Metropolitana, Editorial Jurídica Venezolana, Caracas 2012, 520 pp.; *El golpe a la democracia dado por la Sala Constitucional (De cómo la Sala Constitucional del Tribunal Supremo de Justicia de Venezuela impuso un gobierno sin legitimidad democrática, revocó mandatos populares de diputada y alcaldes, impidió el derecho a ser electo, restringió el derecho a manifestar, y eliminó el derecho a la participación política, todo en contra de la Constitución),* Colección Estudios Políticos N° 8, Editorial Jurídica venezolana, Caracas 2014, 354 pp.; segunda edición, (Con prólogo de Francisco Fernández Segado), 2015, 426 pp.; *La patología de la Justicia Constitucional*, Tercera edición ampliada, Fundación de Derecho Público, Editorial Jurídica Venezolana, 2014, 666 pp.; *Estado totalitario y desprecio a la ley. La desconstitucionalización, desjuridificación, desjudicialización y desdemocratización de Venezuela,* Fundación de Derecho Público, Editorial Jurídica Venezolana, 2014, 532 pp.; segunda edición, (Con prólogo de José Ignacio Hernández), Caracas 2015, 542 pp.; *La ruina de la democracia. Algunas consecuencias. Venezuela 2015*, (Prólogo de Asdrúbal Aguiar), Colección Estudios Políticos, N° 12, Editorial Jurídica

Ese rol del Juez constitucional que ha propiciado la concentración del poder, como se dijo, se acrecentó a partir de enero de 2016 hasta 2020, cuando una nueva Asamblea Nacional electa en diciembre de 2015 pasó a estar controlada por la oposición al gobierno, originando ello una política pública, gracias a la perversa colusión entre el Poder Ejecutivo y el Juez Constitucional, destinada a privar progresivamente a la representación popular de todas sus competencias y funciones.[53] Así, la Sala Constitucional, a solicitud del propio Poder Ejecutivo o del partido de gobierno, se dedicó a la tarea de despojar a la Asamblea Nacional de todas sus potestades y funciones mediante una serie

---

Venezolana, Caracas 2015, 694 pp.; 172. *La dictadura judicial y la perversión del Estado de derecho. El juez constitucional y la destrucción de la democracia en Venezuela* (Prólogo de Santiago Muñoz Machado), Ediciones El Cronista, Fundación Alfonso Martín Escudero, Editorial IUSTEL, Madrid 2017, 608 pp.; *La consolidación de la tiranía judicial. El Juez Constitucional controlado por el Poder Ejecutivo, asumiendo el poder absoluto*, Colección Estudios Políticos, Nº 15, Editorial Jurídica Venezolana International. Caracas / New York, 2017, 238 pp. Véase, además, los estudios de: Carlos M. Ayala Corao y Rafael J. Chavero Gazdik, *El libro negro del TSJ de Venezuela: Del secuestro de la democracia y la usurpación de la soberanía popular a la ruptura del orden constitucional (2015-2017)*, Editorial Jurídica Venezolana, Caracas 2017, 394 pp.; *Memorial de agravios 2016 del Poder Judicial. Una recopilación de más de 100 sentencias del TSJ,* 155 pp., investigación preparada por las ONGs: Acceso a la Justicia, Transparencia Venezuela, Sinergia, espacio público, Provea, IPSS, Invesp, en https://www.scribd.com/-document/336888955/Memorial-de-Agravios-del-Poder-Judicial-una-recopi-lacion-de-mas-de-100-sentencias-del-TSJ; y José Vicente Haro, "Las 111 decisiones inconstitucionales del TSJ ilegítimo desde el 6D-2015 contra la Asamblea Nacional, los partidos políticos, la soberanía popular y los DDHH," en *Buscando el Norte*, 10 de julio de 2017, en http://josevicenteharo-garcia.blogspot.com/2016/10/las-33-decisiones-del-tsj.html

53 Véase Allan R. Brewer-Carías, *Crónica Constitucional del sofocamiento del Poder Legislativo 2016-2020,* Colección de Crónicas constitucionales para la Memoria Histórica, N° 6, Biblioteca Allan R. Brewer-Carías, Universidad Católica Andrés Bello, Caracas 2024, 2024.

interminable de desafueros judiciales, que nadie puede controlar,[54] dando lugar incluso a que muchos procesos constitucionales, abandonándose el principio dispositivo, hayan sido iniciados de oficio por el Juez Constitucional.[55]

A partir de 2016, por tanto, la degradación de la Justicia Constitucional,[56] se empeoró, habiendo dictado la Sala Constitu-

---

54 Véase Allan R. Brewer-Carías, "*Quis Custodiet Ipsos Custodes*: De la interpretación constitucional a la inconstitucionalidad de la interpretación", en *Revista de Derecho Público*, N° 105, Editorial Jurídica Venezolana, Caracas 2006, pp. 7-27.

55 Véase Allan R. Brewer-Carías, "The Unconstitutional *Ex Officio* Judicial Review Rulings Issued by the Constitutional Chamber of the Supreme Tribunal of Venezuela Annulling all the 2019 National Assembly Decisions Sanctioned within the framework of the 2019 Transition Regime Towards Democracy and for the Restoration of the enforcement of the Constitution," en el libro del *VII Congreso de Derecho Procesal Constitucional 2021,* Universidad Monteávila, Caracas febrero de 2021.

56 Véase sobre el proceso de degradación de la justicia constitucional durante los últimos 20 años: Allan R. Brewer-Carías, *La ruina de la democracia. Algunas consecuencias. Venezuela 2015*, (Prólogo de Asdrúbal Aguiar), Colección Estudios Políticos, N° 12, Editorial Jurídica Venezolana, Caracas 2015; *La mentira como política de Estado. Crónica de una crisis política permanente. Venezuela 1999-2015*, Colección Estudios Políticos, N° 10, Editorial Jurídica Venezolana, Caracas 2015; *Estado totalitario y desprecio a la ley. La desconstitucionalización, desjuridificación, desjudicialización y desdemocratización de Venezuela*, Fundación de Derecho Público, Editorial Jurídica Venezolana, 2014, segunda edición, Caracas 2015; *La patología de la justicia constitucional*, Tercera edición ampliada, Fundación de Derecho Público, Editorial Jurídica Venezolana, 2014; *El golpe a la democracia dado por la Sala Constitucional (De cómo la Sala* Constitucional *del Tribunal Supremo de Justicia de Venezuela impuso un gobierno sin legitimidad democrática, revocó mandatos populares de diputada y alcaldes, impidió el derecho a ser electo, restringió el derecho a manifestar, y eliminó el derecho a la participación política, todo en contra de la Constitución),* Colección Estudios Políticos N° 8, Editorial Jurídica venezolana, Caracas 2014, 354 pp.; segunda edición, (Con

cional más de cien sentencias declarando la inconstitucionalidad de materialmente todas las leyes sancionadas por la Asamblea Nacional entre 2015 y 2019;[57] procediendo además a reformar el Reglamento Interior y de Debates de la Asamblea para someter la función de legislar de la Asamblea Nacional a la obtención de un Visto Bueno previo del Poder Ejecutivo;[58] a eliminar las funciones de control político de la Asamblea Nacional sobre el gobierno y la Administración Pública; a imponer el visto bueno previo del Vicepresidente ejecutivo para poder interpelar a un Ministro, con preguntas que solo pueden ser formuladas por escrito;[59] a eliminar además, tanto la posibilidad de que la

---

prólogo de Francisco Fernández Segado), 2015; *Práctica y distorsión de la justicia constitucional en Venezuela (2008-2012),* Colección Justicia N° 3, Acceso a la Justicia, Academia de Ciencias Políticas y Sociales, Universidad Metropolitana, Editorial Jurídica Venezolana, Caracas 2012; *Crónica sobre la "in" justicia constitucional. La Sala Constitucional y el autoritarismo en Venezuela*, Colección Instituto de Derecho Público, Universidad Central de Venezuela, N° 2, Caracas 2007.

57 Véase los comentarios en Allan R. Brewer-Carías, "La aniquilación definitiva de la potestad de legislar de la Asamblea Nacional: el caso de la declaratoria de inconstitucionalidad de la Ley de reforma de la Ley Orgánica del Tribunal Supremo de Justicia," 16 de mayo de 2016, disponible en http://www.allanbrewer-carias.com/Content/449725d9-f1cb-474b-8ab2-41efb849fea3/Content/Brewer.%20Aniquilaci%C3%B3n%20%20Asamblea%20Nacional.%20Inconstituc.%20Ley%20TSJ% 2015-5-2016.pdf.

58 Véase los comentarios en Allan R. Brewer-Carías, "El fin del Poder Legislativo: La regulación por el Juez Constitucional del régimen interior y de debates de la Asamblea Nacional, y la sujeción de la función legislativa de la Asamblea a la aprobación previa por parte del Poder Ejecutivo," en *Revista de Derecho Público,* Nº 145-146, (enero-junio 2015), Editorial Jurídica Venezolana, Caracas 2016, pp. 428-443.

59 Véase los comentarios en Allan R. Brewer-Carías, "Comentarios al decreto Nº 2.309 de 2 de mayo de 2016: La inconstitucional "restricción" impuesta por el Presidente de la República, respecto de su potestad de la Asamblea Nacional de aprobar votos de censura contra los

Asamblea pueda improbar los estados de excepción que se decreten, como la posibilidad de aprobar votos de censura a los Ministros; [60] a resolver que el Presidente de la República presentase su Memoria anual, no ante la Asamblea Nacional como constitucionalmente corresponde, sino ante a propia Sala Constitucional; y a eliminar la función legislativa en materia de presupuesto, convirtiendo la Ley de Presupuesto en un mero e inconstitucional decreto ejecutivo para ser presentado por el Presidente de la República ante la Sala Constitucional y no ante la Asamblea Nacional como corresponde constitucionalmente.

La Sala Constitucional eliminó además la potestad de la Asamblea Nacional incluso para que como órgano deliberante pudiera emitir opiniones políticas como resultado de sus debates, habiendo anulado todos los Acuerdos de importancia política que la misma adoptó; eliminó la potestad de la Asamblea Nacional de revisar sus propios actos y de poder revocarlos, como fue el caso respecto de la viciada elección de los

Ministros," en *Revista de Derecho Público,* Nº 145-146, (enero-junio 2016), Editorial Jurídica Venezolana, Caracas 2016, pp. 120-129.

60 Véase los comentarios en Allan R. Brewer-Carías, "El ataque de la Sala Constitucional contra la Asamblea Nacional y su necesaria e ineludible reacción. De cómo la Sala Constitucional del Tribunal Supremo pretendió privar a la Asamblea Nacional de sus poderes constitucionales para controlar sus propios actos, y reducir inconstitucionalmente sus potestades de control político sobre el gobierno y la administración pública; y la reacción de la Asamblea Nacional contra a la sentencia Nº 9 de 1-3-2016, disponible en http://www.allanbrewercarias.com/Content/449725d9-f1cb-474b-8ab2-41efb849fea3/Content/Brewer.%20El%20ataque%20Sala%20Constitucional%20v.%20 Asamblea%20Nacional.%20Sent-No.%209%201-3-2016).pdf; y "Nuevo golpe contra la representación popular: la usurpación definitiva de la función de legislar por el Ejecutivo Nacional y la suspensión de los remanentes poderes de control de la Asamblea con motivo de la declaratoria del estado de excepción y emergencia económica," en *Revista de Derecho Público*, Nº 145-146, (enero-junio 2016), Editorial Jurídica Venezolana, Caracas 2016, pp. 444-468.

magistrados al Tribunal Supremo efectuada en diciembre de 2015; y finalmente, eliminó la potestad de legislar de la Asamblea Nacional en el marco de un inconstitucional y permanente estado de emergencia que se ha prorrogado cada tres meses, sin control parlamentario alguno y con el solo visto bueno del Juez Constitucional.[61]

Es decir, el Poder Legislativo representado por la Asamblea Nacional fue totalmente neutralizado y vaciado de poderes y funciones, al punto de que mediante una sentencia de 2017, con base en un supuesto desacato a una decisión de la Sala Electoral de diciembre de 2015 de suspender cautelarmente la proclamación de cuatro diputados del Estado Amazonas ya proclamados, la misma Sala Constitucional del Tribunal Supremo llegó al colmo de disponer la cesación definitiva, de hecho, de la Asamblea Nacional en el cumplimiento de sus funciones constitucionales como órgano que integra a los representes del pueblo. Para ello, en efecto, mediante sentencia Nº 2 de 11 de enero de 2017,[62] la Sala anuló el acto de instalación de la Asamblea para su segundo período anual, y resolvió declarar todas las "actuaciones de la Asamblea Nacional y de cualquier órgano o individuo en contra de lo decidido como nula y carente de toda validez y eficacia jurídica."

Esa decisión fue ratificada mediante otras sentencias N° 3 de 11 de enero de 2017,[63] y N° 7 de 26 de enero de 2017, en este

---

61 Véase el estudio de todas esas sentencias en Allan R. Brewer-Carías, *Dictadura judicial y perversión del Estado de Derecho*, Segunda Edición, (Presentaciones de Asdrúbal Aguiar, José Ignacio Hernández G. y Jesús María Alvarado), Nº 13, Editorial Jurídica Venezolana International, 2016; edición española: Editorial IUSTEL, Madrid 2017.

62 Véase en http://historico.tsj.gob.ve/decisiones/scon/enero/194891-02-11117-2017-17-0001.HTML

63 http://historico.tsj.gob.ve/decisiones/scon/enero/194892-03-11117-2017-17-0002.HTML

último caso, cercenándole definitivamente al pueblo su derecho más elemental, en un Estado de derecho, que es el ejercicio de la soberanía a través de sus representantes, declarando nulas de nulidad absoluta e inconstitucionales todas las actuaciones pasadas y futuras de la Asamblea Nacional, amenazando incluso con enjuiciar a los diputados de la Asamblea por desacato, revocarle su mandato popular y encarcelarlos.[64]

Todo este desaguisado constitucional que no ha sido más que un golpe de Estado continuado, puede decirse que culminó el mes de marzo de 2017 con la adopción por parte de la Sala Constitucional de dos sentencias vergonzantes desde el punto de vista constitucional, la N° 155 de 27 de marzo de 2017,[65] y la No.156 de fecha 29 de marzo de 2017,[66] que fueron bien publicitadas, mediante las cuales el Juez Constitucional *usurpó la*

---

64 Véase en historico.tsj.gob.ve/decisiones/scon/enero/195578-07-26117-2017-17-0010.HTML.

65 Véase sentencia N° 155 de 27 de marzo de 2017, en http://historico.tsj.gob.ve/decisiones/scon/marzo/197285-155-28317-2017-17-0323.HTML. Véase los comentarios a dicha sentencia en Allan. Brewer-Carías: "La consolidación de la dictadura judicial: la Sala Constitucional, en un juicio sin proceso, usurpó todos los poderes del Estado, decretó inconstitucionalmente un estado de excepción y eliminó la inmunidad parlamentaria (sentencia no. 156 de la Sala Constitucional), 29 de Marzo de 2017, en http://diarioconstitucional.cl/noticias/actualidad-internacional/2017/03/31/opinion-acerca-de-la-usurpacion-de-funciones-por-el-tribunal-supremo-de-venezuela-y-la-consolidacion-de-una-dictadura-judicial/

66 Véase la sentencia N° 156 de 29 de marzo de 2017 en http://historico.tsj.gob.ve/decisiones/scon/marzo/197364-156-29317-2017-17-0 325.HTML. Véase los comentarios a dicha sentencia en Allan. Brewer-Carías: "El reparto de despojos: la usurpación definitiva de las funciones de la Asamblea Nacional por la Sala Constitucional del Tribunal Supremo de Justicia al asumir el poder absoluto del Estado (sentencia no. 156 de la Sala Constitucional), 30 de marzo de 2017, en http://diarioconstitucional.cl/noticias/actualidad-internacional/2017/03/31/opinion-acerca-de-la-usurpacion-de-funciones-por-el-tribunal-supremo-de-venezuela-y-la-consolidacion-de-una-dictadura-judicial/

totalidad de los poderes del Estado, ordenó al Presidente ejercer ciertas funciones en materia de relaciones internacionales, decretó inconstitucionalmente un estado de excepción, eliminó la inmunidad parlamentaria, asumió de pleno derecho todas las competencias parlamentarias de la Asamblea Nacional y delegó poderes legislativos que no tiene, sin límites, en el Presidente, ordenándole reformar leyes y Códigos a su arbitrio, y entre ellos el Código Penal y el Código Orgánico Procesal Penal.

Sobre estas sentencias dijo el Secretario General de la OEA, Dr. Luis Almagro, que "despojar de las inmunidades parlamentarias a los diputados de la Asamblea Nacional y al asumir el Poder Legislativo en forma completamente inconstitucional son los últimos golpes con los que el régimen subvierte el orden constitucional del país y termina con la democracia."[67] Lo más grave en torno este desaguisado fue que a requerimiento del Poder Ejecutivo, el Consejo para la Defensa de la Nación, "exhortó" al Tribunal Supremo de Justicia para que cometiera abiertamente la ilegalidad de "revisar las decisiones 155 y 156;[68] lo

---

67 Véase: "Almagro denuncia autogolpe de Estado del gobierno contra Asamblea Nacional," *El Nacional*, 30 de marzo de 2017, en http://www.el-nacional.com/noticias/mundo/almagro-denuncia-auto-golpe-estado-del-gobierno-contra-asamblea-nacional_88094. Véase la insólita declaración sobre el tema de la antigua Fiscal general de la república, responsable Hasta entonces de todas las persecuciones políticas en el país: "Fiscal General de Venezuela, Luisa Ortega Díaz, dice que sentencias del Tribunal Supremo sobre la Asamblea Nacional violan el orden constitucional," en RedacciónBBC Mundo, *BBC Mundo*, 31 de marzo de 2017, en http://www.bbc.com/mundo/noticias-america-latina-39459905 Véase el video del acto en https://www.youtube.com/watch?v=GohPIrveXFE

68 Véase su texto en "Consejo de Defensa Nacional exhorta al TSJ a revisar sentencias 155 y 156 // #MonitorProDaVinci,' 1 de abril de 2017, en http://prodavinci.com/2017/04/01/actualidad/consejo-de-defensa-nacional-exhorta-al-tsj-a-revisar-sentencias-155-y-156-monitorprodavinci/

que un juez no puede hacer nunca, en ninguna parte del mundo, excepto en Venezuela, donde lo hizo al día siguiente, 1 de abril de 2017, reformando y revocando parcialmente dichas sentencias mediante sentencias Nos. 157[69] y 158,[70] todo en violación de los principios más elementales del debido proceso.

Todo este proceso lo que consolidó fue una dictadura judicial, resultando desde entonces que de los cinco poderes públicos que conforman la separación de poderes en Venezuela (Ejecutivo, Legislativo, Judicial, Ciudadano y Electoral), al neutralizar el Juez Constitucional a la Asamblea Nacional como consecuencia del golpe de Estado continuado que ha dado el Poder Ejecutivo en colusión con el Poder Judicial, el resto de los Poderes Públicos, también han quedado todos dependientes de Ejecutivo habiendo abandonado sus poderes de control.

Y lo más grave es que con la dependencia del Poder Judicial y en particular del Juez Constitucional respecto del Poder

---

69 Véase en http://historico.tsj.gob.ve/decisiones/scon/abril/197399-157-1417-2017-17-0323.HTML. Véase sobre esta sentencia los comentarios en Allan R. Brewer-Carías, "La nueva farsa del Juez Constitucional controlado: la inconstitucional y falsa "corrección" de la usurpación de funciones legislativas por parte de la Sala Constitucional del Tribunal Supremo (sentencias Nos. 157 y 158 de 1 de abril de 2017), New York 4 de abril, 2017, en http://allanbrewercarias.net/site/wp-content/uploads/2017/04/151.-doc.-Brewer-Nueva-farsa-del-Juez-Constitucional.-Falsa-correcci%C3%B3n.-Sentencias-Sala-Constit.-157-y-158-.-4-4-2017.pdf:

70 Véase en http://Historico.Tsj.Gob.Ve/Decisiones/Scon/Abril/197400-158-1417-2017-17-0325.Html Véase sobre esta sentencia los comentarios en Allan R. Brewer-Carías, "La nueva farsa del Juez Constitucional controlado: la inconstitucional y falsa "corrección" de la usurpación de funciones legislativas por parte de la Sala Constitucional del Tribunal Supremo (sentencias Nos. 157 y 158 de 1 de abril de 2017), New York 4 de abril, 2017, en http://allanbrewercarias.net/site/wp-content/uploads/2017/04/151.-doc.-Brewer-Nueva-farsa-del-Juez-Constitucional.-Falsa-correcci%C3%B3n.-Sentencias-Sala-Constit.-157-y-158-.-4-4-2017.pdf:

Ejecutivo, por vía interpretación constitucional vinculante de la Constitución por la Sala Constitucional, la Constitución ha sido objeto de mutaciones múltiples,[71] por ejemplo, para centralizar competencias que eran exclusivas de los Estados de la Federación;[72] para eliminar el principio de la alternabilidad republicana dando paso a la reelección indefinida;[73] para asegurar el financiamiento de las actividades electorales del partido oficial;[74] para impedir la revocación popular del mandato del Presidente de la República;[75] para ampliar las competencias de la

---

71 Véase Allan R. Brewer-Carías, *La Constitución de Plastilina y Vandalismo Constitucional. La ilegítima mutación de la Constitución por el Juez Constitucional al servicio del autoritarismo,* Colección Biblioteca Allan R. Brewer-carías, Instituto de Investigaciones Jurídicas, Universidad Católica Andrés Bello, No. 13, Editorial Jurídica Venezolana, Caracas 2022.

72 Véase Allan R. Brewer-Carías, "La Ilegítima mutación de la Constitución y la Legitimidad de la Jurisdicción Constitucional: La "Reforma" de la forma federal del Estado en Venezuela mediante interpretación constitucional," en *Anuario N° 4, Diciembre 2010,* Instituto de Investigación Jurídicas, Facultad de Jurisprudencia y Ciencias Sociales, Universidad Dr. José Matías Delgado de El Salvador, El Salvador 22010, pp.111-143

73 Véase Allan R. Brewer-Carías, "El Juez Constitucional vs. La alternabilidad republicana (La reelección continua e indefinida), en *Revista de Derecho Público*, N° 117, (enero-marzo 2009), Caracas 2009, pp. 205-211.

74 Véase Allan R. Brewer-Carías, "El juez constitucional como constituyente: el caso del financiamiento de las campañas electorales de los partidos políticos en Venezuela," en *Revista de Derecho Público*, N° 117, (enero-marzo 2009), Editorial Jurídica Venezolana, Caracas 2009, pp. 195-203.

75 Véase Allan R. Brewer-Carías, "El secuestro del Poder Electoral y la confiscación del derecho a la participación política mediante el referendo revocatorio presidencial: Venezuela 2000-2004", en Juan Pérez Royo, Joaquín Pablo Urías Martínez, Manuel Carrasco Durán, Editores), *Derecho Constitucional para el Siglo XXI. Actas del Congreso Iberoamericano de Derecho Constitucional,* Tomo I, Thomson-Aranzadi, Madrid 2006, pp. 1081-1126.

Jurisdicción Constitucional, como por ejemplo ocurrió en materia de interpretación abstracta de la Constitución[76] e incluso para asegurar el absurdo e improcedente "control de la constitucionalidad" de las sentencias de la Corte Interamericana de Derechos Humanos, que condujo a declararlas "inejecutables" en Venezuela.[77] La interpretación constitucional a la carta, además, ha servido para que la Sala Constitucional haya procedido a reformar leyes, como por ejemplo sucedió, en materia del procedimiento de amparo[78] o para establecer normas tributarias nuevas en materia de impuesto sobre la renta;[79] y todo ello, casi siempre a iniciativa de los propios abogados del Estado.

---

76 Véase Luis A. Herrera Orellana, "El recurso de interpretación de la Constitución: reflexiones críticas desde la argumentación jurídica y la teoría del discurso," en *Revista de Derecho Público*, N° 113, Editorial Jurídica Venezolana, Caracas 2008, pp. 7-29.

77 Véase Allan R. Brewer-Carías, "la interrelación entre los Tribunales Constitucionales de América Latina y la Corte Interamericana de Derechos Humanos, y la cuestión de la inejecutabilidad de sus decisiones en Venezuela," en Armin von Bogdandy, Flavia Piovesan y Mariela Morales Antonorzi (Coordinadores), *Direitos Humanos, Democracia e Integracao Jurídica na América do Sul*, Lumen Juris Editora, Rio de Janeiro 2010, pp. 661-701

78 Véase Allan R. Brewer-Carías, "El juez constitucional como legislador positivo y la inconstitucional reforma de la Ley Orgánica de Amparo mediante sentencias interpretativas," en Eduardo Ferrer Mac-Gregor y Arturo Zaldívar Lelo de Larrea (Coordinadores), *La ciencia del derecho procesal constitucional. Estudios en homenaje a Héctor Fix-Zamudio en sus cincuenta años como investigador del derecho*, Instituto de Investigaciones Jurídicas, Universidad Nacional Autónoma de México, México 2008, Tomo V, pp. 63-80. Publicado en *Crónica sobre la "In" Justicia Constitucional. La Sala Constitucional y el autoritarismo en Venezuela*, Colección Instituto de Derecho Público. Universidad Central de Venezuela, N° 2, Editorial Jurídica Venezolana, Caracas 2007, pp. 545-563.

79 Véase Allan R. Brewer-Carías, "De cómo la Jurisdicción constitucional en Venezuela, no sólo legisla de oficio, sino subrepticiamente

En cuanto a la democracia, debe también mencionarse que en manos de un Juez Constitucional al servicio del autoritarismo, su primera víctima fue precisamente el principio de la democracia representativa[80] que ha sido sucesivamente lesionado, para cuyo efecto, el mismo Juez Constitucional afectó el derecho político de los ciudadanos a elegir representantes en fraude a la representación proporcional (2006); avaló las inconstitucionales inhabilitaciones políticas que afectaron el derecho de ex funcionarios públicos a ser electos (2008, 2011); arrebató a una diputada en ejercicio el poder continuar ejerciendo su mandato, revocándoselo inconstitucionalmente (2014); revocó ilegítima e inconstitucionalmente el mandato popular a varios Alcaldes, usurpando las competencias de la Jurisdicción Penal (2014); demolió el principio del gobierno democrático electivo y representativo, al imponerle a los venezolanos un gobierno sin legitimidad democrática en 2013, sin determinar con certeza el estado de salud, del Presidente Hugo Chávez Frías, o si estaba vivo; eliminó la exigencia de sufragio para designación de autoridades municipales (2017), eliminó el sufragio universal, directo y secreto en la elección de diputados en representación de las comunidades indígenas (2020), y eliminó el carácter alternativo del gobierno (2009).[81]

---

modifica las reformas legales que "sanciona", a espaldas de las partes en el proceso: el caso de la aclaratoria de la sentencia de Reforma de la Ley de Impuesto sobre la Renta de 2007, *Revista de Derecho Público*, N° 114, Editorial Jurídica Venezolana, Caracas 2008, pp. 267-276.

80 Véase Allan R. Brewer-Carías, "El Juez Constitucional en Venezuela y la destrucción del principio democrático representativo," en *Revista de Derecho Público*, N° 155-156, julio-diciembre de 2018, Editorial Jurídica Venezolana, Caracas 2018, pp. 7-44.

81 Véase Allan R. Brewer-Carías, Allan R. Brewer-Carías, *El golpe a la democracia dado por la Sala Constitucional (De cómo la Sala*

A lo anterior se agrega, por ejemplo, la contribución del Juez Constitucional para garantizar que en el país no se realicen elecciones limpias, justas, transparentes confiables,[82] al avalar que se inhabilitase y se encarcelase a los candidatos a elecciones; y proceder en forma abierta sin cortapisas, mediante sucesivas sentencias a secuestrar a todos los partidos políticos de oposición, nombrado por vía de medidas cautelares a las nuevas autoridades de los mismos, pero vinculadas al gobierno. Así, buscándose asegurar una supuesta "participación" de los mismos en unas posibles elecciones como falsos "partidos de la oposición."[83]

Constitucional del Tribunal Supremo de Justicia de Venezuela impuso un gobierno sin legitimidad democrática, revocó mandatos populares de diputada y alcaldes, impidió el derecho a ser electo, restringió el derecho a manifestar, y eliminó el derecho a la participación política, todo en contra de la Constitución), Colección Estudios Políticos No. 8, Editorial Jurídica venezolana, Caracas 2014; segunda edición, (Con prólogo de Francisco Fernández Segado), 2015, "La democracia y su desmantelamiento usando la justicia constitucional: Peligros del autoritarismo," O de cómo, en Venezuela, el Juez Constitucional demolió los principios de la democracia representativa, de la democracia participativa y del control del poder), preparado para la conferencia del autor sobre "Democracia y Justicia Constitucional: Peligros del Autoritarismo," en *Elecciones y democracia en América latina: El desafío autoritario-populista (Coloquio Iberoamericano, Heidelberg, septiembre 2019, homenaje a Dieter Nohlen),* (Editor: Allan R. Brewer-Carías), Colección Biblioteca Allan R. Brewer-Carías, Instituto de Investigaciones Jurídicas de la Universidad Católica Andrés Bello, Editorial Jurídica Venezolana International, Caracas 2020, pp. 98-117.

82 Véase Allan R. Brewer-Carías, *Crónica constitucional del secuestro de la participación política y las elecciones en Venezuela, que dejaron de ser libres, justas, plurales y transparentes 1999-2024,* Colección de Crónicas constitucionales para la Memoria Histórica, N° 7, Biblioteca Allan R. Brewer-Carías, Universidad Católica Andrés Bello, Caracas 2024.

83 Véase Allan R. Brewer-Carías, *Kakistocracia depredadora y populismo constitucional. El falso Estado de* derecho, *basado en mentiras,*

Ello ocurrió ostensiblemente en la última elección presidencial realizada el 28 de julio de 2024, para la cual los agentes del Estado hicieron todo para impedir que se realizaran con libertad y seguridad,[84] repitiéndose el mecanismo utilizando la Sala Constitucional, para secuestrar los principales partidos políticos de la oposición, inhabilitar políticamente de sus principales líderes para impedir las candidatura de quienes tenían probadas opciones de triunfo, como era el caso de la Sra. María Corina Machado, detener y desaparecer forzosa y arbitraria de muchos de sus dirigentes, y la desaparecer efectivamente la imagen de todos los líderes opositores de todos los medios de comunicación escritos y audiovisuales, los cuales fueron monopolizados por el candidato del gobierno, Sr. Nicolás Maduro Moros.

Todo lo ocurrido quedó corroborado y documentado por los observadores internacionales independientes que presenciaron el proceso electoral, invitados por el Consejo Nacional Electoral, en particular, por el Centro Carter en su Informe de 30 de julio de 2024,[85] por el Departamento para la Cooperación y Observación Electoral (DECO) de la Secretaría para el Fortalecimiento de la Democracia de la OEA sobre la elección presidencial de Venezuela en su Informe para el Secretario General

---

las inhabilitaciones políticas, el secuestro de elecciones y reformas constitucionales contra la democracia (Estudio Preliminar de Jaime Orlando Santofimio), Tirant lo blank, Bogotá 2025.

84 Véase el capítulo explicando "La inexistencia de las condiciones mínimas para que pudieran realizarse unas elecciones justas, libres, plurales, transparentes y verificables en 2024," en Allan R. Brewer-Carías, *Ruina de la democracia, elección presidencial y momento constituyente en 2024*, Colección de Crónicas constitucionales para la Memoria Histórica, N° 9, Biblioteca Allan R. Brewer-Carías, Universidad Católica Andrés Bello, Caracas 2024, pp. 9 y 71.

85 Disponible en: https://www.cartercenter.org/news/pr/2024/venezuela-073024-spanish.pdf.

Luis Almagro fechado el 30 de julio de 2024,[86] y por el Informe Preliminar del Panel de Experto de la ONU sobre la Elección presidencial de Venezuela del 28 de julio de 2024.[87]

Todos constataron cómo los resultados de la elección, que sólo podían estar basados en la totalización de las Actas de Escrutinio de las Mesas Electorales, que son públicas y que estaban en poder de miembros de mesas y testigos de las mismas (globalmente aproximadamente 240 mil personas), fueron ignorados, y se dio ganador en las elecciones al candidato del gobierno, Sr. Maduro, sin totalización alguna de actas, cuando las recolectadas por la oposición y publicadas en internet daban un triunfo abrumador al candidato de la oposición Sr. González Urrutia. Resultado que, a pesar de que literalmente todo el mundo conocía y que no podía cambiarse, se quiso cambiar, con el resultado de que el 24 de septiembre de 2024, en su discurso ante la Asamblea de las Naciones Unidas, el Presidente Gabriel Boric de Chile expresó: "Estamos frente a una dictadura que pretende robarse una elección,"[88] y el Presidente de los Estados Unidos, J. Biden dijo:

---

86 Disponible en: http://www.oas.org/fpdb/press/Informe-al-SG-sobre-Elecciones-Venezuela-2024-30-de-julio-para-distribuir-(1).pdf.

87 Disponible en: https://news.un.org/en/sites/news.un.org.en/files/atoms / files/Informe_Preliminar_PdE_Venezuela_090824.pdf.

88 Véase en "Presidente Boric ante la ONU por Venezuela: "Estamos frente a una dictadura que pretende robarse una elección," en *TB en vivo*, 24 de septiembre de 2024, disponible en: https://www.t13.cl/noticia/politica/presidente-boric-ante-onu-por-venezuela-estamos-frente -una-dictadura-pretende-24-9-2024

> "Vimos ese anhelo universal por los derechos y libertades en Venezuela, donde millones votaron por un cambio que no se ha reconocido. Pero no puede negarse, *el mundo sabe la verdad*."[89]

Pero todo eso se quiso cambiar mediante un Tribunal Supremo controlado políticamente, que inventó un inexistente proceso judicial de "peritaje" para avalar los resultados falsos dados por el órgano electoral, y así desconocer la voluntad popular, como efectivamente ocurrió, precisamente por obra del Poder Judicial controlado.[90]

Un año después, el 6 de agosto de 2025, ante el Consejo Permanente de la Organización de Estados Americanos, con la notoria ausencia del Secretario General de la misma Sr. Albert Ramdin, la Sra. Gloria Monique de Mees, Relatora para Venezuela de la Comisión Interamericana de Derechos Humanos, presentó un Informe en el cual dijo, entre otros aspectos, lo siguiente:

> "Más de un año después, el Consejo Nacional Electoral *aún no ha publicado las actas necesarias* para verificar los resultados que declaró a favor de Nicolás Maduro. Esta negativa a proporcionar incluso los datos electorales más básicos *viola las leyes nacionales y las normas interna-*

---

89 Véase "Joe Biden se refirió al fraude electoral en Venezuela en su última Asamblea de la ONU: "El mundo sabe la verdad," en *Infobae*, 24 de septiembre de 2024, disponible en: https://www.infobae.com/estados-unidos/2024/09/24/joe-biden-se-refirio-al-fraude-electoral-en-venezuela-en-su-ultima-asamblea-de-la-onu-el-mundo-sabe-la-verdad/

90 Véase Allan R. Brewer-Carías *Crónica constitucional sobre el secuestro de la elección presidencial del 28 de julio de 2024*, Colección de Crónicas constitucionales para la Memoria Histórica, N° 10, Biblioteca Allan R. Brewer-Carías, Universidad Católica Andrés Bello, Caracas 2024.

cionales. Arroja una larga sombra sobre la credibilidad del proceso electoral y *priva a los ciudadanos de su derecho a conocer la verdad sobre su voto*".

"Las consecuencias de este controvertido proceso han ido más allá de las preocupaciones por la transparencia. Se *han cometido sistemáticamente actos de represión estatal* y graves abusos contra los derechos humanos".

"El propio Maduro declaró públicamente que más de 2.000 personas habían sido detenidas en relación con las protestas postelectorales. El fiscal general de Venezuela confirmó que 25 personas habían muerto en ese mismo contexto. De las 25 muertes documentadas, 24 fueron causadas por heridas de bala en la cabeza y el tórax, y una por una paliza mortal. Solo una víctima pertenecía a la Guardia Nacional Bolivariana (GNB); las demás eran todas civiles".

"Fue también el Estado el que admitió *la detención de cientos de adolescentes,* muchos de ellos procedentes de zonas de bajos ingresos, que fueron arrestados durante las manifestaciones o en operaciones selectivas denominadas por las autoridades «Operación Tun Tun»".

"Un año después, *no hay justicia*, ni rendición de cuentas, ni se han tomado medidas significativas para investigar estas muertes o proteger los derechos de los que siguen detenidos. *Muchas de las detenciones se han convertido en detenciones arbitrarias prolongadas y desapariciones forzadas*. Decenas de presos políticos siguen recluidos sin acceso a asistencia letrada ni contacto con sus familias, en condiciones que pueden constituir tortura o trato inhumano".

> "Hemos recibido testimonios de primera mano de periodistas y profesionales de los medios de comunicación, tanto en el exilio como dentro de Venezuela, *muchos de los cuales fueron detenidos arbitrariamente tras las protestas postelectorales,* lo que refleja un patrón más amplio de represión".
>
> "*La Comisión lleva mucho tiempo advirtiendo del colapso de la democracia en Venezuela:* la erosión de los derechos humanos, el desmantelamiento del Estado de derecho y la ruptura de las instituciones democráticas. Hoy vemos cómo este colapso se manifiesta en *un Estado que reprime la disidencia,* silencia a la oposición y manipula las herramientas de la justicia para afianzar su propio poder."[91]

A lo anterior se debe agregar que la Sala Constitucional no solo ha sido un instrumento del autoritarismo con sus decisiones interpretando la Constitución a la medida solicitada por el gobierno, o avalando las inconstitucionalidades del legislador o del Poder Ejecutivo,[92] sino que también ha actuado como dicho

---

91 Véase el texto en el reportaje de Román Lejtman, "La OEA ratificó que la dictadura de Maduro cometió fraude electoral y continúa violando los derechos humanos en Venezuela. Durante una presentación de la CIDH se confirmó que el régimen caribeño oculta los resultados que dieron la victoria a Edmundo González Urrutia y mantiene un mecanismo sistemático de represión ilegal para preservarse en el poder," en *Infobae,* 6 de agosto de 2025, disponible en: https://www.infobae.com/estados-unidos/2025/08/06/la-oea-ratifico-que-la-dictadura-de-maduro-cometio-fraude-electoral-y-continua-violando-los-derechos-humanos-en-venezuela/

92 Véase Allan R. Brewer-Carías, *El Juez Constitucional y la aniquilación del Estado Democrático. Algunas claves "explicativas" encontradas en una Tesis "secreta" hallada en Zaragoza*, Colección de Crónicas constitucionales para la Memoria Histórica, N° 4, Biblioteca Allan R. Brewer-Carías, Universidad Católica Andrés Bello, Caracas 2024.

instrumento con su abstención deliberada de ejercer el control de constitucionalidad respecto de leyes o actos ejecutivos que violentaron la Constitución, como sucedió respecto de diversas violaciones al principio democrático, por ejemplo, las cometidas por las Leyes del Poder Popular que si bien su contenido había sido rechazado por el pueblo al no aprobar la reforma constitucional propuesta por Hugo Chávez en 2007,[93] se dictaron promovidas por su gobierno en 2010,[94] para establecer el Estado Comunal o del Poder Popular,[95] que como lo afirmó el propio Chávez, debía funcionar como una supuesta *"democracia" sin representación*, es decir, según lo que fueron sus propias palabras, que supuestamente "no nace del sufragio ni de elección alguna, sino que nace de la condición de los grupos humanos organizados como base de la población."[96]

---

93 Véase Allan R. Brewer-Carías, *Hacia la consolidación de un Estado Socialista, Centralizado, Policial y* Militarista, *Comentarios sobre el sentido y alcance de las propuestas de reforma constitucional 2007,* Colección Textos Legislativos, N° 42, Editorial Jurídica Venezolana, Caracas 2007.

94 Véase en general sobre estas leyes, Allan R. Brewer-Carías, Claudia Nikken, Luis A. Herrera Orellana, Jesús María Alvarado Andrade, José Ignacio Hernández y Adriana Vigilanza, *Leyes Orgánicas sobre el Poder Popular y el Estado Comunal (Los consejos comunales, las comunas, la sociedad socialista y el sistema económico comunal),* Colección Textos Legislativos N° 50, Editorial Jurídica Venezolana, Caracas 2011.

95 Véase Allan R. Brewer-Carías, E*studios sobre el Estado Comunal o Estado del Poder Popular. O de cómo se desconstitucionaliza al Estado en fraude a la Constitución y a la voluntad popular,* Colección Biblioteca Allan R. Brewer-Carías, Instituto de Investigaciones Jurídicas de la Universidad Católica Andrés Bello, N° 8, Editorial Jurídica Venezolana, Caracas 2021.

96 Véase *Discurso de Orden pronunciado por el ciudadano Comandante Hugo Chávez Frías, Presidente Constitucional de la República Bolivariana de Venezuela en la conmemoración del Ducentésimo Segundo*

En ese nuevo esquema a partir de 2010 se configuró un sistema político estatal que desconstitucionalizó el Estado Constitucional,[97] ignorándose la democracia representativa al establecerse que los "voceros" de los Consejos Comunales, que no gozan de autonomía política, no son electos por sufragio universal, directo y secreto, sino a mano alzada "en nombre del pueblo," por asambleas controladas por el partido oficial y por el Ejecutivo Nacional. Además, en dichas leyes, se le asignó a los "voceros" de los Consejos Comunales la función de designar a los miembros de las Juntas Parroquiales, las cuales, en consecuencia, fueron "degradadas," dejando de ser las "entidades locales" que son conforme a la Constitución, con gobiernos electos por sufragio universal directo y secreto; pasando a ser simples órganos "consultivos, de evaluación y articulación entre el Poder Popular y los órganos del Poder Público Municipal" (art. 35), cuyos miembros, además, los deben designar los voceros de los

Aniversario del Juramento del Libertador Simón Bolívar en el Monte Sacro y el Tercer Aniversario *del Referendo Aprobatorio de su mandato constitucional*, Sesión especial del día Miércoles 15 de agosto de 2007, Asamblea Nacional, División de Servicio y Atención legislativa, Sección de Edición, Caracas 2007, p. 35

97 Véase en general sobre este proceso de desconstitucionalización del Estado, Allan R. Brewer-Carías, "La desconstitucionalización del Estado de derecho en Venezuela: del Estado Democrático y Social de derecho al Estado Comunal Socialista, sin reformar la Constitución," en *Libro Homenaje al profesor Alfredo Morles Hernández, Diversas Disciplinas Jurídicas*, (Coordinación y Compilación Astrid Uzcátegui Angulo y Julio Rodríguez Berrizbeitia), Universidad Católica Andrés Bello, Universidad de Los Andes, Universidad Monteávila, Universidad Central de Venezuela, Academia de Ciencias Políticas y Sociales, Vol. V, Caracas 2012, pp. 51-82; en Carlos Tablante y Mariela Morales Antonorzzi (Coord.), *Descentralización, autonomía e inclusión social. El desafío actual de la democracia*, Anuario 2010-2012, Observatorio Internacional para la democracia y descentralización, En Cambio, Caracas 2011, pp. 37-84; y en *Estado Constitucional,* Año 1, N° 2, Editorial Adrus, Lima, junio 2011, pp. 217-236.

consejos comunales de la parroquia respectiva (art. 35), y sólo de entre aquellos avalados por la Asamblea de Ciudadanos "de su respectivo consejo comunal" (at. 36).[98]

Por ser inconstitucionales, dichas Leyes Orgánicas del Poder Popular fueron impugnadas ante la Sala Constitucional, mediante unos recursos judiciales que jamás ni siquiera fueron admitidos. En cuanto a la Ley de reforma de la Ley Orgánica del Poder Municipal de 2010, en este caso la Sala Constitucional si decidió mediante sentencia N° 355 de 16 de mayo de 2017,[99] desconociendo el pilar de la democracia en Venezuela que es la democracia representativa, admitir la posibilidad de que los miembros de las Juntas Parroquiales fueran designados por los Consejos Comunales, en un proceso que ni siguiera es una elección de segundo grado, porque no hay elección de primer grado en la designación a mano alzada de los voceros de los consejos comunales; y ello lo hizo para pretender privilegiar la "participación sin sufragio" sobre la participación mediante el sufragio, siguiendo la misma retórica "participativa" vacía que ha utilizado en muchas de sus

98 Adicionalmente, en forma evidentemente inconstitucional, la Ley de reforma del Poder Municipal de 2010, decretó la "cesación" en sus funciones de "los miembros principales y suplentes, así como los secretarios o secretarias, de las actuales juntas parroquiales, quedando las alcaldías responsables del manejo y destino del personal, así como de los bienes correspondientes" (Disposición Derogatoria Segunda.

99 Caso: *impugnación de la Ley de reforma de la Ley Orgánica del Poder Público Municipal*. Véase en http://historico.tsj.gob.ve/decisiones/scon/mayo/199013-355-16517-2017-11-0120.HTML. Véase los comentarios a esta sentencia en Emilio J. Urbina Mendoza, "Todas las asambleas son sufragios, y muchos sufragios también son asambleas. La confusión lógica de la sentencia 355/2017 de la Sala Constitucional del Tribunal Supremo de Justicia y la incompatibilidad entre los conceptos de sufragio y voto asambleario," y José Ignacio Hernández G., "Sala Constitucional convalida la desnaturalización del Municipio. Notas sobre la sentencia N° 355/2017 de 16 de mayo," en *Revista de Derecho Público*, N° 150-151 (enero-junio 2017), Editorial Jurídica Venezolana, Caracas 2017, pp. 107-116 y 349-352.

decisiones anteriores, afirmando que el "derecho general a participar en los procesos de decisión en las distintas áreas" se ha establecido sin haber sido limitado a "la designación de representantes a cargos públicos de representación popular, toda vez que lo que se plantea, en definitiva, es el protagonismo fundamental de ciudadanos, la participación como nuevo paradigma determinante del nuevo régimen constitucional."

En todo caso, en esa forma, con una Constitución maleable, es difícil imaginar un Estado de justicia, salvo que sea de justicia sólo impartida a la medida del propio Estado.

Esta situación, ha conducido a que antes de existir un Estado de Justicia, lo que en realidad existe en Venezuela es un Estado de injusticia, por el hecho de que simplemente la justicia no funciona para juzgar y castigar a quienes violan la ley. Así, la impunidad campea y es absoluta por ejemplo respecto de los depredadores del patrimonio público, quedando la Contraloría General de la República solo para investigar lideres de la oposición, para inhabilitarlos políticamente.[100]

---

[100] Véase por ejemplo, Allan R. Brewer-Carías, "La incompetencia de la Administración Contralora para dictar actos administrativos de inhabilitación política restrictiva del derecho a ser electo y ocupar cargos públicos (La protección del derecho a ser electo por la Corte Interamericana de Derechos Humanos en 2012, y su violación por la Sala Constitucional del Tribunal Supremo al declarar la sentencia de la Corte Interamericana como "inejecutable"), en Alejandro Canónico Sarabia (Coord.), *El Control y la responsabilidad en la Administración Pública, IV Congreso Internacional de Derecho Administrativo, Margarita 2012*, Centro de Adiestramiento Jurídico, Editorial Jurídica Venezolana, Caracas 2012, pp. 293-371

La impunidad también es el signo de la injusticia en materia de delitos comunes, en un país como Venezuela, que tiene el récord mundial de violencia, secuestros y crímenes callejeros,[101] que en 2013 había alcanzado la cifra de 24.773 personas asesinadas,[102] habiendo sido considerado en 2014, como el país más inseguro del mundo,[103] y Caracas, igualmente en 2014, como la segunda ciudad más peligrosa del Planeta;[104] pero donde dichos crímenes no se persiguen y quedan impunes.[105]

---

101 *Véase* Editorial de *Le Monde,* 30 marzo 2014, en https://www.eluniversal.com/nacional-y-politica/140330/le-monde-dedico-un-editorial-a-venezuela.

102 Véase César Miguel Rondón, "Cada vez menos país," en *Confirmado*, 16-8-2014, en http://confirmado.com.ve/opinan/cada-vez-menos-pais/

103 Véase el reportaje de la Encuesta Gallup, "Venezuela fue considerado como el país más inseguro del mundo," en *Notitarde.com*, Caracas 21 de agosto de 2014, en http://www.noti-tarde.com/Pais/Venezuela-fue-seleccionado-como-el-pais-mas-inseguro-del-mundo/2014/08/21/347656.

104 Después de San Pedro Sula, Caracas es considerada la segunda ciudad más peligrosa del mundo. Véase la información en *Sala de Información, Agencia de Comunicaciones Integradas. Información, opinión y análisis,* 16-1-2914, en http://saladeinfo.wordpress.com/2014/01/16/caracas-es-la-segunda-ciudad-mas-peligrosa-del-planeta-2/. Véase igualmente la información en El País Internacional, 20 de agosto de 2014, en http://internacional.elpais.com/interna-cional/2014/08/20/actualidad/1408490113_417749.html

105 Sobre el tema de la "actividad hamponil" y la impunidad, Leandro Area ha observado que: "se ha convertido en el pan y plan nuestro y maestro de cada día, sea por el éxito malandro que se ve apenas reflejado en muerte y desolación en la prensa que queda y que está en vías de extinción o bien por el semblante que se enseña en el rostro de todo aquel que sigue vivo y que debe enfrentar la penuria de existir secuestrado por una realidad impuesta. Pero el asunto va más allá. El concubinato legitimado entre poder político, hampa común, poder judicial, policía, fuerzas armadas y demás, no es misterio ni secreto a voces. Es un plan convertido en acción permanente." Véase Leandro Area, "El 'Estado Misional' en Venezuela," en *Analítica.com*, 14 de febrero de

APRECIACIÓN FINAL

Como lo expresé en un libro publicado en 2015, para un profesor de derecho público, la paradoja que resulta de un gobierno cuyos funcionarios invocan a cada instante la Constitución para justificar sus arbitrariedades, violándola a abierta y permanentemente es, sin duda, algo absolutamente incomprensible, salvo si esa conducta se entiende como parte de una política de Estado basada en la mentira.[106]

Y eso es lo que explica cómo, a pesar de todo lo que se establece en el texto constitucional de 1999 sobre el "Estado democrático y social de derecho y de justicia," lo que se construyó en Venezuela fue un Estado autoritario producto de la demolición de las instituciones democráticas,[107] del desprecio a la Ley, [108] y de la demolición de la independencia y autonomía del Poder Judicial; todo "avalado" por un Juez Constitucional, que resultó ser, no el guardián de la Constitución, sino el guardián del gobierno y el instrumento para afianzar el autoritarismo.[109]

2014, en http://analitica.com/opinion/opinion-nacional/el-estado-misional-en-venezuela/

106 Véase Allan R. Brewer-Carías, *La mentira como política de Estado. Crónica de una crisis política permanente. Venezuela 1999-2015* (Prólogo de Manuel Rachadell), Colección Estudios Políticos, N° 10, Editorial Jurídica Venezolana, Caracas 2015.

107 Véase Allan R. Brewer-Carías, *Dismantling Democracy. The Chávez Authoritarian Experiment*, Cambridge University Press, New York, 2010.

108 Véase Allan R. Brewer-Carías, *Estado Totalitario y desprecio a la Ley. La desconstitucionalización, desjuridificación, desjudicialización y desdemocratización de Venezuela*, Editorial Jurídica Venezolana, 2014.

109 Véase Allan R. Brewer-Carías, *Golpe a la democracia dado por la Sala Constitucional, (De cómo la Sala Constitucional del Tribunal*

Todo lo cual, además, ha producido una deshumanización del propio Estado, producto de un lamentable proceso de progresiva de violación y degradación de los derechos humanos al punto de que en el Informe de Michelle Bachelet, Alta Comisionada de las Naciones Unidas para los Derechos Humanos sobre la situación de los derechos humanos en el país, de 4 de julio de 2019,[110] la misma destacó lo que denominó: "patrones de violaciones que afectan directa e *indirectamente a todos los derechos humanos: civiles, políticos, económicos, sociales y culturales*" (§ 2).

Ello ha afectado todos los derechos declarados en la Constitución, de manera que el Informe en cuanto a los derechos sociales, coincide que "existen motivos razonables para creer que se han cometido graves violaciones de los derechos económicos y sociales, incluidos los derechos a la alimentación y la salud, en Venezuela" (§ 75); agregando:

Supremo de Justicia de Venezuela impuso un gobierno sin legitimidad democrática, revocó mandatos populares de diputada y alcaldes, impidió el derecho a ser electo, restringió el derecho a manifestar, y eliminó el derecho a la participación política, todo en contra de la Constitución), Colección Estudios Políticos N° 8, Editorial Jurídica venezolana, Caracas 2014.

110 Véase "Informe de la Alta Comisionada de las Naciones Unidas para los Derechos Humanos sobre la situación de los derechos humanos en la República Bolivariana de Venezuela," 4 de julio de 2019, en https://www.ohchr.org/EN/HRBodies/HRC/RegularSessions/Session41/Documents/A_HRC_41_18_SP.docx. Los "comentarios del Estado" ("Comentarios sobre errores de hecho del Informe de la Alta Comisionada de Naciones Unidas para los derechos humanos sobre la situación de derechos humanos de la República Bolivariana de Venezuela"), pueden consultarse en https://www.ohchr.org/EN/HRBodies/HRC/RegularSessions/Session41/Documents/A_HRC_41_18_Add.1.docx

Sobre la libertad de información, que "en los últimos años: "el Gobierno ha tratado de *imponer una hegemonía comunicacional* imponiendo su propia versión de los hechos y creando un ambiente que *restringe los medios de comunicación independientes*" (§ 28).

Sobre las libertades políticas, destacando cómo las numerosas instituciones de seguridad ciudadana, que han sido militarizadas, han "*permitido al* Gobierno *cometer numerosas violaciones de los derechos humanos*" refiriéndose en particular a que: "Las autoridades han *atacado especialmente a determinadas personas y grupos, entre ellos a miembros de la oposición política* y a quienes se considera que constituyen amenazas para el Gobierno por su capacidad para articular posiciones críticas y movilizar a otras personas. Esta *represión selectiva se manifiesta en una multitud de violaciones de los derechos humanos*, que pueden constituir *persecución por motivos políticos* (§ 77).

Sobre el derecho a manifestar, el *Informe*, que las fuerzas de seguridad, en los últimos anos, "*hicieron un uso excesivo de la fuerza de manera deliberada, con la finalidad de infundir miedo y desalentar* futuras manifestaciones" (§ 39);

Sobre el derecho a la libertad personal, en relación con las privaciones arbitrarias de libertad de centenas de personas, por razones políticas, destacando que: "el Gobierno ha utilizado las *detenciones arbitrarias* como uno de *los principales instrumentos para intimidar y reprimir a la oposición política y cualquier expresión de disensión*, real o presunta, al menos desde 2014" (§ 41); y

Sobre el derecho a la vida, al referirse a las operaciones de uno de los muchos cuerpos de seguridad del Estado, calificándolos "como un "escuadrón de la muerte" o un "grupo de exterminio" (§47), siendo considerada por "informes de ONGs," como las "responsables de centenares de muertes violentas" (§

47), constatando cómo "*manipularon la escena del crimen y las pruebas*. Habrían *plantado armas y drogas y habrían disparado sus armas contra las paredes o en el aire* para *insinuar un enfrentamiento* y demostrar que la víctima se habría "resistido a la autoridad" (§49).

Al *Informe Bachelet* de 2019, le siguió el Informe y las Conclusiones de la misión internacional independiente de determinación de los hechos sobre la República Bolivariana de Venezuela, presentado el 15 de septiembre de 2020 ante el Consejo de Derechos Humanos de las Naciones Unidas, en cumplimiento de la Resolución 42/25 del Consejo, de 27 de septiembre de 2019;[111] en los cuales se presentaron las conclusiones de dicha Misión "respecto a las ejecuciones extrajudiciales, las desapariciones forzadas, las detenciones arbitrarias y la tortura y otros tratos crueles, inhumanos o degradantes, cometidos en el país desde 2014," mostrando un *cuadro de horror*, ciertamente inimaginable, no sólo pasado sino actual –que está ocurriendo–, compuesto por funcionarios del horror, policías del horror, fiscales del horror, jueces del horror y custodios del horror, que el *Informe* resume dando cuenta, que los actos y conductas descritos en el mismo:

> "*constituyen asesinatos arbitrarios, incluyendo ejecuciones extrajudiciales, torturas y otros tratos o penas crueles, inhumanas o degradantes –incluyendo violencia sexual y de género–, desapariciones forzadas (a menudo de corta duración) y detenciones arbitrarias, en violación de la legislación nacional y las obligaciones internacionales de Venezuela." (par. 151)*.

[111] Informe de 15 de septiembre de 2020, disponible en: https://www.ohchr.org/Documents/HRBodies/HRCouncil/FFMV/A_HRC_45_CRP.11_SP.pdf. El Informe se acompañó con unas "*Conclusiones detalladas de la Misión internacional independiente de determinación de los hechos sobre la República Bolivariana de Venezuela (443 pp.)*.

A esos hechos y conductas se agregan en el *Informe*, los crímenes de:

> *"asesinato, encarcelamiento y otras privaciones graves de la libertad física, tortura, violación y otras formas de violencia sexual, desaparición forzada de personas [...] y otros actos inhumanos de carácter similar que causen intencionalmente grandes sufrimientos o graves daños al cuerpo o a la salud mental o física."*

Dichos crímenes, la Misión consideró que constituyen "crímenes de lesa humanidad," y algunas de ellas, específicamente el crimen de lesa humanidad de persecución, tal como se define en el Estatuto de Roma" (par 161).

En particular, en las *Conclusiones detalladas* se analizaron muchos de dichos crímenes, entre los que se destacan los relativos a la *represión política selectiva* (Capitulo III) y los cometidos en el contexto de "violaciones en un *contexto de seguridad o control social* (Capítulo IV), que la Misión igualmente consideró que algunos de ellos "pueden constituir también el crimen de lesa humanidad de la persecución" (par. 2085), consistente en:

> *"una privación intencional y grave de los siguientes derechos: el derecho a la vida, la libertad y la seguridad de la persona, el derecho a no ser sometido a tratos o penas crueles, inhumanos o degradantes, el derecho a no ser sometido a violación y otras formas de violencia sexual, y el derecho a no ser sometido a arresto o detención arbitrarios. En conjunto, estas violaciones pueden constituir actos de persecución, pero también pueden constituir distintos crímenes de lesa humanidad" (par. 2085).*

Lo más dramático del Informe fue que las violaciones y crímenes reseñados y analizados por la *Misión*, según la misma lo expresó, formaron parte de *una política de Estado* "para *silenciar, desalentar y sofocar la oposición al Gobierno* del Presidente Maduro, incluso dirigiendo a las personas que, a través de diversos medios, demostraron su desacuerdo con el Gobierno o fueron percibidas como contrarias a él, y a sus familiares y amigos que fueron blanco de ataques por estar asociados con ellos" (par. 160).

Concluyó la Misión en su Informe, al referirse a las responsabilidades que la misma:

> *"tiene motivos razonables para creer que tanto el Presidente como los Ministros del Poder Popular para Relaciones Interiores, Justicia y Paz y de Defensa, ordenaron o contribuyeron a la comisión de los delitos documentados en el presente informe, y teniendo la capacidad efectiva para hacerlo, no adoptaron medidas preventivas y represivas" (par. 164).*

Todo ello originó que en septiembre de 2018, un grupo de Estados Partes (Argentina, Canadá, Chile, Colombia, Paraguay y Perú) en el Estatuto de Roma que estableció la Corte Penal Internacional sometieron a la Fiscalía de dicha Corte documentación relativa a la situación en Venezuela a partir del 12 de febrero de 2014, lo que condujo a la Fiscalía, en noviembre de 2021, a anunciar que había concluido el examen preliminar con la decisión de iniciar las investigaciones, la cual está en curso, luego de que en 2023 se desechó la solicitud de Venezuela por la Sala de Cuestiones Preliminares de que la Fiscalía "se inhibiera de sus investigaciones en favor de las medidas adoptadas por las autoridades nacionales de Venezuela, con arreglo al párrafo 2 del artículo 18 del Estatuto de Roma."

La Fiscalía, en efecto, en noviembre de 2022 solicitó a dicha Sala que autorizara la reanudación de la investigación, la cual con fecha 27 de junio de 2023, dictó su decisión por la que autorizó a la Fiscalía de la CPI a reanudar su investigación en la situación en la República Bolivariana de Venezuela. Apelada dicha decisión por Venezuela, la Sala de Apelaciones de la Corte Penal Internacional con fecha 1° de marzo de 2024, dictó su sentencia sobre el recurso de apelación interpuesto desestimando la apelación por unanimidad, confirmando la decisión por la que se autorizó la reanudación de la investigación.[112] Investigación que continúa, a pesar de que en decisión del 1° de agosto de 2025, la Corte ordenara al Fiscal excusarse de seguir conociendo del caso, por estar en juego su imparcialidad por conflicto de intereses.[113]

Sobre las violaciones a los derechos que justifican dicha investigación de la Corte Penal Internacional, la Misión Independiente de verificación de los hechos sobre Venezuela presentó ante el Consejo de Derechos Humanos de la ONU su Informe en septiembre de 2024, en el cual, entre múltiples denuncias, sobre el delito de persecución y otros delitos de lesa humanidad ha quedado expresado lo siguiente:

> "104. La misión tiene motivos razonables para creer que algunas de las violaciones de los derechos humanos investigadas durante este período representan una continuación de la misma línea de conducta que la misión caracterizó en informes previos como crímenes de lesa humanidad. Estas

---

112 Véase la Nota de Prensa oficial de la Corte Penal Internacional, "Situación en Venezuela I: La Sala de Apelaciones de la CPI confirma la decisión por la que se autoriza la reanudación de la investigación," 1 de marzo de 2024, disponible en: https://www.icc-cpi.int/news/venezuela-i-situation-icc-appeals-chamber-confirms-decision-authorising-resumption?lang=Spanish

113 Véase International Criminal Court, Appeals Chamber, Decision on the *"Request for the Appeals Chamber to Conduct an Ex Officio Review of the Prosecutor's Conflict of Interest in the Venezuela I Situation,"* ICC-02/18-118, 1 de augosto de 2025; disponible en: https://www.icc-cpi.int/court-record/icc-02/18-118

violaciones constituyen los delitos de encarcelación o privación grave de la libertad física en violación de normas fundamentales del derecho internacional, la tortura y la violación o cualquier otra forma de violencia sexual de gravedad comparable, y otros actos inhumanos de carácter similar que causen intencionalmente grandes sufrimientos o atenten gravemente contra la integridad física o la salud mental o física. Estas conductas se produjeron como parte del mismo ataque generalizado y sistemático contra la población civil, en cumplimiento de una política estatal de silenciar, desalentar y sofocar a la oposición al Gobierno del Presidente Maduro, o en apoyo de la misma. La misión concluyó en el pasado, y mantiene su entendimiento de que dichas violaciones y crímenes fueron cometidos intencionalmente como parte de este ataque, y que los autores materiales e intelectuales tuvieron conocimiento del ataque y de que sus actos formaron parte de éste.

105. En su informe de 2020 al Consejo de Derechos Humanos, la misión afirmó que algunas de las conductas calificadas en ese informe como crímenes de lesa humanidad podían constituir también el crimen de lesa humanidad de persecución. Tomando en consideración tanto la línea de conducta, como la política estatal mencionadas, así como el perfil de las víctimas y las declaraciones públicas de altos representantes del Estado, la misión tiene motivos razonables para creer que, durante el marco temporal de su mandato, se ha cometido el crimen de persecución en la República Bolivariana de Venezuela. Para llegar a esta conclusión, la misión tomó en cuenta las violaciones graves a los derechos humanos que fueron documentadas e investigadas en este y en sus anteriores informes, incluyendo detenciones arbitrarias, torturas, violencia sexual, así como otras

violaciones cometidas en conexión con las mismas, incluyendo al derecho a participar en asuntos públicos y a los derechos de expresión, reunión y asociación. Todas esas violaciones, cometidas en el marco de una política discriminatoria, y, consideradas en su conjunto, configuran el crimen de lesa humanidad de persecución fundada en motivos políticos, en razón de la identidad de las víctimas, en tanto personas opositoras al Gobierno o percibidas como tales, o simplemente críticas del Gobierno."[114]

Lo anterior evidencia, de hecho, que en Venezuela, sobre todo por el control político sobre el Poder Judicial, desaparecieron los derechos humanos como valor esencial y primordial del Estado, habiéndose producido una deshumanización total del mismo; a lo que se suma la labor del Juez Constitucional que desde 2003 incluso desconstitucionalizó mediante sentencia No. 1492 del 7 de julio de 2003,[115] la jerarquía constitucional de los derechos humanos declarados en los tratados internacionales, y la garantía de su aplicación directa e inmediata por parte de todos los jueces.[116]

---

114 Véase el *Informe de la misión internacional independiente de determinación de los hechos sobre la República Bolivariana de Venezuela,* 19 de septiembre de 2024, disponible en https://www.ohchr.org/sites/default/files/documents/hrbodies/hrcouncil/sessions-regular/session57/advance-versions/a-hrc-57-57-es.pdf

115 Véase en *Revista de Derecho Público,* N° 93-96, Editorial Jurídica Venezolana, Caracas 2003, pp. 136 y ss.

116 Véase Allan R. Brewer-Carías, "La ilegitima mutación de la Constitución por el juez constitucional mediante la eliminación del rango supra constitucional de los tratados internacionales sobre derechos humanos, y el desconocimiento en Venezuela de las sentencias de la Corte Interamericana de Derechos Humanos," en *Libro Homenaje al Capítulo Venezolano de la Asociación Mundial de Jóvenes Juristas y Estudiantes de Derecho*: *Recopilación de artículos que desarrollan temas de*

La Sala Constitucional, en sentencia Nº 1547 (Caso *Estado Venezolano vs. Corte Interamericana de Derechos Humanos*) de 17 de octubre de 2011[117] negó el valor universal de los derechos humanos, proclamando que "*no puede ponerse un sistema de principios supuestamente* absoluto *y supra histórico por encima de la Constitución,*"[118] pasando posteriormente a desconocer las sentencias dictadas por la Corte Interamericana de Derechos Humanos.

El resultado de todo este trágico proceso de demolición del Estado de derecho y de todos sus principios, ha sido un absurdo proceso, especie de "ilegalidad de derecho," como la calificó Piero Calamandrei al analizar la situación en el régimen fascista en Italia, de lo cual concluyó afirmando que, en definitiva, de lo que se trató fue, jurídicamente, de una gran mentira o falsedad.

En efecto, en un libro póstumo, publicado en 2014, titulado *Il fascismo, come regime della menzogna* (Laterza, 2014),[119] Calamandrei recordó lo que bien podía aplicarse a todos los profesores de derecho en situación similar, al tener que escribir por formación académica, sucesivamente, advirtiendo durante

---

actualidad jurídica relacionados con el derecho público y el derecho privado, Asociación Mundial de Jóvenes Juristas y Estudiantes de Derecho, Caracas 2015, ISBN 978-980-6913-90-5.

117 Véase en http://www.tsj.gov.ve/decisiones/scon/Octubre/1547-1710 11-2011-11-1130.htmll. Véase Allan R. Brewer-Carías, "El ilegítimo "control de constitucionalidad" de las sentencias de la Corte Interamericana de Derechos Humanos por parte la Sala Constitucional del Tribunal Supremo de Justicia de Venezuela: el caso de la sentencia *Leopoldo López vs. Venezuela, 2011*," en *Constitución y democracia: ayer y hoy. Libro homenaje a Antonio Torres del Moral*. Editorial Universitas, Vol. I, Madrid, 2013, pp. 1095-1124.

118 *Idem*. Donde se hace referencia a un fallo anterior Nº 1309/2001.

119 Véase la edición en español: Piero Calamandrei, *El Fascismo como régimen de la mentira*, Tirant humanidades, Valencia 2019.

décadas sobre las inconstitucionalidades e ilegalidades del régimen en Venezuela. Calamandrei, en efecto constató al referirse a Italia, cuán admirable había sido:

> "el empeño con el cual los profesores de derecho constitucional buscaban resolver los miles de adivinanzas que provocaba el régimen fascista: ¿Era revolución o no lo era? ¿Había sido o no eliminada la monarquía representativa? ¿La Constitución estaba en vigor o había sido suprimida? ¿Existía igualdad entre todos los ciudadanos ante la ley, o acaso se había introducido una distinción entre los inscritos (en el partido fascista) que tenían todos los derechos, y los no inscritos, que tenían todos los deberes?"

Mutatis mutandis, ¡cuánta verdad y similitud con nuestro caso, setenta años después!!

De ello, Calamandrei constató sobre el régimen fascista, lo que es enteramente aplicable al régimen de Venezuela iniciado por Hugo Chávez, que el mismo:

> "fue algo más profundo y complicado que una oscura ilegalidad: Fue la simulación de la ilegalidad, el fraude, legalmente organizado, a la legalidad. A la tradicional clasificación de las formas de gobierno cabía agregar, ahora, una palabra que lograse darle significado a este nuevo y distinto régimen: *El gobierno de la indisciplina autoritaria, de la legalidad adulterada, de la ilegalidad legalizada, del fraude constitucional.*"

En un régimen como fue fascismo italiano, lo que se aplica totalmente al régimen que Venezuela ha padecido desde 1999, simplemente, en palabras de Calamandrei:

"las instituciones se entienden no por aquello que está escrito en las leyes, sino por lo que se lee entre líneas dentro de éstas: Las palabras no tienen más el significado registrado en el vocabulario, sino un significado diverso y de ordinario opuesto al vocabulario común, inteligible solamente para los "iniciados" [del régimen].

De lo anterior concluía Calamandrei, con razón, que lo que caracterizó al fascismo, es decir, lo que fue su común denominador, tal y como también ocurrió con el régimen iniciado por Hugo Chávez en 1999, fue la utilización de la mentira, de la falsedad, y del doblez,[120] lo que:

"Resulta de la combinación de dos ordenamientos, uno dentro del otro: Hay un ordenamiento oficial, que se expresa en las leyes, y otro oficioso, que se concreta en la práctica política sistemáticamente contraria a las leyes. Y a dicha duplicidad de ordenamientos corresponde otro doble nivel de órganos: una burocracia de Estado y una burocracia de partido, pagadas ambas por los mismos contribuyentes y unidas en el vértice, alrededor de una sola persona que es, a la vez, Jefe del Gobierno y Duce del fascismo (cabeza del partido).

De modo que, entre la burocracia de la legalidad y la burocracia de la ilegalidad no existe ningún antagonismo, sino una alianza secreta, una especie de *recíproca vicariedad*: tanto que para comprender lo que es exactamente ese régimen, mal se le debe pedir explicación a una sola de esas

120 Véase Allan R. Brewer-Carías, *La mentira como política de Estado. Crónica de una crisis política permanente. Venezuela 1999-2015*, Colección Estudios Políticos, N° 10, Editorial Jurídica Venezolana, Caracas 2015.

burocracias, sino que hay que buscarla en el punto donde ellas se encuentran, es decir, a mitad de camino entre la legalidad y la ilegalidad."[121]

Al releer estas reflexiones de Calamandrei, me viene a la mente lo que expresó el Papa Benedicto XVI en una extraordinaria reflexión jurídica que hizo en 2011 en un discurso ante el Parlamento federal Alemán en Berlín, remembrado la devastación del nazismo, en la cual dijo –que bien se podía decir hoy lamentablemente de Venezuela–:

> "Hemos experimentado cómo el poder se separó del Derecho, se enfrentó a él; cómo se pisoteó el Derecho, de manera que el Estado se convirtió en el instrumento para la destrucción del Derecho….".[122]

Por ello, precisamente, en el *Informe de la Misión Internacional Independiente de determinación de los hechos sobre Venezuela*, presentado al Consejo de Derechos Humanos las Naciones Unidas el 20 de septiembre de 2024, se indica cómo, en especial, después de la crisis postelectoral del 28 de julio de 2024, "las *apariencias de legalidad*, que ya eran mínimas en períodos anteriores, desaparecieron casi por completo," advirtiendo que "el riesgo de desintegración del Estado de derecho es muy alto," (par. 79), constatando que:

---

[121] Véase Piero Calamandrei, *El Fascismo como régimen de la mentira*, Tirant Humanidades, Valencia 2019, pp. 37 ss.

[122] Véase la cita en el libro *Voz y Caminos. Los grandes temas del Siglo XXI en la obra de Joseph Aloisius Ratzinger* (Asdrúbal Aguiar y José Rodríguez Iturbe, Editores), Cátedra Mezerhane, Miami Dade College, Ediciones EJI International, Miami 2024, pp. 182-184.

"la respuesta represiva del Estado marcó un nuevo hito en el deterioro del Estado de derecho. Los principales poderes públicos abandonaron *toda apariencia* de independencia y se sometieron abiertamente al Ejecutivo."[123]

Por ello, no es de extrañar que la comunidad internacional haya considerado como un hecho incontrovertible la ilegitimidad del gobierno del Sr. Maduro, desde que el Informe del Departamento para la Cooperación y Observación Electoral de la OEA, hubiera dicho expresamente, en relación con la elección presidencial del 28 de julio de 2024, que "en las circunstancias actuales, no pueden reconocerse los resultados anunciados por el Consejo Nacional Electoral (CNE) que proclaman ganador a Nicolás Maduro en la elección presidencial del domingo 28 de julio en la República Bolivariana de Venezuela." [124]

Ello significa que, en el plano internacional, la ilegitimidad del gobierno del Sr. Maduro ha sido considerada así en forma continua e ininterrumpida desde 2013, lo que por ejemplo, quedó evidenciado documentalmente, en relación con la elección de 2013, con la sentencia de la Corte Interamericana de Derechos Humanos dictada el día 10 de octubre de 2024 (Caso: *Capriles vs. Venezuela*), en la cual el Estado fue condenado por violaciones al derecho a la democracia, y a los derechos políticos electorales, al haberse realizado la elección presidencial de aquél año en forma tal que no fueron auténticas ni reflejaron la libre expresión del pueblo, no pudiendo haber constituido base alguna de autoridad y legitimidad del gobierno (párr. 101); al contrario,

---

123 Disponible en: https://www.ohchr.org/es/press-releases/2023/09/venezuela-un-fact-finding-mission-says-attacks-civic-and-democratic-space

124 Véase el Informe que está disponible en: http://www.oas.org/fpdb/press/Informe-al-SG-sobre-Elecciones-Venezuela-2024-30-de-julio-para-distribuir-(1).pdf

como lo decidió la Corte Interamericana, las acciones y omisiones del Estado analizadas en la sentencia "tomadas en su conjunto [...] tuvieron tal magnitud que afectaron la integridad del proceso electoral para la elección presidencial llevada a cabo el 14 de abril de 2013 en Venezuela" (párr. 143) "afectando el derecho de los electores a elegir libremente entre las opciones políticas existentes,"(párr. 144); concluyendo que dichas actuaciones del Estado constituyeron "un abandono de los principios fundamentales del Estado de derecho," (párr. 145), destacando, en particular, la "parcialidad" de la Sala Constitucional del Tribunal Supremo para beneficiar al Sr. Maduro y al partido de gobierno (párr. 172, 173).[125]

Y en relación con la elección de 2018, con la sentencia de la misma Corte Interamericana de Derechos Humanos de 21 de agosto de 2025 (Caso: *Chirinos Salamanca y otros vs. Venezuela*), en la cual ha reafirmado la ilegitimidad de la presidencia del Sr. Maduro argumentando que:

> "39. [...] En su resolución del 5 de junio de 2018, la Asamblea General de la OEA resolvió que "el proceso electoral desarrollado en Venezuela, que concluyó el 20 de

---

125 La sentencia está disponible en: https://jurisprudencia.corteidh.or.cr/es/vid/1056080775. Sobre el proceso electoral de 2013, lo explicado en: Allan R. Brewer-Carías, "Crónica sobre las vicisitudes de la impugnación de la elección presidencial de 14 de abril de 2013 ante la sala electoral, el avocamiento de las causas por la Sala Constitucional, y la ilegítima declaratoria de la "legitimidad" de la elección de Nicolás Maduro mediante una "Nota de prensa" del Tribunal Supremo," en Asdrúbal Aguiar (Compilador), *El Golpe de Enero en Venezuela (Documentos y testimonios para la historia),* Editorial Jurídica Venezolana, Caracas 2013, pp. 297-314; y en el libro: Allan R. Brewer-Carías, *Crónica constitucional del secuestro de la participación política y las elecciones en Venezuela, que dejaron de ser libres, justas, plurales y transparentes 1999-2024*, Colección de Crónicas constitucionales para la Memoria Histórica, No 7, Biblioteca Allan R. Brewer-Carías, Universidad Católica Andrés Bello, Caracas 2024, 2024.

mayo de 2018, carece de legitimidad por no cumplir con los estándares internacionales, por no haber contado con la participación de todos los actores políticos venezolanos y haberse desarrollado sin las garantías necesarias para un proceso libre, justo, transparente y democrático" [...].

40. El 10 de enero de 2019, el Consejo Permanente de la OEA resolvió "[n]o reconocer la legitimidad del período del régimen de Nicolás Maduro a partir el 10 de enero de 2019", y consideró "que el período presidencial 2019-2025 que empieza en Venezuela el 10 de enero de 2019 es el resultado de un proceso electoral ilegítimo". [...]" [lo que lo llevó incluso "[a]ceptar al Representante Permanente ante la [OEA] designado por la Asamblea Nacional de Venezuela, hasta que se celebren nuevas elecciones presidenciales que conduzcan al nombramiento de un gobierno elegido democráticamente."[126]

Todo ello explica que, por ejemplo, el gobierno de los Estados Unidos haya formulado su apreciación sobre el régimen del Sr. Maduro en Venezuela, en carta enviada al Departamento de Justicia por el Embajador Michael G. Kozac, del *Bureau of*

---

[126] Véase la sentencia de la Corte Interamericana cuyo texto está disponible en: https://jurisprudencia.corteidh.or.cr/es/vid/corte-idh-caso-chirinos-1089540716 . Sobre las elecciones de 2018 véase Allan R. Brewer-Carías, "Reflexiones sobre la dictadura en Venezuela, después de la fraudulenta "reelección" presidencial de mayo de 2018," en *Revista de Derecho Público*, No. 153-154, (enero-junio 2018), Editorial Jurídica Venezolana, Caracas 2018, pp. 177-216. Y sobre la ilegitimidad de la reelección del Sr. Maduro y el régimen de transición decretado por la Asamblea nacional en 2019, véase Allan R. Brewer-Carías, *Transición hacia la democracia en Venezuela. Bases constitucionales y obstáculos usurpadores,* (Con Prólogo de Asdrúbal Aguiar; y Epílogo de Román José Duque Corredor), Iniciativa Democrática de España y las Américas (IDEA), Editorial Jurídica Venezolana, Miami 2019.

Western Hemisphere Affairs del Departamento de Estado, con fecha 29 de agosto de 2025, que fue consignada ante la Corte Federal del Distrito Sur de Nueva York en el caso: Re: *Petróleos de Venezuela, S.A., et al. v. MUFG Union Bank, N.A., et al.,* No. 19 Civ.10023 (KPF) (S.D.N.Y.), en los siguientes términos:

> "Nicolás Maduro y su camarilla de socios corruptos han devastado la economía de Venezuela, han infligido graves abusos contra los derechos humanos de ciudadanos inocentes y han explotado y despilfarrado los activos del pueblo venezolano, incluidos Petróleos de Venezuela, S.A. (PDVSA). En los años transcurridos desde la carta del Representante Especial Abrams, la difícil situación del pueblo venezolano solo ha empeorado debido a la crueldad, la corrupción y la indiferencia inhumana de Maduro hacia la miseria de decenas de millones de sus compatriotas.
>
> El 28 de julio de 2024, más de doce millones de venezolanos acudieron a las urnas para participar en las elecciones presidenciales que ofrecieron esperanza para una Venezuela más libre, democrática y próspera. Sin dejarse intimidar por la desinformación, las amenazas y la violencia, estos valientes ciudadanos votaron abrumadoramente por el candidato de la oposición Edmundo González Urrutia. Pero en abierto desafío a la voz del pueblo, Nicolás Maduro falsa e infundadamente se declaró ganador de las elecciones y desató una campaña de terror y represión que Maduro y sus asociados esperaban erróneamente que rompería la voluntad del pueblo venezolano.
>
> La conducta corrupta, criminal y opresiva de Nicolás Maduro no se ha limitado por las fronteras de Venezuela. Maduro ha cultivado lazos con los adversarios más comprometidos de nuestra nación, ha desestabilizado a los

Estados vecinos a través de la exportación de narcóticos y la violencia, y ha creado una crisis de refugiados que ahora es la mayor en la historia de las Américas. Más del veinte por ciento de la población de Venezuela ha huido del país, lo que impone graves cargas a Colombia, Perú, Ecuador y Estados Unidos, entre otras naciones. Todas estas acciones amenazan directamente la seguridad, la prosperidad y los intereses de política exterior de nuestra nación, y el bienestar de millones de personas en todo nuestro hemisferio. En consecuencia, Estados Unidos ha impuesto sanciones a Maduro y a quienes permiten su conducta maligna en virtud de varias órdenes ejecutivas que datan de 2015.

Maduro no habla por el pueblo venezolano. Como se explicó en nuestra presentación anterior a la Corte, desde el 23 de enero de 2019, Estados Unidos no ha reconocido a Maduro y sus asociados como el gobierno de Venezuela. La Asamblea Nacional de 2015 fue y sigue siendo la única institución pública elegida democráticamente en Venezuela. Aunque el liderazgo de la Asamblea Nacional de 2015 ha cambiado desde la última vez que presentamos nuestra opinión· a la Corte, Estados Unidos reconoce a la Asamblea Nacional de 2015 como el gobierno de Venezuela. Como resultado, creemos que las opiniones de la Asamblea Nacional de 2015 sobre cuestiones de derecho venezolano merecen la misma consideración respetuosa que se debe a las declaraciones de cualquier gobierno extranjero con respecto a su propia legislación nacional."[127]

---

[127] Este documento fue consignado como anexo al escrito "*Statement of Interest of the United States of America,*" ante la Corte Federal de Distrito Sur de Nueva York, el Abogado Jay Clayton, United States Attorney el mismo día 29 de Agosto de 2025.

En los documentos y declaraciones anteriores, en todo caso, lamentablemente, se refleja la triste realidad de la situación del Estado de derecho en Venezuela,[128] resultado en definitiva de un proceso que se inició cuando en 1999, se asaltó el poder con un proceso constituyente populista realizado sin respaldo en la Constitución anterior de 1961, y que marcó la pauta para la destrucción de todo lo que se había regulado formalmente en la nueva Constitución de 1999, la cual, aun cuando llena de principios y de declaraciones, simplemente no se ha cumplido; desde el inicio, ha sido inmisericordemente violada y desperdiciada, y además mutada a mansalva, sin que exista órgano alguno que haya podido controlar o detener esas violaciones, porque el Tribunal Supremo de Justicia en definitiva ha sido el primer instrumento para afianzar el autoritarismo en el país.

Nueva York, 9 de septiembre de 2025

---

128 Véase Allan R. Brewer-Carías, "Sobre el Estado de derecho en Venezuela y su desintegración bajo el régimen autoritario," en *Boletín de la Academia de Ciencias Políticas y Sociales*, N° 176, julio-diciembre 2024, Caracas 2024, pp. 1329-1350.

www.ingramcontent.com/pod-product-compliance
Lightning Source LLC
LaVergne TN
LVHW050051061026
849532LV00001BA/59
* 9 7 9 8 8 9 6 9 2 5 0 8 8 *